Der Priester gehört sich nicht selbst

&

Kalvarienberg und die Messe

Ein geistlicher Leitfaden, um der zu werden Vater, zu dem Gott dich berufen hat.

Fulton J. Sheen

Der Priester gehört sich nicht selbst

&

Kalvarienberg und die Messe

(Ein geistlicher Leitfaden, um der zu werden Vater, zu dem Gott dich berufen hat.)

Copyright © 2021 von Allan Smith

Kein Teil dieses Buches darf ohne vorherige schriftliche Genehmigung des Verlags reproduziert, in einem Abrufsystem gespeichert oder in irgendeiner Form oder auf irgendeine Weise, elektronisch, mechanisch, durch Fotokopie oder anderweitig übertragen werden, außer durch einen Rezensenten, der kurze Passagen in einer Rezension zitieren darf.

Bischof Sheen Heute
John Street 280
Midland, Ontario, Kanada
L4R 2J5
www.bishopsheentoday.com

Sofern nicht anders vermerkt, stammen die Schriftzitate im Haupttext aus der Douay-Rheims-Ausgabe des Alten und Neuen Testaments, Gemeinfrei.

Library of Congress Katalogisierung im Veröffentlichungsverfahren

Namen: Sheen, Fulton J. (Fulton John), 1895–1979, Autor.

Smith, Allan J., Herausgeber.

Sheen, Fulton J. (Fulton John), 1895–1979, Der Priester

gehört sich nicht selbst, von Fulton J. Sheen. Eingetragen auf den Namen Fulton J. Sheen, unter Library of Congress Katalogkartennummer: A 625917, nach Veröffentlichung am 10. Mai 1963.

Nihil Obstat: *Austin B. Vaughan, S.T.D., Censor Librorum*

Imprimatur: *Francis Kardinal Spellman, Erzbischof von New York*, 11. April 1963

Sheen, Fulton J. (Fulton John), 1895–1979, Kalvarienberg und die Messe: Ein geistlicher Begleiter zum Messbuch. Eingetragen auf den Namen P.J. Kenedy & Sons unter Library of Congress Katalogkartennummer: A 93597, nach Veröffentlichung am 1. April 1936.

Nihil Obstat: *Arthur J. Scanlan, S.T.D., Censor Librorum*

Imprimatur: Patrick Kardinal Spellman, Erzbischof von New York, 17. März 1936

Smith, Al (Allan J.) Herausgeber – Herr, lehre uns beten: Eine Fulton Sheen Anthologie. Manchester, New Hampshire: Sophia Institute Press, 2019, ISBN 9781644130834.

Titel: Der Priester gehört sich nicht selbst & Kalvarienberg und die Messe: Ein geistlicher Leitfaden, um der Vater zu werden, zu dem Gott dich berufen hat.

Kennungen:

ISBN: 978-1-997629-92-0 (Taschenbuch)

ISBN: 978-1-997629-92-0 (eBook)

Fulton J. Sheen; zusammengestellt von Allan J. Smith.

Enthält bibliographische Verweise.

Themen: Jesus Christus — Priestertum – Vaterschaft – Opfersein – Sieben Letzte Worte – Kalvarienberg – Die Messe – Die Eucharistie

An Maria

Die Christus zur Mutter hatte

Sowohl Priester als auch Opfer

Und die alle Priester zur Mutter hat

Sowohl Darbringer als auch Darzubringende

Mit ihrem göttlichen Sohn

Dieses Buch ist gewidmet

Damit sie uns durch diese Seiten

Wie zu Kana zuflüstert

„Was er euch sagt, das tut"

Inhalt

Der Priester gehört sich nicht selbst

Einleitung 3

Kapitel 1: Mehr als ein Priester 5

Kapitel 2: Der Priester ist wie Jakobsleiter 27

Kapitel 3: Geistliche Zeugung 56

Kapitel 4: Die Heiligkeit des Priesters 74

Kapitel 5: Der Heilige Geist und der Priester 95

Kapitel 6: Der Geist und die Bekehrung 111

Kapitel 7: Der Geist der Armut 127

Kapitel 8: Der Geist sowie das Predigen und Beten 141

Kapitel 9: Der Geist und die Seelsorge 159

Kapitel 10: Der Priester als Simon und Petrus 175

Kapitel 11: Die Rückkehr zur göttlichen Gnade 200

Kapitel 12: Melchisedek und das Brot 217

Kapitel 13: Judas und der erste Riss in seinem Priestertum ... 233

Kapitel 14: Warum eine heilige Stunde halten? 251

Kapitel 15: Wie man die heilige Stunde hält 265

Kapitel 16: Die Eucharistie und der Leib des Priesters 280

Kapitel 17: Der Priester und seine Mutter 296

Kalvarienberg und die Messe

Kapitel 18: Einführung in den Kalvarienberg und die Messe 305

Kapitel 19: Prolog 309

Kapitel 20: Das Confiteor 317

Kapitel 21: Der Opfergang 323

Kapitel 22: Das Sanctus 330

Kapitel 23: Die Weihe 339

Kapitel 24: Die Kommunion 346

Kapitel 25: Das Ite, Missa Est 355

Kapitel 26: Das Letzte Evangelium 361

Der Priester gehört sich nicht selbst

Der Priester gehört sich nicht selbst ist weit mehr als ein Buch für Priester oder für jene, die das Priestertum als Berufung in Betracht ziehen. In diesen eindringlichen, tiefgründigen Betrachtungen des Priestertums hat Erzbischof Fulton J. Sheen ein Werk von bleibendem Wert geschaffen, ein Buch, das vielleicht hunderte Leben verändern wird und sicherlich auch Leser interessiert, die mit dem Priestertum als Berufung nicht unmittelbar befasst sind.

Die Inspiration für diesen Band entstand, während Erzbischof Sheen an seinem berühmten *Leben Christi* schrieb, und es waren jene „dunklen Tage", wie er sie beschreibt, aus denen die Gedanken zum Priestertum, erleuchtet durch die Vision Christi, des Erlösers, erstmals formuliert wurden.

So wie das frühere Werk auf der These beruhte, dass Christus kein anderes Opfer darbrachte als sich selbst, sieht Erzbischof Sheen in diesem neuen Buch den Priester als einen Mann, der sich selbst im Fortsetzen der Menschwerdung Christi opfert.

Erzbischof Sheen schreibt, wie alle Priester, ob heidnisch oder im Alten Testament, Opfer darbrachten, die von ihnen verschieden waren, wie Lämmer. Doch in Christus und im christlichen Verständnis sind Priester und Opfer untrennbar miteinander verbunden.

Ausgehend von seinem tiefen Wissen der Heiligen Schrift vermag Erzbischof Sheen die genaue und wahre Bedeutung des einzelnen Priesters zu erläutern und in lebendigen Details sein beständiges, unaufhörliches Opfer – als Opfergabe – darzustellen.

Er schreibt: „Gott donnert noch immer zu seinen Priestern: *Ich habe Wächter gesetzt, Jerusalem, auf deine Mauern, die niemals aufhören werden, Tag und Nacht laut zu rufen; ihr, die ihr den Herrn in Erinnerung behaltet, ruht nicht und lasst Ihn auch nicht ruhen....* (Jesaja 62,6-7)

„Wächter sind wir," fügt Erzbischof Sheen hinzu, „die vom Hohenpriester auf die Mauern der Kirche gesetzt wurden... Was wir sind, das ist die Kirche, und was die Kirche ist, das ist die Welt... Nacht und Tag, Gott keine Ruhe gönnend, werden wir immer wieder ausrufen: *Ich weihe mich um ihretwillen, damit auch sie durch die Wahrheit geweiht werden.*" (Johannes 17,19)

Bei der Betrachtung der vielfältigen Verpflichtungen und Aufgaben des Priesters sowie seiner immer erfüllenderen Erfüllung derselben hat Erzbischof Sheen eine Reihe unvergleichlicher Meditationen geschaffen und bietet einen sehr konkreten Leitfaden zu den zahlreichen Wegen, auf denen jeder Priester sein eigenes geistliches Leben sowie das Leben aller um ihn herum bereichern kann.

Der Priester gehört sich nicht selbst ist das Werk eines großen und geliebten geistlichen Führers — eines weltberühmten Priesters, der selbst eloquent und eindringlich an seine Mitbrüder und an jene schreibt, die sich ihm in einer Berufung anschließen wollen, die er versteht und meisterhaft verwirklicht hat.

✠ J.M.J. ✠

Einleitung

Die meisten Bücher über das Priestertum lassen sich in drei Kategorien einteilen: theologisch, pastoral und soziologisch.

Die theologischen Abhandlungen betonen den Priester als Diener und Gesandten Christi; das Pastorale befasst sich mit dem Priester in der Kanzel, dem Priester im Beichtstuhl, dem Priester im Gebet usw. Das Soziologische, die jüngste Art, verzichtet fast vollständig auf das Geistliche und beschäftigt sich mit der statistischen Reaktion der Untersuchung der Gläubigen, der Ungläubigen und der allgemeinen Öffentlichkeit auf den Priester. Ist noch Platz für einen weiteren?

Eine solche Möglichkeit bot sich beim Schreiben unseres *Lebens Christi*. In jenem Buch versuchten wir zu zeigen, dass Unser Herr anders als alle anderen nicht gekommen ist, um zu leben, sondern um zu sterben. Der Tod zur Erlösung war das Ziel Seines Aufenthalts hier, das Gold, das Er suchte. Jedes Gleichnis, jedes Ereignis in Seinem Leben, selbst der Ruf der Apostel, die Versuchung, die Verklärung, das lange Gespräch mit der Frau am Brunnen, waren auf jenen heilbringenden Tod ausgerichtet. Er war daher nicht in erster Linie ein Lehrer, sondern ein Retter.

Die dunklen Tage, in denen jenes Leben geschrieben wurde, waren Stunden, in denen Tinte und Galle sich vermischten, um das Geheimnis des Kreuzes zu offenbaren.

Mehr und mehr begann diese Vision von Christus als Erlöser das Priestertum zu erleuchten, und daraus entstanden die Gedanken in diesem Buch. Um jeden davon abzuhalten, es vollständig zu lesen, geben wir hier kurz die These an.

Wir, die wir das Sakrament der Weihe empfangen haben, nennen uns „Priester". Dem Autor ist kein Priester bekannt, der jemals gesagt hätte: „Ich wurde zum Opfer geweiht", noch hat er je gesagt: „Ich studiere, um ein Opfer zu sein." Das schien dem Priestertum fast fremd. Das Priesterseminar sagte uns stets, wir sollten „gute" Priester sein; niemals wurde uns gesagt, wir sollten willige Opfer sein.

Und doch, war Christus nicht der Priester, ein Opfer? Kam Er nicht, um zu sterben? Er bot kein Lamm, keinen Stier oder Tauben dar; Er hat niemals etwas anderes dargebracht als sich selbst.

"Er hat sich für uns hingegeben, ein Opfer, das Wohlgeruch ausströmt, während Er es Gott darbrachte."
(Epheser 5,2)

Heidnische Priester, Priester des Alten Testaments und Medizinmänner brachten alle ein Opfer dar, das von ihnen getrennt war. Aber nicht Unser Herr. Er war *Sacerdos-Victima*.

Da dies so ist, vermissen wir ebenso viel im Leben Christi, wenn wir nicht zeigen, dass der Schatten des Kreuzes sich sogar über die Krippe und die Werkstatt des Zimmermanns legte, ebenso wie über Sein öffentliches Leben; so haben wir ein verstümmeltes Verständnis unseres Priestertums, wenn wir es uns getrennt von der Selbsthingabe als Opfer in der Fortsetzung Seiner Inkarnation vorstellen. Nichts anderes steht in diesem Buch als diese Idee. Und wenn der Leser diesen Akkord hundertfach hören möchte, kann er nun fortfahren.

✠ J.M.J. ✠

~ 1 ~

Mehr als ein Priester

Das Priestertum Christi unterschied sich von dem aller heidnischen Priester und vom levitischen Priesterdienst der Familie Aarons. Im Alten Testament und in heidnischen Religionen waren *die Priester und die Opfer getrennt und verschieden.* In *Unserem Herrn waren sie untrennbar vereint.*

Die jüdischen Priester brachten Ochsen, Ziegen und Schafe dar, Opfer, die weniger ein Teil von ihnen selbst waren als die Gewänder, die sie trugen. Es ist leicht, das Blut eines anderen zu vergießen, so wie es leicht ist, das Geld eines anderen auszugeben. Das Tier verlor sein Leben, doch der Priester, der es darbrachte, verlor nichts. Oft musste er die Opfer nicht einmal schlachten. Außer im Falle der nationalen Opfer, wenn sie vom Priester getötet wurden, schlachtete derjenige, der ein Opfer darbrachte, es selbst (3. Mose 1,5). Diese Vorschrift kündigte die Rolle an, die Israel später selbst als Vollstrecker des Göttlichen Opfers spielen würde. Doch sie gilt auch für uns; In einem tieferen Sinn muss sich jeder Sünder als denjenigen ansehen, der den Erlöser zum Tod bringt.

Heidnische Völker, ohne es ausdrücklich zu wissen, ahnten die Wahrheit, dass *„ohne Blutvergießen keine Sündenvergebung möglich ist"* (Hebräer 9,22). Von den frühesten Zeiten an, durch die Könige und Priester, wurden Tiere und manchmal sogar Menschen dargebracht, um den Zorn der Götter abzuwenden. Wie jedoch im levitischen Priesterdienst war *das Opfer stets vom Priester getrennt.* Das Opfer war ein stellvertretendes, das Tier repräsentierte und nahm die Stelle der schuldigen Menschen ein, die so versuchten, ihre Schuld durch das Vergießen von Blut zu sühnen.

Mehr als ein Priester

Aber warum, so mag man fragen, kamen die Heiden ohne die Hilfe der Offenbarung zu der von Hl. Paulus unter göttlicher Inspiration geäußerten Erkenntnis, dass „ohne das Vergießen von Blut keine Vergebung der Sünden" möglich sei? Die Antwort ist, dass es für jeden, der über Sünde und Schuld nachdenkt, nicht schwer ist zu erkennen: erstens, dass die Sünde im Blut ist; und zweitens, dass das Leben im Blut ist, sodass das Vergießen von Blut angemessen die Wahrheit ausdrückt, dass das menschliche Leben unwürdig ist, vor dem Angesicht Gottes zu bestehen.

Die Sünde ist im Blut. Es ist im Antlitz des Libertin, des Alkoholikers, des Verbrechers und des Mörders zu lesen. Das Vergießen von Blut stellte daher die Entleerung der Sünde dar. Die Agonie im Garten und ihr blutiger Schweiß standen in Beziehung zu unseren Sünden, die der Herr auf sich nahm, denn

Christus kannte niemals Sünde, und Gott machte Ihn für uns zur Sünde.

(2 Korinther 5,21)

Dass keine Kreatur würdig ist, vor das Angesicht Gottes zu treten, wurde dem Menschen sehr früh bewusst. Adam und Eva erfuhren es, als sie versuchten, ihre Nacktheit mit Feigenblättern zu bedecken, nachdem sie gesündigt hatten.

Da wurden beiden die Augen geöffnet, und sie wurden sich ihrer Nacktheit bewusst; daraufhin nähten sie Feigenblätter zusammen und machten sich Schurze.

(Genesis 3,7)

Aber Feigenblätter konnten weder ihre körperliche noch ihre geistliche Nacktheit bedecken, denn die Blätter vertrockneten bald. Was war also erforderlich? Das Opfer eines Tieres, das Vergießen von Blut. Bevor sie mit Tierhäuten bekleidet werden konnten, musste es ein Opfer geben. Und wer machte die Häute, die ihre Scham bedeckten? Gott tat es!

Mehr als ein Priester

Und nun stellte der Herr Adam und seiner Frau Gewänder aus Häuten zur Verfügung, um sie zu bekleiden.

(Genesis 3,21)

Dies ist der erste Hinweis in den Schriften darauf, dass die geistliche Nacktheit des Menschen durch das Vergießen des Blutes eines Opfers bedeckt wird. Sobald unsere ersten Eltern die innere Gnade der Seele verloren hatten, war äußere Herrlichkeit nötig, um dies auszugleichen. Es ist stets wahr, dass je reicher eine Seele im Inneren ist, desto weniger bedarf sie äußerlicher Luxusgüter. Übermäßiger Schmuck und eine ungebührliche Liebe zu Bequemlichkeiten sind ein Beweis unserer inneren Nacktheit.

Die Bibel enthält viele Begebenheiten, die darauf hinweisen, dass ein stellvertretendes Blutopfer für unsere Erlösung notwendig war. Typisch sind die Berichte von der Heilung des Aussätzigen und der Austreibung des Sündenbocks im 3. Mose. In beiden Fällen gibt es ein Opfer, obwohl (wie bei allen Opfern vor der Inkarnation) das Opfer vom Priester getrennt ist.

Das Ritual, das mit der Heilung eines Aussätzigen verbunden ist, deutet deutlich auf unsere Reinigung von der Aussatzkrankheit der Sünde hin.

Dies sind zwei lebendige Vögel.... Einer der Vögel muss sein Blut über Quellwasser, das in einem irdenen Gefäß gehalten wird, vergießen; Derjenige, der am Leben bleibt, muss (zusammen mit dem Zedernholz, dem Scharlach und dem Ysop) in das Blut des toten Vogels getaucht werden, und damit muss der Priester den verunreinigten Mann siebenmal besprengen, um seine gebührende Reinigung zu bewirken.

(3. Mose 14,4-7)

Der lebendige Vogel wurde auf den offenen Feldern freigelassen, um das Wegtragen der Aussatzkrankheit zu symbolisieren, doch scheint diese Freiheit und Befreiung durch die reinigende Kraft von Blut und Wasser des getöteten Vogels erkauft worden zu sein. Der Priester brachte ein Opfer dar, doch war die Darbringung von ihm selbst unterschieden.

Hier haben wir einen Hinweis auf stellvertretende Erlösung durch Blut. Unser Herr hingegen heilte die Aussatzkrankheit der Sünde durch keinen anderen Holocaust als Seinen eigenen gehorsamen Willen, durch den wir die herrliche Freiheit der Kinder Gottes erlangten.

Die Zeremonie des Sündenbocks, ein weiteres Beispiel für Priestertum und Opfersein, wird im Kapitel 16 des 3. Mose beschrieben. Der Priester musste sich vollständig waschen – und nicht nur die Füße – vor der Zeremonie, was vorwegnahm, dass der große Hohe Priester, Christus, „unbefleckt" sein würde (Hebräer 7,26); Der Priester musste auch weiße Leinen- und goldene Gewänder anlegen. Wie bei der früheren Zeremonie zwei Vögel verwendet wurden, wurden nun zwei Ziegen ausgewählt, von denen eine geschlachtet und die andere freigelassen wurde. Das Ritual vor der Freilassung scheint fast eine Vorwegnahme des *Hanc Igitur* bei der Messe zu sein, denn der Priester legt seine Hände auf die Ziege.

Er muss beide Hände auf ihren Kopf legen, alle Sünden, Übertretungen und Fehler Israels bekennen und die Schuld auf ihren Kopf legen. Und es wird ein Mann bereitstehen, um sie in die Wüste zu führen; So wird die Ziege alle ihre Sünden in ein unbewohntes Land tragen, in die Freiheit der Wüste entlassen.

(3. Mose 16,21–22)

Wie die Sünden der Israeliten vom Sündenbock getragen wurden, so werden auch unsere Sünden nicht durch eigene Anstrengung gereinigt, sondern allein durch unsere Eingliederung in Christus.

Der Sündenbock wurde in ein Land der Absonderung oder in die Wüste getrieben, um uns zu lehren, wie wirksam unsere Sünden durch Christus ins Vergessen getragen wurden.

Ich werde ihr Unrecht vergeben; Ich werde ihrer Sünden nicht mehr gedenken.

(Hebräer 8,12)

Die Inkarnation

Als der Sohn Gottes Mensch wurde, führte Er etwas völlig Neues in das Priestertum ein. Unser Herr unterschied sich von den Priestern des Alten Testaments nicht nur dadurch, dass Er aus einer anderen Abstammung als Aaron stammte, sondern auch, weil Er, im Gegensatz zu allen anderen, in sich sowohl Priestertum als auch Opfersein vereinte.

Die Konsequenzen für alle Priester sind gewaltig, denn wenn Er sich für die Sünden geopfert hat, dann müssen auch wir uns selbst als Opfer darbringen. Das Fazit ist unausweichlich.

Die Schrift ist reich an Verweisen auf die vollständige Identifikation der Ämter des Priesters und des Opfers in Christus.

Ein Opfer? Doch Er selbst neigt sich dem Schlag; kein Wort kommt von Ihm.

(Jesaja 53,7)

Der Brief an die Hebräer zitiert Psalm 39 [40, RSV] und sagt, dass die Worte des Psalms von unserem Hohenpriester verwendet wurden, als Er in die Welt kam.

Als Christus in die Welt kommt, sagt Er: Kein Opfer, kein Brandopfer war Deine Forderung; stattdessen hast Du mir einen Leib gegeben. Du hast kein Wohlgefallen an Brandopfern gefunden, an Sündopfern. Siehe, so sprach ich: Siehe, ich komme, um zu tun, was geschrieben steht von mir, wo das Buch aufgerollt liegt; Deinen Willen zu tun, o mein Gott.

(Hebräer 10,5-7)

Die im Brief an die Hebräer zitierte Version des Psalms ist die der Septuaginta:

Mehr als ein Priester

"Du hast mir stattdessen einen Leib gegeben," als ob die Inkarnation angedeutet würde. Ebenso sah David die Art des Opfers voraus, das Gott schließlich für die Sünden verlangen würde, als er erklärte: *„Du hast kein Gefallen an Opfergaben, Brandopfern."*

(Psalm 50,18 [51,16, RSV])

Das Opfersein unseres Hohen Priesters sollte jedoch nicht als Tragödie verstanden werden im Sinne davon, dass Er dem Tod unterworfen sein musste, wie die Lämmer dem Messer der Priester des Alten Testaments unterworfen waren. Unser Herr sagte:

Niemand kann mir mein Leben rauben; Ich lege es von mir aus nieder. Ich habe die Freiheit, es niederzulegen, die Freiheit, es wieder aufzunehmen; Das ist der Auftrag, den mir mein Vater gegeben hat.

(Johannes 10,18)

Unser Herr kam, um zu sterben. Wir anderen kommen, um zu leben. Aber Sein Tod war nicht endgültig. Er sprach niemals davon, unser Sündenopfer zu sein, ohne von Seiner Herrlichkeit zu sprechen. Seine Auferstehung, Himmelfahrt und Seine Verherrlichung zur Rechten des Vaters waren die Früchte Seiner freiwilligen Darbringung als Priester.

Und nun, da Sein vollendetes Werk erreicht ist, erwirkt Er ewige Erlösung für alle, die Ihm Gehorsam leisten. Ein Hoherpriester in der Linie Melchisedeks, so hat Gott Ihn berufen.

(Hebräer 5,9-10)

Die Vollkommenheit Seiner Menschheit und Seine ewige Herrlichkeit als Priester resultierten daraus, dass Er einst im Zustand eines Opfers war. Seine Vollkommenheit entsprang weniger Seiner moralischen Größe als Seiner Eigenschaft als priesterlicher Erlöser. Durch Seine innere Hingabe und Seinen Gehorsam erwarb Er

Mehr als ein Priester

Herrlichkeit, und nicht bloß durch das Opfer, das als schändlicher Tod betrachtet wird.

Die Schrift beschreibt die Sanftmut des Lammes, das zur Schlachtbank geführt wurde, mit den Worten:

Christus hat während Seines irdischen Lebens Gebet und Flehen zu dem Gott dargebracht, der Ihn vom Tod retten konnte, nicht ohne durchdringenden Schrei, nicht ohne Tränen; doch mit einer Frömmigkeit, die Ihm Gehör verschaffte.

(Hebräer 5,7)

Es gibt ein jüdisches Sprichwort, das besagt, dass drei Arten von Gebeten unterschieden werden können, von denen jedes erhabener ist als das vorhergehende: Gebet, Weinen und Tränen. Gebet wird in der Stille verrichtet; Weinen mit erhobener Stimme, doch gibt es keine Tür, durch die Tränen nicht hindurchgehen. Das Gebet des Opfers in Gethsemane war so, dass es zu einem eindringlichen Schrei aufstieg und darüber hinaus zum Schweiß der Tränen wurde:

Sein Schweiß fiel wie dicke Blutstropfen zur Erde.

(Lukas 22,44)

Wir finden eine symbolische Darstellung der Vereinigung von Priester und Opfer in der Stellung des Kreuzes, das zwischen Erde und Himmel schwebt, als ob Jesus von den Menschen verworfen und vom Vater verlassen wäre. Doch vereinte Er Gott und Mensch in sich durch den Gehorsam gegenüber dem Willen des Vaters und durch eine so große Liebe zum Menschen, dass Er ihn in seiner Sünde nicht verlassen wollte. Seinen Brüdern offenbarte Er das Herz eines Vaters; Seinem Vater offenbarte Er das Herz eines jeden Sohnes. Unser Herr ist daher stets Priester und Opfer. Kein Opfer war des Priestertums würdig außer Ihm selbst. Christus war zudem nicht nur in Seinem Leib, sondern auch in Seiner Seele Opfer, die traurig bis zum Tod war. Kein äußeres noch inneres Opfer konnte inniger verbunden sein.

Zwei Schriftstellen zeigen paradoxe Aspekte des Priestertums und Opferseins Christi.

Er wurde unter die Übeltäter gerechnet.

(Lukas 22,37)

So war der Hohepriester... heilig, schuldlos und unbefleckt, nicht unter uns Sündern gerechnet.

(Hebräer 7,26)

Tatsächlich sind die Aussagen nicht widersprüchlich; sie ergänzen einander. Er wurde unter die Sünder gerechnet, weil Er das Opfer für ihre Sünden war. Aber Er war von den Sündern getrennt, weil Er ein sündloser Priester war. Er aß und verkehrte mit Sündern, teilte ihre Natur und nahm ihre Sünden auf sich. Doch Er war durch Seine Unschuld von ihnen getrennt. Eins mit den Sündern durch das Teilen ihrer Natur, hatte Sein Opfer unendlichen Wert, weil Er nicht nur Mensch, sondern auch Gott war.

Priester oder Priester-Opfer?

Wie oft sind wir wie die Galater, die darauf bedacht sind, zum Alten Gesetz zurückzukehren, indem wir uns als Priester sehen, aber nicht als Opfer? Feiern wir die Messe, als ob wir ein Opfer für die Sünde darbringen, das völlig von uns getrennt ist, wie der Sündenbock oder der Vogel? Steigen wir als Priester und nicht als Opfer zum Altar hinauf? Opfern wir den Christus-Erlöser dem Vater dar, als ob wir nicht mit Ihm sterben würden? Ist unser Priestertum ein zweistöckiges Haus, das unsere Absonderung, unsere Zurückhaltung, ein Opfer für andere zu sein, zum Ausdruck bringt?

Im ersten Stock befindet sich eine Familie, die körperlich leidet, geistig gestört ist und an Nahrung und Trank mangelt. Im zweiten Stock leben wir. Durch gelegentliche Akte der Nächstenliebe steigen wir von Zeit zu Zeit zu ihrem Elend hinab, um es zu lindern; aber kehren wir sofort wieder in den relativen Komfort unserer eigenen Unterkunft zurück?

Mehr als ein Priester

Nicht so mit Christus, dem Priester. Als Er in die Tiefen menschlichen Leidens und der Sünde hinabstieg, kehrte Er niemals zurück – nicht, bis all ihr Elend und ihre Schuld gelindert waren. Sobald Er diese Grenze überschritten hatte, gab es keinen Gedanken an eine Rückkehr, bis die Erlösung vollendet war.

Es ist nicht so, als ob unser Hoher Priester unfähig wäre, mit uns in unseren Demütigungen mitzufühlen; Er hat jede Prüfung durchlebt, wie wir geschaffen, nur sündenlos.

(Hebräer 4,15)

...in Gottes gnädigem Plan sollte Er den Tod kosten und ihn stellvertretend für alle kosten.

(Hebräer 2,9)

Wenn das Priestertum und das Opfersein in Christus eins wären, wie könnten sie dann in uns zweifach sein? Vielmehr

müsst auch Ihr euch als tot der Sünde und lebendig mit einem Leben betrachten, das auf Gott blickt, durch Christus Jesus, unseren Herrn.

(Römer 6,11)

Wir können nicht entkommen, in unseren Seelen das Geheimnis nachzubilden, das am Altar vollzogen wird. *Age quod agitis.* Wie Unser Herr Sich selbst hingab, so geben auch wir uns hin. Wir bieten die Ruhe unseres Leibes dar, damit andere Frieden der Seele haben mögen; Wir sind rein, um für die Ausschweifungen des Fleisches, begangen von Sündern, zu sühnen.

Mit Christus hänge ich am Kreuz.

(Galater 2,20)

Die Eucharistie erinnert uns daran, dass wir Opfer sind.

Die Eucharistie verpflichtet uns sowohl zum Leben als auch zum Tod, zum Priestertum und zum Opfersein.

Mehr als ein Priester

Was das Leben betrifft, so ist es unzweifelhaft, dass wir in der Eucharistie Gemeinschaft mit ihm haben.

Ihr könnt kein Leben in euch haben, wenn ihr nicht das Fleisch des Sohnes des Menschen esst und Sein Blut trinkt.

(Johannes 6,54)

Doch dies ist nur die halbe Wahrheit. Gibt es nicht sowohl einen katabolen als auch einen anabolen Prozess in der Natur, ein Zerlegen in Elemente ebenso wie einen Aufbau zu Organismen? In der Natur ist der Tod die Bedingung des Lebens. Das Gemüse, das wir am Tisch essen, muss geopfert werden. Es muss Leben und Substanz geben, bevor es zum Sakrament werden kann, zum heiligen Ding, das den Leib nährt. Es muss aus seinen Wurzeln gerissen und dem Feuer unterworfen werden, bevor es dem Fleisch das reichere Leben geben kann. Bevor das Tier auf dem Feld unser Fleisch sein kann, muss es dem Messer, dem Blutvergießen und dem Feuer unterworfen werden. Erst dann wird es zur kräftigen Nahrung des Leibes. Bevor Christus unser Leben sein kann, musste Er für uns sterben. Die Weihe der Messe geht der Kommunion voraus.

Die letzte Häresie der Reformation war die Trennung von Opfer und Sakrament oder die Verwandlung des Opfers der Messe in einen „Kommuniongottesdienst", als ob es Leben ohne Tod geben könnte. Gibt es in der Eucharistie nicht nur eine Gemeinschaft mit dem Leben, sondern auch eine Gemeinschaft mit dem Tod? Paulus übersah diesen Aspekt nicht:

So ist es der Tod des Herrn, den ihr verkündet, sooft ihr dieses Brot esst und diesen Kelch trinkt, bis Er kommt.

(1 Korinther 11,26)

Wenn wir in der Messe das Göttliche Leben essen und trinken und keinen eigenen Tod durch Opfer in den Tod Christi inkorporieren, verdienen wir es, als Schmarotzer am Mystischen Leib Christi betrachtet zu werden. Sollen wir Brot essen und keinen Weizen zum Mahlen geben? Sollen wir Wein trinken und keine

Mehr als ein Priester

Trauben zum Zerquetschen geben? Die Bedingung für die Inkorporation in die Auferstehung und Himmelfahrt Christi und in Seine Verherrlichung ist die Inkorporation in Seinen Tod.

Die zu Christus gehören, haben die Natur mit all ihren Leidenschaften und Trieben gekreuzigt.
(Galater 5,24)

Als Priester bringen wir Christus in der Messe dar, aber bringen wir uns als Opfer mit Christus in der Messe dar? Sollen wir das zerreißen, was Gott verbunden hat, nämlich Priestertum und Opfersein? Sagt uns nicht auch die innige Verbindung zwischen Opfer und Sakrament, dass wir nicht nur Priester, sondern zugleich Opfer sind? Wenn wir in unserem priesterlichen Leben nur Kelche leeren und das Brot des Lebens essen, wie soll dann die Kirche *jene Leiden vollenden, die an der Passion Christi fehlen?* (Kolosser 1,24)

Erheben wir Christus am Kreuz im Moment der Elevation, während wir bloß als Zuschauer eines Dramas anwesend sind, in dem wir die Hauptrolle spielen sollen? Ist die Messe eine leere Wiederholung des Kalvarienbergs? Wenn ja, was tun wir dann mit dem Kreuz, das uns aufgetragen wurde, täglich auf uns zu nehmen? Wie kann Christus Seinen Tod in unseren eigenen Leibern erneuern? Er stirbt erneut in uns.

Und das Volk Gottes? Lehren wir sie, dass sie nicht nur die Kommunion „empfangen", sondern auch „geben" müssen? Sie können das Leben nicht annehmen, ohne ein Opfer zu bringen. Die Kommunionbank ist ein Ort des Austauschs. Sie geben Zeit und empfangen Ewigkeit, sie geben Selbstverleugnung und empfangen Leben, sie geben Nichtigkeit und empfangen alles. Die Heilige Kommunion verpflichtet jeden zu einer engeren Vereinigung nicht nur mit dem Leben Christi, sondern auch mit Seinem Tod – zu größerer Loslösung von der Welt, zur Hingabe von Luxus zugunsten der Armen, zum Tod des alten Adams für die Wiedergeburt in Christus, dem neuen Adam.

Erste Anwendung:
Drei Arten von Priester-Opfern

Der Kanon der Messe zählt drei Arten von Opfern auf, die durch die Vorwegnahme des Opfers Christi zu Vorbildern für alle Priester wurden. Es waren der Reihe nach die Opfer des gerechten Sohnes Abel; das Opfer unseres Patriarchen Abraham; und das, was der Hohepriester Melchisedek dargebracht hat. Abel brachte ein *Blut* Opfer dar, Abraham ein *freiwilliges* Opfer und Melchisedek ein *sakramentales* Opfer. Ein Priester kann auf jede dieser Weisen Opfer sein.

Abel brachte Gott das auserwählte Lamm seiner Herde dar, während sein Bruder Kain nur die Früchte der Erde darbrachte (Genesis 4,3-4). Gott blickte wohlwollend auf Abel und sein Blutopfer, doch wies Er das Opfer Kains zurück, als ob es bedeutete, dass Sünde ohne das Vergießen von Blut vergeben werden könnte. Das Blutopfer Abels ist somit ein Vorbild für die Missionare, die für ihren Glauben das Märtyrertum erleiden, für die Priester, die Opfer gottfeindlicher Verfolgung sind, und für alle Gläubigen, die bis zum Tod leiden, anstatt den Glauben zu verleugnen.

Das Opfer Abrahams dient als Vorbild für das Opfer vieler in unserer Zeit, die alle Stadien des Märtyrertums unter kommunistischer Tyrannei ertragen, denen jedoch die formale Krone des Vergießens ihres Blutes verwehrt bleibt. Gerade für solche war die Gestalt des Opfers Abrahams bestimmt. Für sie wurde betont, dass das Opfer seine volle Belohnung erhielt, obwohl das Blut des Opfers nicht vergossen wurde (Hebräer 11,19). Dies ist die Zusicherung für alle, die tausend Märtyrertode erleiden, indem ihnen ihre Verfolger nicht gestatten zu sterben, für jene, die einer Gehirnwäsche unterzogen wurden und ihr Leben im Gefängnis oder in Arbeitslagern verbringen. Sie nehmen teil an der Verheißung und an der Belohnung, die Abraham zuteilwurde, weil er bereit war, sein eigenes Fleisch und Blut, seinen Sohn Isaak, zu opfern.

Mehr als ein Priester

Die dritte Art des Priester-Opferseins ist die des Melchisedek. Sie wird von allen Priestern dargebracht, die das Geheimnis leben, das sie in der Messe sakramental vollziehen. Aber wie? Indem man die sekundäre Bedeutung der Worte der Weihe versteht. Die primäre Bedeutung ist klar und bedarf keiner Erläuterung. Das Geheimnis der Transsubstantiation vollzieht sich, wenn wir die Worte der Weihe aussprechen. Es gibt jedoch eine sekundäre Bedeutung, weil wir Priester-Opfer sind. Wenn ich sage: „Dies ist Mein Leib", muss ich auch meinen: „Dies ist mein Leib"; wenn ich sage: „Dies ist Mein Blut", muss ich auch meinen: „Dies ist mein Blut." ‚Du, o Jesus, bist in der Messe nicht allein', muss der konsekrierende Priester in seiner Seele beten. "Am Kreuz warst Du allein; in dieser Messe bin ich bei Dir. Am Kreuz hast Du Dich dem Himmlischen Vater dargeboten; in der Messe opferst Du Dich noch immer dar, doch nun opfere ich mich mit Dir."

Die Weihe ist keine bloße, sterile Wiederholung der Worte des Letzten Abendmahls; sie ist eine Handlung, eine Nachstellung, eine weitere Passion in mir. "Hier, lieber Jesus, ist mein Leib, nimm ihn; hier ist mein Blut, nimm es. Es ist mir gleichgültig, ob die ‚Gestalten' meines Lebens bleiben — meine besonderen Pflichten in Schule, Pfarrei oder Amt; das sind nur die ‚Erscheinungen'. Aber was ich bin, in meinem Intellekt, meinem Willen — nimm, besitze, vergöttliche es, damit ich mit Dir am Altar sterben kann. Dann wird der Himmlische Vater herabblickend zu Dir und zu mir in Dir sagen:

Du bist mein geliebter Sohn; In Dir habe ich Wohlgefallen.
(Markus 1,11)

Wenn ich vom Altar herabsteige, werde ich mehr denn je in Marias Händen sein, wie als sie Dich vom Kreuz nahm. Sie war keine Priesterin, doch konnte sie die Worte der Weihe auf eine Weise sprechen, wie es kein Priester je von diesem Leib und Blut getan hat. Während sie Dich hielt, konnte sie sagen, wie in Bethlehem: Dies ist mein Leib; Dies ist mein Blut. Niemand auf der ganzen Welt gab Ihm Leib und Blut außer mir.

Möge sie, die mit ihrem Sohn ein Opfer war, uns lehren, niemals zum Kalvarienberg zu gehen, ohne dass unser Herz mit einem Schwert durchbohrt ist. Wehe uns, wenn wir vom Kalvarienberg mit unversehrten und weißen Händen herabsteigen! Doch herrlich werden wir sein als Priester und Opfer, wenn der Herr in unseren Händen die Zeichen Seiner Passion sieht, denn von solchen sprach Er:

> *Denn siehe, ich habe dein Bild in die Handflächen meiner Hände eingegraben.*

(Jesaja 49,16)

Zweite Anwendung:
Sei ein Opfer im Brechen des Brotes

Ein unveränderliches Ritual der Messe ist das Brechen des Brotes, um uns bei jeder Feier daran zu erinnern, dass der Herr für unsere Sünden als Opfer „gebrochen" wurde. Das Alte Testament kündigte bereits das Opfer Christi an, der sich im gebrochenen Brot darbrachte, denn es war vorgeschrieben, dass das Brot, das der Priester darzubringen hatte, „in kleine Stücke zerschnitten" werden sollte (3. Mose 2,6). Sogar das hebräische Wort für Brotkuchen, das in diesem Abschnitt verwendet wird, stammt von einem Verb ab, das „durchbohrt" oder „verwundet" bedeutete. Darin kündigte das Brot den Zustand des Opfers an, das es symbolisierte:

> *Nein, hier ist einer verachtet, von aller Menschen Achtung verlassen; gebeugt vor Elend und kein Fremder für Schwäche; Wie sollen wir dieses Gesicht erkennen? Wie sollen wir auf Ihn achten, einen so verachteten Menschen?*

(Jesaja 53,3)

Wie das Brot zerdrückt wurde, so würde auch Christus zerdrückt werden:

> *Ja, es war der Wille des Herrn, dass Er von Bedrängnis überwältigt werde.* (Jesaja 53,10)

Mehr als ein Priester

Was war das Zeichen, durch das die Jünger am Ostersonntag am Nachmittag den auferstandenen Christus erkannten?

Sie erkannten Ihn, als Er das Brot brach.

(Lukas 24,35)

Hl. Paulus' Bericht über die Eucharistie betonte diesen Opferzustand Unseres Herrn:

... und dankte, und brach es.

(1 Korinther 11,24)

Unser Priestertum muss wie die Krüge sein, die Gideons Heer von dreihundert Mann in die Schlacht trug. In jedem war eine brennende Kerze (Richter 7,18-20). Das Licht war da, aber es leuchtete nicht hervor, um den Feind zu verwirren und zu besiegen, bis die Krüge zerbrochen wurden. Erst wenn wir „zerbrochen" sind, verbreiten wir das Licht Christi, um die Mächte Satans zu besiegen. Es ist nicht nur die Seele und der Geist des Priesters, die im Dienst seines Amtes beteiligt sind: Es ist auch sein Leib, der gebrochene, gemarterte und zum Opfer gemachte Leib.

Eure Leiber... sind für den Herrn bestimmt, und der Herr beansprucht eure Leiber.

(1 Korinther 6,13)

Können wir glauben, dass Gott mit uns mehr zufrieden sein wird, wenn wir nur Darbringer sind und nicht auch selbst dargebracht werden, als Er es bei den Priestern des Alten Testaments war? Hat Er nicht Abscheu gezeigt, wenn sie etwas darbrachten, das von ihnen getrennt und abgesondert war?

Was kümmert es mich, sagt der Herr, wie ihr eure Opfer vermehrt? Ich habe genug und sogar im Überfluss. Brandopfer von Widdern, das Fett von Mastvieh und das Blut von Kälbern, Lämmern und Ziegen sind mir nichts.

(Jesaja 1,11)

Mehr als ein Priester

Wird Er nicht klagen, dass unser Priestertum unvollständig ist, wenn wir nicht das „Brot brechen", das unser Leib ist? Was will Er dann von uns? Es ist die Darbringung unserer selbst.

Ich ermahne euch aufgrund der Barmherzigkeiten Gottes, eure Leiber als ein lebendiges Opfer darzubringen, geweiht Gott und ihm wohlgefällig; Dies ist die Anbetung, die euch als vernünftigen Geschöpfen gebührt.

(Römer 12,1)

Die Rolle des Leibes wird so oft vergessen. Wahrlich, der Leib kann Anlass und Werkzeug der Sünde sein, doch er ist auch Anlass und Werkzeug des Verdienstes. Kann er so abscheulich sein, wie es einige alte geistliche Schriftsteller andeuteten, wenn er „*für den Herrn bestimmt ist*" (1 Korinther 6,13), wenn „*das Gesäte ein natürlicher Leib ist, aufersteht ein geistlicher Leib*" (1 Korinther 15,44) und wenn er durch die Eucharistie mit Unsterblichkeit ausgestattet wurde? Es ist nicht unsere Seele, die betet; es ist die Person, das Zusammenspiel von Leib und Seele. Besonders im Opfer ist der Leib wichtig. Durch seine Erschöpfung im priesterlichen Dienst, seinen ständigen Gebrauch im Predigen, Lehren und Bekehrtwerden wird er zu einem „lebendigen Opfer".

Jedes Mal, wenn Priester während der Messe „Brot brechen", erkennen sie nicht nur das Opfer Christi für sie, wie die Jünger von Emmaus, sondern auch Er wird sie erkennen. Kein ungebrochenes Brot, keine ungebrochenen Leiber wird der Hohepriester aus unseren Händen annehmen. Wurde der Weizen nicht bereits gebrochen, um Brot zu werden? Wurden die Trauben nicht bereits zerdrückt, um Wein zu werden? Sogar die Natur weist auf das Opfersein als untrennbar vom Priestertum des Darbringens von Brot und Wein am Altar hin.

Hl. Paulus betonte lediglich erneut die Untrennbarkeit von Priester und Opfer, als er an den jungen Priester Timotheus schrieb:

So ertrage nun als ein guter Soldat Christi Jesu dein Teil der Leiden.... Wir sollen Sein Leben teilen, weil wir Seinen Tod geteilt haben.

(2 Timotheus 2,3.11)

Dritte Anwendung:
Berufungen und Opfersein

Priesteramtskandidaten sagen: „Ich studiere für das Priestertum." Wie oft sagt oder denkt ein Priesteramtskandidat: „Ich studiere, um Priester-Opfer zu werden?" Wir bestehen auf der Würde unseres Priestertums, indem wir jene schnell zurechtweisen, die uns Respektlosigkeit zeigen. Aber bestehen wir jemals auf der Unwürdigkeit unseres Opferseins? Wir rühmen uns, dass unser Hoherpriester sowohl Darbringer als auch Dargebrachter ist. *Wir sagen, dass wir die Messe opfern, aber denken wir jemals daran, dass wir in der Messe dargebracht werden?* Unser Herr will keine Ochsen oder Ziegen mehr; Er will diejenigen, die „die Natur mit all ihren Leidenschaften, all ihren Trieben gekreuzigt haben" (Galater 5,24). Der Hl. Augustinus sagte, es sei nicht nötig, außerhalb seiner selbst nach einem Schaf zu suchen, das Gott dargebracht werden kann. Jeder hat in sich das, was er kreuzigen kann.

Könnte es sein, dass ein Grund für die geringe Zahl der Berufungen unser Versäumnis ist, das Opfer hervorzuheben? Die Jugend hat ein Opferbewusstsein, das wir unterschätzen. Sie wollen eine Mission, eine Herausforderung! Wenn wir der Art von Werbeansprache folgen, die Madison Avenue benutzt, um Zahnpasta zu verkaufen, wenn wir kommerzielle Techniken in unserer Berufungsliteratur anwenden, verwerfen die Herzen der Jungen nicht unsere Entfernung vom Kreuz? Rekrutieren wir nicht Früchte der Propaganda statt Früchte, die der Buße würdig sind?

Könnte es nicht auch sein, dass unser Versagen, Opfer zu sein, diejenigen entmutigt, die das Priesterseminar betreten, um auszuharren und Priester zu werden? Wir sagen ihnen, dass sie nicht hoffen können, gute Priester zu sein, wenn sie nicht jeden Morgen

Mehr als ein Priester

vor der Messe eine Meditation halten, doch gibt es nicht Zeiten, in denen wir selbst direkt vom Bett zum Altar eilen? Skandalisiert das nicht die Priesteramtskandidaten? Andererseits, wie sehr werden sie erbaut, wenn sie ihre Professoren bei der frühen Meditation mit ihnen und bei ihren geistlichen Übungen sehen! Ohne dieses Beispiel neigen sie leicht dazu, Spiritualität als etwas zu betrachten, das nur bis zum Tag der Weihe praktiziert werden soll.

Eine Umfrage unter 300 Jugendlichen, um herauszufinden, welche Art von Priester sie am meisten inspiriert, ergab, dass die erste Präferenz auf den ausländischen Missionar fiel; die zweite auf diejenigen, die sich um die Armen kümmern; die dritte auf ein Apostolat unter den Arbeitern. Der Punkt ist, dass die Jugendlichen den heroischen oder opferbereiten Priester bevorzugen.

Berufungen sind zahlreicher, als viele vermuten. Von 3.500 Jungen unter fünfzehn Jahren, die in einer Umfrage in einem südamerikanischen Land befragt wurden, gaben 1.800 an, dass sie das Gefühl hätten, eine Berufung zu besitzen. Und doch werden in jenem Land jährlich nicht mehr als vierzig junge Männer zum Priestertum erhoben. Was geschieht mit den anderen? Weltlichkeit, das Fleisch? Ja. Doch es ist angebracht zu fragen: Haben wir ihnen Christus, den Gekreuzigten, verkündet? Die jungen Menschen, die sich zu einem Leben des Opfers berufen fühlen – werden sie nicht zurückschrecken, wenn sie sehen, dass ihr Ideal in uns nicht verwirklicht wird? Welchen Zuspruch aber erhalten sie, wenn sie sagen: „So ein Priester möchte ich sein." Ein Grund, warum Missionsgesellschaften die Jugend anziehen, ist, dass ihre Mitglieder ein lebendiges Zeugnis ihres Eifers für Christus geben. Die Entbehrungen, die sie ertragen, die Seelen, die sie bekehren, das vollkommene Vertrauen in Gott trotz Armut und sogar Verfolgung – all dies lässt die Jugend ihr Priestertum durch ihr Opfersein lieben. Eine Umfrage unter einer Gruppe von Priesteramtskandidaten ergab, dass 60 Prozent von ihnen durch den Kontakt mit enthaltsamen und heiligen Priestern zur Aufnahme ins Priesterseminar inspiriert wurden.

Mehr als ein Priester

Es ist so leicht für uns, bereit zu sein, wie Petrus bei Caesarea Philippi, den Göttlichen Christus zu bekennen, aber weit davon entfernt, bereit zu sein, den leidenden Christus anzunehmen. Es war derselbe Petrus, der sagte: *„Du bist der Christus, der Sohn des lebendigen Gottes"* (Matthäus 16,16) und der *„Ihn an sich zog und begann, Ihn zu tadeln: Nie, Herr, sagte er; so etwas soll Dir nicht widerfahren"* (Matthäus 16,22).

Aus diesem Grund nannte Unser Herr ihn Satan, denn es war Satan, der zu Beginn des öffentlichen Dienstes Ihn versucht hatte, den Weg des Leidens abzulehnen, indem er Ihm drei Abkürzungen zu Seinem Reich ohne das Kreuz anbot (Matthäus 4,1-11). Die Verleugnung Seines Opferseins erscheint Christus als etwas Satanisches.

„Wenn *Satan auf dem Thron sitzt*" (Offenbarung 2,13) am Ende der Zeit, sagte Unser Herr, würde er so sehr wie Er erscheinen, *„dass, wenn es möglich wäre, sogar die Auserwählten getäuscht würden"* (Matthäus 24,24). Aber wenn Satan Wunder wirkt, wenn Er sanft seine Hände auf Kinder legt, wenn Er harmlos erscheint und ein Liebhaber der Armen ist, wie werden wir Ihn dann von Christus unterscheiden? Satan wird keine Narben an Händen, Füßen oder an der Seite haben. Er wird als Priester erscheinen, aber nicht als Opfer.

Wir erkennen Väter und Söhne, Brüder und Schwestern an familiären Ähnlichkeiten. Nur so wird Unser Herr uns erkennen und wir Ihn. Unsere Vorbereitung auf den Tag Seiner Wiederkunft muss daher darin bestehen, unsere Gemeinschaft mit dem Priester-Opfer zu vertiefen:

In diesem sterblichen Leib von mir helfe ich, die Schuld zu begleichen, die die Leiden Christi für den Leib, die Kirche, noch offenlassen.

(Kolosser 1,24)

Kénose und Pleroma

Zwei Worte in den Schriften werden oft getrennt betrachtet, obwohl sie tatsächlich als Ursache und Wirkung zusammenhängen. Die beiden Worte, die eine andere Phase der Beziehung zwischen Darbringer und Dargebrachtem darstellen, sind *kénose* und *pleroma*, das heißt „Entleerung" und „Erfüllung". Es ist fast so, als ob Berge durch das Entleeren von Tälern entstehen. Der Hl. Paulus schreibt in einer klassischen Beschreibung der Erniedrigung und Erhöhung Unseres Herrn:

> *Er entäußerte sich selbst, nahm die Natur eines Knechtes an, wurde in der Gestalt der Menschen gleich und erschien uns in menschlicher Gestalt; und erniedrigte sich selbst, nahm einen Gehorsam an, der Ihn bis zum Tod führte, ja zum Tod am Kreuz. Darum hat Gott Ihn auch über alle Maßen erhöht und Ihm den Namen gegeben, der über jeden Namen ist; damit im Himmel und auf Erden und unter der Erde alle Knie sich vor dem Namen Jesu beugen und jede Zunge bekenne, dass Jesus Christus der Herr ist, zur Ehre Gottes, des Vaters.*

(Philipper 2,7-11)

Weil Er sich selbst entleert hat, ist Er erhöht worden. Weil es den Kalvarienberg gab, gab es die Sendung des Heiligen Geistes. Weil Sein physischer Leib zerbrochen wurde, wächst Sein Mystischer Leib in Alter, Gnade und Weisheit vor Gott und den Menschen.

Wendet man dieses Prinzip auf das Priestertum an, so führt die Selbstentäußerung für das Volk der Pfarrei zum geistlichen Wohlstand der Pfarrei. Die Ent-Egoisierung unseres Lebens bereitet auf die Führung des Heiligen Geistes vor; Das „Leerzeichen" in unserem Herzen lässt Christus an der Tür klopfen. Er bricht keine verschlossenen Türen auf. Er wird nur eintreten, wenn wir Ihm öffnen. Eine Schachtel, die voller Pfeffer ist, kann nicht mit Salz gefüllt werden; Ein Priester, der voller eigener Wünsche ist, kann nicht mit der „Kraft des Heiligen Geistes" (Apostelgeschichte 1,2) erfüllt werden. Der Hl. Paulus wählte Timotheus aus seinen Freunden als denjenigen aus, der sich stets für andere interessierte und am wenigsten um sich selbst sorgte. In ihm war das „Pleroma" vollendet aufgrund der „Kénose" des Egoismus.

Ich habe hier niemanden sonst, der meine Gedanken so teilt wie er, niemanden, der sich so uneigennützig um eure Angelegenheiten kümmert; Alle haben ihre eigenen Interessen im Herzen, nicht die Christi.

(Philipper 2,20-21)

Hirte – Lamm

Um es anders auszudrücken: Wir Priester sind nicht nur Hirten, sondern auch Lämmer. War Unser Herr nicht selbst sowohl der „Gute Hirte" als auch das „Lamm Gottes" (Johannes 1,29)? Als Darbringer ist Er der Hirte. Als Dargebrachter ist Er das Lamm. Diese doppelte Rolle Christi erklärt, warum Er zu bestimmten Zeiten während Seines Prozesses sprach und zu anderen Zeiten schweigsam blieb. Er sprach als der Hirte; Er schwieg als das Lamm.

Der Priester ist ebenfalls nicht nur der Hirte, der sich um seine Schafe kümmert; er ist auch das Lamm, das in der Sorge um sie dargebracht wird. Diese Sorge unterscheidet Ihn vom Hirtenknecht. Wer sich um einen anderen sorgt, nimmt die Last des Zustands des anderen auf sein eigenes Herz und trägt sie in Liebe. Die Pfarrangehörigen sind keine Störer; sie sind unser Herz, unser Leib, unser Blut.

Der Priester, der die Rolle des Hirten übernimmt, geht oft als Lamm in den Tod. Der Hirte, der dem verlorenen Schaf ein reichlicheres Leben schenken will, wird unweigerlich von Wölfen umheult und somit letztlich in den Tod geführt. Erst der Anblick des gekreuzigten Hirten ließ die Schafe erkennen, wie sehr der Hirte sich um sie sorgte. Es ist interessant, dass der Hl. Petrus Unseren Herrn als *„Euren Hirten, der über eure Seelen wacht"* (1 Petrus 2,25) bezeichnete.

Mehr als ein Priester

Die Hauptpflicht des Hirten ist es, das verlorene Schaf zu suchen und bei ihm zu bleiben, sobald es gefunden ist. Dies unterscheidet den wahren Hirten vom Hirtenknecht, den Intellektuellen von der Intelligenz. Beide sind akademisch gebildet, gelehrt und wissenschaftlich. Der Unterschied liegt in ihrer Beziehung zum Volk. Der Intellektuelle verliert niemals das Mitgefühl für die Menge, das das Fleischgewordene Wort auszeichnete. Die Intelligenz hingegen lebt fern von Tränen und Hunger, Krebs und Verlusten, Armut und Unwissenheit. Ihnen fehlt der menschliche Bezug. Nur die Sahne der gelehrten Bildung und nicht die Milch der menschlichen Güte fließt durch ihre Adern.

So ist es auch mit dem Priester. Der Kontakt mit den Menschen um Christi willen ist das Opfersein, das das Priestertum ausmacht. Nur indem er selbst ein Lamm wird, das durch das Vergessen weltlicher Überlegenheit dargebracht wird, wird der Priester zum Hirten der Seelen.

✠ J.M.J. ✠

~ 2 ~

Der Priester ist wie die Jakobsleiter

Jeder Priester weiß um seine göttliche Berufung, Mittler zwischen Gott und Mensch zu sein, Gott zum Menschen und den Menschen zu Gott zu bringen. Als solcher setzt der Priester die Inkarnation Jesu Christi fort, der sowohl Gott als auch Mensch war. Unser Herr war nicht Priester, weil Er ewig vom Vater gezeugt wurde. Er war Priester wegen der menschlichen Natur, die Er annahm und für unsere Erlösung darbrachte. Daraus leitete sich die Fülle allen Priestertums ab, oder um den großartigen Ausdruck des Hl. Thomas von Aquin zu verwenden: Er wurde „fons totius sacerdotii".

Hl. Paulus hatte bereits einen ebenso bestimmenden Ausdruck verwendet, um unsere sakerdotale Beziehung zu Christus einerseits und zum Volk andererseits zu kennzeichnen:

So sollen wir betrachtet werden, als Diener Christi und Verwalter der Geheimnisse Gottes.

(1 Korinther 4,1)

Als Diener Christi sind wir ebenso von Ihm abhängig für unsere Kräfte wie die Lichtstrahlen von der Sonne abhängig sind. Doch Paulus betont zugleich, dass wir auch die Verwalter der Geheimnisse Gottes sind, um zu zeigen, dass wir weiterhin an unsere Mitmenschen gebunden bleiben.

Jeder Priester ist wie eine weitere Jakobsleiter. Aus der Heimat verbannt, auf der Flucht vor einem nachtragenden Bruder, machte der wandernde Sohn Isaaks sein Abendlager auf dem Boden, ein Steinblock war sein Kopfkissen. Der Mensch ist im Schlaf am hilflosesten, und es war in diesem Zustand, dass Gott Jakob erschien.

Der Priester ist wie die Jakobsleiter

Er träumte, dass er eine Leiter sah, die auf der Erde stand, deren Spitze bis in den Himmel reichte; eine Treppe, auf der die Engel Gottes hinauf- und hinabsteigen konnten. Über diese Leiter beugte sich der Herr selbst herab und sprach zu Jakob: Ich bin der Herr, sprach Er, der Gott deines Vaters Abraham, der Gott Isaaks.

(Genesis 28,12-13)

Jakob änderte sogleich den Namen des Ortes, an dem er diese Vision hatte, von Luza in Bethel. Der Name Luza bedeutete ursprünglich „*Trennung*", während Bethel das „*Haus Gottes*" bezeichnete (Genesis 28,19). Wir, ebenso berufen, als Mittler zwischen Gott und Mensch zu wirken, werden nur durch die Absonderung vom Geist der Welt würdige Priester des Hauses Gottes. Gott ersetzt jede Selbstverleugnung durch einen größeren Segen. Die Bedingung, „Bethel" zu dienen, ist „Luza", die Loslösung von der Welt.

Die Leiter ist ein einfaches und anmutiges Bild des Priestertums Christi:

Ich bin der Weg.

(Johannes 14,6)

Durch Seinen Tod, Seine Auferstehung und Seine Himmelfahrt zur Rechten Gottes ist Christus zum Mittler geworden und hat die Beziehung zwischen Gott und Mensch wiederhergestellt.

Bestimmte Details der Vision sind besonders bemerkenswert:

1. Die Leiter stand auf der Erde. So wurde die Verbindung zwischen Erde und Himmel durch Christus hergestellt, der Fleisch annahm, auf unserer Erde wandelte und auf dem Kalvarienberg erhöht wurde.

2. Die Leiter reichte bis zum Himmel und symbolisiert, dass Christus auferstanden und verherrlicht zur Rechten des Vaters sitzt.

3. Engel, die auf- und absteigen, stellen eine der Funktionen des Priesters dar, dessen Aufgabe es ist, Opfer und Gebete zum Himmel zu tragen und Gnaden sowie Segnungen auf die Erde zurückzubringen.

Das Kreuz, die Leiter der Vermittlung, wurde auf der Erde errichtet. Es war irdischen Ursprungs, insofern als es von den Soldaten Pilatus' gefertigt wurde; aber es war nicht irdischen Ursprungs als Sühneinstrument, da es aus der Geschichte und den göttlichen Ratschlüssen hervorging. Sein oberstes Ende reicht bis zum Himmel, denn der göttliche Mittler sitzt zur Rechten des Vaters. Wie Unser Gesegneter Herr sagte: „Niemand ist je in den Himmel hinaufgestiegen; aber es gibt Einen, der vom Himmel herabgestiegen ist" (Johannes 3,13). Er ist die Leiter, auf der wir zu Gott emporsteigen; niemand gelangt zum Vater außer durch Ihn.

Insofern jeder Priester ein alter Christus ist, ist jeder von uns eine weitere Jakobsleiter – mit vertikalen Beziehungen zu Christus im Himmel und horizontalen Beziehungen zu den Menschen auf der Erde.

Die Spitze der Leiter:
Vertikale Beziehung zu Christus im Himmel

Von den vielen Arten, wie wir mit Christus, unserem Hohenpriester im Himmel, verbunden sind, verdienen hier zwei Erwähnung:

1. Unsere Berufung stammt von Ihm: „Seine Berufung (die des Priesters) kommt von Gott, wie die Aarons; niemand kann sich ein solches Privileg anmaßen" (Hebräer 5,4).

2. Die ganze Wirksamkeit unseres Priestertums kommt von Ihm: die Sakramente, die wir spenden, die Wahrheit, die wir verkünden, die Gnade, durch die verlorene Schafe gerettet werden, die Jugendlichen, deren Berufungen wir fördern, was immer für übernatürliche Werke wir vollbringen.

Der Priester ist wie die Jakobsleiter

Was tut der verherrlichte Christus im Himmel, während wir unser Priestertum ausüben? „Er lebt weiterhin, um Fürbitte für uns zu halten" (Hebräer 7,25). Wenn wir mit menschlichen Worten göttliche Dinge beschreiben, können wir sagen, dass Unser Herr bei jeder Darbringung der Messe Seinem Himmlischen Vater die Narben an Seinen Händen, Seinen Füßen und Seiner Seite zeigt; aus genau diesem Grund bewahrte Er sie. Bei der Weihe der Messe können wir uns vorstellen, wie Unser Herr sagt: „In Meine Hand habe Ich ihre Herzen eingraviert. Nicht wegen ihrer Würdigkeit, sondern wegen Meiner Liebe bis zum Tod gewähre ihnen durch den Heiligen Geist Gnaden. Meine Wunden sind geheilt, aber Meine Narben bewahrte Ich, damit Ich sie immer vor Dir, o Vater, als Pfand Meiner Liebe darhalten kann. Wenn Du das sündige Volk nicht gerecht strafen konntest, weil die erhobenen Hände Abrahams im Wege standen, sollen dann nicht Meine Hände ihnen die Barmherzigkeit erringen, die Ich ihnen am Kalvarienberg erworben habe? Ich bin nicht nur ein Sacerdos in aeternum; Ich bin ein Victima in aeternum."

Wie ist unser Hoher Priester in das himmlische Heiligtum eingegangen? Durch das Zerreißen des Schleiers Seines Fleisches. Der Brief an die Hebräer (9,11) vergleicht den Schleier, der vor dem Heiligsten Allerheiligsten hing, mit dem menschlichen Fleisch Christi. Nur einmal im Jahr und nach dem Vergießen von Blut im Opfer durfte der Hohepriester durch den Schleier treten, der das Heiligste Allerheiligste verbarg. Erst nach dem Vergießen Seines Blutes am Kalvarienberg konnte Christus, der Hohepriester, das Heiligste Allerheiligste des Himmels betreten.

Das irdische Leben Unseres Herrn könnte als Leben außerhalb des Schleiers betrachtet werden, da viele der Sühnezeremonien im Alten Testament im Heiligtum außerhalb des Heiligsten Allerheiligsten vollzogen wurden. In einem weiteren Sinn waren die Predigten und Wunder Unseres Herrn auf einen sehr kleinen Teil der Welt beschränkt. Seine Mission auf der Erde war auf Galiläa und Judäa beschränkt. Doch nach Seiner Himmelfahrt und dem Kommen des Geistes wurde Sein Priestertum bis an die Enden der Erde

Der Priester ist wie die Jakobsleiter

ausgeübt. Seine menschliche Natur war ein Schleier, der Ihn für eine Zeit daran hinderte, Seine volle Herrlichkeit zu offenbaren. Dieser Schleier des Fleisches musste am Kalvarienberg zerrissen werden, bevor Er in die volle Ausübung Seines Priestertums eintreten konnte.

Der Karfreitag erlebte ein doppeltes Zerreißen des Schleiers: Einer war das Zerreißen des Schleiers des Tempels, der von oben bis unten zerrissen wurde. Es bedeutete, dass das Heiligste Allerheiligstes nun für alle Menschen offen sein würde:

Und plötzlich wurde der Schleier des Tempels von oben bis unten hierhin und dorthin zerrissen.

(Matthäus 27,51)

Aber als Unser Herr sagte: „Es ist vollbracht" (Johannes 19,30), wurde das menschliche Fleisch, das ein Schleier war, der das Unsichtbare vor dem Menschen verbarg, durchbohrt vom Speer des Hauptmanns zerrissen, und das Herz der ewigen Liebe wurde offenbart,

das uns auffordert, an der Hoffnung festzuhalten, die wir vor Augen haben, dem Anker unserer Seelen. Sicher und unbeweglich reicht es bis in das innere Heiligtum jenseits des Schleiers, das Jesus Christus, unser Vorläufer, bereits betreten hat, als Hoher Priester, nun ewig mit dem Priestertum Melchisedeks.

(Hebräer 6,18-20)

Solange jener Schleier des Fleisches vorhanden war, schloss er den Menschen von der vollen Schau des Heiligen Gottes aus und offenbarte Ihn nur als „ein verschwommenes Spiegelbild" (1 Korinther 13,12). Aber die Vermittlung und Fürbitte wurden himmlisch nach dem Blutvergießen.

Der Hohepriester im Alten Testament mochte sich über die Schönheit des Schleiers wundern, doch er konnte ihn nicht durchschreiten, außer durch Blut. So auch mit Christus:

Es ist Sein eigenes Blut, nicht das Blut von Ziegen und Kälbern, das Ihm ermöglicht hat, ein für allemal in das Heiligtum einzutreten; das Lösegeld, das Er erwirkt hat, gilt ewig.

(Hebräer 9,12)

Und wiederum:

Wir können mit Zuversicht durch das Blut Christi in das Heiligtum eintreten.

(Hebräer 10,19)

Das Zerreißen des Tempelschleiers von oben bis unten war nicht das Werk des Menschen, sondern die Tat Gottes. So ist unsere Erlösung nicht das Werk des Menschen, sondern Gottes, der Mensch geworden ist.

Christus, unser einziger Mittler

Die einzige Fürbitte ist die unseres Hohen Priesters im Himmel, denn es ist kein anderer Name den Menschen gegeben, durch den sie gerettet werden können (Apostelgeschichte 4,12). Der Sand des Moslems, die Bußen des Hindus, der Quietismus des Buddhisten vermögen nicht zur Erlösung beizutragen. Wenn ein Beweis für diese Behauptung notwendig wäre, so genügte das Beispiel Moses.

Der Grund, warum Mose nicht ins Gelobte Land eintreten durfte, war, dass er dem göttlichen Gebot ungehorsam war und den Felsen schlug, obwohl ihm nur befohlen war, zu ihm zu sprechen. Zwei Begebenheiten mit einem Felsen sind in der biblischen Geschichte Moses überliefert. Die eine war in Refidim im zweiten Jahr, nachdem er sie aus der ägyptischen Knechtschaft geführt hatte. Die andere war in Kades im 38. Jahr der Wanderung. In beiden Fällen litten die Menschen großen Durst, und der Fels rettete sie, der Fels, der, wie der Hl. Paulus sagt, Christus war (1 Korinther 10,4).

Als das Volk zum ersten Mal Wasser brauchte, sagte Gott zu Mose: „Du sollst nur auf diesen Fels schlagen" (Exodus 17,6); und sofort floss Wasser daraus hervor. Etwa sechsunddreißig Jahre später, als erneut eine schwere Dürre herrschte, sagte Gott zu Mose:

Der Priester ist wie die Jakobsleiter

„Rede zu dem Fels hier" (Numeri 20,8), das heißt: „Sprich." Stattdessen wandte sich Mose in egoistischer Weise an das Volk:

Hört mir zu, sagte er, ihr ungläubigen Rebellen; sollen wir euch Wasser aus diesem Fels bringen?

(Numeri 20,10)

Dann schlug Mose den Fels, anstatt zu ihm zu sprechen. Trotz seines Hochmuts gab Gott Mose das Wasser, doch Er sagte ihm, dass er als Strafe nicht in das Gelobte Land eingehen werde.

Warum hast du nicht auf Mich vertraut und Meine Heiligkeit vor Israel gerechtfertigt? Es wird dir nicht zuteilwerden, dieses Volk in das Land zu führen, das Ich ihnen geben will.

(Numeri 20,12)

Der hebräische Text verwendet in den beiden Berichten unterschiedliche Wörter für „Fels". Im früheren Vorfall ist es *Tsur*, so genannt, um seine Schärfe zu kennzeichnen; im späteren *sela*, was seine Erhebung betont. Vom Hl. Paulus wissen wir, dass der Fels Christus ist. Wir können daher vermuten, dass der scharfe Fels, den Gott anzuweisen befahl zu schlagen, das Symbol Christi ist, der in der Schärfe des Kreuzes geschlagen wurde, von dem die Wasser der Erlösung und des Geistes (Johannes 7,39) kommen.

Der zweite erhöhte Fels, der nicht geschlagen, sondern angesprochen oder angerufen werden sollte, ist er nicht ein Symbol Christi, der im Himmel auferstanden und verherrlicht ist, zu dem wir nur sprechen müssen, um die lebendigen Wasser zu empfangen (Johannes 7,37)? Die Erlösung ist bereits vollendet. Es werden keine weiteren Kalvarien benötigt.

Der Tod, den Er starb, war der Tod, einmal für alle, der Sünde gegenüber; Das Leben, das Er jetzt lebt, ist ein Leben, das auf Gott ausgerichtet ist.

(Römer 6,10)

Es wird niemals wieder einen Fels geben, der, wenn er geschlagen wird, die Wasser des ewigen Lebens hervorbringt.

Der Priester ist wie die Jakobsleiter

Erlösung ist nur in Christus. Doch Seine Rolle ist nicht beendet. Er bleibt unser Fürsprecher beim Vater und wirkt die Früchte der Erlösung. Darin unterscheidet Er sich auch von den Priestern des Alten Testaments.

Einer, der nicht tun muss, was jene anderen Priester taten. ..... Was Er getan hat, hat Er ein für alle Mal getan; und das Opfer war Er selbst.

(Hebräer 7,27)

Wie sonst könnten unsere Sünden vergeben werden als durch Seine bleibende Vergebung? Es besteht kein Zweifel, dass weltliche Gerichte bei der Beilegung von Streitigkeiten von großem Nutzen sind. Aber was ist mit den großen Sünden gegen Gott, nicht nur in der Kirche, sondern auch außerhalb von ihr? Dafür brauchen wir die göttliche Erlösung.

Die beiden Söhne Elis missbrauchten ihr Amt durch Unterdrückung und Ausschweifung. Sie hatten als Priester Anspruch auf einen bestimmten Teil der Tieropfer, die dargebracht wurden; statt sich mit den Teilen zufrieden zu geben, die Gott ihnen zuteilte, stahlen sie Fleisch, das Gott zum Verbrennen bestimmt hatte. Zu diesem Ungehorsam fügten die jungen Priester Unreinheit und Skandal hinzu, die die Menschen davon abhielten, zum Haus des Herrn zu kommen. Ihr Vater sagte zu ihnen:

Wenn ein Mensch einem Menschen Unrecht tut, mag Gottes Gerechtigkeit noch befriedigt werden; wenn ein Mensch aber gegen den Herrn sündigt, wer wird dann für ihn eintreten?

(1 Könige 2,25 [1 Samuel 2,25, RSV])

Auf diese Frage konnten sie keine Antwort geben.

Aber Gott selbst beantwortete sie zur bestimmten Zeit, und die Antwort ist das Blut des Hohen Priesters, dessen ewige Liebestat der Priester im Opfer der Messe zu erneuern vermag. Wird Er nicht angerufen oder wird Er abgelehnt, so gibt es keine Vergebung.

Der Priester ist wie die Jakobsleiter

Wenn wir weiterhin willentlich sündigen, nachdem uns die volle Erkenntnis der Wahrheit zuteilwurde, haben wir kein weiteres Opfer für die Sünde zu erwarten.

(Hebräer 10,26)

Wer kann unser Gegner sein, wenn Gott auf unserer Seite ist? Er hat nicht einmal Seinen eigenen Sohn verschont, sondern hat Ihn für uns alle hingegeben; und darf nicht dieses Geschenk von dem Geschenk alles anderen begleitet werden? Wer wird voranschreiten, um die Auserwählten Gottes anzuklagen, wenn Gott uns freispricht? Wer wird gegen uns richten, wenn Jesus Christus, der gestorben ist, ja, der auferstanden ist und zur Rechten Gottes sitzt, für uns Fürsprache hält? Wer wird uns von der Liebe Christi trennen?

(Römer 8,31-35)

Unsere spezifische Beziehung als Priester ist die Spitze der Leiter. Es fällt uns zu, den Ewigen Liebhaber im Himmel zu kontaktieren, der „noch lebt, um für uns Fürbitte zu halten" (Hebräer 7,25).

Das Priestertum Christi im Himmel ist ein bleibendes und fortwährendes. Was auch immer der Mensch als Mensch in jeder Situation von Anstrengung, Kampf oder Sünde braucht, er hat eine wirksame Fürsprache durch Christus, der unsere Sache beim Vater vertritt:

...wenn jemand von uns in Sünde fällt, haben wir einen Fürsprecher, der vor dem Vater im Gerechten, Jesus Christus, für uns eintritt. Er ist in seiner eigenen Person die Sühne für unsere Sünden und nicht nur für unsere, sondern für die Sünden der ganzen Welt. (1 Johannes 2,1-2)

Dies ist die vertikale Dimension unseres Priestertums, durch die wir Kontakt mit dem Heiligsten Allerheiligsten haben und durch die wir berechtigt sind, „ministros Christi" genannt zu werden. In jedem Augenblick unseres Priestertums sind wir oder sollten wir in Verbindung mit dem Göttlichen Fürsprecher stehen. Zu oft, wenn jemand in Not um Hilfe bittet und dem Priester seine bedrückte Seele offenbart, sagen wir ihm, er solle beten. Gewiss! Aber treten wir auch für ihn ein? Wir haben direkte Kommunikation mit dem Göttlichen Fürsprecher; wir besitzen die Privilegien eines Botschafters. Demjenigen, dem es unser Amt ist zu helfen, zu sagen, er solle beten, während wir nicht für ihn eintreten, heißt, unserem hohen Amt untreu zu sein. Von Zeit zu Zeit die Messe für alle anzubieten, die „arbeiten und belastet sind" *(Matthäus 11,28),* ist das Kennzeichen eines heiligen Priesters, der den Weg zum Heiligsten Allerheiligsten kennt.

Die unterste Sprosse der Leiter: Horizontale Beziehungen zum Volk

Um unser Priester zu sein, nahm Christus eine menschliche Natur an. Wir setzen Sein Priestertum ebenso fort, nicht nur durch den Kontakt mit Ihm im Himmel, sondern auch, indem wir menschlich bleiben und im Namen der ganzen Menschheit zu Ihm sprechen. Vertikal sind wir mit Christus im Himmel verbunden; horizontal sind wir mit den Menschen auf der Erde verbunden. Wie Christus unsere Gebrechen auf sich nahm und unsere Leiden trug, so sind auch wir Vertreter der sündigen Menschheit:

> *Der Zweck, weshalb ein Hoherpriester aus seinen Mitmenschen erwählt und zum Vertreter der Menschen im Umgang mit Gott gemacht wird, ist es, Gaben und Opfer zur Sühne ihrer Sünden darzubringen. Er ist dazu befähigt, weil er für sie Mitgefühl hat, wenn sie unwissend sind und Fehler machen, da auch er selbst von Demütigungen umgeben ist.*
>
> (Hebräer 5,1-2)

Warum hat Unser Herr gerade uns erwählt, die wir so schwach sind? Jeder von uns kennt viele, die gewiss empfänglicher für die Gnade der Weihe gewesen wären. Es wäre eine Beleidigung der Göttlichen Weisheit, uns selbst für das beste verfügbare Material zu halten. Warum hat Gott nicht Engel erwählt, um zwischen Sündern und Gott zu vermitteln? Weil dem Engel experimentell das Mitgefühl, das Mitleiden, das gemeinsame Leiden fehlen würde, das

Der Priester ist wie die Jakobsleiter

nur der kennt, der selbst gelitten hat. Unser Herr selbst nahm die „Natur eines Knechtes" an (Philipper 2,7), um unsere Leiden und Wunden umso spezifischer zu teilen. Niemand kann je sagen, Gott wisse nicht, wie es ist, so zu leiden wie Er. Sogar das eine, was Seiner menschlichen Natur fehlte, die Eigenschaft der Weiblichkeit, hat Er so weit wie möglich ausgeglichen, indem Er die „Frau" berief, mit Ihm (so viel Maria konnte) Sein Leiden zu teilen.

Selbst außerhalb Seiner Passion hat Ihn alles, was Er aus Mitleid mit den Leiden des Menschen tat, etwas gekostet. Er hat sich niemals vor unseren Gebrechen immunisiert. Er schien sogar etwas zu verlieren, wenn Er heilte: *„Eine Kraft ist von Mir ausgegangen"* (Lukas 8,46). Er stöhnte, als Er Lazarus von den Toten auferweckte. *„Und Jesus... seufzte tief und erschrak in Sich"* (Johannes 11,33).

Wir feiern die Messe oder beten unser Brevier niemals als Einzelne. Das ist ein Grund, warum ein Ministrant oder ein anderer bei der Messe assistieren sollte. Und obwohl die Messe dem Himmlischen Vater von der Kirche dargebracht wird, gilt ihre Fürbitte nicht nur der Kirche, sondern auch denen, die noch nicht zum Haus Israel gehören, zu denen auch wir gesandt sind. So ist die Bedeutung jener Worte, die wir bei der Gabenbereitung sprechen, wenn wir in die vier Himmelsrichtungen der Erde den Kelch der Erlösung dargebracht haben: „pro nostra et totius mundi salute."

Dem Priester im Alten Testament wurden detaillierte Anweisungen gegeben, die seine Bindung an sein Volk hervorhoben.

Und wenn Aaron in das Heiligtum geht, wird er auf seiner Brust, auf dem Brustschild, der Rat gibt, die Namen der Söhne Israels tragen und den Herrn ewig an sie erinnern. Und in das Brustschild, das Rat gibt, wirst Du die Prüfsteine der Weisheit und der Wahrheit legen. Diese sollen auf Aarons Brust sein, wenn er in die Gegenwart des Herrn tritt; solange er dort ist, wird er auf seiner Brust das Schiedsgericht der Söhne Israels tragen.

(Exodus 28,29-30)

Der Priester ist wie die Jakobsleiter

Die Namen auf den Schulternsteinen können als die Last verstanden werden, die sein Volk für ihn darstellte, so wie das Kreuz unsere Last ist. Doch das Brustschild, das über dem Herzen getragen wird, zeigte an, dass er sie dennoch mit Zuneigung und Liebe trug. Aufgrund unserer horizontalen Beziehungen zur Welt müssen wir den Namen jedes Menschen in unseren Herzen tragen, und zwar nicht nur in unserem privaten Gebet, sondern immer dann, wenn wir das Opfer der Wiedergutmachung und der tränenreichen Fürbitte dem großen Hohenpriester im Himmel darbringen. Die Intentionen unserer Messen sind weiter gefasst als die derer, die sie erbeten haben. Sie umarmen die Gläubigen und die Welt.

> *Höre, wie die Priester, die dem Herrn dienen, zwischen Vorhalle und Altar klagen und laut rufen: Verschone dein Volk, Herr, verschone es; dein auserwähltes Volk, lass es nicht die Schande erleiden, heidnischen Herren zu gehorchen!*
>
> (Joel 2,17)

Immer berührt von Mitleid für menschliche Schwächen tragen wir die Last der Nationen in unseren Herzen. Zwischen dem Heiligtum und dem Tabernakel, gekleidet in die Gewänder, die uns als Vertreter Christi kennzeichnen, sprechen wir für die Sprachlosen, sühnen für die Sünder, bitten für die Judasse und treten ein für jene „*die nicht wissen, was sie tun*" (Lukas 23,34).

Die Fürbitte des Priesters vor dem Thron Gottes muss eine tränenreiche sein. Darin hat uns unser Hoher Priester ein Beispiel menschlichen Mitgefühls gegeben, denn Er weinte dreimal: einmal über menschliche Trauer, Elend, Verlassenheit und Tod am Grab des Lazarus; Einmal für eine Stadt, eine Zivilisation, eine verfallende Kultur, eine verrottende Regierung, korrupte Priester, in Jerusalem; Schließlich für die menschliche Sünde, den Stolz, die Gier, den Egoismus und all jene Aufzählung der Hauptübel, in Gethsemane. Wenn wir am unteren Ende der Leiter beginnen (wie wir müssen), mit Mitleid für alle Menschen, ist uns nichts, was anderen widerfährt, fremd. Ihr Leid ist unser Leid, ihre Armut unsere Armut. Egal, wessen Seelen ermüden, egal, wessen Hände schwere Lasten tragen, unsere Reaktion ist stets dieselbe. "Mein Leid", rufen wir im Tiefen unseres eigenen mitleidenden Geistes, „mein Schmerz, mein Kreuz!"

Wie die Fürbitte unsere Messe beeinflusst

Angesichts unserer Identifikation mit denen, die unwissend sind und Fehler machen (Hebräer 5,2), werden unsere Gedanken ihre Gedanken sein, wenn wir das Heilige Opfer der Messe darbringen.

Bei der Gabenbereitung zum Beispiel werden wir die ganze Menschheit auf der Patene und im Kelch sehen. Wie Unser Herr die ersten Elemente Seines eigenen menschlichen Leibes von einer Frau empfing, so nimmt Er für die Eucharistie Brot und Wein von der Erde. Das Brot und der Wein sind somit Repräsentanten der Menschheit. Zwei der Substanzen, die den Menschen am weitesten genährt haben, sind Brot und Wein. Brot wurde als das Mark der Erde bezeichnet; Wein als ihr eigenes Blut. Indem wir geben, was traditionell unser Fleisch und Blut ausmacht, opfern wir gleichsam die gesamte Menschheit auf der Patene.

Das Volk bringt nicht mehr Brot und Wein dar wie in der frühen Kirche, doch ihre Beiträge zur Gabenbereitung ermöglichen den Kauf von Brot und Wein. Es gäbe weniger Widerstand gegen den Klingelbeutel, wenn wir mehr Mühe darauf verwendeten, ihn als Symbol der Eingliederung der gesamten Gemeinde in das Opfer der Messe darzustellen. Ebenso könnten wir zugleich erbauen und den Segen des Herrn gewinnen, wenn wir selbst großzügig zu jeder Sammlung gäben, zu der wir die Gläubigen um Beitrag bitten. Warum sollten wir am Missionssonntag von einem Opfer für die Ausbreitung des Glaubens befreit sein? "Sei so großzügig wie möglich" ist leeres Gerede, wenn die Großzügigkeit des Pfarrers nicht der Großzügigkeit seiner Herde vorausgegangen ist.

Bevor das Brot auf die Paten gelegt und der Wein in den Kelch gegossen werden konnte, mussten wie viele Elemente der wirtschaftlichen, finanziellen und technischen Welt ins Spiel gebracht werden! Der Weizen benötigte Bauern, Felder, Säcke,

Der Priester ist wie die Jakobsleiter

Lastwagen, Mühlen, Handel, Finanzen, Kauf und Verkauf. Die Trauben erforderten Weinberge, Flaschen, Weinpressen, Zeit, Raum, Chemie, tausend Jahre angesammelter Fertigkeiten.

Bei der Gabenbereitung fassen wir daher die ganze Welt in den engen Rahmen eines Tellers und eines Kelches zusammen. Jeder Schweißtropfen, jeder Arbeitstag, die Entscheidungen des Ökonomen, des Finanzierers, des Zeichners und des Ingenieurs, jede Anstrengung und Erfindung, die in die Vorbereitung der Elemente der Gabenbereitung eingeflossen sind, werden durch unser Handeln symbolisch erlöst, gerechtfertigt und geheiligt. Wir bringen nicht nur den erlosten Menschen, sondern die unerlöste Schöpfung zu den Stufen des Kalvarienbergs und zur Schwelle der Erlösung.

So wie der Weizen, den Maria aß, und der Wein, den sie trank, eine Art natürliche Eucharistie wurden, um sich auf das Lamm Gottes vorzubereiten, das sich für die Welt opfern würde, so werden alle materiellen Dinge durch die Gabenbereitung der Messe geheiligt.

In der Weihe erneuert Christus Sein Opfer auf unblutige Weise. Die Liebestat, die jenes Opfer bewirkte, ist ewig, denn Er ist das Lamm *„seit Grundlegung der Welt zum Opfer geschlachtet"* (Offenbarung 13,8). Was der Priester jedes Mal tut, wenn Er die Worte der Weihe spricht, ist, den Kalvarienberg und seine Früchte auf einen bestimmten Ort und eine bestimmte Zeit anzuwenden. Lokalisiert an einem Punkt im Raum und einem Moment in der Zeit, wird der Kalvarienberg nun im Raum und in der Zeit universalisiert. Der Priester nimmt das Kreuz des Kalvarienbergs mit Christus, der noch daran hängt, und pflanzt es in New York, Paris, Kairo und Tokio sowie in die ärmste Mission der Welt. Wir sind am Altar nicht allein; wir stehen in horizontalen Beziehungen zu Afrika, Asien, unserer eigenen Pfarrei, unserer Stadt – zu allen.

An dem Messgewand jedes Priesters hängen zum Beispiel 600 Millionen Seelen in China, die Christus noch nicht kennen. Wenn der Priester die Hostie in seine Hand nimmt, sieht Er Finger, die von der Sklaverei in den Salzminen Sibiriens verkrüppelt sind. Wenn Er

Der Priester ist wie die Jakobsleiter

vor dem Altar steht, sind Seine Füße die blutenden Füße von Flüchtlingen, die westwärts zu Stacheldraht marschieren, hinter dem die Freiheit liegt. Das Flackern der Kerzen spiegelt den Fluss der Hochöfen wider, die von ausgemergelten Männern gehütet werden, denen für ihre Arbeit wirtschaftliche Gerechtigkeit verweigert wird. Die Augen, die auf die Hostie blicken, sind nass von den Tränen der Witwe, der Leidenden und des Waisen. Die Stola ist eine Schlinge, in der der Priester lebendige Steine, die Last der Kirchen, die Missionen der ganzen Welt auf Seiner Schulter trägt. Er zieht die ganze Menschheit zum Altar, wo Er Himmel und Erde miteinander verbindet. Denn seine bei der Weihe erhobenen Hände verschmelzen mit den Händen Christi im Himmel, der „noch lebt, um für uns Fürbitte zu tun" (Hebräer 7,25).

Im Gabenbereitung ist der Priester wie ein Lamm, das zur Schlachtbank geführt wird. In der Weihe ist Er das Lamm, das als Opferlamm geschlachtet wird. In der Kommunion erkennt Er, dass Er überhaupt nicht gestorben ist, sondern im Gegenteil zum überströmenden Leben gelangt ist, das die Vereinigung mit Christus ist. Wer sich dem Materiellen hingibt und sich von ihm besitzen lässt, ist wie ein Ertrinkender, der von dem Wasser beschwert wird, das in seine Lungen eingedrungen ist und Besitz von ihnen ergriffen hat. Ein solcher kann sich niemals wieder erholen. Wo aber die Hingabe an Gott erfolgt, gewinnen wir uns selbst zurück, veredelt und bereichert. Wir erkennen, dass unser Tod in der Weihe keineswegs dauerhafter war als der Tod am Kalvarienberg, denn die Heilige Kommunion ist eine Art Ostern. Wir geben unsere Zeit auf und erhalten Seine Ewigkeit; Wir geben unsere Sünde auf und empfangen Seine Gnade; Wir geben kleinliche Lieben auf und empfangen die Flamme der Liebe.

In dieser Vereinigung mit Christus sind wir nicht allein, denn die Kommunion ist nicht nur die Vereinigung der einzelnen Seele mit Christus; sie verbindet Christus mit allen Gliedern des Mystischen Leibes und auf erweiterte Weise durch das Gebet mit der ganzen Menschheit.

Der Priester ist wie die Jakobsleiter

Das eine Brot macht uns zu einem Leib, obwohl wir viele sind; das gleiche Brot wird von allen geteilt.

(1 Korinther 10,17)

Die Teilhabe am Leib Christi in der Heiligen Kommunion beseitigt alle zufälligen Unterschiede von Rasse, Stand oder Zustand. Hier sind wir eins mit der ganzen erlosten Menschheit und indirekt mit der Erde, von der Christus Seine wahren Nachfolger als das Salz bezeichnet hat.

Wir aber, die wir diesen Kelch darbringen und von diesem Brot essen, müssen uns ständig daran erinnern, dass dieses priesterliche Amt geistliche Verpflichtungen auferlegt. Die Israeliten in der Wüste wurden auf ihrem Weg mit Manna gespeist und tranken Wasser aus dem Felsen, und doch

Dennoch war Gott mit den meisten von ihnen unzufrieden; Sieh, wie sie in der Wüste erniedrigt wurden.

(1 Korinther 10,5)

Nicht jeder, der die Kommunion empfängt, wird gerettet. Es nützt uns nichts, Priester zu sein, wenn wir nicht Opfer sind, denn nur die, die mit Ihm sterben, werden mit Ihm leben.

Unser Bedürfnis, in Christus zu sterben, bevor wir für Christus leben können, spiegelt einen der großen Unterschiede zwischen dem Hohen Priester und seinen menschlichen Priestern wider; Er war sündenlos, aber wir sind es nicht. Daher muss der Priester die Messe nicht nur für das Volk, sondern auch – und das wird oft vergessen – für sich selbst feiern:

Und aus diesem Grund muss er notwendigerweise Sündopfer für sich selbst darbringen, ebenso wie für das Volk.

(Hebräer 5,3)

Am Kreuz bat Unser Herr als Priester um Vergebung für die Sünder: „Vater, vergib ihnen" (Lukas 23,34); Sündenlos bat Er nicht um Absolution für sich selbst. Bei uns hingegen verhält es sich anders. Wir müssen das Heilige Opfer für unsere eigenen Verfehlungen und Sünden darbringen.

Der Priester des Alten Testaments war verpflichtet, für sich selbst ein größeres Opfer darzubringen, ein kostbareres Tier. Da seine Segnungen größer waren, waren auch seine Sünden größer.

Er wird den Stier darbringen, um Fürbitte für sich selbst zu leisten.

(3. Mose 16,6)

Die Analyse dieses Textes, wie sie im Brief an die Hebräer entfaltet wird, beeindruckte den Autor als Seminaristen so sehr, dass er beschloss, keine Woche seines priesterlichen Lebens verstreichen zu lassen, ohne eine Messe zu Ehren Unserer Lieben Frau und des Großen Hohenpriesters zur Sühne für seine Versäumnisse und Sünden zu feiern. Diesen Entschluss hat er über Jahrzehnte hinweg bewahrt und hofft mit Gottes Gnade, ihn zu bewahren, bis die Göttliche Barmherzigkeit ihn schließlich zur ewigen Vereinigung mit dem Erhabenen Liebhaber ruft.

Schlussfolgerung

Kein Priester sollte jemals so handeln, dass Jakobs Bemerkung über sich selbst auf seine Meditationen über das Priestertum angewandt werden könnte. Als Jakob von seiner Vision in Bethel aufstand, sagte er:

Wahrlich, dies ist des Herrn Wohnung, und ich habe hier geschlafen, ohne es zu wissen!

(Genesis 28,16)

Wie Jakob die Nähe Gottes nicht erkannte, so versäumt es der Priester oft, die Größe seiner Berufung zu erfassen. Wie oft schlafen wir, ohne der Eucharistie, Seines Wohnortes, gewahr zu sein! Nur in seltenen Momenten gelangen wir zur erschreckenden Erkenntnis unserer Berufung. Wir sind uns eher der unteren Sprosse der Leiter bewusst als der oberen. Die Menschheit ist uns näher; wir können sie fühlen. Doch das Obere wird nur durch den Glauben gesehen. Es bedarf einer Art Luza, einer Absonderung von der Welt, um Bethel, das Haus Gottes, zu erkennen. Unser Priestertum wird am besten im Feuer des Opferseins erleuchtet. Wir werden für unsere Mitmenschen bedeutend nicht dadurch, dass wir ein „gewöhnlicher Mensch" sind, sondern indem wir „ein anderer Christus" sind. Unsere Wirksamkeit am unteren Ende der Leiter hängt von unserer Verbindung zum Oberen ab. Beliebtheit ist nicht notwendigerweise Einfluss. „Wehe euch", sprach Unser Herr, *„wenn alle Menschen wohl von euch reden"* (Lukas 6,26). Am größten ist unser Mitgefühl für andere und unsere Fähigkeit, sie zu erheben, wenn wir vom Himmel herabgekommen sind (Johannes 3,13). Das untere Ende der Leiter erkennt man am besten von oben.

Erste Anwendung:
Absonderung von der Welt

Obwohl wir als Priester aus den Menschen genommen sind und daher niemals unsensibel gegenüber ihren Leiden sein dürfen, sind wir zwar in der Welt, aber niemals von ihr, denn unser Hoher Priester hat uns aus dieser Welt berufen. Der Brief an die Hebräer legt einen tiefgründigen Grund dar, warum dies so sein muss:

Lasst uns auch hinausgehen zu Ihm, weg vom Lager, die Schmach tragend, die Er getragen hat.
(Hebräer 13,13)

Was bedeutete ‚weg vom Lager'? Es bedeutete, der Verstoßene der Welt zu sein. Das ‚Lager' in der Schrift war die Stadt Jerusalem, das religiöse Zentrum der Welt. Der Tempel hatte Ihn ausgestoßen, die Priester hatten Ihn den Heiden überliefert; Man verweigerte Ihm einen Ort zum Sterben in der Stadt, so wie man Ihm bei Seiner Geburt eine Herberge verweigerte. Außerhalb des Lagers war stets der Ort des Tadelns. Dort wurden der Abfall und der Müll entsorgt.

Der Priester ist wie die Jakobsleiter

Und nun, um seine Schuld wiedergutzumachen, ... die Haut und alles Fleisch... wird er aus dem Lager wegtragen... und über einem Holzfeuer verbrennen.

(3. Mose 4,8.11.12)

Wenn die Welt keinen Unterschied sieht in den Orten, die wir aufsuchen, in unseren Tätigkeiten und den Vergnügungen, denen wir nachgehen, in der Sprache, die wir gebrauchen, in unserer Kleidung, wird sie unser Zeugnis nicht achten. Von der Welt getrennt, Gott geweiht – dies sind die negativen und positiven Seiten unseres Priestertums.

Je mehr Erfolg und Ansehen wir in der Welt genießen, je mehr Ehren uns zuteilwerden, desto mehr müssen wir es ablehnen, weltliche Belohnungen und Trost anzunehmen. Die Versuchung, „der Welt" anzugehören, wird groß, wenn einem Priester Popularität zuteilwird, weil seine Arbeit ihn verpflichtet, die Massenmedien, die Presse, das Fernsehen oder das Radio zu nutzen. Dann muss er sich mehr denn je einprägen, dass es ein Unterschied ist, beliebt zu sein, und ein anderer, einflussreich zu sein. Papst Johannes XXIII. dankte einst Gott, weil ein bekannter Kleriker, der bei allen Gesellschaftsschichten großen Erfolg hatte, gelitten hatte. Das hält ihn demütig, sagte Er. Im Maße dessen, wie wir suchen, was die Welt geben kann, werden wir unfähig, das zu geben, was die Welt braucht. Große Eingebungen kommen in der Wüste oder fern von der Welt.

Das Wort Gottes kam über Johannes, den Sohn des Zacharias, in der Wüste.

(Lukas 3,2)

Die Stille bildet einen integralen Bestandteil dieser Abgeschiedenheit. Es ist nicht immer angebracht, alles zu sagen, was wir wissen.

Werft eure Perlen nicht vor die Säue.

(Matthäus 7,6)

Der Priester ist wie die Jakobsleiter

Manche reden endlos über Religion, wie Herodes, bis Johannes der Täufer Herodes' eigenes moralisches Problem offenbarte. Religion ist weniger ein Gegenstand der Diskussion als der Entscheidung.

Sei gewiss, dass Du es keinem Menschen erzählst.
(Matthäus 8,4)
Sei gewiss, dass niemand davon erfährt.
(Matthäus 9,30)

Unser Hoher Priester steht zwischen uns und den Darstellungen populären Beifalls, oberflächlicher Zustimmung. Wie die Jakobsleiter, obwohl wir in der Erde verwurzelt sind, müssen wir vom Himmel getragen werden, sonst gibt es kein Auf- oder Absteigen der Engel. In jedem Moment unseres Apostolats muss die Welt von uns sagen, was das Sanhedrin von Petrus und Johannes nach der Auferstehung sagte, dass sie „sie nun erkannten, dass sie mit Jesus gewesen waren" (Apostelgeschichte 4,13). Wenn die Feuer, die unser Wirken entfachen, andere sind als die Flamme des Heiligen Geistes, sind wir nur „tönendes Erz oder eine klingende Schelle" (1 Korinther 13,1).

Jeder Priester sollte häufig über die beiden neu geweihten Priester, die Söhne Aarons, meditieren. Aaron und Mose hatten ihre Opfer dargebracht, und Gott hatte seine Zustimmung gezeigt, indem Er sie mit wunderbarem Feuer verzehrte. Die neuen Priester, Nadab und Abiu, bereiteten ohne auf Anweisungen zu warten eine Rückgabe an Gott für Sein Geschenk durch das Darbringen von Weihrauch vor, welcher symbolisch für das Gebet steht. Doch sie entzündeten ihre Räucherfässer nicht mit dem heiligen Feuer des Altars (3. Mose 16,12), sondern mit einem fremden Feuer, das Gott verboten hatte.

Es waren zwei Söhne Aarons, Nadab und Abiu, die ihre Räucherfässer nahmen und Kohlen sowie Weihrauch hineingaben, um unheiliges Feuer in der Gegenwart des Herrn

Der Priester ist wie die Jakobsleiter

zu verbrennen, nicht gemäß Seinem Gebot; woraufhin der Herr Feuer sandte, das sie verzehrte, und sie starben dort in der Gegenwart des Herrn.

(3. Mose 10,1-2)

Was dieses fremde Feuer, das sie darbrachten, war, wissen wir nicht. Alles, was wir wissen, ist, dass sie, als sie die Tür des Tabernakels erreichten, wo Mose und Aaron standen, von einem verzehrenden Feuerstoß empfangen wurden. Sie hatten ein Feuer der Welt benutzt, nicht das Feuer Gottes, das symbolisch für den Heiligen Geist steht.

Die Szene erinnert an eine ähnliche, die in der Apostelgeschichte (5,1-10) beschrieben wird: die Vernichtung von Ananias und Saphira, die nicht den Geist von Pfingsten in ihrem Geben verwendeten, so wie Nadab und Abiu nicht das Feuer Gottes in ihrem Priestertum verwendeten. Feuer, das aus eigener Anzündung stammt, macht kein wohlgefälliges Opfer für Gott. Nur der Geist Gottes kann ein annehmbares Feuer schenken.

Diejenigen, die der Führung des Geistes Gottes folgen, sind alle Söhne Gottes.

(Römer 8,14)

Je näher Menschen bei Gott sind, desto mehr sind sie der Berührung Seiner züchtigenden Hände ausgesetzt. Was bei anderen unbemerkt bleiben mag, wird bei ihnen bestraft.

Der Priester, der sich nicht auf den Heiligen Geist verlässt, sondern versucht, ein Feuer oder einen Geist aus sich selbst zu schaffen, reizt den Herrn durch Anmaßung. Gott akzeptiert nur, was Sein Geist inspiriert. Wir müssen Gott zurückgeben, was Er gegeben hat. Er lehnt alle Fälschungen ab. Er wird göttliches Feuer haben oder keines. Andernfalls wird das Feuer der göttlichen Zustimmung zum Feuer des göttlichen Zorns. Fremdes Feuer wurde mit geheiligtem Feuer bestraft. Gottes Feuer löschte ihre Räucherfässer zusammen mit dem Licht ihres Lebens.

Zweimal wird daran erinnert, dass Nadab und Abiu keine Kinder hatten (Numeri 3,4 und 1 Paralipomena 24,2 [1 Chronik 24,2, RSV]). Priester, deren Dienst nicht vom Heiligen Geist inspiriert ist, haben ein steriles Priestertum. Es wird nicht durch Berufungen fortgesetzt. Wenn ihnen der Geist Christi fehlt, werden sie auch geistliche Nachkommenschaft fehlen. Das priesterliche Leben, entfacht durch das *ignis alienus* der Welt, kann nicht mit dem Trost junger Priester altern, deren Berufungen es gefördert hat. Aber der Priester, der vom Heiligen Geist entflammt ist, wird niemals unfruchtbar sein. Seine Pfarrei und seine Schule werden mit Berufungen erblühen. So besitzt jeder Priester ein Maß des Feuers, das in seiner Seele lodert. Die Nadab und die Abiu können die Liebe zu Christus nicht entfachen, doch gab es je einen Paulus ohne einen Timotheus?

Zweite Anwendung: Verlust unseres Egos

Christus, unser Hoher Priester, die Jakobsleiter, war keine menschliche Person, obwohl Er eine menschliche Natur besaß. Sein Menschsein war nicht das Zentrum Seiner Persönlichkeit; die menschliche Natur hatte keine vorstellbare Existenz getrennt vom Ewigen Wort, das sie ins Dasein rief und zu Seinem Eigen machte.

Die menschliche Natur war ein Gewand, mit dem Er Seine Göttliche Person bekleidete, oder vielmehr ein *instrumentum conjunctum Divinitatis*, durch das Er auf die Menschheit wirkte. Es war kein trennbares Instrument, wie ein Bleistift von der Hand des Schreibers trennbar ist, sondern ewig mit dem Wort verbunden, selbst jetzt im Himmel, als Pfand, Muster und Vorbild unserer Auferstehung und Herrlichkeit.

Durch die Vermittlung dieser menschlichen Natur übte Unser Gesegneter Herr drei Ämter aus. Er war Lehrer, König und Priester; diese drei Ämter, die Er Seiner Kirche übertrug, damit sie durch die menschlichen Instrumente ausgeübt werden, die Er zu Seinen

Der Priester ist wie die Jakobsleiter

Dienern erwählte. Folglich lehrt, herrscht und heiligt Er auch weiterhin in Seinem Mystischen Leib. Was Er durch den Leib tat, den Er von Maria nahm, tut Er jetzt durch den Leib, den Er von der Menschheit nahm und der an Pfingsten mit Seinem Geist erfüllt wurde.

Wenn nun unser Mittler Gott und Mensch, Himmel und Erde, Ewigkeit und Zeit in der Einheit Seiner Göttlichen Person zusammenführte, was bedeutet das für uns Priester? Wie wirkt sich das auf das Ideal des Priestertums in der Kirche aus? Was es speziell bewirkt, ist, die menschliche Persönlichkeit des Priesters zu untertauchen, damit er sagen kann: „Ich gehöre mir nicht mehr selbst." Die menschliche Persönlichkeit beantwortet die Frage: „Wer ist es?" Unsere menschliche Natur beantwortet die Frage: „Was ist es?" Der Priester, der das Leben Christi fortsetzt, strebt danach, so vollkommen eins mit Ihm zu sein, dass die Persönlichkeit, die jeden seiner Gedanken, Worte und Taten lenkt, die Persönlichkeit Christi selbst ist. Wie die menschliche Natur Christi keine menschliche Person hatte, so sucht der Priester, keine andere Verantwortungsquelle zu haben als Christus selbst. Wir bemühen uns, das „Ego" zu eliminieren und durch das *„Christus-Sacerdos-Victima"* zu ersetzen.

Obwohl die Hypostatische Union niemals wiederholt werden kann, muss jeder Priester versuchen, sie in seinem Priestertum auf ferne und unvollkommene Weise nachzubilden. Auch wir streben danach, „zwei Naturen in einer Person" zu haben. Eine Natur haben wir von Adam geerbt; die andere „Natur" ist die Gnade, durch die wir „Teilhaber der Göttlichen Natur" werden. Obwohl diese in keinem strengen Sinne den zwei Naturen Christi gleichen, helfen sie, das Problem unseres „Egos" zu verdeutlichen. Das Ideal besteht darin, unsere Persönlichkeit so in der Person Christi aufgehen zu lassen, dass wir mit Ihm denken, wollen, was Er will, und Ihn zur Quelle unserer Verantwortung und unserer Kraft machen.

Wenn ein Maler den Drang verspürte, ein schönes Bild zu schaffen, ihm aber nur eine Leinwand zur Verfügung stünde, die ihm

Der Priester ist wie die Jakobsleiter

nicht gehörte, könnte er entscheiden, dass es den Aufwand nicht wert sei. Die Analogie lässt sich auf den großen Hohen Priester anwenden; Wenn Er uns nicht besitzt, wenn Er nicht die leitende Persönlichkeit all unserer Handlungen ist, wird Er nicht durch uns wirken, wie Er durch diejenigen wirkt, die Ihm gehören. Wir handeln zu sehr durch unsere eigene Kraft, nicht durch Seine.

Ich, als Person, benutze einen Bleistift als Instrument. Wäre der Bleistift mit einer eigenen Persönlichkeit ausgestattet, könnte er sagen: „Ich werde nicht schreiben", oder „Ich werde nach oben gehen, wenn du willst, dass ich nach unten gehe", oder „Ich werde meine Spitze abstumpfen." Mit diesem Instrument könnte ich wenig anfangen. So verhält es sich mit uns, wenn unsere Persönlichkeit mit Seiner im Konflikt steht; oder wenn sie einen kleinen geheimen Garten irgendeiner kleinlichen Liebe oder verborgenen Sünde besitzt, den Er nicht betreten kann. In einem solchen Fall liegt die Schuld unseres Priestertums nicht bei Ihm, sondern bei uns. Unser Ego „frustriert" die Göttlichkeit. Er will das eine; wir wollen das andere. Wir werden nur zerbrochene Sprossen auf der Leiter zum Himmel.

Vielleicht lebt die nestorianische Häresie heute noch – und in uns? Nestorius lehrte, dass es zwei Personen in Christus gebe. Leben wir nicht manchmal, als ob es zwei Personen in uns gäbe; Die Person, die reich sein möchte, und die Person Christi, die keinen Ort hatte, ihr Haupt zu legen? Die Person, die der Arbeit entfliehen will, und die Person Christi, deren größte Bekehrungen geschahen, als Er müde war? Die Person, die niemals einen bekehrt, und die Person Christi, die stets das verlorene Schaf sucht.

Er rief uns als Personen zum Priestertum und gebot uns, uns selbst zu kreuzigen, das Ego abzulegen und uns zu leeren Gefäßen für den himmlischen Schatz zu machen. Deshalb sind wir geboten, ein Leben „verborgen mit Christus in Gott" zu führen. Nur in Selbstvergessenheit herrscht Christus in uns.

Der Priester ist wie die Jakobsleiter

Zu Christus dem Gekreuzigten

Ich werde nicht bewegt, Dich zu lieben, o mein Herr,
Durch irgendein Verlangen nach Deinem Gelobten Land;
Noch durch die Furcht vor der Hölle werde ich entmutigt,
Von meinem übertretenden Tun oder Wort abzulassen.

Du selbst bist es, der mich bewegt — Dein Blut, vergossen
Am Kreuz von genageltem Fuß und Hand;
Und alle Wunden, die Deinen Leib gezeichnet haben;
Und all Deine Schande und den bitteren Lohn des Todes.

Ja, zu Deinem Herz bin ich so tief bewegt,
Dass ich Dich lieben würde, selbst wenn kein Himmel oben wäre —
Dass ich Dich fürchten würde, wäre die Hölle eine absurde Erzählung!
So ist mein Verlangen, alle Zweifel werden vergeblich sein;
Obwohl die Hoffnung mir Hoffnung verweigert, würde ich dennoch seufzen,
Und so wie meine Liebe jetzt ist, sollte sie bleiben.

Übersetzt von Thomas Walsh*
Aus dem Buch *Eine Einführung in die spanische Literatur*,
von George Tyler Northup, Universität Chicago.

Wie der Wissenschaftler die Geheimnisse der Natur lernt, indem er ihr passiv gegenübersteht, so lernen wir die Mysterien unseres Hohen Priesters, indem wir Ihm passiv gegenüberstehen. Die Natur würde niemals die Seiten ihrer Gesetze entfalten, wenn der Wissenschaftler seinen Geist ihr aufzwingen würde; so wird auch der Hohe Priester uns jene Fülle der Kraft nicht verleihen, wenn wir nicht wie leere Gefäße vor Ihm sind. Der Hl. Paulus sagt, dass er seinen eigenen Willen niedergedrückt und in allem, was seine Persönlichkeit betraf, schwach gemacht wurde, damit er in sich selbst in der Kraft Gottes wachsen könne.

Aber Er sagte zu mir: Meine Gnade genügt dir; Meine Kraft entfaltet sich voll in deiner Schwachheit. Umso mehr freue ich mich nun, mich meiner Schwachheiten zu rühmen, die mich demütigen, damit die Kraft Christi in mir wohne. (2 Korinther 12,9)

Es gibt nichts, was Gott ohne mich nicht tun könnte. Doch es gibt vieles, was Er durch mich zu tun erwählt hat, vorausgesetzt, ich bin ein williges Instrument in Seiner Hand. Die wahre Fortsetzung des Priestertums besteht daher darin, uns selbst so vollkommen dem großen Hohenpriester hinzugeben, dass wir keine anderen Gefühle, Emotionen oder Wünsche haben als Christus selbst:

Euer Geist soll derselbe sein, der auch Christus Jesus innewohnte.

(Philipper 2,5)

Warum erhielt der Stamm Levi kein Land, als das Land unter den zwölf Stämmen verteilt wurde? Weil er der Stamm des Priestertums war. Was brauchten sie, da sie den Herrn besaßen? Welch eine Lehre!

Deshalb haben die Leviten kein Land zugewiesen bekommen wie ihre Brüder; der Herr, dein Gott, hat ihnen versprochen, dass Er selbst ihr Anteil sein wird.

(Deuteronomium 10,9)

Dritte Anwendung:
Die Bedeutung von Ex Opere Operantis

Wenn wir im Namen der Kirche handeln, indem wir die Sakramente spenden, sind wir Instrumente Gottes, durch die die Gnade durch die bloße Vollziehung der Handlung verliehen wird, oder wie die Scholastiker sagen, ex *opere operato*. Sonnenlicht wird nicht durch das Durchscheinen eines schmutzigen Fensters verunreinigt. Gott kann mit krummen Linien gerade schreiben. Eine Person könnte ebenso gültig von einem Judas wie von einem Petrus getauft werden.

Der Priester ist wie die Jakobsleiter

Dies gilt für die Sakramente. Aber der Priester ist verpflichtet, viele andere Pflichten zu erfüllen: die Kranken zu trösten, das Evangelium zu predigen, Sünder zu bekehren, die Seelen zur Buße zu bewegen, Berufungen zu fördern; und all diese Pflichten erfordern unser eigenes Opfer, unsere Loslösung und die mühevolle Gestaltung unserer selbst nach dem Bild Christi. Die Wirksamkeit solcher Handlungen *ex opera operantis* erfordert die Hingabe unserer Persönlichkeit an Christus.

Wenn man von den Handlungen Christi spricht, sagen die Theologen, dass alles, was Er tat, eine Göttliche Handlung war, weil Er eine Göttliche Person ist, ein Prinzip, das sie mit der Aussage ausdrücken, dass *actiones sunt suppositorum*. Dieses Prinzip kann analog auf den Priester angewandt werden. Alle Handlungen seiner Natur sind der Person Christi zuzuschreiben:

Was immer du tust, im Wort und in der Tat, rufe stets den Namen des Herrn Jesus Christus an und bringe Gott dem Vater durch Ihn deinen Dank dar.

(Kolosser 3,17)

Wir handeln, leben, denken, predigen nicht in unserem Namen oder unserer Persönlichkeit, sondern in Seinem. Wir sind nur Zweige. Er ist der Weinstock (Johannes 15,1-10). Der Weinstock und die Zweige haben dasselbe Leben, werden vom selben Saft genährt und wirken gemeinsam bei der Fruchtbringung. Sie bilden nur ein Wesen, sie haben eine und dieselbe Handlung. Unsere Einheit in Ihm ist so vollkommen, dass wir mit Paulus ausrufen:

Ich hänge am Kreuz und doch lebe ich; oder vielmehr, nicht ich; es ist Christus, der in mir lebt.

(Galater 2,20)

Unsere erhabene Würde besteht nicht ausschließlich im priesterlichen Charakter, der durch die heilige Weihe verliehen wird, sondern in dem, was dieser Charakter auch als Ergänzung fordert, nämlich Christus, der an die Stelle unserer Persönlichkeit tritt. Dann wachsen wir in Christus, wie Maria es tat. Sicherlich war unsere

Der Priester ist wie die Jakobsleiter

Gesegnete Mutter am Weihnachtstag geistlich reicher als am Tag der Verkündigung; reicher in Kana als in Bethlehem, reicher am Kalvarienberg als in Kana und reicher im Obergemach an Pfingsten als auf Golgatha.

Das Ideal besteht demnach darin, die Person Christi als die einzige Quelle unserer Verantwortung sowohl in Handlungen, die ihre Wirkung *ex opere operato* entfalten, als auch in solchen, die fruchtbar *ex opere operantis* sind, zu haben. Unser sündhaftes Leben zerstört nicht den wesentlichen Wert der ersteren Art. Wenn der Priester im Beichtstuhl sagt: „Ich spreche dich los", dann ist es Christus, der lospricht; Wenn er bei der Messe sagt: „Dies ist Mein Leib", dann ist es Christus, der Seinen Leib dem Vater darbringt. Ebenso verhält es sich mit allen Sakramenten. Doch in den anderen Handlungen des Priesters sollte es Christus sein, der erneut die Kranken besucht und diejenigen unterweist, die die Wahrheit suchen. Diese Art der Vereinigung mit Christus entsteht jedoch nicht allein durch die Weihe. Sie verlangt Selbstverleugnung.

Die Gläubigen sehen Christus in uns am Altar, im Beichtstuhl und am Taufbecken. Sehen sie Christus in uns am Tisch, in der Schule, auf dem Golfplatz oder im Krankenhaus? Sind diese Orte Gelegenheiten, an denen sich unser Ego durchsetzen kann, oder sind sie Anlässe, dass andere Christus im Speisesaal eines Simon oder Lazarus sehen? Christus verschwindet nicht mit dem Messgewand, noch wird unsere Weihe so leicht wie eine Stola in eine Tasche gefaltet. Ungläubige sehen uns nicht als Investitionen; sie sehen uns in Geschäften, in Theatern, bei Versammlungen. Ob sie Christus in uns sehen, hängt davon ab, ob wir uns wie Christus verhalten.

Ein an den Generator angeschlossener elektrischer Draht wird kein Licht geben, wenn die Glühbirne durchgebrannt ist. Einer der Gründe, warum das Christentum die Welt nicht mehr beeinflusst, ist, dass nur wenige Christen heller leuchten als jene, denen der Glaube fehlt. Gilt dies nicht auch für viele Priester, obwohl der Priester eine andere Person als alle anderen sein sollte, weil er die Person Christi ist?

Der Priester ist wie die Jakobsleiter

Hl. Franz von Sales sah an seinem Weihetag einen jungen Priester, der die Kirche zu seiner ersten Messe betreten wollte. Der junge Priester blieb stehen, als ob er mit jemand Unsichtbarem sprach; Das Problem schien zu sein, wer zuerst gehen sollte. Der Priester erklärte dem heiligen Franz von Sales: „Ich hatte gerade das Glück, meinen Schutzengel zu sehen. Früher ging er immer vor mir; Jetzt, da ich Priester bin, besteht er darauf, hinter mir zu gehen."

Durch die Hingabe unseres Egos an die Person des Hohenpriesters üben wir einen Einfluss aus wie der französische Hofprediger des achtzehnten Jahrhunderts, Bischof Jean Baptiste Massillon, auf Ludwig XIV. „Vater", lobte ihn der König eines Tages, „ich habe viele Redner in dieser Kapelle gehört, und ich war immer sehr zufrieden; Aber jedes Mal, wenn ich dich höre, bin ich mit mir selbst unzufrieden."

Heilige Priester bringen die Sünder stets dazu, das zu sagen, was die Samariterin zu den Männern ihrer Stadt sagte:

Kommt und seht einen Mann, der mir die ganze Geschichte meines Lebens erzählt hat; kann das der Christus sein?

(Johannes 4,29)

✠ J.M.J. ✠

~ 3 ~

Geistige Generation

"Wachset und mehret euch" ist ein Gesetz des sakerdotalen Lebens nicht weniger als des biologischen Lebens. Die Erzeugung neuen Lebens ist Generation, eine Funktion, die nicht ausschließlich oder gar primär dem Fleisch zukommt. Gott ist die Quelle aller Generation.

Die Zeugung ist kein Impuls von unten, sondern eine Gabe von oben; Sie ist eher ein Abstieg von der Gottheit als eine Evolution von den Tieren.

Was, spricht der Herr, dein Gott, soll ich, der ich Kinder gebäre, an Kraft fehlen, sie hervorzubringen?

(Jesaja 66,9)

Jede Mutter, die ein Kind gebiert, jede Henne, die ihre Jungen ausbrütet, jeder Geist, der eine neue Idee empfängt, jeder Bischof, der einen Priester weiht, jeder Priester, der eine Berufung fördert, spiegelt jenes ewige Generationsgeschehen wider, in dem der Vater zu seinem Sohn sagt:

Du bist mein Sohn; Ich habe Dich heute gezeugt.

(Psalm 2,7)

Das Verständnis der ewigen Generation der Zweiten Person der Dreifaltigkeit, das durch eine solche fleischliche Generation vermittelt wird, ist jedoch sehr fern und dunkel. Etwas genauer – wenn auch natürlich immer noch analog – ist das Wirken des menschlichen Intellekts, wenn er Ideen „zeugt". Woher haben wir die Idee von „Tapferkeit", „Beziehung" oder „Spiritualität"? Wir haben diese Begriffe niemals in der profanen Welt der Orangen,

Gehwege und Münzen gesehen. Woher stammen sie? Der Geist hat sie erzeugt; einmal gezeugt, bleiben sie vom Geist unterschieden, aber nicht von ihm getrennt. Die Früchte des Denkens, nämlich die Ideen, fallen nicht wie Äpfel vom Baum oder das Neugeborene von den Eltern. Sie existieren im Geist und doch mit eigenem Charakter.

Ebenso hat Gott als der Ewige Denker einen Gedanken, ein Wort. Weil diese Weisheit „gezeugt" wurde, nennen wir Gott, der denkt, den Vater, und das Wort oder die Idee, die „gezeugt" ist, den Sohn. Der Vater war nicht zuerst und dann der Sohn. Ein ungläubiger Vater sagte zu seinem Sohn, der behauptete, Vater und Sohn seien gleich: „Ich existierte vor Dir, und deshalb existierte der Vater vor dem Sohn." Der Junge antwortete: „Oh nein! Du wurdest erst Vater, als ich Sohn wurde."

Die Gesegnete Jungfrau Maria und die Generation

Wurde die Gesegnete Mutter nicht selbst im Geist Gottes erzeugt? Bevor sie im Leib ihrer Mutter, der hl. Anna, ohne Erbsünde empfangen wurde, war sie im Geist Gottes „makellos empfangen". Deshalb werden die Worte der Sprüche (8,22–30) auf sie angewandt:

Der Herr machte mich zu Seiner, als Er anfing zu wirken, bei der Geburt der Zeit, bevor Seine Schöpfung begann. Vor langer, langer Zeit, bevor die Erde gestaltet wurde, hielt ich meinen Lauf. Schon lag ich im Mutterleib, als die Tiefen noch nicht waren, als noch keine Quellen von Wasser hervorbrachen; Als ich geboren wurde, waren die Berge noch nicht auf ihren festen Grund gesunken, und es gab keine Hügel; Noch hatte Er nicht die Erde gemacht, noch die Flüsse, noch das feste Gefüge der Welt. Ich war da, als Er den Himmel baute, als Er die Wasser mit einem unantastbaren Gewölbe einfriedete, als Er den Himmel über mir befestigte und die Quellbrunnen der Tiefe ebnete. Ich war dort, als Er das Meer in seine Grenzen einschloss und den Wassern verbot, ihre zugewiesenen Schranken zu überschreiten, als Er die Grundfesten der Welt legte. Ich war an Seiner Seite, ein Meisterhandwerker, meine Freude wuchs mit jedem Tag, während ich unablässig vor Ihm spielte.

Die Apostel und die Generation

So wie Gott der Vater einen Göttlichen Sohn und unzählige Millionen adoptierte Söhne durch Gnade hat, so hatte Maria nicht nur Jesus als ihren Sohn, sondern all jene anderen Kinder, die in der Person Johannes ihr am Kalvarienberg anvertraut wurden.

Fruchtbarkeit, Generation und Fruchtbarkeit kennzeichnen die Lehren des Glaubens, beginnend mit dem Gebot, „vermehrt euch und füllt die Erde" (Genesis 1,22). So ist es bis zum Ende, denn das letzte Buch der Bibel verkündet, dass der Baum des Lebens selbst fruchtbar ist, „der Baum, der Leben gibt, der seine Frucht zwölffach trägt" (Offenbarung 22,2). In ähnlicher Weise beschreibt der Apostel Paulus seine Bekehrten als die Früchte seiner Generation: „Ich habe euch in Jesus Christus gezeugt, als ich euch das Evangelium predigte" (1 Korinther 4,15). Timotheus nannte Er ihn „meinen eigenen Sohn im Glauben" (1 Timotheus 1,2) und wiederum „diesen, meinen innigst geliebten Sohn" (2 Timotheus 1,2).

Ebenso versichert uns Jakobus, dass Gott uns in der Wahrheit gezeugt hat:

Es war Sein Wille, uns durch Sein wahres Wort zu gebären, uns gewissermaßen als Erstlinge aller Seiner Schöpfung zu bestimmen.

(Jakobus 1,18)

Und Johannes betont das Thema unserer Erlösung, indem er uns daran erinnert, dass die fleischliche Zeugung nichts ist im Vergleich zur geistlichen Zeugung durch Gnade:

Ihre Geburt kam nicht aus menschlichem Samen, nicht aus dem Willen der Natur oder des Menschen, sondern von Gott.

(Johannes 1,13)

Gott hasst Unfruchtbarkeit. Er bestraft Ungehorsam mit Unfruchtbarkeit. Wenn Er Seinem Volk einen Segen verheißt, wird dieser in Begriffen der Fruchtbarkeit ausgedrückt:

Es soll keine Unfruchtbarkeit in deinem Land sein.

(Exodus 23,26)

Doch wer keine geistlichen Kinder hat, steht unter einem Fluch. Nur diejenigen, die mit dem Herrn wandeln und sich dem Geist hingeben, werden mit Fruchtbarkeit beschenkt:

Du wirst gesegnet sein wie kein anderes Volk; Mann und Frau, Vater und Mutter werden Nachkommen zeugen.

(Deuteronomium 7,14)

Die geistliche Generation der Priester

Der Priester ist zum Zölibat verpflichtet, nicht weil menschliche Zeugung falsch wäre, sondern weil sie zurücktreten muss, damit er sich ganz einer höheren Form der Zeugung widmen kann: der Zeugung von Kindern in Christus, indem er zu Ihm bringt, die Ihn nie kannten, indem er zu Ihm zurückführt, die in der Sünde verloren sind, und indem er in denen, die Christus bereits lieben, die Inspiration weckt, Ihm als religiöse oder Priester noch vollkommener zu dienen. Die Energie, die sonst für den Dienst des Fleisches verwendet würde, wird nicht in ein Tuch vergraben. Sie wird verwandelt, damit sie der keuschen Zeugung im Geist dient.

Zu oft wird das Gelübde der Keuschheit negativ dargestellt als das Vermeiden fleischlicher und sündhafter Vergnügungen. Aber ist reines Wasser nur die Abwesenheit von Schmutz, ein weißer Diamant lediglich die Negation von Kohlenstoff? Keuschheit wird manchmal fälschlich als kalt bezeichnet, doch nicht von Francis Thompson, der sie als eine „leidenschaftslose Leidenschaft, eine wilde Ruhe" verkündet. Keuschheit ist Feuer. Kein Leben entsteht ohne Feuer. Sogar die jungfräuliche Empfängnis Unserer Lieben Frau hatte ihr Feuer – nicht menschlich zwar, sondern das Feuer des Heiligen Geistes. In jenem Moment erlebte sie zweifellos eine

Ekstase der Seele, die alle fleischlichen Ekstasen der Menschen zusammen überstieg. So ist die Freude der Zeugung durch die reine Liebe des Geistes.

„Vater"

Keine Anrede wird für einen Priester so weit verbreitet verwendet, und keine ist so angemessen wie „Vater". Sie betont genau die enge Beziehung des Priesters zu Gott,

Der Vater Unseres Herrn Jesus Christus, jener Vater, von dem alle Vaterschaft im Himmel und auf Erden ihren Namen hat.

(Epheser 3,14-15)

Wenn aber der Priester somit ein Vater ist, darf Gott mit Recht von ihm verlangen, wo seine Nachkommenschaft sei. Allein der Bischof hat natürlich die Macht, einen Priester in der Weihe zu zeugen, doch jeder Priester hat die Macht und Pflicht, die Berufung zu fördern. Wenn wir vor den Richterspruch Gottes treten, wird jeder von uns gefragt werden: „Wen hast du in Christus gezeugt?" Wehe denen, die unfruchtbar sind! Wenn Unser Herr zu uns kommt und nach der Frucht unserer Vaterschaft sucht, dürfen wir nicht wie der unfruchtbare Feigenbaum sein, der nur einen Fluch verdient.

Leibliche Mutterschaft ist nicht ohne Mühsal, und Unser Herr verglich Seine Passion mit einer gebärenden Mutter: *„... denn ihre Stunde ist gekommen"* (Johannes 16,21). Aber geistliche Vaterschaft, unsere Mission, ist ebenfalls nicht ohne Mühe, wie Paulus über Onesimus sagte:

Und ich ermahne dich um des Onesimus willen, meines Gefangenschafts-Kindes.

(Philemon 1:10)

Die Mutter des Propheten Samuel wurde nach vielen Jahren der Sterilität mit einem Sohn gesegnet, der sich als mächtig in Israel erweisen sollte, weil ihr Herz mit Gott im Reinen war. Diejenigen, die die Herrlichkeit Gottes begehren, verkündete sie in Danksagung, werden feststellen, dass das Leben, das unfruchtbar war, ungewöhnlich fruchtbar werden kann:

Siehe, wie zuletzt der unfruchtbare Leib viele gebiert.

(1 Könige 2:5 [1 Samuel 2:5, RSV])

Und was wird uns vor allem versichern, Kinder in Christus zu zeugen, wenn nicht unsere Einheit mit dem Christus-Opfer? Nachdem Unser Herr sieben Wunder oder Zeichen vollbracht hatte, um Seine Göttlichkeit zu beweisen, bemerkte der Hl. Johannes, dass nur wenige, die die Zeichen gesehen hatten, durch sie überzeugt worden waren (Johannes 12:37). Aber Christus hatte noch einen anderen Weg, Seelen zu gewinnen:

Ja, wenn ich vom Erdboden erhöht werde, werde ich alle zu mir ziehen.

(Johannes 12,32)

Wunder sind keine Heilmittel gegen den Unglauben. Als man erfuhr, dass Lazarus von den Toten auferweckt worden war, suchten einige der Pharisäer, ihn zu töten und somit das Zeugnis zu vernichten. Doch die geistliche Ernte, die Unser Herr von Seinem Kreuz zu bringen versprach, kann nicht geleugnet werden. Die Mittel, die Er verkündete, um Seelen zu sich zu ziehen, sind eine unfehlbare Quelle geistlicher Fruchtbarkeit für jene, die in seinem Schatten leben.

Seelengewinnung

Hat die Verwaltung im Leben vieler Pfarrer Vorrang vor der Evangelisierung erhalten? Hat die Organisation das Hirtenamt verschlungen? Sind Seelen nur auf Karteikarten zu zählen? Sind die Schafe im Stall nur zum Scheren da, oder soll jedes Mitglied der Laien ermutigt und unterstützt werden, seine eigene spezifische apostolische Berufung zu entfalten? Die Frage ist eine, die jeder Pfarrer nur für sich selbst beantworten kann, indem er die Tiefen seines eigenen Gewissens erforscht. Was er sich zu merken hat, ist, dass er der Vater nicht nur der Schafe ist, die sich im Stall befinden:

Ich habe auch andere Schafe, die nicht zu diesem Stall gehören; Ich muss sie ebenfalls hineinbringen.

(Johannes 10,16)

Macht das Kirchenrecht den Pfarrer nicht für alle Seelen in seiner Pfarrei verantwortlich? Und doch, wie viele Pfarrer widmen sich ernsthaft der Aufgabe, diejenigen, die nicht zum Stall gehören, in den Mystischen Leib Christi einzugliedern? Jeder Priester sollte sich fragen, wie viele Erwachsene er im vergangenen Jahr als Frucht seines Eifers getauft hat; Wie viele abgefallene Katholiken er ins Haus des Vaters zurückgeführt hat. Warum machen einige Priester niemals einen Bekehrten, während andere Hunderte bekehren? Kann es daran liegen, dass der eine seinen Titel „Vater" ernst nimmt, während der andere dies nicht tut?

Wenn ich das Evangelium predige, rechne ich mir das nicht zu; ich handle unter Zwang; Es wäre in der Tat schwer für mich, wenn ich das Evangelium nicht predigen würde.

(1 Korinther 9,16)

Verwaltung ist absolut unerlässlich; sie zu ignorieren hieße zu übersehen, dass jedes Mitglied eine bestimmte Funktion im Mystischen Leib hat. Aber der Heilige Geist hat uns nicht berufen, bloße Banker, Immobilienhändler oder Bauzeichner zu sein. Solche Tätigkeiten sind bestenfalls nebensächlich gegenüber einer Hauptaufgabe, die die Apostel verstanden. Der Geist wurde ihnen nicht gegeben, um an Zähltischen zu sitzen:

Es ist zu viel verlangt, dass wir auf das Predigen von Gottes Wort verzichten und uns stattdessen um Tische kümmern.

(Apostelgeschichte 6,2)

Andererseits genügt es nicht, „Sakristei"-Priester zu sein, die fromm den Herrn anflehen, uns Seelen zu senden, während sie Sein Gebot ignorieren:

Geistige Generation

Ihr müsst an die Straßenecken gehen und alle einladen, die ihr dort findet.

(Matthäus 22,9)

Um uns herum gibt es zahlreiche potenzielle Bekehrte. Die Tragödie besteht nicht nur darin, dass ihnen der Glaube fehlt, sondern dass wir sie selten auffordern, ihn anzunehmen. Ein nichtkatholischer Anwalt wurde auf dem Sterbebett von seinem zwanzigjährigen katholischen Partner gefragt: „Da du nun deinem Ende nahe bist, wie wäre es, in die Kirche einzutreten?" Der Sterbende zog die Augenbrauen hoch. "Wenn dir dein Glaube in den zwanzig Jahren, in denen du mich kennst, so wenig bedeutet hat," antwortete Er, "dann kann er jetzt nicht so viel Unterschied machen."

Bekehrungen sind in unserer Zeit nicht schwieriger als früher; aber der Zugang muss ein anderer sein. Heute suchen die Menschen Gott nicht wegen der Ordnung, die sie im Universum finden, sondern wegen der Unordnung, die sie in sich selbst entdecken. Sie kommen zu Gott durch einen inneren Ekel, eine Verzweiflung, die man als schöpferisch bezeichnen kann.

Aus der Tiefe rufe ich zu Dir, o Herr.

(Psalm 129:1[130:1, RSV])

Man sagt manchmal, die Religion verliere ihren Einfluss in der Welt. Soweit dies der Fall ist, liegt ein Teil des Grundes zweifellos darin, dass wir dem Ungläubigen nicht anders erscheinen als alle anderen. Der Missionar, der Priester, der in den Elendsvierteln lebt, der heilige Priester, der sich für Seelen hingibt – diese inspirieren stets, und sie inspirieren, weil sie Christus und Ihn Gekreuzigten offenbaren.

Der zweifelnde Thomas darf nicht zu streng für die Bedingungen verurteilt werden, die er stellte, bevor er glauben wollte. Alles, worum er bat, war ein gerechter Beweis.

Geistige Generation

Solange ich nicht das Mal der Nägel an Seinen Händen gesehen habe, solange ich nicht meinen Finger in das Mal der Nägel gelegt habe und meine Hand in Seine Seite gelegt habe, wirst Du mich niemals zum Glauben bringen.

(Johannes 20,25)

Keine tiefe Überzeugung wird im Ungläubigen erweckt, bis er die verwundeten Hände und das zerbrochene Herz des Priesters sieht, der ein Opfer mit Christus ist. Der abgestorbene Priester, der vom Weltlichen losgelöste Priester – diese inspirieren, erbauen und verchristlichen Seelen.

Vater vieler Kinder zu sein, erfordert Arbeit. Unser Herr machte Seine zwei größten Bekehrten, als Er müde war. Der Acht-Stunden-Tag, die Fünf-Tage-Woche sind in den Schriften nicht vorgeschrieben. Gott gab Mose Hunderte von Details über das Tabernakel, aber ein Möbelstück wurde nicht erwähnt. Dem Tabernakel fehlte ein Stuhl. Altar, Waschbecken, Tisch, Lampe, Räucherfässer und Vorhänge sind alle aufgeführt, *aber es gab keinen Platz für den Priester, sich zu setzen*. Wann sollen wir im Sinne einer Ruhe von unserem Priester-Opfersein sitzen? Unser Herr „saß", nachdem Er sich für unsere Erlösung hingegeben hatte:

während Er für immer zur Rechten Gottes sitzt und für unsere Sünden ein Opfer darbringt.

(Hebräer 10,12)

Wir lesen auch, dass Er im Himmel „steht". Als Stephan gesteinigt wurde, sah er „Jesus zur Rechten Gottes stehen" (Apostelgeschichte 7,55), was andeutet, dass Unser Herr im Himmel steht, wenn Seine Kirche verfolgt wird. Wenn dies die symbolische Bedeutung ist, steht der Hohepriester heute gewiss, um das Drittel der Menschen auf Erden zu stärken, die innerlich unter dem Schlag des Hammers und dem Schnitt der Sichel des Kommunismus stöhnen!

Gewiss ist für den Priester die Arbeit sein Los auf Erden: „Vollendet euren Weg, solange ihr das Licht habt" (Johannes

12,35). Es war kein Versehen Gottes, als Er beim Einrichten des Tabernakels keinen Stuhl aufstellte. Der Priester wurde nicht geweiht, um zu sitzen. Das Versprechen Christi ist, dass diejenigen, die überwinden, mit Ihm am Himmlischen Mahl „sitzen" werden.

Der irdische Vater muss für seine Familie arbeiten und bei ihr sein; der geistliche Vater muss ebenso für die Seelen arbeiten und bei ihnen sein. Unser Herr gab uns das Beispiel:

Dort kreuzigten sie Ihn, und mit Ihm zwei andere, je einen zu Seiner Rechten und zu Seiner Linken.

(Johannes 19,18)

Im großen Moment der erlösenden Liebe befindet Er sich mitten unter den Geretteten und Sündern, unter guten und schlechten Dieben. Seine Mittler und Botschafter können sich nicht mehr von den Sündern isolieren als Er es tat. Wir sind als heilige Priester von ihnen getrennt, aber eins mit ihnen als Opfer für die Sünden. Wir gehen auch nicht zu ihnen, um sie von ihrem Irrtum zu überzeugen, sondern um für ihre hungernden Seelen das Brot zu brechen.

Der Geist des wahren Vaters ist weniger kanonisch als evangelisch. Das Kirchenrecht betrifft die Beziehungen der Kirche zu ihren Gliedern. Das Evangelium betrifft die Mission der Kirche an die Welt. Die Pfarrei oder die Diözese sind nicht die Grenze unserer Vaterschaft. Als Unser Herr dem Kreuz näherkam, hatte Er immer mehr Umgang mit denen, die keine Juden waren. Nach dem Kreuz richtete sich Seine Botschaft an die Welt. Zwei Dinge scheinen bei einem Bischof oder Priester stets zusammenzugehen: die Liebe zu Bekehrungen und die Liebe zu den fremden Missionen. Die Katholiken in unserer Nähe müssen wir in der Tat heiligen, doch auch Seelen in fernen Ländern, die die frohe Botschaft nie gehört haben, müssen erlöst werden.

Bekehrung ist Opfersein.

Kann es sein, dass die Kommunisten uns in ihrem Eifer, ihre Überzeugungen zu verbreiten, übertreffen? Eifer steht leider nicht immer in direktem Verhältnis zur Wahrheit. Feuer hat zwei Eigenschaften: Licht und Wärme. Licht ist Wahrheit, Wärme ist Liebe. Wir haben die Wahrheit, aber manchmal nicht den Eifer oder die Liebe. Wir haben das Licht, aber nicht immer die Wärme. Aber die Kommunisten haben die Wärme und nicht das Licht, den Eifer und nicht die Wahrheit.

Es gibt eine gefährliche Tendenz unter vielen, die sich in der modernen Zeit Christen nennen, Christus und das Kreuz zu trennen.

Und was wäre Christus ohne das Kreuz? Ein weiterer Lehrer wie Buddha oder Lao-tse; ein Soziologe, der Schlagsahne auf gesellschaftlich missbilligtes Verhalten streut; ein Psychoanalytiker, der Schuld auf einen Komplex reduziert und die Sünde als einen ‚Kater' aus der Wildheit verbannnt; ein Prediger, der zu höflich ist, um die Hölle oder Scheidung zu erwähnen; ein Reformer, für den jede Disziplin masochistisch ist und der Selbstbeherrschung und Mäßigung als unnatürlich und im Widerspruch zum biologischen Drang nach Selbstausdruck verkündet.

Und wer nimmt das Kreuz ohne Christus auf? Die Kommunisten! In eine ungeordnete und falsch liberale Welt bringen sie Ordnung, Gesetz, Gehorsam, Disziplin, Studium, Anpassung an den allheiligen Willen der Partei, Loslösung von westlichen Exzessen und vor allem eine Zerschlagung des Egos um des Reiches der Erde willen. Aber wie Christus ohne das Kreuz ein schwacher, verweichlichter Christus wäre, der uns nicht von der Sünde retten könnte, so ist das Kreuz ohne Christus Tyrannei, Diktatur, Konzentrationslager, Sklaverei und Sowjetismus.

Leben wir in einer Welt, die sich durch einen reichlichen Ausguss des anti-pfingstlichen Geistes auszeichnet? Hat ein Teil der Erde Feuer gefangen mit den Flammen der Hölle, während die Feuer von Pfingsten in unseren Händen wie kleine Kerzen flackern, unfähig, die Welt in Brand zu setzen?

Zu behaupten, die Feuer von Pfingsten würden erlöschen, wäre nicht nur Blasphemie, sondern auch eine Leugnung stolzer

Geistige Generation

Tatsachen; Denn die Hoffnung und Herrlichkeit unserer Zeit liegen im Durchhaltevermögen der Kirche des Schweigens und in der Entfaltung neuer Feuer durch unsere Missionare. Gibt es jedoch nicht manch einen einzelnen Priester, der traurig seine eigene Selbstzufriedenheit mit dem Eifer der Kommunisten vergleichen und sich fragen sollte, warum manche, die gut sein wollen und die Wahrheit bekennen, dennoch eine leidenschaftliche Überzeugung für Christus vermissen? Der Herr sprach zu Mose:

Das Feuer auf dem Altar muss unaufhörlich brennen. Der Altar darf niemals ohne dieses ewige Feuer sein.

(3. Mose 6,12-13)

Unter dem Gesetz des Mose musste der Priester jeden Morgen das Feuer mit frischem Holz nähren und die Asche aus dem Lager tragen (3. Mose 6,10.12). Die morgendlichen Feuer der Meditation, die Selbstverleugnung, die die toten Dinge der Welt aus dem Herzen trägt – dies sind die Bedingungen des ewigen Feuers, das im Hl. Paulus für die Bekehrung der ganzen Menschheit brannte:

So hat niemand Anspruch auf mich, und doch habe ich mich jedermanns Knecht gemacht, um mehr Seelen zu gewinnen.... Ich bin jedermann alles geworden, um jedermann zur Erlösung zu führen.

(1 Korinther 9,19.22)

Berufungen fördern

Ein weiterer Aspekt der Rolle des Vaters bei der Zeugung geistlicher Kinder in Christus ist die Förderung der Berufungen. Es ist daher angemessen, dass der Priester sich fragt, welchen Beitrag er leistet. Es wird oft gesagt, dass es einen Rückgang der Berufungen gibt, doch hier ist es notwendig, zwischen Berufung und Antwort zu unterscheiden. Gott ruft. Das ist die göttliche Seite. Wir antworten. Das ist die menschliche Seite. Pius XII. sagte in der Enzyklika *Menti Nostrae*:

Geistige Generation

Der Kirche werden niemals genügend Priester für ihre Mission fehlen.

Jede Untersuchung der Berufungen zeigt, dass viele Jugendliche unter fünfzehn Jahren den Ruf verspüren. Eine Umfrage ergab, dass 40 Prozent der Schüler an weltlichen Schulen und 50 Prozent der Schüler an katholischen Schulen nach dem zwölften Lebensjahr an eine Berufung dachten. In einer anderen Umfrage bestätigten 60 Prozent der Jungen an Normalschulen, 23 Prozent an Fachschulen, 37 Prozent an technischen Schulen und 66 Prozent an klassischen Schulen, dass sie zu irgendeinem Zeitpunkt ihres Lebens hofften, Priester oder Ordensleute zu werden.

Viele, die den Ruf verspürt haben, gehen einfach verloren. Anstatt eines bewussten Abwendens gibt es Kompromisse oder ein Abirren. Jugendliche mit Berufungen, wie Schafe auf einem Feld, blicken in der Welt umher, statt zum Himmel aufzuschauen; und ehe sie sich versehen, haben sie den Guten Hirten aus den Augen verloren. Die Gründe sind vielfältig, doch oft ist einer davon das Versäumnis des Priesters, mit einem Ministranten über das Priestertum zu sprechen, ihn nicht zu danken, wenn er zur frühen Messe aufsteht, um zu dienen. Eine scharfe Zurechtweisung wegen eines geringfügigen Fehlverhaltens kann die Pläne eines jungen Mannes verändern – aus einem solchen Grund verließ Tito die Kirche.

Nun, Sohn des Menschen, prophezeie Unheil über... die Hirten meiner Herde. Dies sei deine Botschaft vom Herrn Gott: Wehe den Hirten Israels, die eine Herde zu weiden hatten und nur sich selbst nährten.

(Ezechiel 34,2)

Wir müssen gewiss hoffen, dass wir nicht unter diesen göttlichen Richterspruch fallen. Dennoch muss uns Gottes Wort zu größerer Fürsorge für die Jugend drängen:

Geistige Generation

Die Milch getrunken, die Wolle getragen, die fetten Lämmer geschlachtet, aber diese Schafe meiner Weide niemals geweidet! Der verschmähte Leib blieb ungenährt, der Kranke unheilbar; noch banden sie das gebrochene Glied, noch brachten sie die verirrt gewesenen Schafe heim, noch fanden sie das verlorene Schaf; Gewalt und Zwang waren die einzigen Herrschaftsmittel, die sie kannten. So gingen meine Schafe verloren, weil sie keinen Hirten hatten; jedes wilde Tier fiel über sie her, und sie zerstreuten sich weit und breit.

(Ezechiel 34,3-5)

Wenn wir vor dem Herrn erscheinen, um gerichtet zu werden nach dem Gebrauch des Chrisams, mit dem unsere Hände gesalbt wurden, wird Er uns fragen, ob wir unser Priestertum fortgeführt haben?

Ich werde sie für die ihnen anvertraute Herde zur Rechenschaft ziehen, und sie sollen sich nicht mehr darum kümmern, sich nicht mehr aus ihren Einkünften nähren. Aus ihrer gierigen Macht werde ich sie erretten; sie sollen nicht länger ihre Beute sein.
(Ezechiel 34,10)

Welcher junge Priester und welcher religiöse wird dann unsere Fruchtbarkeit verkünden? Welche Hilfe, die wir der Gesellschaft für die Ausbreitung des Glaubens oder dem *Opus Sancti Petri* zur Ausbildung einheimischer Priesteramtskandidaten gegeben haben, wird im Buch des Lebens verzeichnet sein? In wie vielen katholischen Häusern werden wir durch unsere Besuche die Berufungen würdiger Jugendlicher gefördert haben? Welche geistlichen Übungen werden von uns für junge Männer und Frauen verzeichnet sein, die sich zum Priestertum oder zum religiösen Leben hingezogen fühlten?

Wie fruchtbar ist ein Weinberg der Berufungen in der Sakristei! Einen Priester seine Meditation vor der Messe halten zu sehen, bewirkt mehr für die Berufung eines Ministranten als tausend Stücke inspirierender Literatur.

Ein geistlicher Vater zukünftiger Priester zu sein, erfordert Hingabe. Aaron und die Priester des Alten Testaments wurden an drei Stellen gesalbt: am rechten Ohr, am rechten Daumen und an der großen Zehe des rechten Fußes (3. Mose 14,14–28). Die dreifache Salbung deutet auf eine dreifache Hingabe hin: aufmerksam auf das Hören des Wortes Gottes zu sein, denn das Ohr bedeutet Gehorsam (Exodus 21,6), wie Unser Herr gehorsam bis zum Tod am Kreuz war (Philipper 2,8); seine Hände ständig zum Vollbringen guter Werke zu gebrauchen, wie Christus das vom Vater gegebene Werk vollendete (Johannes 4,34; 9,4; 18,4; Hebräer 10,5.7); und stets auf den Wegen Gottes zu wandeln, denn süß sind die Füße derer, die die Botschaft des Evangeliums verkünden.

Siehe, wie sie auf den Höhen der Berge gute Nachrichten bringen und verkünden, dass alles wohl ist.

(Nahum 1:15)

Das Geheimnis der Förderung von Berufungen lässt sich in dieser Zeremonie des Alten Testaments zusammenfassen, nämlich in der Ermutigung zu geistlicher Sensibilität, guten Werken und der Flucht vor dem Bösen.

1. Die Jugend muss zuerst den Ruf Gottes hören. Dann ist es die Aufgabe des Priesters, seine Seele für Gottes Stimme empfänglich zu halten. Wie bei der Taufe berühren wir beide Ohren und sagen: „Ephphetha" („Sei geöffnet"), so halten wir auch zur Vorbereitung auf die Weihe die Seele wachsam für Gottes Flüstern, denn Er ruft eine Berufung nicht mit lauter Stimme.

2. Das Ohr benötigt die Hände, um die fromme Eingebung Gottes in gute Werke zu übersetzen. Aspiranten zum Priestertum dienen daher am Altar, unterweisen Kinder im Glauben, wirken als Berater der Jugend und bereiten so ihre Hände darauf vor, eines Tages vom Bischof gesalbt zu werden.

Geistige Generation

3. Berufungen gedeihen auch durch Disziplin, denn der Priester muss den schmalen Weg zur Erlösung gehen, nicht den breiten Weg zur Vernichtung (Lukas 13,24). Die Welt und das Fleisch üben eine starke Verlockung auf die Jugend aus. Sie müssen vor der Sünde geschützt werden, wie Gott die Juden beim Auszug aus Ägypten schützte:

So erhielt das Volk von Pharao die Erlaubnis, seinen Weg zu gehen; aber Gott führte sie nicht auf dem kürzesten Weg, dem Weg durch Philistäa. Dort wären sie auf bewaffneten Widerstand gestoßen und hätten sich vielleicht in Verzweiflung über ihr Unternehmen nach Ägypten zurückgewandt.

(Exodus 13,17)

Das Kirchenrecht auferlegt jedem Priester, besonders den Pfarrern, die Verpflichtung, die Zeichen der Berufung bei Jugendlichen, mit denen sie in Kontakt kommen, zu fördern.

Dent operam sacerdotes, praesertim parochi, ut pueros, qui indicia praebeant ecclesiasticae vocationis, peculiaribus curis a saeculi contagiis arceant, ad pietatem informent, primis litterarum studiis imbuant divinaeque in eis vocationis germen foveant (Canon 1353 aus dem Kirchenrecht, 1917).

Eine Pfarrei in den Vereinigten Staaten hatte vierzig Jahre lang keine Berufungen. Ein neuer Pfarrer entwickelte in nur einem Jahr zehn Berufungen. Der Unterschied lag in seiner Spiritualität. Sein Ohr vernahm den Ruf des Herrn des Erntefeldes nach Berufungen, seine Hände waren damit beschäftigt, Andachten zum Heiligen Herzen zu fördern, und seine Füße besuchten jede Familie in seiner Pfarrei.

Vor einigen Jahren aß ich in einem Hotelrestaurant, als ein etwa zwölfjähriger Junge, der seinen Lebensunterhalt mit Schuheputzen verdiente, begann, an einem Samtvorhang am Eingang zu schaukeln. Der Oberkellner schrie ihn an und befahl ihm, das Hotel zu verlassen.

Geistige Generation

Ich folgte dem Jungen auf die Straße. Er erzählte mir, dass er von einem Pfarrer und einer Nonne von einer katholischen Schule verwiesen worden war, die ihm versicherten, dass er nie wieder eine katholische Schule besuchen könne. Ich brachte ihn zu dem betreffenden Pfarrer und der Nonne und erinnerte sie an drei andere „schlechte" Jungen, die von religiösen Schulen verwiesen worden waren: einer, weil er während des Geographieunterrichts Bilder zeichnete, ein anderer, weil er zu viel kämpfte, der dritte, weil er schlechte Bücher unter seiner Matratze versteckte. Es waren jeweils Hitler, Mussolini und Stalin. Wie anders, unter Gott, hätte die Weltgeschichte verlaufen können, wenn ihre Führer sich mehr Mühe gegeben hätten, sie zu reformieren!

Der Pfarrer und die Nonne stimmten zu, den Jungen wieder aufzunehmen. Nach und nach wurde er zum Priester geweiht, und heute ist er Missionar in der Arktis.

Was für ein gesegnetes Leben ist das unsere! Welche schöne Rolle spielt das Zölibat, wenn es eine höhere Art der Generation ermöglicht, wenn es den Priester inspiriert, den Vater nachzuahmen im Gebären des Wortes, den Christus nachzuahmen, der uns im Geist als einen *alter Christus gezeugt hat!*

Unsere Tage sind gesegnet durch eine Vertiefung der liturgischen Andacht und eine Zunahme der Teilnahme an den eucharistischen Geheimnissen seitens der Laien. Solche Entwicklungen sind ein Lob, aber auch eine Warnung an den Klerus, denn wie die Laien geistlicher werden, so müssen es auch sie sein. Die Kirche ist in Gefahr, wenn die Laien geistlicher sind als der Klerus:

Ihr seid das Salz der Erde; wenn das Salz seinen Geschmack verliert, womit soll man ihm wieder Geschmack geben?
(Matthäus 5,13)

Schon viel früher hatte der Prophet Hosea dieselbe Warnung ausgesprochen:

Geistige Generation

Priestern wird es nun nicht besser ergehen als dem Volk.

(Hosea 4,9)

Es ist nicht möglich, Achtung vor dem Priestertum zu schaffen, außer durch Bewunderung für das Opfersein des Priesters. Keine Mutter bringt ein Kind ohne Mühsal zur Welt. Kein Priester zeugt eine Berufung, bekehrt jemanden oder heiligt eine Seele außer im Schatten des Kreuzes. Und als *alter Christus* muss sich jeder Priester seiner Fähigkeit bewusst sein, im Geist zu zeugen. Wir sind uns unserer sakramentalen Macht bei der Messe und im Beichtstuhl meist bewusst, aber haben wir Vertrauen in unsere Macht, Berufungen zu erwecken? Wenn wir unsere Hand auf einen Jungen legen, der geistliche Verheißung zeigt, und sagen: „Eines Tages wirst Du Priester sein", glauben wir, dass Unser Herr unseren Richterspruch und unseren Segen unterstützen wird? Mancher Priester kann auf den Segen zurückblicken, den er einem Jugendlichen gegeben hat, der nun ein geweihter Priester ist. Er hat dem jungen Mann die Berufung nicht verliehen. Das hat Gott getan. Aber es gibt eine priesterliche Stärkung der Berufung in der Seele. Wie Unser Herr zu Seinem Vater betete, so müssen auch wir mit Zuversicht zum Herrn beten:

Und Er wird mir Ehre erweisen, denn von mir wird Er das nehmen, was Er euch verkünden wird.

(Johannes 16,14)

Wie glücklich ist der Tod des Priesters, der weiß, dass er die Lebensfackel weitergegeben hat, die Christus in seiner Seele entzündet hat. Und bis zu jener Stunde, ohne den Nutzen, im Tabernakel des Herrn zu sitzen, wird jeder von uns mit Paulus zu denen sagen, deren Berufung wir gefördert haben:

Meine kleinen Kinder, ich bin abermals in Geburtswehen um euch, bis Christus in euch Gestalt annimmt!

(Galater 4,19)

~ 4 ~

Die Heiligkeit des Priesters

Das moralische und geistliche Leben des Priesters steht in zweifacher Weise in Beziehung zum Mystischen Leib Christi. Seine Heiligkeit trägt dazu bei, die Gläubigen heilig zu machen. Die Heiligkeit der christlichen Gemeinschaft wiederum hilft, ihn heilig zu machen.

Beim Letzten Abendmahl gab Unser Herr Seinen Priestern einen zwingenden Grund, warum sie heilig sein mussten, indem Er Sich selbst als Beispiel darstellte:

Ich weihe Mich um ihrer willen, damit auch sie durch die Wahrheit geweiht seien. Nicht nur für sie bete Ich; Ich bete für die, die durch ihre Worte Glauben an Mich finden sollen.

(Johannes 17,19-20)

Er hat Sich nicht nur für Sich selbst geheiligt, sondern auch für sie. Sie wiederum sollten sich für die Kirche und alle zukünftigen Gläubigen heiligen. Geistlichkeit beginnt an der Spitze, nicht an der Basis. Der Spiegel reflektiert das Licht der Sonne, schafft es aber nicht. Heiligkeit ist eine Pyramide:

Gütig wie Balsam, der auf den Kopf gegossen wird, bis er auf den Bart herabfließt; Balsam, der auf Aarons Bart herabfloss und bis an den Saum seines Gewandes reichte.

(Psalm 132,2 [133,2, RSV])

Gott ist heilig; diese Heiligkeit kommt auf die Erde in Christus. Er verleiht sie seinen Priestern mit deren Mitwirkung; Sie tragen in dem Maße, wie sie annehmen, dazu bei, das Volk heilig zu machen.

Die Heiligkeit des Priesters

Das Volk verleiht dem Priester nicht die besonderen Kräfte zur Heiligung, die er besitzt. Es ist Unser Herr, der diese Kräfte gegeben hat, und Er gab sie, damit der Priester das Volk heiligen kann. Vom Berg, wo man mit Gott Gemeinschaft hat, steigt Heiligkeit herab:

So stieg Mose wieder zum Volk hinab und befreite sie von der Unreinheit.

(Exodus 19,14)

Um der Kirche willen kam Unser Herr in die Welt und (wie Er sagte) heiligt sich selbst. Aber was genau bedeutet dieser Ausdruck? Wie kann man sich selbst weihen? Konnte Aaron sich selbst weihen? Könnte ich mich selbst weihen? Aber Er konnte sich selbst weihen, weil Er ein „Hoherpriester ist, jetzt und ewig mit dem Priestertum Melchisedeks" (Hebräer 6,20). Er konnte sich selbst heiligen, weil Er sowohl Priester als auch Opfer war:

Ordnet euer Leben in Nächstenliebe nach dem Vorbild jener Nächstenliebe, die Christus uns erwiesen hat, als Er sich für uns hingab, ein duftendes Opfer, das Er Gott darbrachte.

(Epheser 5,2)

Im biblischen Sprachgebrauch bedeutete weihen oder heiligen, etwas als Opfer für Gott zu reservieren, ein Opfer.

Du sollst dem Herrn, deinem Gott, alle Erstgeburten deines Viehs und deiner Schafe weihen.

(Deuteronomium 15,19)

Es gibt keine Loslösung für die Erstgeburt von Rind, Schaf oder Ziege; sie sind dem Herrn geweiht.

(Numeri 18,17)

Alle Opfer des Alten Testaments waren dem Herrn heilig als Typen des „Erstgeborenen" (Lukas 2,7), der auf besondere Weise geheiligt wurde, das heißt, als Opfer für unsere Erlösung am Karfreitag dargebracht wurde. Seine eigene offizielle Heiligung, wie Er in der vorangegangenen Nacht bekräftigte, war die verdienstvolle

Ursache dafür, dass Seine Priester und Sein Volk geheiligt wurden. Der Hl. Paulus verstand dies klar:

Christus zeigte Liebe zur Kirche, als Er sich für sie hingab. Er wollte sie heiligen.

(Epheser 5,25-26)

Das „Vaterunser" des Hohen Priesters

Aus dem Vorangegangenen ist klar, dass Unser Herr sich um unseretwillen „heilig" oder „sakerdotal" oder „heiligmäßig" gemacht hat. Um diese Heiligkeit in uns Priestern nachzubilden, ist die Hilfe des Himmels notwendig. In der Nacht des Letzten Abendmahls sprach Er im unsern Namen zum Himmlischen Vater und sprach Sein eigenes „Pater Noster". Zuvor hatte Er den Aposteln gesagt, als sie fragten, wie sie beten sollten:

Und Er sagte ihnen: Wenn ihr betet, sollt ihr sagen, Vater.

(Lukas 11,2)

Unser Herr sagte niemals „Unser Vater" von Sich und uns zusammen, sondern „Mein Vater" und „Euer Vater", weil Er der natürliche Sohn ist; wir die adoptierte Söhne. Sein sakerdotales Gebet in der Nacht des Heiligen Donnerstags, wie das Gebet, das Er den Aposteln zuvor gegeben hatte, enthielt sieben Bitten. Das erste „Vaterunser" war für alle, doch dieses „Vaterunser" ist allein für Priester bestimmt. Es fasst die Tugenden zusammen, die den Priester auszeichnen.

1. *Beharrlichkeit: „Heiliger Vater, bewahre sie in Deinem Namen".*

(Johannes 17,11)

2. *Freude: „Damit meine Freude in ihnen sei und ihre Fülle in ihnen vollendet werde".*

(Johannes 17,13)

Die Heiligkeit des Priesters

3. *Befreiung vom Bösen: „Dass Du sie bewahrst vor dem Bösen".*

(Johannes 17,15)

4. *Heiligkeit durch Opfer: „Heilige sie in der Wahrheit".*

(Johannes 17,17)

5. *Einheit: „Damit sie alle eins seien; dass auch sie in uns eins seien, wie Du, Vater, in mir bist und ich in Dir".*

(Johannes 17,21)

6. *Seine ständigen Begleiter: „Dies, Vater, ist mein Wunsch, dass alle, die Du mir anvertraut hast, bei mir seien, wo ich bin.*

(Johannes 17,24)

7. *Genieße Seine Herrlichkeit im Himmel: „Damit ihr Meine Herrlichkeit sehet".*

(Johannes 17,24)

Wie oft erklingt der Ton von Freude, Herrlichkeit und Glück! Und alles ist darauf ausgerichtet, „mit Ihm" zu sein; Das war Sein Zweck, als Er sie zu Seinen Priestern erwählte. Aber bevor Er jenes Gebet dargebracht hatte, sagte Er uns, dass wir niemals vor Anfechtungen gefeit sein würden. Die „Freude", die vor uns liegt, ist ähnlich der, mit der Er das Kreuz angenommen hat. Doch der Sieg ist gewiss. Wir haben bereits gesiegt! Nur die Nachricht ist noch nicht durchgesickert!

In der Welt werdet ihr nur Bedrängnis finden; Aber seid getrost, Ich habe die Welt überwunden.

(Johannes 16,33)

Was Heiligkeit bedeutet

Unser Herr hat Sich um unseretwillen geheiligt, und das — wie bereits angedeutet — beinhaltete Opfer. Er hat Sich selbst

Die Heiligkeit des Priesters

dargebracht, so wie alles, was im Alten Testament dem Herrn geweiht war, dargebracht wurde.

Wie der Hirte, so die Schafe; Wie der Priester, so das Volk. Priester-Opfer-Führung erzeugt eine heilige Kirche. Was die Priester in der Pfarrei, der Diözese und der Nation sind, das werden auch die Gläubigen sein. Wie die Vielzahl durch die Jünger das Brot in Kafarnaum empfing, so empfangen die Gläubigen die Heiligung Christi durch unsere Heiligung. Als dieses Ziel erreicht war, war der letzte Ausbruch der sakerdotalen Seele Unseres Herrn: *„Es ist vollbracht"* (Johannes 19,30). Die Zehntausenden von Lämmern, die ihr Blut als Typen vergossen hatten, wurden nicht mehr benötigt. Das Lamm Gottes hatte sich selbst geopfert. Jeder Priester muss einen ähnlichen Akt der Selbsthingabe vollziehen und dann deren Früchte dem ganzen Volk weitergeben: *„Tut dies zu meinem Gedächtnis"* (Lukas 22,19).

Das Spezifische, das Christus jedem Priester auftrug, zu wiederholen und zu erneuern, war das sakramentale Zeichen Seines Todes. Das Leben aus diesem Tod ist Heiligung.

Aber warum muss das Kreuz täglich auf sich genommen werden? Weil auf jeder Seele ein Lösegeldpreis liegt. Einige von ihnen sind sehr kostbar. Sie erfordern ein großes Opfer. Es ist nicht so, dass Christus Seine Barmherzigkeit zurückhält, sondern dass Er gewollt hat, sie durch unsere Hände zu spenden. Und wenn die Hände des Priesters keine verwundeten Hände sind, dann fließen Christi Barmherzigkeiten nicht so bereitwillig durch sie hindurch. Segen, Kraft, Heilung und Einfluss werden durch Weltlichkeit verstopft.

Die Kirche macht in der Welt keinen Eindruck, solange die Außenstehenden sie nur als eine ‚Sekte', eine ‚Organisation' oder ‚eine der großen Religionen' ansehen. Unser Herr wirkte durch Sein Kreuz (Johannes 12,32). Der verwundete Christus erlöst; und nur eine verwundete Kirche kann diese Erlösung wirksam anwenden. Wenn die Kirche Fortschritte macht und viele Bekehrungen

Die Heiligkeit des Priesters

geschehen, da ist Christus wieder arm, wieder müde von Missionsreisen, wieder ein Opfer in Seinen heiligen Priestern.

Jeder weltliche Priester hindert das Wachstum der Kirche; jeder heilige Priester fördert es. Wenn doch alle Priester erkennen würden, wie ihre Heiligkeit die Kirche heilig macht und wie die Kirche zu verfallen beginnt, wenn das Heiligkeitsniveau der Priester unter das der Gläubigen sinkt! Gott donnert noch immer zu Seinen Priestern:

Ich habe Wächter, Jerusalem, auf deine Mauern gesetzt, die niemals aufhören sollen, Tag und Nacht laut zu rufen; ihr, die ihr den Herrn in Erinnerung behaltet, ruht nicht und lasst Ihn auch nicht ruhen, bis Er Jerusalem wiederhergestellt und ihren Ruhm über die ganze Erde verbreitet hat.

(Jesaja 62,6-7)

Wächter sind wir, die vom Hohen Priester auf die Mauern der Kirche gesetzt wurden. Tag und Nacht müssen wir unaufhörlich beten und predigen, um die von Hl. Augustinus gegebene Beschreibung zu verdienen: *"aut precantes aut praedicantes."*

Unsere Hingabe an das Volk gilt nicht nur sonntags, oder bei der Messe einmal täglich, oder beim Hören der Beichten samstags. Uns wird gesagt, zwei Dinge zu tun: (1) „Ruht nicht" — so seltsam es auch erscheinen mag. Keine Stühle! Erinnerst Du Dich? (2) „Gib Gott keine Ruhe." Haben wir jemals einem Bettler, der Geld wollte, gesagt: „Frag mich danach, wenn ich die Straße überquere; wenn ich es dir nicht gebe, folge mir und ergreife meinen Mantel; wenn dir das nicht bringt, was du willst, wirf um Mitternacht einen Stein gegen mein Fenster." Aber Gott sagt: „Ringe mit mir, wie Jakob es tat. Gib mir keine Ruhe." Wie die hartnäckige Witwe, die den Richter erweckte, so sollen wir zum Priester-Opfer schreien angesichts der Feinde der Kirche:

Verschaffe mir Recht gegen den, der mir Unrecht tut.

(Lukas 18,3)

Die Heiligkeit des Priesters

Ich sage euch: Selbst wenn er sich nicht aus Freundschaft aufraffen will, wird ihn das schamlose Bitten veranlassen, aufzustehen und seinem Freund alles zu geben, was er braucht.
(Lukas 11,8)

Was wir sind, das ist die Kirche; was die Kirche ist, das ist die Welt. Die Welt und alles, was sie enthält, ist schließlich eine Straße, auf der die Braut, die Kirche, dem Bräutigam zu den himmlischen Hochzeitsfeierlichkeiten entgegengeht. Politik bestimmt letztlich nicht Krieg und Frieden. Entscheidend ist der geistliche Zustand der Kirche, die in der Welt lebt und sie durchdringt. Das Alte Testament zu lesen bedeutet zu erkennen, dass die Geschichte die Hand des Herrn ist, der Nationen nach ihrem Verdienst segnet und bestraft. Was wir tun, um uns zu heiligen, heiligt die Welt. Wenn der Hirte faul ist, hungern die Schafe; wenn er schläft, gehen sie verloren; wenn er korrupt ist, werden sie krank; wenn er untreu ist, verlieren sie ihren Richterspruch. Wenn der Hirte nicht bereit ist, ein Opfer für seine Schafe zu sein, kommen die Wölfe und reißen sie.

Jeden Morgen halten wir Priester in unseren Händen den Christus, der Blut aus Seinen Adern, Tränen aus Seinen Augen, Schweiß aus Seinem Leib vergossen hat, um uns zu heiligen. Wie sollten wir nicht von dieser Liebe entflammt sein, damit wir sie in anderen entfachen!

Leiden wir für die irrenden Schafe? Wärmen wir uns am Feuer, indem wir mit Mägden reden wie Petrus, während der Herr in den Seelen der Sünder erneut gekreuzigt wird? Nehmen wir eine unnachgiebige Haltung gegenüber den Feinden der Kirche ein und vergessen dabei, dass aus einem Saulus ein Paulus wurde? Wir kleiden uns in Schwarz; aber nicht, um Christus zu beweinen, denn Er hat gesiegt. Wir trauern um jene, die ihre Türen vor unserem Klopfen verschließen, um jene, die noch nicht glauben wollen, obwohl täglich einer von den Toten auferstehen sollte, um jene, die uns Essig reichen, wenn wir rufen: „Sitio!" (Johannes 19,28). Tag und Nacht, ohne Gott Ruhe zu gönnen, werden wir immer wieder ausrufen:

Ich weihe Mich um ihretwillen, damit auch sie durch die Wahrheit geweiht werden.

(Johannes 17,19)

Heilige Christen garantieren heilige Priester

Heiligkeit steigt in der Kirche vom allheiligen Gott durch Christus, Seine Bischöfe und Seine Priester auf die gesamte Gemeinschaft herab, die der Mystische Leib ist. Gleichzeitig gibt es eine aufsteigende Bewegung der Heiligkeit von der christlichen Gemeinschaft zum allheiligen Gott. Dies gilt besonders für die Berufungen zum Priestertum und zum religiösen Leben.

Es gibt keinen Priester, der nicht die Gläubigen zum Gebet für Berufungen ermahnt. Doch allzu oft sind die Formulierungen nur formal. Sie entsprechen dem Erwarteten. Im Geist des Priesters sind sie Teil der Bekanntmachungen, auf einer Ebene mit dem Kartenspiel für die Damenhilfsvereinigung oder dem Schlittschuhwettbewerb der CYO.

Diese anderen Aktivitäten sind selbstverständlich nicht zu verachten. Auch sie fördern ein christliches Leben und regen somit Berufungen an. Aber können wir sie in dieselbe Kategorie wie das Gebet einordnen? Aus Hunderten möglicher Wege, Berufungen zu fördern, war das Gebet der einzige, den Unser Herr ausdrücklich nannte:

Die Ernte, sagte Er ihnen, ist reichlich, aber die Arbeiter sind wenige; Ihr müsst den Herrn bitten, dem die Ernte gehört, Arbeiter für die Ernte auszusenden.

(Lukas 10,2)

Was veranlasste diese Worte? Lukas berichtet, dass Christus sie anlässlich der Auswahl von zweiundsiebzig Jüngern sprach (Lukas 10,1). Matthäus zeichnet den Hintergrund ausführlicher. Es war nach einer langen Reise, bemerkte Er, und das Herz des Herrn wurde von Mitleid für die Massen berührt, die nach Erkenntnis des Himmels hungerten, aber nicht wussten, wo sie suchen sollten, was ihnen fehlte:

Doch als Er die Volksmengen sah, wurde Er von Mitleid bewegt, weil Er sie gehetzt und elend sah, wie Schafe ohne Hirten. Daraufhin sagte Er zu Seinen Jüngern: Die Ernte ist reichlich, aber die Arbeiter sind wenige; Ihr müsst den Herrn bitten, dem die Ernte gehört, dass Er Arbeiter zur Ernte aussende.

(Matthäus 9,36–38)

Nicht nur diejenigen, die bereits in der Kirche sind, sondern ebenso diejenigen außerhalb lassen Ihn nach Arbeitern verlangen, damit der reiche Weizen nicht auf den Feldern verdirbt.

Sein Mitleid mit der Menge war zweifach. Weil sie hungerten, speiste Er auf wunderbare Weise die fünftausend. Weil ihre Seelen litten, Schafe ohne Hirten, wurde Er von Mitleid bewegt.

Jeder wahre Priester empfindet dasselbe herzzerreißende Mitleid, wenn er über eine große Stadt wie Paris, New York oder London fliegt. Dort unten sieht er mit den Augen Christi Millionen von Seelen, die nicht von der Eucharistie genährt, nicht durch Buße geheilt sind und in Häusern leben, die auf Sand gebaut sind, weil sie den Fels nicht kennen. Er sieht in ihnen, was Unser Herr sah, als Er die Volksmengen betrachtete: die Gefahr des ewigen Verlustes! Hier sind zahllose Ackerflächen, reif zur Ernte, doch wie wenige Arbeiter gibt es, um sie einzubringen!

Unser Herr weist darauf hin, dass diese Ernte von Seelen bekehrt werden kann. Er ist begeistert von der Aussicht, Seelen zu gewinnen, und Seine Worte sollen diese Begeisterung auf Seine Priester übertragen. Eine ähnliche Äußerung des zuversichtlichen Erwartens machte Er, als die Volksmengen aus Samaria strömten, um Seine Worte zu hören:

Seht doch auf und schaut die Felder an, sie sind schon weiß zur Ernte.

(Johannes 4,35)

Die Heiligkeit des Priesters

Wie der Weizen sich nicht der Sichel widersetzt, so werden sich auch die Massen nicht gegen uns stellen. Man fragt sich, ob wir nicht die Möglichkeit von Bekehrungen unterschätzen. Das Scheitern kann schlicht in unserer mangelhaften Vorbereitung und Herangehensweise liegen. Die Ungläubigen werden nicht zu Philosophen gehen, sondern zu Heiligen, um ihnen zuzuhören. Priester, die in den Elendsvierteln unter den Ausgestoßenen wirken, berichten, dass sie selten auf Beleidigungen stoßen. Wie der Weizen werden sich die Massen nur vor einer bestimmten Art von Schnitter beugen. Wenn sie uns nicht so vorfinden, wie wir sein sollten, kehren sie uns den Rücken zu. Doch wenn sie einem Priester begegnen, dessen Leben die Botschaft, die er bringt, ausdrückt, sind sie bereit, geerntet zu werden.

Was Unser Herr uns zu beten geboten hat, waren Arbeiter. Er sagte nicht: „Mein Vater ist Allmächtig; Er kann die Wenigen viel bewirken lassen." Er kannte das Ausmaß der Macht Seines Vaters, doch Er war auch eins mit Seinem Vater im göttlichen Plan, den Menschen mit Hilfe menschlicher Mittel zu heiligen. In der Inkarnation war Seine menschliche Natur *instrumentum conjunctum divinitatis*. In der Fortdauer Seiner Inkarnation gebraucht Er uns als Instrumente. Obwohl Er die Ernte ohne Menschen einbringen könnte, tut Er es nicht.

Nur Arbeiter und nicht Müßiggänger sind akzeptable Werkzeuge. Der Priester muss seinen Geist vervollkommnen, ohne das Volk mit abgedroschenen Wiederholungen zu ermüden. Es ist wahr, dass „*Worte werden euch gegeben werden, wenn die Zeit kommt*" (Matthäus 10,19); aber was Unser Herr hier versprach, war nicht Inspiration für jene, die ihre Botschaft nicht vorbereiten, sondern die Hilfe des Geistes für jene, die über menschliche Kräfte hinaus verfolgt werden. In den Plänen der Vorsehung kann die Gabe der endgültigen Standhaftigkeit für einen Priester nicht nur vom Maß des begangenen Übels abhängen, sondern auch vom Guten, das er unterlassen hat.

Die Heiligkeit des Priesters

Die Arbeiter müssen in die Erntefelder gehen, zu den Massen, zu den Ungläubigen, zu den Verlassenen, den Steuerlosen. Ist es nicht möglich, dass der Herr vielen Diözesen und Missionsgesellschaften Berufungen vorenthält wegen des zunehmenden Einsatzes von Priestern in rein weltlichen Tätigkeiten? Warum ruft Gott einen Mann gerade zum Priestertum? Es ist nicht leicht zu rechtfertigen, einen Priester in den Bereichen Versicherung, Bauwesen, Buchhaltung, Bankwesen, Werbung und Promotion einzusetzen, wenn der Bedarf an Bekehrungsmachern, an Missionaren, die das verlorene Schaf suchen und sanft in die Herde Christi führen, so groß ist. Fehlen uns hingebungsvolle und zuverlässige Laien, die solche Aufgaben ebenso gut oder besser erfüllen können? Wenn Der Herr so genau auf die Brocken des Brotes achtete, die Er befohlen hatte aufzusammeln, wird Er dann nicht eifersüchtig darauf bestehen, dass Seine Priester genau das tun, wozu Er sie berufen hat?

Warum hat Unser Herr, als Er von Berufungen sprach, gerade das Wort „Betet!" hervorgehoben? Weil das Gebet der Ausdruck der christlichen Gemeinschaft und das Sehnen der Kirche ist. Wie die Kirche den Papst bekommt, den sie verdient, so erhält sie auch die Art und Anzahl der Priester, die sie verdient. Warum haben Irland und Holland so viele Berufungen? Weil das katholische Volk dieser kleinen, aber intensiven Länder, reich an seinem Glauben, Priester will und betet, dass ihm die Priester gegeben werden, die es begehrt. Warum haben manche Länder so wenige? Weil nur wenige Menschen, ja sogar wenige Eltern, für Priester beten. "Bittet, und es wird euch gegeben" (Lukas 11,9). Können wir hoffen zu empfangen, wenn wir nicht bitten? Wahrscheinlich hängen Hunderttausende von Berufungen am Himmel an seidenen Fäden; Gebet ist das Schwert, das sie durchtrennt. Die Arbeiter sind potenziell im Herzen Christi vorhanden; es sind unsere Bitten, die sie verwirklichen. *"... Und ich wurde nie gefragt?"* (Jesaja 30,2).

Gibt es in der Kirche Gebete für Berufungen? Beten Mütter für die Berufungen ihrer Kinder? Beten die Gläubigen den Herrn, *"Arbeiter für die Ernte auszusenden"* (Matthäus 9,38)? Beten Schulkinder für den Ruf Gottes?

Die Heiligkeit des Priesters

Was die christliche Gemeinschaft innig begehrt, wird der Herr der Ernte gewähren. Deshalb hat Unser Herr uns geboten zu beten. Der Befehl war für alle bestimmt, wurde jedoch direkt und speziell den Aposteln und Jüngern als Seine Botschafter und Mitarbeiter unter dem Volk gegeben. Das Gebet in der Kirche ist allein primär; Öffentlichkeit und ihre Methoden sind sekundär. Die Suche nach Berufungen beginnt auf unseren Knien. Ein Bischof hatte zwei Jahre lang keine Kandidaten für das Priestertum. Er begann eine Gebetskampagne in den Schulen seiner Diözese, und ohne weitere Öffentlichkeitsarbeit hatte er am Ende eines Jahres vierzig Berufungen aktiviert.

Das ursprüngliche griechische Wort (ἐκβάλλω) für das ‚Aussenden' von Arbeitern auf die Felder ist stärker als das lateinische (Matthäus 9,38). Es bedeutet, dass der Herr der Ernte sie hinaustreiben oder vorantreiben würde. Dasselbe griechische Wort verwendet Matthäus (8,31) für den Auswurf eines Teufels aus einem Menschen (obwohl bei der Beschreibung des Vorfalls in Markus 5,8 und Lukas 8,29 andere Wörter gebraucht werden); Es bedarf einer großen Kraft, um das Priestertum in einem Menschen zu wirken. Diese Kraft sagte Unser Herr, würde Er ausüben, wenn wir beteten. Es deutet sogar darauf hin, dass Er Berufungen aus völlig unerwarteten und unmöglichen Quellen inspirieren würde.

Auswirkung auf die Gemeinschaft hinsichtlich Heiligkeit oder Sündhaftigkeit

Jedes noch so kleine Versagen unsererseits bringt die Gemeinschaft unter den Richterspruch Gottes. Jede noch so geringe Zunahme priesterlicher Tugend bringt ihr Segen.

Als die Israeliten Jericho einnahmen (Josua 6,1-21), befahl Gott, die Stadt zu zerstören und ihren Reichtum Ihm als Frucht des Sieges zu übergeben. Doch ein Israelit widersetzte sich. Der Versuchung nachgebend, eignete sich Achan ein Kleidungsstück und einige kostbare Schmuckstücke an und verletzte damit den göttlichen Befehl (Josua 7,1). Später, als Josua in der Schlacht geschlagen

Die Heiligkeit des Priesters

wurde, offenbarte Der Herr, dass der Grund für seine Niederlage die geheime Sünde Achans war. Das Böse eines Einzelnen brachte Zerstörung und Tod über die ganze Gemeinschaft.

Persönliche Sünden, selbst die verborgensten, haben Auswirkungen auf die gesamte Kirche. Ein verletzter Finger schmerzt den ganzen Menschen. Die Wellen, die ein Stein in einen Teich wirft, berühren jeden Punkt am Ufer. Eine verborgene Verletzung von Christus' Gesetz durch eines Seiner Glieder hallt durch und stört das Gleichgewicht des gesamten Mystischen Leibes.

Josua befahl unter der Inspiration Gottes die Vernichtung Achans und der gestohlenen Güter:

Und Josua sprach: Du hast Unheil über uns gebracht, und nun ist der Herr an der Reihe, Unheil über dich zu bringen.

(Josua 7,25)

Wenn nun die Sünde eines Laien die Ecclesia Israels so sehr beeinflusste, wie viel mehr müssen dann die Verfehlungen eines Priesters die Ecclesia Dei beeinflussen! Doch der Einfluss einer guten Seele, eines Heiligen, wirkt zum Wohl der ganzen Gemeinschaft. Gott war bereit, Sodom und Gomorra um der wenigen gerechten Männer willen zu verschonen. Abraham hielt bei zehn an, und die Städte wurden zerstört (Genesis 18,16-19;28). Aber Gott hält sich nicht notwendigerweise an zehn. Segen, Berufungen und Bekehrungen sind zahlreich, und Richtersprüche werden abgewendet wegen der wenigen, die gut sind. Um Jakobs willen vermehrte Gott die Herden Labans (Genesis 30,27). Aus Respekt vor Josef segnete Gott das Haus Potiphars (Genesis 39,5). Die böse Stadt Segor wurde durch das Gebet Lots gerettet:

Noch einmal sprach Er: Ich gebe Deinem Flehen nach; Ich werde die Stadt, für die Du eintrittst, nicht zerstören.

(Genesis 19,21)

Um Paulus willen wurden 276 Seelen in einem schweren Sturm auf See gerettet (Apostelgeschichte 27,24.34).

Die Heiligkeit des Priesters

Bevor Gott Jerusalem als Strafe ins Exil schickte, sagte Er Jeremia, dass ein guter Mann sie retten würde:

Gehe durch die Straßen Jerusalems, durchsuche sie mit lautem Ruf; und wenn du dort einen Mann findest, der treu seine Pflicht tut und die Treue hält, dann wird die Stadt verschont werden.

(Jeremia 5,1)

Nachdem Er über Jerusalem den Richterspruch vollstreckt hatte, gab Er den Grund an:

Wer würde die Kluft schließen, bei Mir Fürbitte einlegen, um das Land vor dem Verderben zu bewahren? Nie wurde ein Mensch gefunden! Was wundert es, wenn Ich Meine Rache ausgegossen und sie im Zorn verbrannt habe? Es war nur ihr Verdienst, das Ich ihnen gab, spricht der Herr Gott.

(Ezechiel 22,30-31)

Endlich, wenn der letzte Richterspruch kommt, die Tage der Rache,

wäre kein menschliches Geschöpf mehr da gewesen, wenn die Zahl jener Tage nicht verkürzt worden wäre; aber jene Tage werden verkürzt werden, um der Auserwählten willen.

(Matthäus 24,22)

Es könnte wohl sein, dass Gottes Zorn — und vergessen wir nicht, dass die Offenbarung (6,16) von *ira Agni* spricht — von Städten zurückgehalten wird wegen heiliger Seelen unter dem Klerus, den religiösen und den Laien. Gott konnte nicht zuschlagen, solange Mose zwischen Ihm und dem Volk stand.

So erbarme sich der Herr und verschonte Sein Volk vor der Strafe, die Er angedroht hatte.

(Exodus 32,14)

Welche Bekehrten könnte das Gebet in Missionsländern gewinnen! Der Materialismus Japans würde zerbrechen wie die Schale eines Eies, um das Leben darin zu offenbaren, wenn wir nur

Die Heiligkeit des Priesters

für Japan beteten. Wie gering wäre das Opfer, und doch wie viel würde es dem Stellvertreter Christi bedeuten, wenn jeder Priester, der in Wohlstand lebt, auch nur einige seiner Messstipendien durch seine Gesellschaft für die Ausbreitung des Glaubens an den Heiligen Vater senden würde!

O selige Fürsprecher sind wir! Das Salz der Erde! Das Licht der Welt! Ohne gute Männer wäre die Welt verdorben und in Finsternis. Wir heiligen uns nicht für uns als Einzelne, sondern für alle als Gottes Volk. Wir retten nicht unsere Seele allein; entweder retten wir sie im Zusammenhang mit unseren Nächsten und dem Mystischen Leib, oder wir verlieren sie. Keine Zelle meines Leibes kann außerhalb meines Leibes normal leben, aber mein Leib kann ohne jede einzelne Zelle leben. In toto Christo leben und arbeiten wir.

Die Vernachlässigung der Fürbitte ist eine Sünde gegen Gott.

Niemals möge ich den Herrn beleidigen, indem ich aufhöre, für Euch zu beten und Euch auf die guten, die rechten Wege hinzuweisen.

(1 Könige 12,23 [1 Samuel 12,23, RSV])

Wenn uns Priestern ein Herz fehlt, für die Gräuel und das Elend anderer zu seufzen und zu weinen, so haben wir allen Grund, um uns selbst zu fürchten. Wir können nicht von ungebrochener Gemeinschaft mit Unserem Herrn sprechen ohne ungebrochene Gemeinschaft mit der Kirche und der Welt.

Gott hat Seine Liebe zu uns bewiesen, indem Er Sein Leben für uns hingegeben hat; auch wir müssen bereit sein, unser Leben für unsere Brüder hinzugeben.

(1 Johannes 3,16)

Die Heiligkeit des Priesters

Auswahl der Kandidaten für das Priestertum

Da die Heiligkeit des Priesters in Gottes Heilsplan die Kirche heilig macht, müssen diejenigen, die das Priestertum anstreben, aber an Heiligkeit mangeln, gereinigt werden.

Ist euch nicht gesagt worden, dass ein wenig Sauerteig die ganze Masse durchsäuert? Entfernt den alten Sauerteig, damit ihr eine neue Masse seid, wie ihr ungesäuert seid.

(1 Korinther 5,6-7)

Wenn Öffentlichkeitsarbeitstechniken zur Förderung von Berufungen eingesetzt werden, etwa durch Werbung in religiösen Publikationen und Direktmailings, die junge Menschen ermutigen sollen, einer bestimmten Gesellschaft oder Gemeinschaft beizutreten, besteht stets die Gefahr, dass die Betonung auf der Quantität zulasten der Qualität gelegt wird. Der Hl. Thomas betont, dass das Aussortieren der Ungeeigneten eine Verpflichtung derjenigen ist, die mit der Auswahl der Kandidaten betraut sind.

Deus numquam ita deserit Ecclesiam suam quin inveniantur idonei ministri sufficienter ad necessitatem plebis, si digni promoverentur et indigni repellerentur. Et sic non posset tot ministros inveniri, quot modo sunt, melius est habere paucos ministros bonos quam multos malos (Supp. q. 36, art. 4, ad I).

Man kann nicht umhin, von der symbolischen Bedeutung der Anweisungen, die Gott Gideon gab, um die Stoßtruppen seiner Armee zu erkennen, tief beeindruckt zu sein:

Trenne diejenigen, die das Wasser wie Hunde lecken, von denen, die sich zum Trinken auf die Knie beugen.

(Richter 7,5)

Und wer wurde zur Eliminierung bestimmt? Diejenigen, die es sich bequem machten, indem sie flach auf dem Boden lagen und gemütlich tranken. Und wer wurde ausgewählt?

Die Heiligkeit des Priesters

Aber der Herr sprach zu Gideon: Diese dreihundert Männer, die das Wasser lecken, werden dir die Rettung bringen.

(Richter 7,7)

Große Wahrheiten werden den wenigen offenbart und anvertraut, die sich dem Kampf des Glaubens widmen. Das imposante Erscheinungsbild großer Zahlen kann uns gegenüber der Notwendigkeit von Gottes Hilfe blind machen und uns die Notwendigkeit übersehen lassen, Priesteramtskandidaten zu Priester-Opfern auszubilden. Daher der Rat des Hl. Paulus an Timotheus:

Was die Handauflegung betrifft, so vollziehe sie nicht unüberlegt und teile so nicht die Schuld an den Sünden anderer.

(1 Timotheus 5,22)

Kandidaten zur Weihe ohne sorgfältigen Richterspruch vorzubringen, bedeutet, das Risiko einzugehen, für die späteren Versäumnisse derjenigen verantwortlich gemacht zu werden, die vor dem großen Hohen Priester versagen. Der Priester muss daher die weltlichen Methoden bei der Förderung von Berufungen vermeiden. Es ist möglich, im Geschäftsleben durch Werbetechniken Kunden zu gewinnen, aber Berufungen erfordern einen anderen Ansatz. Wir mögen niemals zahlreich sein, wir mögen niemals weise sein in den Augen der Welt, aber was immer wir tun, muss durch die Torheit des Kreuzes geschehen.

Betrachte, Brüder, die Umstände eurer eigenen Berufung; Nicht viele von euch sind weise nach der Art der Welt, nicht viele mächtig, nicht viele von vornehmer Geburt.... Kein Mensch sollte sich vor Gott rühmen können.

(1 Korinther 1,26.29)

Wert des Gebets für Berufungen in der Familie

Jede Familie ist eine Kirche innerhalb der Kirche. "Grüßt die Brüder in Laodizea und Nymphas mit der Gemeinde, die in seinem Haus ist" (Kolosser 4,15).

Das klassische Beispiel für das Gebet einer Mutter um eine Berufung ist Hanna. Hanna war unfruchtbar. "Warum hatte der Herr ihr die Mutterschaft verweigert?" (1 Könige 1,5 [1 Samuel 1,5, RSV]). Sie versprach Gott, dass, wenn Er ihr einen Sohn schenken würde, sie ihn Gott als Priester weihen würde. Im Gebet nannte sie sich dreimal demütig die Magd des Herrn und sprach Ihn als den „Herrn der Heerscharen" an (1 Könige 1,11 [1 Samuel 1,11, RSV]). Das *Magnificat* greift auf das Gebet Hannas zurück. So innig betete sie, dass Eli, der Hohepriester, dachte, sie sei betrunken, und sagte: „Willst du immer bei deinen Bechern bleiben? Gib deinem Magen Ruhe vom Wein, der dich so berauscht" (1 Könige 1,14 [1 Samuel 1,14, RSV]).

Hanna jedoch war nicht betrunken. Sie goss nur ihre Seele vor dem Herrn aus (1 Könige 1,15 [1 Samuel 1,15, RSV]). Zur rechten Zeit wurde ihr Gebet erhört, und sie nannte den Sohn Samuel, „als Zeichen, dass er ein Geschenk war, das sie vom Herrn erhalten hatte" (1 Könige 1,20 [1 Samuel 1,20, RSV]).

Hanna hatte nicht nur um einen Sohn gebeten, sondern um einen Sohn, den sie Gott weihen konnte. Sie stellt ihn in den Dienst des Tempels, wo „er, als er heranwuchs, sowohl bei Gott als auch bei den Menschen an Gunst gewann" (1 Könige 2,26 [1 Samuel 2,26, RSV]). Später erfolgte eine förmliche Entfaltung von Samuels Berufung, als dreimal „der Ruf des Herrn zu Samuel kam" (1 Könige 3,4 [1 Samuel 3,4, RSV]). Jedes Mal dachte Samuel, es sei Eli, der rief, und lief zu ihm und sagte:

Die Heiligkeit des Priesters

Ich komme, antwortete Er; Dann lief er zu Eli und sagte: Ich bin hier auf deinen Ruf.... Bis dahin war Samuel der Göttlichen Stimme fremd; Der Herr hatte ihm keine Offenbarung gemacht.

(1 Könige 3,5.7 [1 Samuel 3,5.7, RSV])

Samuel verwechselte Gottes Stimme mit der Elis, doch Eli sagte ihm, beim nächsten Mal, wenn er die Stimme hörte, zu sagen: „Sprich, Herr; dein Diener hört" (1 Könige 3,9 [1 Samuel 3,9, RSV]).

Gott ruft Seine Diener zu Aufgaben, die sich nur allmählich offenbaren. Zu oft sagen wir: „Sag mir zuerst, was Du von mir willst, und ich werde sehen, ob ich es tun will." Doch der Rat des alten Priesters an Samuel lautete: „Gib dich in Gottes Hände. Er wird dir deine Arbeit zeigen." Dem Hl. Paulus wurde gesagt, er solle nach Damaskus gehen, und seine Berufung würde offenbart werden. Wenn wir unsere Ohren öffnen, öffnet Gott Seine Lippen. Wir erkennen Gottes Wahrheit, wenn wir Seinen Willen tun. Später wurde Samuel berufen, Israel neu zu gestalten, wie Mose es geschaffen hatte.

Der Kern der Geschichte ist, dass eine Berufung durch Gebet kommt, oft durch das einer Mutter, selbst wenn alles hoffnungslos erscheint. In einer Umfrage unter einer Gruppe von Priesteramtskandidaten gaben drei von vier an, dass ihre Mütter eine wesentliche Inspiration bei der Entwicklung ihrer Berufung waren. Der Hl. Paulus hatte bereits den Einfluss einer Mutter und einer Großmutter bei der Förderung der Berufung des Timotheus festgestellt.

Der Glaube wohnte in deiner Großmutter Lois und in deiner Mutter Eunike vor dir; Ich bin voll überzeugt, dass er auch in dir wohnt.

(2 Timotheus 1,5)

Die Heiligkeit des Priesters

Hl. Paulus lobt den Glauben dieses jungen Priesters und sieht die ursächliche Wirkung in einem frommen familiären Hintergrund. Es war die dritte Generation dieser treuen Familie, die die Frucht einer Berufung hervorbrachte. Origenes vermutete, dass sie Verwandte des Hl. Paulus waren. Wie die berühmten Mütter des Augustinus, Chrysostomus und Basilius und wie die Mutter vieler Priester heute, erzeugten ihre Aufrichtigkeit und ihr unverfälschter Glaube ein Erbe für die Kirche. Lord Shaftesbury sagte einst: „Gib mir eine Generation christlicher Mütter, und ich werde das Antlitz der Erde in zwölf Monaten verändern."

Der Verfall des Hauses wird oft für die geringe Zahl der Berufungen in unserer Zeit verantwortlich gemacht. Obwohl dies wahr ist, vergesst nicht die christlichen Häuser! Wir können allzu leicht wie Elija werden, der die Verderbnis Israels beklagt.

Siehe, wie die Söhne Israels Deinen Bund vergessen, Deine Altäre niedergerissen und Deine Propheten mit dem Schwert getötet haben! Von diesen bin ich allein übrig geblieben, und nun ist auch mein Leben verloren.

(3 Könige 19,14 [1 Könige 19,14, RSV])

Der Herr sagte ihm dennoch, dass er treuer gewesen sei, als er vermutete:

Doch ich beabsichtige, mir selbst siebentausend Männer aus ganz Israel zu bewahren; Knie, die sich niemals vor Baal gebeugt haben.

(3 Könige 19,18 [1 Könige 19,18, RSV])

Es gibt viel Gutes, wenn wir es nur suchen würden. Was Pascal sagte, gilt gleichermaßen für Berufungen und für Bekehrte: „Es gibt nur zwei Klassen von Menschen, die man vernünftig nennen kann – diejenigen, die Gott mit ganzem Herzen dienen, weil sie Ihn kennen, und diejenigen, die Ihn von ganzem Herzen suchen, weil sie Ihn nicht kennen." *

Die Heiligkeit des Priesters

(*Pascals Pensées, „Apologie," Nr. 2106, übersetzt von H. F. Stewart, D.D., Pantheon Books, Inc., 1950.)

Wir können leicht zu streng mit anderen sein. Als Jakobus und Johannes Christus vorschlugen, die Samariter zu bestrafen, die Ihn nicht aufnehmen wollten, erhielten sie diese Zurechtweisung:

Ihr versteht nicht, sagte Er, welchen Geist ihr teilt. Der Sohn des Menschen ist gekommen, um das Leben der Menschen zu retten, nicht um sie zu vernichten.

(Lukas 9,55)

Wenig sind die Priester, deren Dienst an ihren Herden so hoch ist, dass sie die Anerkennung verdienen, die die Galater dem Hl. Paulus zollten, als sie ihn „als Gottes Engel, als Christus Jesus" (Galater 4,14) beschrieben; Doch die Gelegenheit ist jederzeit für jeden Priester gegeben, seine Größe und seine Kleinheit, seine Macht und sein Nichts zu empfinden.

O sacerdos! Tu quis es?
Non es a te, quia de nihilo.
Non es ad te, quia es mediator ad Deum.
Non es tibi, quia soli Deo vivere debes.
Non es tui, quia es omnium servus.
Non es tu, quia alter Christus es.
Quid ergo es? Nihil et omnia,
o sacerdos!

✠ J.M.J. ✠

~ 5 ~

Der Heilige Geist und der Priester

Da der Priester ein *alter Christus* ist, muss er die Rolle kennen, die der Geist im Leben Christi spielte.

In jedem Moment Seines Lebens auf der Erde stand der Erlöser vollständig unter der Führung des Geistes. So wie der Atem Gottes bei der ersten Morgendämmerung der Schöpfung über den Wassern schwebte und der Herr sprach: „Es werde Licht" (Genesis 1,3), so inspirierte der Geist Maria im Augenblick der Inkarnation.

Der Heilige Geist wird über dich kommen, und die Kraft des Höchsten wird dich überschatten. Darum wird auch das Heilige, das geboren wird, Sohn Gottes genannt werden.

(Lukas 1,35)

Bei Seiner Taufe war zu sehen:

Den Geist wie eine Taube, der herabkam und auf Ihm ruhte.

(Markus 1,10)

Er kehrte vom Jordan zurück

voll des Heiligen Geistes, und durch den Geist wurde Er in die Wüste geführt, wo Er vierzig Tage blieb und vom Teufel versucht wurde.

(Lukas 4,1.2)

Während die Saiten Seines Herzens noch in Antwort auf eine Stimme aus dem Himmel vibrieren, wird Er vom Geist in die Wüste geführt. Wurde nicht Saul, am Morgen seines Lebens in Christus, für

Der Heilige Geist und der Priester

drei Jahre nach Arabien gesandt? Wird nicht der Charakter durch einen direkten und persönlichen Kampf mit den Kräften des Guten und des Bösen gefestigt? "Niemand wird gekrönt, es sei denn, er hat gekämpft..." Er wurde auf Geheiß des Geistes in eine Wüste zur Prüfung geführt. Wie Mose in Midian, wie David um Bethlehem, wie Elias um Horeb, so zieht der Geist den Erlöser zum Rückzug. David muss Goliath allein begegnen, bevor er den Heeren der Philister gegenübertreten kann. Jeder Priester muss zuerst den geistlichen Sieg allein und in sich selbst erringen, bevor er diesen Sieg im Leben anderer wiederholen kann.

Als Nächstes wurden Ihm die Gaben für Seine Mission auf Erden aus derselben Quelle mitgeteilt. Wie Jesaja vorausgesagt hat:

Es wird ein Kind geboren werden, auf dem der Geist des Herrn ruhen wird; ein Geist der Weisheit und des Verstandes, ein Geist des Rates und der Stärke, ein Geist der Erkenntnis und der Frömmigkeit, und die Furcht des Herrn wird sein Herz erfüllen.

(Jesaja 11,2-3)

Nachdem Er den Versucher vertrieben hatte, kehrte Er in seine Heimatstadt Nazareth zurück und las in der Synagoge die vorgeschriebene Lesung des Tages, paraphrasierte Jesaja (61,1-2) und zeigte durch Seine ersten Worte, dass jede Seiner Handlungen, besonders Seine Predigt, das Werk des Geistes war. Er war aus dem Kampf hervorgegangen, nicht geschwächt, sondern gestärkt.

Der Geist des Herrn ist auf mir; Er hat mich gesalbt und ausgesandt, das Evangelium den Armen zu verkünden, den zerbrochenen Herzen Heilung zu bringen; den Gefangenen Freiheit zu verkünden und den Blinden das Augenlicht; die Unterdrückten in Freiheit zu setzen, ein Gnadenjahr des Herrn auszurufen, einen Tag der Vergeltung.

(Lukas 4,18.19)

Später besiegt Er durch den Geist die mächtigsten Feinde:

Der Heilige Geist und der Priester

Wenn ich Teufel austreibe, so geschieht es durch den Geist Gottes.

(Matthäus 12,28)

Das Böse wird durch den Geist besiegt, nicht durch Klagen und Wüten. Und eine solche Siegesschuld einer anderen Macht zuzuschreiben, ist eine Lästerung gegen den Geist. Dann folgt die Rolle des Geistes bei der Kreuzigung — eine erhabene Wahrheit, die oft vergessen wird.

...das Blut Christi, der sich durch den Heiligen Geist als Opfer dargebracht hat.

(Hebräer 9,14)

Er ist sowohl Priester als auch Opfer durch den Geist, der allein diese Einheit schafft, sei es in Ihm oder in uns. Es ist auch der Geist, der dem Opfer eine ewige Wirksamkeit verleiht. Der Geist hilft uns über die Schwierigkeit hinweg, die daraus entsteht, dass das Opfer Unseres Herrn auf einem Hügel stattfand und doch einem himmlischen Heiligtum angehört. Es ist der Geist, unabhängig von Zeit und Ort, der unsere tägliche Erneuerung des Kalvarienbergs ermöglicht.

Der Geist spielte auch eine Rolle bei Seiner Auferstehung und Seinem Abstieg in das Limbo.

In Seiner sterblichen Natur wurde Er zum Tod gebracht, doch mit neuem Leben in Seinem Geist ausgestattet, und es war in Seinem Geist, dass Er ging und den Geistern predigte, die im Gefängnis lagen.

(1 Petrus 3,18-19)

Der gleiche Heilige Geist wirkt bei der Mitteilung der Verdienste der Erlösung an die Menschheit, insbesondere durch das Priestertum. Sogar die Vorankündigung unserer Erlösung wurde durch den Geist bewirkt. Hl. Petrus blickt auf alle Prophezeiungen zurück und sagt, dass sie durch den Geist auf Christus schauten:

Der Heilige Geist und der Priester

Die Erlösung war das Ziel und die Suche der Propheten, und die Gnade, von der sie prophezeiten, ist für euch aufbewahrt worden. Der Geist Christi war in ihnen und machte ihnen die Leiden bekannt, die die Sache Christi mit sich bringt, sowie die Herrlichkeit, die sie krönt; Wann sollte es geschehen, und wie sollte die Zeit dafür erkannt werden?

(1 Petrus 1,10–11)

Dank dem Geist kündigten die Propheten Christus im Voraus an; dank dem Geist berichteten die Apostel von Ihm. Diejenigen, die den Geist haben, erkennen Christus als das Zentrum des Universums; dass die gesamte Geschichte bis zum Moment der Inkarnation auf Ihn hinblickte und dass die gesamte Geschichte seit dem Moment der Himmelfahrt eine Vorbereitung auf Sein zweites Kommen ist. Manche moderne Gelehrte sehen in den Schriften nur einen „Mythos"; Petrus fordert uns auf, in ihnen den Geist zu erkennen. Wie der Geist bei der Ankündigung Christi wirkte, so wirkt der Geist in der Fortsetzung Christi. In der Nacht des Letzten Abendmahls sagte Unser Herr Seinen Priestern, dass der Vater den Geist in Seinem Namen senden werde (Johannes 14,26). Nach der Auferstehung hauchte Er sie an und sprach:

Empfangt den Heiligen Geist.

(Johannes 20,22)

Es scheint fast, als verberge sich im Geheimnis der Erlösung jede Person der Heiligen Dreifaltigkeit hinter der anderen. Der Sohn verbirgt sich hinter dem Vater, denn es ist der Sohn, der den Vater offenbart. Ebenso würden wir die Liebe des Vaters niemals erkennen, wenn Er nicht Seinen Geist gesandt hätte. Der Sohn wiederum verbirgt sich hinter dem Heiligen Geist, denn durch den Heiligen Geist verstehen wir, dass Jesus der Herr ist. Jesus selbst bestand auf diesem Aspekt. Er betonte, dass es der Heilige Geist sei, der Ihn offenbaren werde.

Beim Letzten Abendmahl erklärte Unser Herr die Rolle des Heiligen Geistes im Leben Seiner Priester. Er hatte gerade Seinen

Jüngern gesagt, dass sie verfolgt werden würden, wie Er verfolgt wurde. Nun sagt Er ihnen, dass, obwohl der Geist sich nicht sichtbar in menschlicher Gestalt manifestieren werde, wie Er es getan hatte, der Geist sie verstehen lassen werde, was Er, Jesus, ihnen gesagt hatte:

Wenn nun der wahrheitsgebende Geist, der vom Vater ausgeht, gekommen ist, um euer Freund zu sein, Der, den Ich euch vom Vater senden werde, wird Zeugnis geben von dem, was Ich war.

(Johannes 15,26)

Es ist Der Geist, der dem Priester im Laufe der Tage, wenn neue Probleme auftauchen und neue Feinde hassen, den gesamten Umfang seines Wirkens offenbart. Neue Bedeutungsdimensionen im Leben Christi, von denen wir zuvor nie träumten, werden sich erschließen. Dieses innere Zeugnis von der Tiefe und dem Wert Christi wird unsere Stütze in einer feindlichen Welt sein. Unser Verständnis vom Leben Christi wird sich nicht auf die engen Grenzen von Bethlehem und Jerusalem beschränken.

Und Er wird mir Ehre bringen, denn von mir wird Er das beziehen, was Er euch deutlich macht.

(Johannes 16,14)

Christus zu verherrlichen oder zu ehren bedeutet, Seine verborgene Vollkommenheit zu offenbaren, als Seine menschliche Natur in die volle Teilhabe an der Macht und Herrlichkeit des Vaters aufgenommen wurde. Dies kann der menschliche Geist nicht erfassen oder begreifen; In dieses Geheimnis einzutreten ist das Werk des Geistes des verherrlichten Christus.

Diejenigen, die sagen, sie wollten nur den „Jesus der Evangelien", vergessen, dass die Evangelien von der vollen Offenbarung Unseres Herrn durch Seinen Geist sprechen. Er verkündete gerade die Unvollständigkeit Seiner Worte und bestand darauf, dass ein volleres Wissen später kommen würde.

Hätte Unser Herr auf der Erde verbleiben sollen, wäre Er nur ein Beispiel gewesen, dem man nachzueifern hätte. Indem Er die Erde für den Himmel verlässt, wird Er zu einem Leben, das gelebt werden soll. Deshalb war es besser, dass Er ging.

Der Geist offenbart Christus

Ein Priester begegnet oft einem Menschen, einem guten Menschen, dem Gott jedoch nicht die unschätzbare Gabe des Glaubens geschenkt hat. Dieser Mensch wird Jesus Christus beurteilen. Er wird Ihm innerhalb der Grenzen seines menschlichen Urteils gerecht werden. Christus war ein großer Denker und ein heiliger Mann, wird er sagen, und Ihn mit Buddha, Konfuzius, Sokrates und Platon gleichsetzen. Der Hl. Paulus jedoch sagt uns:

Nur durch den Heiligen Geist kann jemand sagen: Jesus ist der Herr.

(1 Korinther 12,3)

Diejenigen, die den Geist nicht haben, nennen Ihn „einen großen Mann", „einen Lehrer", „einen Meister"; Aber Ihn als den Herrn von Himmel und Erde zu sehen, als den Sohn des lebendigen Gottes, geschieht nur durch den Heiligen Geist.

Wenn dem so ist, könnte es dann nicht daran liegen, dass unser Versäumnis, die Schriften zu lesen, die Erlösung zu predigen, Bekehrte zu inspirieren, bessere geistliche Leitung zu geben und Sünder zu bekehren, darin besteht, dass wir die vom Herrn beim Letzten Abendmahl gegebenen Ratschläge nicht hinreichend bedacht und verinnerlicht haben?

Warum fühlen sich manche in der Gegenwart Gottes unwohl? Liegt es an einer übermäßigen Liebe zum Komfort, an einem Geist des Neides und der Eifersucht, an einer Freude an ihrem Status als Kleriker, an einer Art Schwert-Aktivismus anstelle von Gebet und Wachsamkeit? Möge dieses Fehlen des Geistes Christi nicht eine Zurückhaltung erklären, öfter und freudiger in Seiner

Der Heilige Geist und der Priester

Eucharistischen Gegenwart zu erscheinen? Wäre eine Person, die die Mathematik hasst, nicht unglücklich auf einem Kongress von Mathematikern? Die Seele, die die Wahrheit hasste (um in unzulänglichen menschlichen Begriffen zu sprechen), würde im Himmel mehr leiden als in der Hölle; Analog gesprochen lässt uns das Fehlen des Geistes Christi vor Seiner Gemeinschaft zurückschrecken.

Es muss eine Verabredung geben, wenn Freunde sich treffen und gemeinsam reisen.

(Amos 3,3)

Der Priester darf diese Vereinigung mit dem Heiligen Geist nicht auf eine günstigere Zeit verschieben (Apostelgeschichte 24,25). Wenn er das Wachstum vernachlässigt, setzt Verfall ein. Es kommt eine Zeit, in der es zu spät ist, Buße zu tun, selbst um einen Tropfen Wasser zu bitten, um „meine Zunge zu kühlen" (Lukas 16,24).

Die Taufe macht jeden Christen zu einer neuen Kreatur und zu einem Botschafter des Himmels. Die Weihe intensiviert diese geistlichen Eigenschaften im Priester. Doch obwohl wir Heiligkeit spenden, sind wir nicht automatisch heilig. Es ist der Geist, der uns Tag für Tag priesterlicher macht, weil Er die Dinge Christi nimmt und sie uns offenbart, indem Er uns alle Worte Christi ins Gedächtnis ruft (Johannes 16,14; 14,26). Heiliger Priester zu werden, ist am Tag der Weihe nicht vollendet, noch fließen die Gnaden des Geistes ohne großen Einsatz unsererseits zu uns. Wir sind „Gottes Mitarbeiter". Wir bedürfen der Erkenntnis, wenn wir sie anderen mitteilen wollen, wenn wir unsere leiblichen Begierden unterwerfen wollen (1 Korinther 7,29-31) und wenn wir unter dem Druck der Arbeit geduldig sein wollen, jeden Menschen mit jener Nächstenliebe liebend, die aus dem Bewusstsein erwächst, dass Unser Herr auch für sie gestorben ist. All diese Eigenschaften sind fortschreitend, und am besten drückte es einer aus, der selbst diesen mühevollen Kampf geführt hatte:

Und auch du musst alle Anstrengungen deinerseits beitragen, deinen Glauben mit Tugend krönen, die Tugend mit Erkenntnis, die Erkenntnis mit Enthaltsamkeit, die Enthaltsamkeit mit Geduld, die Geduld mit Heiligkeit, die Heiligkeit mit Bruderliebe und die Bruderliebe mit Nächstenliebe. Solche Gaben, wenn sie dir in vollem Maße eigen sind, werden dich zu schnellen und erfolgreichen Schülern machen, die immer näher zur Erkenntnis unseres Herrn Jesus Christus gelangen; Wer sie nicht besitzt, ist nicht besser als ein Blinder, der sich tastend vorwärtsbewegt; Seine alten Sünden sind ausgelöscht worden, und er hat sie vergessen. Regt euch also, Brüder, immer eifriger an, Gottes Berufung und Wahl an euch durch ein wohlgeführtes Leben zu bestätigen.

(2 Petrus 1,5-10)

Die Rolle des Heiligen Geistes bei der Verschärfung von Konflikten

Jeder Priester, obwohl zum Petrus geweiht, bewahrt in sich die Schwäche der Simon-Natur. Der Hl. Paulus beschreibt den daraus resultierenden Bürgerkrieg zwischen Petrus und Simon.

Innerlich lobe ich Gottes Gesinnung, doch ich beobachte eine andere Gesinnung in meinem niederen Selbst, die Krieg gegen die Gesinnung meines Gewissens führt, und so werde ich als Gefangener jener Gesinnung zur Sünde übergeben, die mein niedres Selbst enthält. Elendes Geschöpf, das ich bin, wer wird mich befreien von einer Natur, die dem Tod verfallen ist? Nichts anderes als die Gnade Gottes durch Jesus Christus, unseren Herrn. Wenn ich mir selbst überlassen bin, steht mein Gewissen unter Gottes Gesinnung, aber meine natürlichen Kräfte stehen unter der Gesinnung der Sünde.

(Römer 7,22-25)

Schon vor Paulus hatte Platon beobachtet, dass in jedem von uns ein Krieg gegen uns selbst tobt. Wer das Schwert nicht gegen jene

Der Heilige Geist und der Priester

niedere Natur erhebt, wird von ihr vernichtet. Die Sünde nimmt zuerst Besitz vom Fleisch; und einmal dort verankert, greift sie den Geist an und verdrängt ihn schließlich von seiner Herrschaftsposition.

Ein Mensch mag priesterliche Vollmachten besitzen und doch von der Natur beherrscht sein, denn die Gnade der Weihe zerstört das Fleisch nicht:

Das Leben der Natur zu führen bedeutet, die Gedanken der Natur zu denken; das Leben des Geistes zu führen bedeutet, die Gedanken des Geistes zu denken; und natürliche Weisheit bringt nur Tod, während die Weisheit des Geistes Leben und Frieden bringt.

(Römer 8,5-6)

Der Priester ist wie ein Bergsteiger. Der Heilige Geist fordert ihn auf, höher zu steigen, doch unter ihm liegen Abgründe. Was der Heilige Geist in der Seele eines Priesters bewirkt, ist nicht nur, ihn sich des inneren Konflikts bewusster zu machen, sondern auch die Sünde deutlicher erkennen zu lassen. Die Göttliche Gnade wirkt nicht so, dass ein Mensch absolut nicht sündigen kann, aber der Geist nimmt der Sünde den Reiz. Es ist einem Priester nicht möglich, einen Menschen mit der vollen Kraft seiner Seele zu lieben, gerade weil er sich bereits in den Vollkommenen verliebt hat, nämlich Christus durch Seinen Geist. Alle andere Liebe ist unbefriedigend und bitter.

Eine Sünde, die von einem Priester begangen wird, schmerzt ihn folglich intensiver als dieselbe Sünde einen Nichtpriester. Dies liegt an der größeren Gabe des Geistes. Man stelle sich zwei Männer vor, die zwei Zänkische heiraten, die in ihrem missgestimmten Wesen identisch sind. Der eine hatte die Liebe einer schönen und hingebungsvollen Ehefrau genossen, die gestorben war; der andere war zum ersten Mal verheiratet.

Wer von beiden leidet mehr? Offensichtlich derjenige, der zuvor die bessere Liebe gekannt hatte. So ist es auch beim Priester. Nachdem er die Ekstase des Geistes der Liebe erfahren hat, kann er

Der Heilige Geist und der Priester

sich niemals mit menschlichen Ersatzbefriedigungen zufriedengeben.

Beim Letzten Abendmahl sagte Unser Herr denen, die Er als Seine ersten Priester erwählt hatte, wie der Geist den Konflikt verschärfen würde.

Er wird kommen, und es wird Seine Aufgabe sein, der Welt in Bezug auf die Sünde Unrecht zu beweisen...
(Johannes 16,8)

Kein Mensch versteht die Sünde wirklich, der sie nur als Gesetzesbruch betrachtet. Dies ist ein Mangel, der daraus resultiert, die Morallehre ausschließlich auf die Gebote zu stützen. Dadurch entwickelt sich bei den Jungen eine Haltung, die sie fragen lässt: „Ist dies eine Todsünde oder eine lässliche Sünde?" Wie weit kann ich gehen, ohne eine schwere Sünde zu begehen? Das volle Verständnis der Sünde erlangt man nur durch den Heiligen Geist, und bis Er die Seele erleuchtet, bleibt sie blind für unsere Sündhaftigkeit. Egal wie groß unsere Vernunftkräfte sind, nur durch den Geist können wir eine wirkliche Überzeugung von der Sünde erlangen.

Doch was bewirkt der Geist in der Seele? Unser Herr sagte, der Heilige Geist werde die Menschen der Sünde überführen, weil „sie keinen Glauben an Mich gefunden haben" (Johannes 16,9). Indem sie nicht an Ihn glaubten, haben die Menschen Ihn gekreuzigt. Deshalb ist es das Kruzifix, das der Seele das tiefe Bewusstsein der Schuld vermittelt. Es wird für jeden seine Autobiographie. Die Haut Christi ist das Pergament, Sein Blut die Tinte, die Nägel der Stift. Dort sehen wir die Geschichte unseres Lebens geschrieben. Diese enge Verbindung zwischen dem Sündengefühl und dem Kruzifix ermöglichte es dem Hl. Petrus, am Pfingsttag dreitausend Seelen für den Herrn zu gewinnen. Er erinnerte seine Zuhörer daran, dass sie Christus gekreuzigt hatten (Apostelgeschichte 2,36). Gegen den Glauben zu sündigen bedeutet somit, sich zu weigern, an Christus zu glauben, bis hin zur Ablehnung und Kreuzigung Ihn.

Der Heilige Geist und der Priester

Solange der Geist in diesem Kampf von Simon und Petrus nicht die Herrschaft hat, bleibt der Priester nur ein Kind in der Wiege, nicht ein Botschafter im Heiligtum. Der Herr gibt ihm Milch, wie der Hl. Paulus den Korinthern *nicht Fleisch gab; Du warst nicht stark genug dafür.... Die Natur lebt noch in dir.* (1 Korinther 3,2)

Wie einige Eicheln keimen, aber niemals zu großen Eichen werden, so machen manche Weihen nur geistliche Setzlinge, keine Bäume, die an den Wassern des Lebens gepflanzt sind. Der geistlich unentwickelte Priester hat zwei Merkmale:

1. Eine langwierige Kindheit. Es gibt ein volles Einverständnis mit dem Glaubensbekenntnis, aber es fehlt die Schönheit priesterlicher Heiligkeit durch das Wohnen des Geistes Gottes. Wegen dieser langen Kindheit gibt es ein ständiges Schwanken zwischen Sünde und Besserung, zwischen Versagen und Wiederherstellung in der Gnade, zwischen Kleinlichkeit und der Herrschaft des priesterlichen Zustands. Es gibt eine Beichte der einzelnen Sünden, aber kein Eingeständnis der Tatsache, dass Er auf die Barmherzigkeit Gottes vertraut und in einem weltlichen Zustand lebt. Das Fleisch ist die Lebensregel und nicht der Geist.

2. Das zweite Kennzeichen dieses fleischlichen Lebens ist, dass es den Priester unfähig macht, weitere geistliche Wahrheiten zu empfangen; Niemals vollständig vom Fleisch losgerissen, hat Er niemals jene Leere, die für den Empfang des Geistes unerlässlich ist. Ein Mensch kann in der Seele leer sein wie der Grand Canyon, doch eine solche Leere ist unergiebig. Die fruchtbare Art der Leere ist die eines Nestes, das die Taube des Heiligen Geistes füllen kann, oder die Leere einer Flöte, durch die der Atem des Heiligen Geistes die freudigen Melodien des Einsseins mit Christus spielen kann.

Der Geist und die Sühne für die Sünden

Weil der Heilige Geist unser Sündengefühl im Bezug auf die Kreuzigung vertieft, sollte das praktische Ergebnis sein, den Priester zu ständiger Sühne für seine Sünden zu bewegen. Der Brief an die Hebräer (5,3) fordert den Priester genau dazu auf; in unserer Sprache sagt er ihm, er solle die Messe manchmal auch für sich selbst darbringen. Unsere Sünden sind schwerwiegender als dieselben Sünden bei den Laien, weshalb Gott für Priester größere Opfer anordnete. Das einfache Volk konnte ein Zicklein für seine Sünden darbringen (3. Mose 4,28). Sogar ein Herrscher eines Volkes konnte dasselbe tun. Aber der Priester musste einen Stier darbringen.

Eine solche Übertretung, wenn sie vom damals amtierenden Hohenpriester begangen wird, bringt Schuld über das ganze Volk, und er muss Wiedergutmachung leisten, indem er dem Herrn einen jungen, makellosen Stier darbringt.

(3. Mose 4,3)

Die Verantwortung steht im Verhältnis zum Privileg. Der Priester repräsentiert das Volk, und daher betrifft seine Sünde die ganze Kirche. Er ist die Verkörperung der Heiligkeit des Volkes als Gemeinschaft der Anbeter.

Es wäre völlig verfehlt zu glauben, dass diejenigen, die nicht im Geist leben, keine Reue empfinden oder dass Konflikte in ihrem Leben fehlen. Sünde, die nicht ordnungsgemäß in der Beichte durch Reue und Absolution gereinigt wird, tritt oft auf abnormale Weise in Komplexen zutage, wie etwa der Unterstellung böser Motive bei anderen, übermäßiger Kritik oder der Liebe zu ablenkenden Vergnügungen. Ein solcher Zustand kann leicht zur Verzweiflung führen. Der Teufel stürzt sich dann freudig auf seine Beute. Die Offenbarung (12,10) nennt den Teufel „den Ankläger unserer Brüder". Vor der Sünde versichert uns Satan, dass sie ohne Bedeutung sei; nach der Sünde überredet er uns, dass sie unverzeihlich sei. Vor der Sünde stellt er sich als Freund des Menschen dar, der ihn zum Aufstand anstachelt; nach der Sünde erstickt er die Seele im falschen Glauben, dass Erlösung unmöglich sei.

An der Vergebung zu zweifeln ist der Anfang der Hölle. Die Schrift sagt uns, dass Kain keinen Ort der Reue fand, obwohl er mit Tränen danach suchte (Genesis 4,13). Reue, nicht wahre Buße, bringt vergebliche Tränen hervor, wie es bei Saul über den Verlust

Der Heilige Geist und der Priester

seiner Königsherrschaft, bei Judas über den Verlust seines Apostelamtes und bei Kain über den Verlust der Gunst Gottes der Fall war. Aber der Heilige Geist sieht die Schuld in Beziehung zum Kalvarienberg, um uns dringende Hoffnung und dann Absolution zu schenken, denn auf jenem Hügel hören wir den Ruf:

Vater, vergib ihnen; denn sie wissen nicht, was sie tun.

(Lukas 23,34)

Dieses Erwachen des Sündebewusstseins durch den Geist gilt nicht nur für den Priester, sondern auch für die Gläubigen, die er als Hirte führt. Predigten über das höllische Feuer erwecken Furcht, doch wenn der Geist nicht mit dem Prediger ist, ist die Furcht dienerhaft, nicht kindlich. Seelen werden nur durch „das Schwert des Geistes, das Wort Gottes" (Epheser 6,17) zur Umkehr geführt. Was bewirkt nun dieses Schwert des Geistes in den Seelen? Es verstärkt den Konflikt zwischen Leib und Seele, zwischen dem Geist der Welt und dem Geist Christi.

Gottes Wort an uns ist etwas Lebendiges, voller Kraft; es dringt tiefer als jedes zweischneidige Schwert, bis zur Scheidung von Seele und Geist, von Gelenken und Mark, und ist schnell, jeden Gedanken und jedes Vorhaben in unseren Herzen zu prüfen.

(Hebräer 4,12)

Sünder werden durch den Geist zur Reue bewegt; Sie erkennen durch den Geist den Bürgerkrieg in ihren eigenen Seelen; Der Geist offenbart die verborgenen Sünden, von denen sie hofften, dass niemand sie entdecken könne; Der Geist zeigt, dass der Mensch ein gefallenes Geschöpf ist und Kraft von oben benötigt. Der Geist wird die Atheisten von ihrem Unglauben überzeugen. Kein Übel kann gekreuzigt werden, bevor es nicht erkannt, diagnostiziert und ans Licht gebracht ist. Das Selbst kleidet sich in so viele Verkleidungen, dass nur der Geist es zwingen kann, seinen wahren sündhaften Charakter zu offenbaren. Ein Priester mit dem Geist Christi wird einen Sünder zur Beichte führen unter Umständen, unter denen ein Priester ohne den Geist scheitert. Einen Sünder im Beichtstuhl zu schelten mag ihn vertreiben, doch ihn im Geist Christi aufzurichten macht aus ihm einen wahren Bußfertigen. Selbst ein Priester, der von Natur aus ein schlechter Redner ist, kann durch den Geist Christi seine Worte wirksam machen, weit über seine oratorischen Talente hinaus:

> *Menschlich sind wir in der Tat, doch nicht in menschlicher Kraft führen wir unsere Kämpfe. Die Waffen, mit denen wir kämpfen, sind keine menschlichen Waffen; sie sind göttlich mächtig, bereit, Festungen niederzureißen. Ja, wir können die Einbildungen der Menschen niederreißen, jede Barriere des Stolzes, die sich gegen die wahre Erkenntnis Gottes erhebt; wir bringen jeden Geist dazu, sich dem Dienst Christi zu unterwerfen....*

(2 Korinther 10,3-6)

Der Geist und die Liebe der Seelen

Jeder Priester, wenn er vor den Herrn zum Richterspruch tritt, wird gefragt werden: „Wo sind deine Kinder?" Die Berufung des Priesters ist in erster Linie, Seelen in Christus zu zeugen. Sollen wir von der Kanzel aus unnatürliche Geburtenkontrolle im Fleisch anprangern, während wir sie im Geist praktizieren? Sollten Mütter dafür verantwortlich gemacht werden, nicht mehr Kinder zu haben, wenn unsere Taufregister seit Jahren keine in Christus gezeugten Seelen ausweisen? Die Grenzen unserer Pfarrei und die Grenze unserer Pflicht sind nicht nur die Gläubigen allein, sondern auch „andere Schafe, die nicht zu diesem Stall gehören" (Johannes 10,16). Jede Seele ist unsere Verantwortung, und viele würden in die Kirche eintreten, wenn wir sie nur darum bitten würden. Der Irrtum vieler Priester besteht darin, dass sie sich mehr um das Administrative als um das Evangelium kümmern.

Organisieren wir uns für die Seelenrettung mit demselben Eifer, mit dem wir „Aktionen" organisieren? Wenn Geld benötigt wird, denkt ein Priester nichts dabei, eine Haustür-zu-Haustür-Sammlung zu organisieren; Aber wie oft führt er eine Haustür-zu-Haustür-

Der Heilige Geist und der Priester

Sammlung für Bekehrte durch? Wird unsere Pfarrei ständig durch Seelen erneuert, die kommen, um zu erzählen, was Gott für sie getan hat? Wo der Heilige Geist ist, da gibt es Bekehrungen:

Und täglich fügte der Herr ihrer Gemeinschaft andere hinzu, die gerettet werden sollten.

(Apostelgeschichte 2,47)

Unsere Bekehrungen pro Priester und Jahr in den Vereinigten Staaten sind weniger als drei. Aber wer von uns kennt nicht viele, die die eine Herde und den einen Hirten verlassen haben, wegen gebrochener Gelübde, der Lust auf eine zweite oder dritte Ehe, unreifen Stolzes oder irgendeines der sieben Totenträger einer Seele, gemeinhin die sieben Hauptsünden genannt? Verfügen wir über katechetische Zentren und nutzen wir sie, um die Laien zu Aposteln auszubilden und die volle Verantwortung des Sakraments der Firmung zu leben? Jede Pfarrei sollte eine Kinderstube für Seelen sein, die nicht zur Herde gehören; jeder Priester ein Hirte auf der Suche nach verlorenen Schafen; jede Messe eine Verkündigung, dass die Erlösung in der Welt verbreitet werden muss:

Was, rufen sie von Jakob, ist der Herr so leicht zu erzürnen?

(Micha 2,7)

Ist der Heilige Geist heute weniger großzügig, Seelen zu retten, als zu Pfingsten? Hält der Tenor unseres priesterlichen Lebens jene Feuer und mächtigen Winde der Bekehrung zurück? Warum lodern die Pfingstfeuer in den Missionsländern so hell und in unserer Pfarrei so schwach? Ist die Flut des Geistes aus unseren Häfen versiegt? Die Schuld liegt nicht beim Geist, denn „Gott reut die Gaben nicht, die Er gibt" (Römer 11,29). Das Brausen der mächtigen Winde hat sich nicht beruhigt und in Stagnation oder Sterilität verwandelt. Der Heilige Geist ist noch bereit, unser Priestertum zu überschatten, damit wir Heilige hervorbringen können.

Der Heilige Geist und der Priester

Der Priester wirkt von außen, der Heilige Geist von innen. Wir wünschen einander Segen; Er schenkt Segen. Er allein kann durch Seine göttliche Pflege den Same in ein Herz pflanzen, der zu einer „neuen Kreatur in Christus" (2 Korinther 5,17) erblühen wird. Der Egoismus und die Trägheit, die uns davor zurückschrecken lassen, nach Seelen zu suchen, können von Seinem Geist verzehrt werden. Rings um uns, in unseren Pfarreien, in unseren täglichen Begegnungen mit Menschen, gibt es zahllose Seelenmassen, die wie Goldbarren sind, bedeckt mit Schlacke. Und wir, wenn wir nur das Feuer des Geistes hätten, würden sie zu Juwelen im Reich Gottes vergolden!

✠ J.M.J. ✠

~ 6 ~

Der Geist und die Bekehrung

Wie der Geist nicht versagt, sondern denen gegeben wird, die bitten, sind Seelen heute nicht schwerer zu bekehren als zu irgendeiner anderen Zeit. Der Zugang muss anders sein, wie der Zugang zum Römer anders war als zum Juden. Psychologisch beginnt jede Bekehrung mit einer Krise, moralisch oder geistlich. Die moralische Krise beginnt mit einem Moment oder einer Situation, die irgendeine Art von Leiden beinhaltet, sei es körperlich, emotional oder geistlich, mit einer Dialektik, einer Spannung, einem Zug, einer Dualität oder einem Konflikt. Die Krise wird einerseits von einem tiefen Gefühl der eigenen Hilflosigkeit begleitet und andererseits von der ebenso sicheren Überzeugung, dass nur Gott das geben kann, was dem Einzelnen fehlt.

Wenn es nur ein Gefühl der Hilflosigkeit gäbe, würde es Verzweiflung, Pessimismus und schließlich Selbstmord geben. Dies ist in der Tat der Zustand des postchristlichen Heiden: Er empfindet die völlige Unzulänglichkeit seiner eigenen inneren Ressourcen angesichts der überwältigenden Widrigkeiten eines grausamen Universums und verfällt in Verzweiflung. Er besitzt die eine Hälfte der notwendigen Voraussetzung für die Bekehrung – nämlich ein Krisenbewusstsein – doch es gelingt ihm nicht, seine Machtlosigkeit mit der Göttlichen Macht zu verbinden, die die Seele erhält und nährt. In einer solchen Situation weicht der Heidentum einer Art kreativer Verzweiflung: „Verzweiflung", weil der Mensch seine geistliche Krankheit erkennt; „kreativ", weil er weiß, dass nur ein Göttlicher Arzt Heilung bringen kann.

Die Krise der Bekehrung ist manchmal geistlicher und nicht moralischer Natur. Dies ist häufig bei denen der Fall, die nach

Der Geist und die Bekehrung

Vollkommenheit streben, aber noch nicht im Besitz der Fülle des Glaubens und der Sakramente sind. Manche solcher Seelen haben ein gutes Leben auf der natürlichen Ebene geführt; Sie waren großzügig gegenüber den Armen und freundlich zu ihren Nächsten und haben zumindest eine vage Gemeinschaft mit allen Völkern gefördert. Andere haben eine Ahnung vom übernatürlichen Leben gehabt; sie haben ein so christusähnliches Leben geführt, wie sie es vermochten, und dem Glauben an Ihn entsprechend gelebt, wie sie Sein Licht sahen. Die Krise in ihren Seelen beginnt in dem Moment, in dem sie entweder erkennen, dass sie ungeheure Möglichkeiten besitzen, die sie noch nicht ausgeschöpft haben, oder beginnen, sich nach einem religiösen Leben zu sehnen, das größere Anforderungen an sie stellt.

Bis zu diesem Moment der Krise haben sie an der Oberfläche ihrer Seelen gelebt. Die Spannung vertieft sich, wenn sie erkennen, dass sie wie eine Pflanze Wurzeln haben, die größere geistliche Tiefen benötigen, und Zweige, die zur Kommunion mit dem Himmel über ihnen bestimmt sind. Das wachsende Gefühl der Unzufriedenheit mit ihrer eigenen Mittelmäßigkeit wird begleitet von einem leidenschaftlichen Verlangen nach Hingabe, Opfer und der Hingabe an den Willen Gottes. Der Übergang von Mittelmäßigkeit zur Liebe kann durch das Beispiel eines Heiligen, die Inspiration eines geistlichen Buches oder den Wunsch ausgelöst werden, von bloßen Symbolen zur göttlichen Wirklichkeit zu entkommen. Wie auch immer es geschieht, es besteht eine Dualität ab dem Moment, in dem die Seele Christus sagen hört:

> *Ihr sollt also vollkommen sein, wie euer Himmlischer Vater vollkommen ist.*

(Matthäus 5,48)

Bekehrung ist die Einführung eines neuen Geistes. Der unbekehrte Mensch trägt einen unvereinbaren geistlichen Rh-Faktor in seiner menschlichen Natur, der verderblich ist; Dieser wird überwunden, indem man ihn durch eine Blutinfusion vom

Der Geist und die Bekehrung

Kalvarienberg und Pfingsten „an der göttlichen Natur teilhaben lässt" (2 Petrus 1,4). Bekehrung ist daher völlig verschieden vom Proselytismus, der lediglich einen Wechsel der Gruppenzugehörigkeit oder das Anlegen eines neuen Etiketts bedeutet. Bekehrung ist jedoch eine *Metanoia*, eine Charakterveränderung, das Werden eines neuen Menschen.

Der Geist macht Bekehrte, nicht wir.

Das Werk der Bekehrung wird durch den Heiligen Geist vollbracht, unter Verwendung menschlicher Mittel. Der Geist mag dem Hirten einen Stab in die Hand legen. Sein Wirken kann ein Bewusstsein der Abwesenheit Gottes in der Seele hervorrufen oder ein Gefühl der Gegenwart Gottes und Seiner tatsächlichen Gnade, die in der Seele wirkt. In allen Fällen erleuchtet der Heilige Geist den Geist, um eine zuvor verborgene Wahrheit zu erkennen, und stärkt den Willen, Dinge zu tun, die zuvor nie versucht wurden. Hiob spricht von einer Weise, wie der Geist die Seele im Leiden berührt:

> *Manchmal in nächtlichen Visionen, wenn tiefer Schlaf über die Menschen fällt, während sie im Bett liegen, spricht Er Worte der Offenbarung, um ihnen die Lektion zu lehren, die sie brauchen. Dies ist ein Mittel, durch das Er einen Menschen von seinen Absichten abwenden und ihn von seinem Stolz reinigen wird; und das Grab wird enttäuscht, das Schwert verfehlt seine Beute. Oder Er wird die Schmerzen des Krankenlagers zur Zurechtweisung eines Menschen verwenden und seinen ganzen Leib durch Krankheit verzehren lassen.*
>
> (Hiob 33,15-19)

Der Priester darf niemals glauben, dass seine Predigt und sein Eifer den Bekehrten gewonnen haben. Lydia hörte auf Paulus, aber die Schrift sagt,

> *und der Herr öffnete ihr Herz, sodass sie aufmerksam auf Paulus' Predigt war.*
>
> (Apostelgeschichte 16,15)

Der Geist und die Bekehrung

Hier war bereits eine Frau religiös, beschrieben als eine Frau des Gebets; doch ihr Geist bedurfte der Unterweisung durch den Heiligen Geist, um zu verstehen, was sie gehört hatte. Übrigens war Lydia die erste Bekehrte in Europa, und von ihrem Haus aus begann die Evangelisierung Europas.

Manchmal erfolgt die Offenbarung des Geistes allmählich, wie bei der Frau am Brunnen. Zuerst nannte sie Unseren Herrn einen „Juden" (Johannes 4,9), dann einen „Mann" (Johannes 4,12), dann einen Herrn, als sie Ihn mit „Herr" ansprach (Johannes 4,15), dann „einen Propheten" (Johannes 4,19), dann den „Messias" (Johannes 4,25) und schließlich den „Heiland der Welt" (Johannes 4,42).

Der Kerkermeister in Philippi war der zweite Bekehrte in Europa (Apostelgeschichte 16,27-34), und er wurde durch den Geist bewegt, durch Furcht und durch das Wort des Paulus. Der äthiopische Schatzmeister veranschaulicht, wie der Heilige Geist einen Priester zu dem führt, dessen Bekehrung göttlich gewollt ist:

Der Geist sagte zu Philippus: Steige zu diesem Wagen hinauf und halte dich dicht bei ihm.

(Apostelgeschichte 8,29)

Der Äthiopier hatte bereits ein gewisses Verständnis von Religion, denn er las das dreiundfünfzigste Kapitel des Jesaja. Der Heilige Geist bewegt sogar Seelen, die der Zauberei und Magie hingegeben sind. Solche Seelen mögen in ihrer Finsternis nach der Wahrheit suchen. Ein Zauberer namens Elymas hatte versucht, den Prokonsul Sergius Paulus vom Glauben abzubringen, dessen Grundzüge er durch die Predigt des Paulus empfangen hatte. „Da aber Saulus, der auch Paulus heißt, erfüllt vom Heiligen Geist, ..." (Apostelgeschichte 13,8) schlug den Zauberer. Übrigens ist dies das erste Mal, dass die Schriften Saulus den römischen Namen Paulus geben. Paulus, der Elymas als Sohn des Teufels anklagte, schlug ihn blind – sein erstes Wunder. Man fragt sich, ob Paulus sich daran erinnerte, dass er selbst zur Zeit seiner Bekehrung blind geschlagen wurde. War es, damit die vorübergehende Blindheit Licht bringen

Der Geist und die Bekehrung

möge, wie es bei ihm selbst der Fall war? Der ehrwürdige Beda sagt: „Der Apostel, der sich an seinen eigenen Fall erinnerte, wusste, dass durch die Verdunkelung des Auges die Dunkelheit des Geistes zum Licht zurückkehren könne." Sergius Paulus wurde daraufhin im Glauben gestärkt. Es war das erste Erscheinen des Christentums vor einem römischen Aristokraten und Beamten.

Keine Seele ist jenseits der Bekehrung. Der Herr versichert uns durch den Propheten Joel, dass Er die schlechten Jahre wiedergutmachen wird.

Unfruchtbare Jahre, in denen die Heuschrecke euch verwüstete, Nager und Verderber und Plünderer, jenes große Heer, das Ich unter euch losgelassen habe, werden wiedergutgemacht.

(Joel 2,25)

Seelen zu bekehren im Einklang mit unserer Berufung, „Menschenfischer" zu sein, ist nicht leicht, denn jeder Fang fordert seinen Einsatz. Doch Verlieren ist die Voraussetzung zum Gewinnen im Bereich des Geistes. Wir gewinnen niemals einen anderen, ohne „innerlich bewusst zu sein von der Kraft", die von uns ausgegangen ist, wie Unser Herr es war, als Er die Frau mit dem Blutfluss heilte (Markus 5,30). Aber wer sind die energischen Priester? Sind sie nicht die eifrigen Priester? Nichts ist so ermüdend wie Langeweile. Erfüllt vom Geist Christi ist ein Priester, der mit Seelen arbeitet, wie der brennende Dornbusch, der loderte, aber nicht verbrannte (Exodus 3,2). Jede Erschöpfung geistlicher Kraft durch einen Priester schafft ein Vakuum für eine reichere Ausgießung des Geistes, bis die Seelen seine Leidenschaft werden:

Er ist es, der dem Müden neuen Geist gibt, der Kraft und Stärke fördert, wo keine Kraft und Stärke ist.

(Jesaja 40,29)

Jeder Pfarrer sollte von Zeit zu Zeit das Taufregister durchgehen und sehen, wie viele Schafe im Verlauf seines Dienstes zum Hirten gebracht wurden. Wie oft findet er einen Namen im Buch des Lebens eingetragen, mit seinem eigenen Namen in der Spalte, die lautet:

Der Geist und die Bekehrung

„Getauft von ___ "? Eine Pfarrei kann jahrelang ohne Bekehrte verkümmern, so wie das Haus Gottes fünfzehn Jahre lang unvollendet lag, bis Gott zum Volk sprach und sagte:

Der Herr der Heerscharen gebietet dir, Herz in die Arbeit zu legen; Ist nicht Er, der Herr der Heerscharen, an deiner Seite?

(Haggai 2:5)

So gebietet der Herr in einer Pfarrei, in der kein geistiger Stein auf geistigen Stein gesetzt wird, dass wir arbeiten. Es kann keine Arbeit ohne Kraft geben. Wir liefern die Arbeit, Gott die Kraft. Es ist der Trost, der uns die Arbeit der Bekehrung scheuen lässt. Wir sind bekleidet, aber werden wir vom Feuer Pfingstens erwärmt? Der Lohn, den wir verdienen – wird er in einen Beutel mit Löchern gelegt, oder legen wir den reicheren Schatz der Seelen an und bedecken den Berg unserer eigenen Fehler? Seelen zu retten ist die Gewissheit unserer Erlösung.

Meine Brüder, wenn einer von euch von der Wahrheit abirrt, und es gelingt einem Menschen, ihn zurückzubringen, so sei er dessen gewiss; Irrende Füße auf den rechten Weg zurückzuführen bedeutet, eine Seele vom Tod zu retten, bedeutet, einen Schleier über eine Vielzahl von Sünden zu werfen.

(Jakobus 5,19-20)

Wir Priester sind nur geistliche Landwirte; wir bestellen den Boden, Gott sät den Samen. Wir machen keine Bekehrten. Wir dürfen niemals unsere Bekehrten zählen, sonst werden wir eines Tages beginnen zu denken, dass wir und nicht der Herr sie gemacht haben. Die gleiche göttliche Kraft, die Schöpfung und Erlösung bewirkte, rettet Seelen.

Der Geist und die Unterweisung

Unterweisen heißt nicht streiten. Man kann einen Streit gewinnen und eine Seele verlieren. Der Priester muss geduldig mit

Der Geist und die Bekehrung

Engstirnigen sein. Wenn wir die Lügen glaubten, die sie über die Kirche glauben, würden wir sie tausendmal mehr hassen als sie.

Der Priester muss versuchen herauszufinden, ob die Einwände gegen den Glauben, die ein Anfragender äußert, tatsächlich intellektuell sind oder ob sie im Grunde moralischer Natur sind, das heißt, ob sie in einem ungebührlichen Verhalten verwurzelt sind. Sogenannte „Gründe" sind manchmal Rationalisierungen, um die Lebensweise der Menschen zu rechtfertigen. Es ist wichtig herauszufinden, nicht nur was die Menschen über Christus und Seine Kirche sagen, sondern warum sie es sagen. Dies war die Methode, die Unser Herr mit der Frau am Brunnen anwandte. Sie brachte ein theologisches Problem vor, obwohl ihr eigentliches Problem ein moralisches war, nämlich ihre fünf Ehemänner. Er wies sie dennoch nicht zurück, obwohl Er ihre Heuchelei durchschaute. Stattdessen zeigte Er ihr, was ihr eigentliches Problem war, und sie wurde bekehrt.

Der beste Ansatz des Priesters gegenüber Anfragenden ist weder, ihnen zu beweisen, dass sie im Irrtum sind, noch zu beweisen, dass er Recht hat, sondern einfach den Hungrigen Brot und den Durstigen zu trinken anzubieten. Unser Glaube ist die Befriedigung des Verlangens der Seele, nicht die didaktische Darstellung eines Syllogismus. Der Priester muss sich sorgfältig auf jede Unterredung mit einem Anfragenden vorbereiten. Bevor er mit der Unterweisung beginnt, sollte er eine Stunde damit verbringen, Analogien, Beispiele und Antworten auf mögliche Einwände zu bedenken.

Um Seelen zu retten, müssen wir heilig sein. Der Herr gebraucht keine unreinen Werkzeuge. Wie können wir zu Sündern gehen, wenn sie sagen: „Arzt, heile dich selbst" (Lukas 4,23)? Ebenso können wir nicht von Abgefallenen verlangen, zur Gehorsamkeit zurückzukehren, die sie der Kirche schulden, wenn sie unsere eigene Lebens- und Handlungsweise in Frage stellen können:

Eine Sendung hatten diese Propheten, aber nicht von Mir; eine Botschaft gaben sie, aber nicht von Meiner Aussendung. Wären sie in Meine Absicht eingeweiht gewesen, ach, dann hätten sie

Meine eigenen Warnungen aussprechen sollen, und so hätte Ich Mein Volk von falschen Wegen und irrtümlichen Gedanken abwenden können!

(Jeremia 23,21-22)

Die Unterweisung des Anfragenden sollte so formuliert sein, dass sie beweist, dass wir lieben, was wir glauben. Wenn wir wenig Begeisterung für die erhabene Wahrheit zeigen, die wir verkünden, wie soll der Bekehrte lernen, diese Wahrheit zu lieben?

Der Geist und das Verlorene Schaf

Unsere Liebe zu den Seelen muss beharrlich sein. Wir gewöhnen uns daran, das Gleichnis vom Guten Hirten zu lesen, aber verstehen wir, dass es für uns Priester eine Auslegung unserer Verpflichtung ist, das verlorene Schaf zu suchen. Ein Abendessen verlassen, eine Abendunterhaltung abbrechen, eine Siesta unterbrechen – all diese Bemühungen fassen sich darin zusammen, die neunundneunzig anderen auf dem Berg zurückzulassen und hinauszugehen, um das eine zu suchen, das verirrt ist. (Matthäus 18,12)

Nichts Ungeistliches ist heilig angesichts eines geistlichen Bedürfnisses. Selbst die „Verbannten", jene außerhalb der Kirche durch ungültige Ehen, jene, die das Heilige Herz verstoßen haben, obwohl Er sie nicht verstoßen hat – gehören diese nicht zu unserem Dienst?

Nie wird Gott zulassen, dass eine Seele im Gericht verloren geht; Dennoch beschäftigt Er sich mit Heilmitteln, um das Leben dessen zu retten, der verbannt ist.

(2 Könige 14,14 [2 Samuel 14,14; RSV])

Der verstoßene Sohn der Kirche bleibt ein Sohn, und der wahre Priester trauert, solange er fern von seinem Zuhause ist. Wie viele Paare in ungültigen Ehen sind bereit, wie Bruder und Schwester zu leben, wenn ihnen nur diese Möglichkeit richtig dargelegt würde? Gottes Liebe wirkt auch zugunsten der schlimmsten und

Der Geist und die Bekehrung

unwürdigsten Seelen. Gnade wird vielen gegeben, die von Priestern mit wenig Glauben abgeschrieben wurden, denn Gott hat gesagt: „Der Tod des Sünders ist nicht mein Wille!" (Ezechiel 33,11). Ist Gott nicht ein Vater, und ist der Priester nicht ein „Vater"? Wir dürfen niemals den älteren Bruder nachahmen, der den verlorenen Sohn nicht zurücknehmen wollte. Hier waren zwei Söhne, die die Liebe des Vaters verloren hatten: der eine, weil er „zu gut" war, der andere, weil er „zu schlecht" war; aber der Letztere war es, der diese Liebe wiederfand (Lukas 15,11-32).

Als Seine Diener haben wir Vertrauen in Seine Macht:

Es wirkt eine stärkere Kraft in euch als in der Welt.

(1 Johannes 4,4)

Unser Eifer für Bekehrungen wird drei Stufen durchlaufen: ein himmlisches Gebet, eine erschöpfende Identifikation mit den anderen und schließlich die Heilung der Seele. Der heilige Markus berichtet uns (7,34), dass Unser Herr, als Er einem tauben und stummen Mann begegnete, das Wunder der Heilung ebenfalls in drei Schritten vollbrachte: „... Er blickte zum Himmel auf und seufzte; Er sprach: Ephphatha, das heißt, öffne dich."

Die Voraussetzung allen Apostolats ist die Erkenntnis, dass der Himmel es gewährt. An erster Stelle irgendwo anders zu suchen, etwa in Öffentlichkeit oder Organisation, bedeutet, die Quelle der Kraft zu verfehlen. Wenn wir diesen Fehler begehen, können wir als Nächstes das kostspielige Mitleid und Mitgefühl erwarten, in denen wir eins sind mit den Unwissenden, den Dumpfen und den Tauben. Erst dann wird das Auge für den Glauben geöffnet, das Ohr für den Klang des Wortes Gottes. Niemand kann den geistlich Blinden das Augenlicht schenken, außer Er blickt in den Himmel. Was wir geben, hängt davon ab, was wir empfangen.

Wie oft werden die Seufzer Unseres Herrn in der Schrift erwähnt, zum Beispiel beim Anblick der Verhärtung der Herzen und des Unglaubens, beim Anblick eines Aussätzigen, einer hungrigen

Der Geist und die Bekehrung

Menge, angesichts von Feindschaft und über dem toten Leib des Lazarus! Alle Übel und das Böse im Schicksal und Verhalten des Menschen lasteten auf Seinem priesterlichen Herzen. So steht der Wert unserer Bemühungen im Verhältnis zum Umfang des Mitgefühls und der Empfindung, die wir für unbekehrte Seelen hegen. Die Tiefe des Mitgefühls eines Priesters ist das Maß seines apostolischen Erfolges.

Auch hier ist es angebracht, über die Beziehung zwischen der Liebe des Heiligen Geistes und der Eucharistischen Gegenwart einerseits und unserem Mitgefühl für die Seelen andererseits zu meditieren. Der Blick und der Seufzer gingen bei Unserem Herrn zusammen. Ebenso sind der Blick auf den Tabernakel und das Mitgefühl für die Kranken Zwillinge. Wer betet, empfindet Mitgefühl; wer den Geist hat, besitzt einen Leib, der täglich ein Kreuz für sein Volk auf sich nimmt; Wer mit seinen Augen den Himmel nach dem Geist absucht, hat den schärferen Blick für das verlorene Schaf auf Erden. Die gewohnheitsmäßige Gemeinschaft mit Gott ist die Wurzel des Mitgefühls des Priesters. Mitleid ist zweitrangig; Unser Herr steht an erster Stelle.

Wenn der Geist in uns für die Seelen wirken will, schreckt unsere Natur vor der Aufgabe zurück. Aber es ist etwas wie Schwimmen: Es wird zur Freude nach dem Schock des ersten Eintauchens. Wir werden natürlich müde, doch Gott ist unermüdlich darin, uns neue Kraft zu schenken. Das Alter ist nicht der entscheidende Faktor. Die Jungen, denen der Geist fehlt, ermüden schneller als die Alten, die ihn besitzen.

Die Jugend selbst mag schwächen, der Krieger mag ermüden und ermatten, doch die, die auf den Herrn vertrauen, werden ihre Kraft erneuern wie Adler, die neu gefiedert sind; eilen und niemals müde werden zu eilen, marschieren und niemals auf dem Marsch ermatten.

(Jesaja 40,30–31)

Der natürliche Mensch neigt beständig zur Erschöpfung. Alles Leben, das auf der Ebene der Kreatur gelebt wird, gräbt sein eigenes

Der Geist und die Bekehrung

Grab. Doch der Mensch, der auf den unermüdlichen Gott vertraut, folgt nicht dem irdischen Gesetz der Ermüdung. Unbegeisterte Priester sind im Geist müde, bevor sie es im Leib sind. Ihre Erschöpfung ist eine Langeweile, die aus dem Verlust des Geistes herrührt. Doch der wahre Apostel, obwohl er wie sein Meister „müde von der Reise, am Brunnen" sitzen mag (Johannes 4,6), kann dennoch eine bekehrte Seele als „*Speise zu essen, von der du nichts weißt*" (Johannes 4,32) betrachten. Gnade verabscheut ein Vakuum, wie es die Natur tut. Das leere Haus des Evangeliums, das nicht vom Geist erfüllt wurde, wurde von sieben Teufeln besetzt.

Dank dem Geist wird der Priester, obwohl er an Jahren älter wird, durch den Aufstieg zum Altar Gottes, wo die Jugend erneuert wird, jünger. Anstrengung ohne den Geist ist Ungeduld; Ungeduld, vom Geist berührt, ist Eifer für die Seelen.

Wie der Diamantschleifer Diamanten bearbeitet und der Bildhauer Stein, so arbeitet der Priester an den Seelen.

Wie ein Hirte sorgt Er für sie, sammelt die Lämmer auf und trägt sie in Seinem Schoß.

(Jesaja 40,11)

In der Pfarrei, in der Schule wird der Priester darauf achten, dass keine solche Seele aus seinen Händen gerissen wird (Johannes 10,11-28). Autorität über die Kirche und ihre Seelen wurde Petrus erst gegeben, nachdem er ein dreifaches Versprechen der Liebe abgelegt hatte. Jede Autorität, die der Priester ausübt, hat dieselbe Grundlage. Der Priester wird seinen Leuten in der Liebe so zärtlich sein, wie Jakob zu seiner Herde war:

Ich könnte eine ganze Herde verlieren, wenn ich sie zu sehr antreibe.

(Genesis 33,13)

Der Geist und die Schrift

Es wird gesagt, dass eine charakteristische Geste vieler Priester, wenn sie die Bibel aus dem Regal nehmen (nachdem sie mehrere

Der Geist und die Bekehrung

Minuten danach gesucht haben), darin besteht, sie mit der Hand anzutippen, um den Staub abzuschütteln. Dies mag erklären, warum Kanzelredner so gern auf einige routinemäßige Texte zurückgreifen, wie: „Kommt, die ihr von Mein Vater gesegnet seid" (Matthäus 25,34) oder „Kommt zu mir, alle, die ihr mühselig und beladen seid" (Matthäus 11,28); und am Missionssonntag: „Geht hin und macht alle Völker zu Jüngern" (Matthäus 28,19). Warum ist es so, dass je weniger vorbereitet der Prediger ist, desto eher neigt er dazu, seine Pfarrangehörigen zu tadeln? Und je weniger er sein eigenes Gewissen in der Meditation prüft, desto mehr greift er zu moralisierendem Nörgeln.

Der heilige Priester hingegen sagt seiner Herde: „Wir sind also Christi Botschafter, und Gott ermahnt euch durch uns" (2 Korinther 5,20). Wenn aber Gott ermahnt, so tut Er dies durch Sein Wort: „Ich habe euch das Evangelium Gottes gepredigt" (2 Korinther 11,7).

Der Prediger wird gut daran tun, über die Methode nachzudenken, die der Hl. Paulus in Thessalonich anwandte:

Über einen Zeitraum von drei Sabbaten erörterte Er mit ihnen aus den Schriften, erklärte diese und brachte Beweise daraus, dass das Leiden Christi und Seine Auferstehung von den Toten vorherbestimmt waren; Der Christus, sagte Er, ist niemand anderes als der Jesus, den ich euch predige.

(Apostelgeschichte 17,2-3)

Als Er zu König Agrippa sprach, verwendete Paulus genau dieselbe Predigtmethode:

Doch es ist nichts in meiner Botschaft, das über das hinausgeht, was die Propheten und Mose als zukünftige Dinge gesprochen haben; ein leidender Christus, und Einer, der seinem Volk und den Heiden Licht zeigen sollte, indem Er der Erste ist, der von den Toten aufersteht.

(Apostelgeschichte 26,22)

Der Geist und die Bekehrung

Hl. Petrus verwendet die Schriften genau auf dieselbe Weise, um die Wahrheiten des Glaubens zu entfalten:

Die Erlösung war das Ziel und die Suche der Propheten, und die Gnade, von der sie prophezeiten, ist für euch aufbewahrt worden. Der Geist Christi war in ihnen und machte ihnen die Leiden bekannt, die die Sache Christi mit sich bringt, sowie die Herrlichkeit, die sie krönt; Wann sollte es geschehen, und wie sollte die Zeit dafür erkannt werden?

(1 Petrus 1,10–11)

Kann der Prediger heute besser sein als Petrus und Paulus? Unabhängig davon, wie oft die Menschen die Schriften hören, können sie immer etwas Neues darin finden. Der Hl. Paulus hat den Grund dafür dargelegt:

Alles in der Schrift ist göttlich inspiriert und hat seinen Nutzen; uns zu unterweisen, unsere Irrtümer aufzudecken, unsere Fehler zu korrigieren, uns in einem heiligen Leben zu erziehen; damit Gottes Diener ein Meister seines Handwerks wird und jede edle Aufgabe, die kommt, ihn dafür bereitfindet.

(2 Timotheus 3,16-17)

Die Schriften sind nicht bloß eine Aufzeichnung vergangener historischer Ereignisse. Sie stellen für jedes Zeitalter eine Offenbarung von Gottes Geist und Willen für jeden Einzelnen dar. Viele der im Alten Testament aufgezeichneten Begebenheiten bieten eine Perspektive, die uns ein umfassenderes Verständnis der späteren Ereignisse ermöglicht, die im Neuen Testament beschrieben sind. Genesis 21,10-12 erzählt beispielsweise von einem Streit in Abrahams Familie. Ismael, sein Kind von Hagar, verspottete und beleidigte seinen jüngeren Bruder Isaak, den Sohn der Verheißung, dessen Mutter Sarah war. Sarah stellte sich auf die Seite Isaaks und entschied, dass Hagar und Ismael aus Abrahams Haus vertrieben werden sollten. Solche familiären Streitigkeiten und mütterliche Rache mögen zunächst wenig relevant erscheinen, bis wir Galater 4,30 lesen, wo der Hl. Paulus erklärt, dass die Ausweisung der Magd und ihres Sohnes zeigen sollte, dass sie noch

Der Geist und die Bekehrung

in der Knechtschaft des Gesetzes standen und folglich nicht berechtigt waren, am Erbe des Evangeliums teilzuhaben.

Nicht nur bezieht die Schrift ihre Inspiration vom Geist, sondern nur der Geist macht ihre Bedeutung klar. Vor seiner Bekehrung war Paulus in den Schriften bewandert, konnte jedoch nicht erkennen, dass der Herr der Christus war. Unser Gesegneter Herr sagte den Pharisäern, dass sie die Schriften durchforschten, aber nicht erkannten, dass sie sich auf Ihn bezogen (Johannes 5,39). Welche auch immer wohltuende Wirkung auf den Zuhörer ausgeübt wurde, sie kam stets durch den Heiligen Geist.

Unsere Verkündigung an euch beruhte nicht auf bloßer Argumentation; Macht war vorhanden, ebenso der Einfluss des Heiligen Geistes und eine Wirkung voller Überzeugung.

(1 Thessalonicher 1,5)

Als der Hl. Paulus die Wirkung seiner Verkündigung bei den Korinthern erinnerte, hatte er wahrscheinlich seinen Misserfolg in Athen vor Augen. Der Hl. Paulus hatte in Athen einen sehr gelehrten Vortrag gehalten und mehrere griechische Dichter zitiert, doch die Wirkung beschränkte sich auf ein oder zwei Bekehrungen. Daraufhin verließ der Hl. Paulus Athen und reiste nach Korinth. Während der vierzig Meilen langen Reise muss er über seinen Misserfolg nachgedacht und versucht haben, die Gründe seines Scheiterns zu ergründen. Später, als er an die Korinther schrieb, stellte er die Verkündigung durch Philosophie und Beredsamkeit der Verkündigung durch die Kraft des Geistes gegenüber.

So war es, Brüder, als ich zu euch kam und euch die Botschaft Christi verkündete, tat ich dies ohne jeglichen Anspruch auf Beredsamkeit oder Philosophie. Ich hatte nicht die Absicht, Dir anderes Wissen zu bringen als das von Jesus Christus und von Ihm als dem Gekreuzigten.

(1 Korinther 2,1-3)

Der Geist und die Bekehrung

Es gibt zwei Arten der Erkenntnis über Christus: die spekulative und die praktische. Erstere wird durch Studium erlangt, letztere nur durch den Heiligen Geist, der uns führt, Jesus als Herrn und Erlöser anzunehmen.

✠ J.M.J. ✠

~ 7 ~

Der Geist der Armut

Armut ist keine wirtschaftliche, sondern eine geistliche Bedingung. Das Gelübde der Armut erlaubt nicht nur das Notwendige zur Deckung der materiellen Bedürfnisse, sondern gestattet einem Menschen, gemäß seinem Stand zu leben. Armut ist in Bezug auf das Priestertum ein Geist. Deshalb sagte Christus:

Selig sind, die arm im Geist sind.

(Matthäus 5,3)

Alle Menschen sind arm im Sinne dessen, dass sie keinen natürlichen Anspruch auf das haben, was für das Reich des Himmels wesentlich ist. Aus sich selbst wissen sie nicht einmal, was ihnen fehlt. Erst wenn der Geist Besitz von ihnen ergreift, sodass sie arm im Geist werden, erkennen sie, dass sie elend, blind und nackt sind. Deshalb folgt auf die Seligpreisung, die sich auf die Armut im Geist bezieht, unmittelbar eine, die dazu bestimmt ist, die zu trösten, die trauern. Wie Armut Hilflosigkeit bedeutet, so bringt Trauer ein Gefühl von Schuld und Verderbnis zum Ausdruck. Die beiden stehen zueinander in Beziehung wie Demut und Geduld, wie Jesaja hervorhebt:

Nichts siehst du um dich, das ich nicht geschaffen habe, sagt der Herr; Meine Hand hat es ins Dasein gerufen. Von wem also soll ich ein Opfer annehmen? Geduldig muss er sein und demütig, der sich vor Meinen Warnungen fürchtet.

(Jesaja 66,2)

Der Priester, der arm im Geist ist, ist ein mendicus und kein Pauper. Seine bewusstesten Momente bezeugen seine Leere, seine Abhängigkeit von Gott und seine Unwürdigkeit. Nur jene werden in

Der Geist und die Bekehrung

das Reich des Himmels eingehen, die den Eigenwillen, die Selbstgenügsamkeit und die wirtschaftliche Sicherheit als Ersatz für das Göttliche Vertrauen abgelegt haben. Die beiden Haltungen werden in scharfem Gegensatz in der Botschaft an den Engel der Kirche von Laodizea dargestellt, die in der Offenbarung (3,17) aufgezeichnet ist – eine Botschaft, die wir in der reichsten Nation der Welt uns zu Herzen nehmen können. An die in der Kirche von Laodizea, die sich in ihrem eigenen Erfolg rühmen und sagen:

"Ich bin reich geworden; mir fehlt jetzt nichts mehr," wird dem Engel befohlen zu sagen: „Und die ganze Zeit, wenn Du es nur wüsstest, bist Du es, der elend ist, Du, der bemitleidenswert bist. Du bist ein Bettler, blind und nackt; und mein Rat an Dich ist, zu mir zu kommen und zu kaufen, was Du brauchst; Gold, im Feuer geprüft, um Dich reich zu machen, und weiße Gewänder, um Dich zu bekleiden und die Nacktheit zu bedecken, die Dich entehrt; Salbe auch auf Deine Augen zu reiben, um ihnen das Sehvermögen wiederzugeben. Die ich liebe, die züchtige und strafe ich; entfache Deine Großzügigkeit und bereue."

Die Armut des Geistes beruht auf dem Beispiel Unseres Gesegneten Herrn.

Du brauchst nicht daran erinnert zu werden, wie gnädig Unser Herr Jesus Christus war; wie Er sich um eurer willen entäußerte, obwohl Er so reich war, damit ihr durch Seine Armut reich werdet.

(2 Korinther 8,9)

Er war ein Kind einer armen Mutter, geboren auf der Reise, zuerst unter Tieren gewiegt. Seine Armut war freiwillig. Der, der die Wasser geschaffen hatte, bat um einen Trunk; Der, der die Tiere geschaffen hatte, lieh sich eines für eine Prozession; Der, der die Bäume geschaffen hatte, lieh sich ein Kreuz. Satan bot Ihm alle Reichtümer der Welt an — den schnellen Weg zur Beliebtheit — und Er lehnte ab, obwohl Er von einer vierzigtägigen Fastenperiode erschöpft war. Josef fand für Ihn eine Höhle, in der Er geboren werden konnte; und ein anderer Josef eine Höhle, in der Er Seinen zerbrochenen Leib legen konnte — denn Geburt und Tod waren Ihm als Gott gleichermaßen fremd.

Wenn solcher Geist der Armut Christi war, ist es offensichtlich, dass der Priester, der *alter Christus*, keine andere Wahl hat, als einen ähnlichen Geist zu pflegen. Der Priester ist bereits reich — reich an der Gnade der Berufung, der Gnade der Botschaft, der Gnade der Weihen. Reich in Christus, bedarf Er nicht des Reichtums in Mammon. Die Bibel berichtet, dass der Stamm Levi kein Land erhielt, weil der Herr der Reichtum der Auserwählten war, die Seine Priester sein sollten:

Dies sprach auch der Herr zu Aaron: Du sollst kein Land besitzen, dir soll kein Anteil unter deinen Mit-Israeliten zugeteilt werden. Ich bin dein ganzes Erbteil; Diese anderen haben ihr jeweiliges Eigentum, du aber hast Mich.

(Numeri 18,20)

Der Reichtum des Priesters

Weitaus größer ist der Reichtum der Priester des Neuen Testaments, die die Vertrautheit mit dem Fleisch gewordenen Herrn und den Reichtum des Geistes genießen: „... Wie reich ist die Herrlichkeit, die Er verleiht" (Römer 9,23); *„So reich ist die Gnade Gottes, die über uns in vollem Strom ausgegossen wurde"* (Epheser 1,8).

Der katholische Priester soll ebenso sehr durch seine Loslösung von den Dingen dieser Welt wie durch seine Liebe zur Keuschheit hervorstechen.... Habgier, die Der Heilige Geist als die Wurzel allen Übels bezeichnet, kann einen Menschen zu jeder Straftat verleiten. Der Priester, der dieses Laster an sich herankommen lässt, auch wenn er vor einer Straftat zurückschreckt, macht sich, ob er es weiß oder nicht, gemein mit den Feinden der Kirche und unterstützt sie in ihren bösen Absichten. (Pius XI., Enzyklika über das katholische Priestertum, 20. Dezember 1935)

Der Geist und die Bekehrung

Welche Fülle besitzt der Priester! Er spendet die Absolution Christi denen, die ihre Sünden bereuen. Er verfügt über den Reichtum der Weisheit Christi! Am Fuße Seiner Füße sitzend, hört der Priester, was Platon nicht lehren konnte und was Sokrates niemals erlernte.

Warum unterstützen die wenigen Reichen so selten die Missionen? Warum muss die Kirche so oft gegen Armut kämpfen, und warum vermehren sich die Bekehrungen in armen Ländern wie Vietnam schneller als in wohlhabenden Ländern? Der Grund ist, dass unter dem Reichtum des Himmels und dem Reichtum der Erde eine Art Gleichgewicht besteht.

Du hast dein Glück in deinem Leben empfangen, und Lazarus nicht weniger sein Unglück; jetzt aber ist er getröstet, du aber wirst gequält.

(Lukas 16,25)

Auch der Himmel hat seine Ökonomie. Die grausamsten Worte in der Schrift werden am letzten Tag gegen jene gesprochen werden, die alle weltlichen Dinge erhielten, die sie begehrten:

Sie haben ihren Lohn schon empfangen.

(Matthäus 6,16)

Der Hl. Jakobus bestätigt, indem er sich an seine Brüder überall wendet, dass reiche Taschen oft arme Herzen haben, dass arme Taschen Herzen voller Reichtum des Glaubens besitzen:

Hört auf mich, meine lieben Brüder; Hat Gott nicht die Männer erwählt, die in den Augen der Welt arm sind, reich im Glauben zu sein, Erben jenes Reiches, das er denen verheißen hat, die ihn lieben?

(Jakobus 2,5)

Der Geist und die Bekehrung

Unser Gesegneter Herr bestand darauf, dass Seine Liebe zu den Armen und Seine Bemühungen, sie zu retten, ein Beweis für die Wahrheit Seines Anspruchs sind, der Messias zu sein:

Den Armen wird das Evangelium verkündet.

(Matthäus 11,5)

Aber wehe euch, die ihr reich seid; denn ihr habt euren Trost schon empfangen. Wehe euch, die ihr satt seid; ihr werdet hungern. Wehe euch, die ihr jetzt lacht; denn ihr werdet trauern und weinen. Wehe euch, wenn alle Menschen wohl von euch reden; so haben ihre Väter die falschen Propheten nicht schlimmer behandelt.

(Lukas 6,24-26)

Die Armut des Geistes zieht den Priester zu einer engeren Vereinigung mit der Person Christi. Eine Funktion allen Eigentums ist es, die Persönlichkeit zu erweitern. Ein Mensch ist innerlich frei, weil er eine Seele hat; er ist äußerlich oder wirtschaftlich frei, weil er Eigentum besitzt. Die menschliche Persönlichkeit wird durch Dinge bereichert.

Der Priester jedoch hat eine andere Weise, seine Persönlichkeit zu erweitern: nicht durch den Erwerb von Aktien und Anleihen, sondern durch eine größere Reproduktion der Hypostatischen Union in sich selbst. Er zerschmettert sein Ego und dessen Begierden, so dass in ihm zwei „Naturen" in einer Person sind: einerseits seine menschliche Natur; Auf der anderen Seite seine „Teilnahme an der Göttlichen Natur" durch Gnade und das Verlieren seiner menschlichen Persönlichkeit in der Person Christi. Weniger abhängig von den Dingen, wird er mehr und mehr zu einem *instrumentum Divinitatis*.

Es ist Christus, der in mir lebt.

(Galater 2,20)

Gekreuzigt an die äußere Ausdehnung der Persönlichkeit, wächst der Priester innerlich und wird zur Ausdehnung der Person Christi.

Der Geist und die Bekehrung

Je weniger Stäbe der Priester hat, auf die er sich stützen kann – und Stäbe, die seine Hände durchbohren – desto mehr stützt sich der Herr auf ihn. Arm in sich selbst, ist er reich in Christus. Die Pfarrangehörigen sehen dann nicht die menschliche Person in ihm: Sie sehen Christus, der lebt, lehrt, besucht, tröstet und den Kalvarienberg erneuert. Der Instinkt der Pfarrangehörigen ist unfehlbar: Sie wissen, in wem Christus lebt. Von einem Priester sagt man: „Er ist ein guter Joe"; von einem anderen: „Er ist ein anderer Christus."

In dem Maße, in dem der Reichtum eines Priesters in den Dingen des Geistes besteht, verringert sich in gleichem Maße das Bedürfnis nach einer äußeren Ergänzung zur Vervollkommnung seiner Persönlichkeit. Das Vertrauen des Priesters, wenn er dem Leben begegnet, gründet sich weniger auf die Macht dessen, was er in Reserve hält, als auf sein völliges Vertrauen in die Vorsehung und die Güte des Himmlischen Vaters.

Wohlstand, der der Priesterschaft abträglich ist

Ein weiterer Grund, arm im Geist zu sein, ist, dass zeitlicher Wohlstand dem geistlichen Fortschritt abträglich ist. Betrachten wir das Beispiel Salomo. Die Schrift berichtet uns, dass er durch Vermehrung abstieg. Zuerst vermehrte er Gold und Silber für sich selbst; dann vermehrte er Pferde, die er aus Ägypten kaufte; als Nächstes vermehrte er Frauen. Hier gibt es einen deutlichen Hinweis darauf, dass die Fleischlichkeit einer Liebe zum Reichtum folgte. Schließlich betete er die falschen Götter seiner Nebenfrauen an. Konfuzius sagt, dass Lust die Sünde der Jugend, Macht die Sünde des mittleren Alters und Habgier die Sünde des Alters ist. Habgier bei den Alten kann sogar die Sublimierung der Lüste ihrer Jugend darstellen.

So war der Herr zornig auf Salomo, weil er Ihn betrog.

(3 Könige 11,9 [1 Könige 11,9, RSV])

Der Geist und die Bekehrung

Die Vermutung ist, dass Gott gerade wegen der großen Segnungen, die Er Salomo verliehen hat, zornig war, denn jede Sünde wird durch die empfangenen Barmherzigkeiten verschärft. Wie viel mehr wird daher die Sünde nach der Gabe einer Berufung verschärft? Unser Herr sagte, dass, wenn Er nicht gekommen und zu Seinem Volk gesprochen hätte, sie vergleichsweise ohne Sünde gewesen wären (Johannes 15,22).

Horten erhielt an einer in der Bibel überlieferten Stelle eine schreckliche Strafe. Nachdem die Juden den Jordan überschritten hatten, errang Josua einen Sieg und zog dann nach Hai, wo er schmachvoll geschlagen wurde. Die Niederlage stürzte Josua und sein Volk in Verzweiflung, und Josua klagte zum Herrn:

Besser wäre es gewesen, wir hätten an unserem alten Posten jenseits des Jordans verharrt. O Herr, mein Gott, dass ich sehe, wie Israel vor seinen Feinden den Rücken kehrt!
(Josua 7,7-8)

Daraufhin erklärte der Herr den Grund für die Umkehr. Sie wurden bestraft wegen der Verletzung eines göttlichen Gebots, dass kein jüdischer Soldat irgendeinen der Beutestücke von Jericho für sich selbst nehmen dürfe. Ein Mann jedoch hatte das Gebot verletzt; verführt durch den Anblick eines kostbaren babylonischen Gewandes, etwas Silber und ein wenig Gold, verbarg er sie für seinen eigenen Gebrauch.

Obwohl nur ein Mann im ganzen Heer schuldig war, wurde das ganze Heer mit Niederlage bestraft. Die Sünde wurde dem ganzen Volk zugerechnet und auf es gelegt:

Aber der Herr sprach zu Josua: Steh auf; Warum liegst du da mit dem Gesicht zur Erde? Schuld lastet auf Israel; Sie haben meinen Bund übertreten, indem sie die verfallene Beute für sich genommen haben; Sie wurde heimlich gestohlen und unter privatem Gut verborgen.

(Josua 7,10-11)

Der Geist und die Bekehrung

Wenn die Sünde eines Einzelnen, der nicht einmal Priester war, ganz Israel betroffen hat, wird dann nicht die Gier eines Priesters die Pfarrei betreffen? Wenn die Armee bei Hai wegen solcher Habgier besiegt wurde, werden dann nicht Bauprojekte und soziale Organisationen durch die materielle Aggressivität eines Dieners Gottes scheitern? Die Schuld eines Einzelnen, selbst wenn sie persönlich und verborgen ist, kann göttliche Richtersprüche über die ganze Pfarrei bringen. Hatte nicht Sauls Verletzung des Abkommens, das er mit den Gibeonitern geschlossen hatte, viel später eine Hungersnot zur Folge, die drei Jahre andauerte (2 Könige 21,1 [2 Samuel 21,1, RSV])? Hatte nicht Davids Hartnäckigkeit, eine Volkszählung durchzuführen, von der ihm abgeraten worden war, eine Pestilenz zur Vernichtung von siebzigtausend seiner Untertanen verursacht (2 Könige 24,10-15 [2 Samuel 24,10-15, RSV])?

Die Habgier von Josuas Soldat Achan war verborgen, doch Gott hatte den sakrilegischen Raub von Gold und Silber bezeugt, die Er zur eigenen Verwendung im Heiligtum bestimmt hatte. Das Verbrechen wurde zudem unmittelbar nach der Feier des Passah begangen, wodurch es noch enger mit dem Altar und dem Kult verbunden wurde. Sich das Eigentum des Altars Gottes anzueignen, ist in den Augen Gottes schwerwiegender, als es der Sünder sich stets bewusst ist.

Ohne die Person zu benennen, offenbarte Gott die Tatsache und überließ es der Kirche Israels, den Täter zu entdecken. Die Gerechtigkeit nahm ihren Lauf, und das Urteil wurde vollstreckt. Achan wurde mit seinen Kindern und seinem Vieh gesteinigt; danach wurden sein Zelt, das gestohlene Gut und all sein Hab und Gut durch Feuer vernichtet.

Der Priester bittet nicht nur, sondern gibt auch.

Wenn der Priester von der Kanzel aus die Gläubigen bittet, einen Beitrag zu einem diözesanen Ausbauplan zu leisten, greift Er dann zuerst in die eigene Tasche? Wenn Er am Missionssonntag die

Der Geist und die Bekehrung

Pfarrangehörigen auffordert, ein Opfer zu bringen, um die Kirche in Afrika, Asien oder anderswo zu verbreiten, nimmt Er dann seine vorrangige Rolle im Opfer wahr? Es ist nicht angemessen, andere zu bitten, für eine Sache zu geben, ohne selbst mit gutem Beispiel voranzugehen. Kann der Herr uns wohlwollender ansehen als Er Achan ansah, wenn wir unsere Bankkonten verbergen, während die Bedürfnisse der Welt so dringend sind? Und welche Segnungen gewährt Er den Priestern, die geben, bis es schmerzt, und dann noch ein wenig mehr? Glücklicherweise sind solche Priester zahlreicher, als manchmal anerkannt wird. Die Achans machen Schlagzeilen, die skandalösen Horter werden berüchtigt; aber es gibt ein großes Heer von Priester-Opfern, deren Identität erst am Tag der großen Offenbarung öffentlich wird.

Armut des Geistes beginnt nicht mit einem Akt des Willens, mit weniger auszukommen; Sie beginnt mit dem Geist Christi in uns. Äußere Armut folgt der inneren. Gleichgültigkeit gegenüber dem Anhäufen von Besitz folgt dem Eifer für Christus. Je größer die Sorge um materielle Dinge, desto geringer ist die Hingabe an den Geist. Manche Priester mögen die äußeren Zeichen der Armut zeigen oder das, was dafür gehalten wird. Sie mögen nachlässig sein in ihrer Kleidung und ihrem Verhalten, Suppe auf dem Messgewand, zerrissener Talar, ungesäuberte Kirchenschiffe – doch diese Dinge haben keinen Bezug zur Armut des Geistes. Sie können einfach einen Mangel an Würde und Kultur, eine Gier nach Sparsamkeit oder eine allgemeine Nachlässigkeit gegenüber der Würde der eigenen Person widerspiegeln. Gleichgültigkeit gegenüber Schmutz beeinträchtigt die Persönlichkeit; Armut im Geist erhöht sie.

Drei Aspekte priesterlicher Armut lassen sich unterscheiden. Im persönlichen Leben weist die Armut den Priester an, sich auf das strikt Notwendige zu beschränken. Im Apostolat inspiriert ihn die Armut im Geist, geistliche Mittel zu verwenden, um seine apostolischen Ziele zu erreichen. Im Umgang mit Ressourcen verpflichtet ihn die Armut, nur auf Gott zu vertrauen. Wie der Hl. Augustinus sagte, sind die arm im Geist diejenigen, die allein auf Gott hoffen.

Der Geist und die Bekehrung

Der Priester kann eine ungläubige, verkehrte und luxuriöse Generation nur durch die Taten der Tugend überzeugen, die diesen Lastern entgegengesetzt sind. Deshalb scheint unter allen Tugenden die Tugend der Armut diejenige zu sein, die in unserer Zeit am meisten benötigt wird. Pius XI. erklärte, dass ihre Praxis wesentlich sei, um den Kommunismus zu besiegen.

Der amerikanische Priester lebt auf einem materiellen Komfortniveau, das höher ist als das seiner Mitbrüder irgendwo auf der Welt, doch daraus folgt nicht notwendigerweise, dass jeder amerikanische Priester an seinen Annehmlichkeiten hängt. Viele würden sie morgen verlassen, wenn die Umstände es erforderlich machten. Das Wachstum des missionarischen Geistes unter den Priestern in den Vereinigten Staaten belegt diese Tatsache. Doch die Versuchung ist stets gegenwärtig, und der Priester, der zulässt, dass seine Seele vom Verlangen nach Reichtum beherrscht wird, kann den schwerwiegendsten Skandal verursachen. Die Gefahr, Anstoß zu erregen, ist besonders groß im Fall des Diözesanpriesters. Er kann seine Begierde nicht hinter einer Körperschaft, einer Gesellschaft oder einer Gruppe verbergen. Verstöße gegen das individuelle Gelübde der Armut können manchmal hinter kollektiver Selbstsucht verborgen bleiben. Doch der Diözesanpriester hat keine solche Fassade. Wenn er Luxus liebt, zeigt sich das, es schockiert und verursacht Anstoß. Andererseits ist sein Beispiel umso größer, wenn er die von seinem Amt und Stand geforderte Loslösung zeigt.

Armut an Zeit und Talent

Doch der Geist der Armut ist nicht nur im Hinblick auf materielle Dinge zu verstehen. Der Geist ruft uns auf, andere, nicht weniger wichtige Ziele zu suchen. Der Priester muss insbesondere einen Geist der Armut in Bezug auf die Zeit und in Bezug auf Selbstzufriedenheit anstreben.

Zeit kann zum Gegenstand des Hortens werden, ebenso wie Aktien und Anleihen. Der Priester kann einen Zeitplan für Ruhe, Siesta, Schlaf und Erholung aufstellen, und Routine kann zur

Der Geist und die Bekehrung

Gewohnheit werden, sodass jeder, der sie stört, Gefahr läuft, verurteilt zu werden. Aber der Nächste hat Ansprüche; der Hunger hat Ansprüche; der Verlust hat Ansprüche. Unser Herr hatte Seine Ruhe gestört, denn Er konnte nicht verborgen bleiben. Zwei Seiner herausragenden Bekehrten wurden gemacht, als Er müde war, eine weitere Bekehrung erfolgte durch eine Unterbrechung. Siesta-Zeit ist nicht heilig; der „freie Tag" ist nicht heilig. Diese legitimen Erholungen sind entbehrlich, wenn eine Seele gerettet werden kann. Wie der Hl. Paulus sagte, sollen wir die Zeit auskaufen,

... die Gelegenheit, die dir gegeben ist, in bösen Zeiten wie diesen.

(Epheser 5,16)

Viele Priester haben den Vorsatz gefasst, niemals eine Minute Zeit zu verschwenden, besonders wenn das Wohl einer Seele auf dem Spiel steht. Besucher im Vorzimmer warten zu lassen, einen Krankenbesuch hinauszuzögern, sich zu beklagen, weil ein Bußfertiger zu spät kommt – all dies sind Formen der Habgier.

Lasst uns allen gegenüber Großzügigkeit üben, solange uns die Gelegenheit dazu gegeben ist, und vor allem denen, die mit uns im Glauben eine Familie bilden.

(Galater 6,10)

Der Pfarrer, der glaubt, dass ihn die Berufung zum Hirten der Seelen von der Abnahme der Beichten oder der Spendung des Krankensalbes entbindet, zeigt jene Zeitgier, die der Hl. Petrus mit zunehmendem Alter empfand und vor der er warnte:

Seht nun mit Furcht auf die Ordnung eures Lebens, solange ihr auf der Erde verweilt.

(1 Petrus 1,17)

Gott besteht auf dem „*Heute*" (Hebräer 3,13). Der Teufel sagt: „*Nicht jetzt*" (Apostelgeschichte 24,25), wie Felix, der das Zuhören bei Paulus aufschob.

Der Geist und die Bekehrung

Der faule Priester hat stets weniger Zeit als der eifrige Priester, weil ersterer an die Unterbrechungen seiner Muße denkt, während letzterer die Gelegenheit sucht, ein anderer Christus zu sein. Die Zeit des Priesters gehört nicht ihm selbst; sie gehört Unserem Herrn. Je mehr wir uns mit Zeit bereichern, desto mehr verarmen wir das Reich Gottes.

Die Tugend der Armut ist zu reichhaltig an Inhalt, um auf Geld beschränkt zu werden. Die Redewendung, dass Zeit Geld sei, erhält eine neue Bedeutung, wenn wir verstehen, was mit Zeitarmut gemeint ist. Kein Priester wurde für einen Acht-Stunden-Tag oder für fünf Tage in der Woche geweiht. Er ist für das Reich Gottes geweiht, das „mit Gewalt ergriffen wird" (Matthäus 11,12). Die Zeit ist für die Absolution.

Wir sind sorgfältig darauf bedacht, niemanden zu beleidigen, damit wir unserem Dienst keinen Schaden zufügen; Als Gottes Diener müssen wir alles tun, um uns annehmbar zu machen. Wir müssen große Geduld zeigen in Zeiten der Bedrängnis, Not und Schwierigkeit; unter der Peitsche, im Gefängnis, mitten im Tumult; wenn wir erschöpft, schlaflos und im Fasten sind. Wir müssen rein im Geist, erleuchtet, vergebend und gnädig gegenüber anderen sein; Wir müssen uns auf den Heiligen Geist, auf unverfälschte Liebe, auf die Wahrheit unserer Botschaft und auf die Kraft Gottes verlassen.

(2 Korinther 6,3-7)

Armut der Selbstzufriedenheit

Für den Priester ist die Armut der Selbstzufriedenheit nicht weniger wichtig als die Armut der Zeit. In der priesterlichen Spiritualität gibt es keine Zufriedenheit, weil man seine Pflicht erfüllt hat. Es genügt nicht, die wesentlichsten Tätigkeiten auszuführen, in der Kanzlei zu arbeiten, Friedhöfe zu verwalten, Bekehrte zu gewinnen oder seine Dienststunden zu erfüllen. Einmal (Matthäus 25,30; Lukas 17,10) suchten die Apostel eine Krone des

Der Geist und die Bekehrung

Verdienstes, bevor ihre Arbeit vollendet war, und suchten Beifall, bevor ihr Werk abgeschlossen war. Unser Herr musste sie daran erinnern, dass sie nicht berechtigt waren, sich einfach deshalb an das Gastmahl des Lebens zu setzen, weil sie ihre Pflichten erfüllt hatten. Selbst wenn sie alles getan hatten, was sie tun sollten, mussten sie sich weiterhin als „unprofitable Diener" betrachten. Eine besondere Belohnung erfordert mehr als nur die Erfüllung der Pflicht.

Wenn jemand von euch einen Knecht hätte, der dem Pflug nachginge oder die Schafe hütete, würde er zu ihm sagen, wenn er vom Feld zurückkäme: Geh und setze dich sogleich daran? Würde er nicht zu ihm sagen: Bereite mir das Abendessen zu, und dann gürte dich und diene mir, während ich esse und trinke; du sollst selbst danach essen und trinken? Hält er sich einem solchen Knecht aus Dankbarkeit gebunden, weil er seine Befehle befolgt hat? Ich denke nicht, dass er das tut; und ebenso sollt auch ihr sagen, wenn ihr alles getan habt, was euch befohlen wurde: Wir sind Knechte und unwert; es war unsere Pflicht, das zu tun, was wir getan haben.

(Lukas 17,7-10)

Unser Dienst ist ein mühevoller; er umfasst nicht nur die Arbeit auf den Feldern am Tage, sondern auch das Dienen an den Tischen bei Nacht. Es ist die bloße Pflicht des Priesters, sowohl morgens als auch abends zu wirken. Wenn Er erschöpft ist, kann Er nicht sagen: „Nun, ich habe heute schon meine Pfadfinderpflicht erfüllt." Vielmehr muss Er sich sagen: „Ich bin wertlos, ein unfruchtbarer Knecht." Je weniger Selbstzufriedenheit vorhanden ist, desto größer ist der Eifer in Seinem Dienst. Das Zählen der Bekehrten, die wir gemacht haben, kann uns schließlich glauben machen, dass wir es waren und nicht die Gnade Gottes. „Ich habe drei Pfarrhäuser gebaut; jetzt kann ich mich zurückziehen; Ich habe heute drei Stunden Beichten gehört; Ich habe meine Pflicht getan." Die Regeln einer Gewerkschaft könnten das als ausreichend ansehen; aber wir gehören einer anderen Gewerkschaft an, in der Liebe und nicht Stunden das Maß ist. Wenn wir an alles denken, was Der Herr für uns getan hat, können wir niemals genug tun. Das Wort ‚genug'

Der Geist und die Bekehrung

existiert nicht im Vokabular der Liebe. Es ist, als würde man der Mutter, die ihr krankes Kind versorgt, sagen, sie habe ihre Pflicht getan und solle es ruhig angehen lassen.

Im Gleichnis vom unfruchtbaren Knecht (Matthäus 25,14-30) beschreibt Unser Herr ein häufig übersehenes Element des Priestertums. Der Priester ist es gewohnt, sich selbst Botschafter genannt zu hören. Er wird ebenso selten daran erinnert, dass er ein unfruchtbarer Knecht ist, wie daran, dass er ein Opfer ist. Aber die Knechtschaft, die Christus beschreibt, ist eine der Liebe, nicht der Pflicht. Unser Herr weigert sich, zwischen „Arbeit" und „Zusatzarbeit", zwischen „im Dienst" und „Bereitschaft", zwischen acht Stunden und achtzehn Stunden zu unterscheiden. Kein Anflug von Selbstgefälligkeit ist dem Priester göttlich erlaubt. Kein Selbstmitleid, kein Sich-Rühmen unserer administrativen Talente, kein derartiges Sagen: „Ich habe ein Gymnasium gebaut; jetzt sollte mich der Bischof zum Monsignore ernennen." In dem Moment, in dem wir selbstgefällig über unsere Leistungen werden, verdirbt die Arbeit in unseren Händen.

Wir sind wertlose Knechte, wenn wir unser Bestes getan haben. Was sind wir dann, wenn wir unser Bestes nicht tun? Wir werden unwürdig, selbst Seine Knechte, Seine Priester zu sein. Allein unserem Erlöser gebührt das Verdienst und die Herrlichkeit unserer Dienste; uns aber gebührt nichts als die Dankbarkeit und Demut, als begnadigte Rebellen zu sein.

✠ J.M.J. ✠

~ 8 ~

Der Geist sowie Predigen und Beten

Predigen ist nicht der Akt, eine Predigt zu halten; es ist die Kunst, einen Prediger zu formen. Der Prediger wird dadurch selbst zur Predigt.

Aus dem Überfluss des Herzens spricht der Mund.

(Lukas 6,45)

Der Prediger ohne den Geist Christi ist wie Gehasi, den Elia sandte, um einen Toten zu beleben. Obwohl er den Stab des Propheten mitbrachte, geschah kein Wunder, denn die Kraft des Stabes wurde durch die Hände, die ihn hielten, aufgehoben (4 Könige 4,25-38 [2 Könige 4,25-38, RSV]). Man kann die Schriften des Herrn auf der Kanzel halten, wie Gehasi den Stab in der Hand hielt, doch werden keine Seelen gerettet. Das Fehlen eines inneren geistlichen Lebens macht das Predigen langweilig, abgestanden, leer und unergiebig.

Es ist möglich, dass der Priester infolge seines innigen Kontakts mit dem Geistlichen eine *Verhärtung* erfährt, ohne selbst geistlich zu werden. Sakristane haben das Privileg, nahe beim Eucharistischen Herrn zu dienen, doch hindert dies einige Sakristane nicht daran, ihre Kniebeugen nur oberflächlich zu verrichten. Juweliere gewöhnen sich an Juwelen. Ehemänner langweilen sich an schönen Ehefrauen, wenn kein „Entfachen des ersten Eifers" erfolgt. Der Kontakt mit dem Göttlichen ist ein Privileg, das ebenso zur Gleichgültigkeit werden kann, wenn man nicht täglich versucht, dem Herrn einen Schritt näherzukommen. Mit dem Wort Gottes von einem Sonntag zum anderen zu handeln, ohne Gebet und Vorbereitung, hinterlässt den Priester nicht unverändert; es macht ihn schlechter. Versagen zu steigen bedeutet, zurückzufallen. Es gibt keinen Schutz gegen *Acedia*, gegen den tragischen Verlust der göttlichen Wirklichkeit, außer einer täglichen Erneuerung des Glaubens an Christus. Der Priester, der sich nicht nahe am Feuer des Tabernakels gehalten hat, kann keine Funken von der Kanzel schlagen.

Welche Antwort auf den Richterspruch soll der Priester geben, der Stunden am Tag mit Zeitungen, Fernsehen und Zeitschriften vergeudet, aber keine halbe Stunde der Zeit des Herrn entbehren kann, um seine Seele auf die Kanzel vorzubereiten? Kein Wunder, wenn er schlampige, billige Moralisierungen und magengeschwürartige Scheltreden hervorbringt, die seiner Verlobung mit dem Geist schaden und Christus, dessen Botschafter er ist, entehren. Ist er nicht vielmehr wie der Hirte, der „die Flucht ergreift, weil... ihm die Schafe gleichgültig sind" (Johannes 10,13)? Welches Recht haben wir, anderen zu predigen, die „müde sind und beladen" (Matthäus 11,28), wenn wir selbst die Last unserer Berufung scheuen? Ist das Verfangen im wirbelnden Getriebe der „Beschäftigung" ein ausreichendes Alibi für das, was in Wirklichkeit Faulheit ist?

Aber was, wenn der Wächter, wenn er den Eindringling kommen sieht, keinen Alarm schlägt, um seine Nachbarn zu warnen?
(Ezechiel 33,6)

Und doch hat der Herr zu jedem Priester gesagt:

Du bist Meine Wächter; die Warnung, die du von Meinen Lippen hörst, gib an sie weiter. Wenn ich einen Sünder mit dem Tod bedrohe und du gibst ihm kein Wort, damit er von seiner Sünde ablasse, so wird er sterben, wie er zu sterben verdient; aber für seinen Tod wirst du Mir Rechenschaft ablegen.

(Ezechiel 33,7-8)

Dem Priester wurde bei der Weihe gesagt, er solle predigen. Das Amt ist so ernst zu nehmen, dass jeder Priester mit Paulus ausrufen muss:

Mir wäre es wirklich schwer, wenn ich das Evangelium nicht predigte.

(1 Korinther 9,16)

Wenn ein Pfarrer seine Pfarrangehörigen nicht mit dem Wort Gottes nährt, könnten sie am Tag des Richterspruchs die Ersten sein, die seine Bestrafung fordern, weil er sie geistlich verhungern ließ. Zahlen wir unsere Erlösung, unsere Berufung und unsere anderen Gnaden vom Herrn mit solcher Missachtung Seiner Gebote zurück? Wie sollen wir die Felsen und Berge anrufen, dass sie uns vor Seinem verdienten Zorn bedecken!

Wie viel mehr würden unsere Worte brennen, wenn wir predigen, wenn wir unsere Predigten vor dem Eucharistischen Herrn vorbereiteten; wenn unsere Meditation jeden Morgen das Thema der Predigt am nächsten Sonntag wäre; wenn wir vor dem Predigen fünf Minuten zum Heiligen Geist um das Pfingstfeuer beteten; wenn wir die Schriften stets offen bei uns hielten, damit wir uns mit ihrer Wahrheit gürten, wenn wir die Kanzel bestiegen? Jede Person, der wir predigen, werden wir am Tag des Richterspruchs wieder begegnen. Wie groß wird dann unsere Freude sein, wenn wir ihr Gewissen berichtigt und sie zur Umarmung des Heiligen Herzens erhoben haben. Kein Wunder, dass Mose, Elias und Jeremia alle versuchten, vor der erdrückenden Last, das Wort des Herrn zu verkünden, zu fliehen.

Und sollen wir das Rechnungsbuch anstelle der Bibel setzen, die Bettelpredigt anstelle der Bußaufforderung, hohle Floskeln anstelle des Skandals des Kreuzes? Im Alten Testament befahl Gott, dass das Feuer auf dem Altar niemals erlöschen dürfe. Sind wir nicht Diener des Hohen Priesters, der Feuer auf die Erde warf und wollte, dass es entfacht werde?

Die Schriften – Unsere Inspiration

Welche unerschöpflichen Themen für Predigten uns der Geist in den Schriften schenkt. Es gibt keinen Anlass, für den die Bibel kein passendes Thema und keine treffende Anwendung bereithält. Da ist zum Beispiel der Richterspruch über Menschen, die Gott trotzen, wie Bileam (Numeri 23,7–24,25; 31,8), Goliath (1 Könige 17,10–55 [1 Samuel 17,10–55, RSV]) und Sanherib (2 Paralipomena 32,1–21 [2 Chronik 32,1–21, RSV]).

Dann gibt es die Gleichnisse des Alten Testaments, zum Beispiel die sieben Gleichnisse Bileams (Numeri 23,7.18; 24,3; 15,20–23); Simsons (Richter 14,12); das Mutterschaf-Lamm (2 Könige 12,3 [2 Samuel 12,3, RSV]); die weise Frau von Teko (2 Könige 14,6 [2 Samuel 14,1-20, RSV]); die Bäume, die einen König wählen (3 Könige 20,39 [Richter 9,7-15, RSV]); das Gleichnis vom Alter (Prediger 12,1-7); der arme Weise in einer kleinen Stadt (Prediger 9,14).

Wahrhaft wunderbar wäre der Prediger, der die fünf Rufe um Barmherzigkeit im Evangelium zu übertreffen vermöchte: Blinder Bartimäus (Markus 10,46-47); zehn Aussätzige (Lukas 17,11-13); die Frau von Kana (Matthäus 15,21-22); der Vater eines besessenen Knaben (Matthäus 17,14-15); und der Reiche in der Hölle (Lukas 16,23-24).

Was heute passender sein könnte als die Geschichte von Rahab (Josua 2,21 und Hebräer 12,27), deren roter Faden den langen Strom von Blut symbolisierte, der nach Erlösung schreit; die Frau voller guter Werke — die einzige Person, die Petrus je von den Toten auferweckt hat (Apostelgeschichte 9,36-42); oder Naaman, der Aussätzige (4 Könige 5,1-14 [2 Könige 5,1-14, RSV]), der die Vorstellung verspottete, dass Gott „Sakramente" gebrauchen sollte, um Seine rettende Macht zu offenbaren?

Die Lehre der sieben großen Fürbitter ist ebenso relevant für unsere Zeit: Abraham für Sodom (Genesis 18), Juda für Benjamin (Genesis 44,18), Mose für Israel (Exodus 32,11), Jonathan für David (1 Könige 20,32 [1 Samuel 20,32, RSV]), Joasch für Absalom (2 Könige 14 [2 Samuel 14, RSV]), Esther für die Juden (Esther 5) und Christus für Seine Priester (Johannes 17).

Der Geist sowie Predigen und Beten

Buße predigen

Aber von allen möglichen Predigtthemen führt das Studium der Bibel unausweichlich zu dem Schluss, dass die Buße das Wichtigste ist. Es war das Thema der Predigt von Johannes dem Täufer (Matthäus 3,8). Die erste Predigt Unseres Herrn handelte von der Buße (Matthäus 4,17). Er gab sie als den Grund Seines Kommens an (Lukas 5,32). Es war das Thema von Petrus' erster Predigt an seine jüdischen Mitbrüder (Apostelgeschichte 2,38) und seiner ersten Predigt an die Heiden (Apostelgeschichte 11,28). Es war das Thema, das Paulus zufolge er vor Juden und Heiden niemals zu versäumen pflegte zu predigen (Apostelgeschichte 20,21); Es war das Thema von Petrus' letzter Botschaft (2 Petrus 3,9), in der er bekräftigte, dass der einzige Grund, warum Gott uns mehr Zeit zum Leben gab, die Buße sei. Es war das Thema sowohl der ersten als auch der letzten Predigt Unseres Herrn. "Buße und Vergebung der Sünden sollen allen Völkern gepredigt werden" (Lukas 24,47).

Die Botschaft Unserer Lieben Frau von Lourdes lautete: „Tut Buße"; Die gleichen Worte wurden in Fatima wiederholt: „Tue Buße. Aber wie oft wird Buße gepredigt? Die gegenwärtige Tendenz besteht vielmehr darin, die Notwendigkeit der Buße herabzusetzen, die Strenge des Fastens und die Anzahl der verpflichtenden Fastentage zu verringern. Die Religion bequem zu machen, genügt jedoch, um den Engel erneut in jeder Kirche wie der von Ephesus ausrufen zu lassen:

Tue Buße und kehre zurück zu den alten Wegen.

(Offenbarung 2,5)

An die Kirche von Pergamon wurde dieselbe Warnung erteilt:

Tue Buße; sonst komme ich bald zu dir, um dich zu besuchen.

(Offenbarung 2,16)

Warum Buße? Weil sie der erste Akt einer Seele ist, die sich zu Gott zurückwendet, der erste Schlag, der die Sünde vom Herzen trennt. Die Schriften enthalten keine so furchterregenden Ausdrücke der Rache gegen andere Sünder wie jene, die vom Geist Gottes in Deuteronomium (29,20-21) gegen diejenigen gerichtet sind, die beharrlich die Buße verzögern.

Aber die Predigt des Schreckens ist nicht wesentlich für die Umkehr. Seelen müssen nicht wie Dante sein, der durch die Hölle ging, bevor er das Paradies erreichte. Das Entzünden schwefelhaltiger Kohlen auf der Kanzel ist nicht der Weg Unseres Herrn zur Umkehr. Der Hl. Paulus sagte Timotheus, wie man Seelen aus einem bösen Leben gewinnt, und Sanftmut war der Ansatz, den Er empfahl.

Ein Diener des Herrn hat nichts mit Streit zu tun; er muss freundlich zu allen Menschen sein, überzeugend und geduldig, mit einer sanften Hand zur Zurechtweisung derer, die in ihren Irrtümern hartnäckig sind.

(2 Timotheus 2,24-25)

Vor dem Donner sehen wir das Licht. Aber gegen Seelen zu donnern, ohne ihnen das Licht der göttlichen Wahrheit und die durch das Heilige Herz offenbarte Liebe zu bringen, mag ein Lächeln auf ihre Lippen zaubern. Es wird sie jedoch nicht zur Umkehr auf die Knie bringen.

Der Priester im Gebet

Drei Arten des Gebets im Geist sollten jedem Priester besonders am Herzen liegen: seine unausgesprochenen Gebete; seine Gebete, die aus Kreuzen bestehen; und sein Brevier.

1. Die unausgesprochenen Gebete des Priesters.

Weil der Priester trotz seiner erhabenen Berufung niemals frei von den Gebrechen einer gefallenen Natur ist, fordert ihn die Schrift oft zum Gebet auf. Doch wenig Hilfe findet sich in der schwachen menschlichen Natur, in geistlichen Büchern oder gar im Willen selbst, um das notwendige Gebet zu inspirieren. Denn einer der am meisten vernachlässigten Aspekte des priesterlichen Gebets ist die Rolle, die allein der Heilige Geist in seiner Fruchtbarkeit spielen kann.

Schlechte Gewohnheiten, Acedia und Lauheit können alle dazu beitragen, ein Wachstum im Gebetsleben zu verhindern, doch der Göttliche Geist kann die dunkelste Seele erleuchten und das abscheulichste Herz reinigen. Der Heilige Geist ist nicht gleichgültig gegenüber den Hindernissen, die durch die fleischliche Natur des Menschen geschaffen werden. Wie eine Krankenschwester behutsam einen Patienten im Bett hebt, so stützt der Heilige Geist den Priester in seiner Schwäche.

> *... Wenn wir nicht wissen, welches Gebet wir sprechen sollen, um so zu beten, wie wir es sollen, tritt Der Geist selbst für uns ein mit Seufzern, die sich nicht aussprechen lassen; und Gott, der unser Herz lesen kann, weiß wohl, was die Absicht des Geistes ist; Denn wahrlich, es entspricht dem Geist Gottes, dass Er Fürbitte für die Heiligen einlegt.*
>
> (Römer 8,26–27)

Oft wissen wir nicht einmal, wofür wir beten sollen. Der Hl. Paulus selbst befand sich in diesem Zustand, als er um die Entfernung des Stachels im Fleisch bat. Als Jakobus und Johannes um die rechten und linken Plätze neben dem Erlöser baten, sagte Unser Herr ihnen, dass sie nicht wussten, was sie verlangten. Aber zu erkennen, dass wir nicht wissen, wofür wir beten sollen, ist bereits ein Zeichen dafür, dass wir auf dem Weg sind, vom Geist geleitet zu werden. Zu oft neigen unsere Gebete dazu, bloße Entwürfe zu sein, die wir Gott zur Absegnung vorlegen. Wenn aber der Heilige Geist leitet, erhebt sich das Gebet sofort über die Ebene der Bitte hinaus.

Unsere zwei Fürbitter

Wir haben zwei Fürbitter: Einer ist Christus selbst; der Andere ist der Geist. Christus spricht in unserem Namen. Der Geist tritt in uns ein, damit wir beten können. Er versetzt unsere Herzen in eine betende Stimmung. Er vermehrt unsere Kühnheit, sich dem Thron

Der Geist sowie Predigen und Beten

der Gnade zu nähern. Er legt uns die Dinge nahe, für die wir beten sollen, vervielfacht unsere Gebete und schenkt uns Seine Kraft.

Was ist mit den Seufzern des Heiligen Geistes (Römer 8,26) gemeint? Sehr wahrscheinlich die geheimen Bewegungen des Herzens zu Gott in einem Gebet ohne Worte oder Lautäußerung. Sehr oft spricht das menschliche Herz in tiefer Bedrängnis und Not nicht, sondern seufzt vielmehr. Wie Christus für uns im Himmel Fürbitte hält, so hält auch der Heilige Geist in Bedrängnissen und Prüfungen Fürbitte in uns auf der Erde, offenbart uns unser Bedürfnis, schafft heilige Sehnsüchte, durchsucht unser Herz, um das aufzudecken, was unserem Priestertum fehlt.

Der Heilige Geist verwandelt die Unzufriedenheit, die jeder Priester in sich trägt, in ein unartikuliertes Gebet. Während die Schöpfung nach Entfaltung verlangt, seufzt der Priester – seine Schwäche fühlend – nach Erlösung. Sein tiefes Stöhnen beweist eine Sehnsucht nach dem Unendlichen. Mit Augustinus weiß er, dass er für den Göttlichen Hohen Priester geschaffen wurde und ruht nicht, bis er in Ihm Ruhe findet. Sehr oft beten wir in der Illusion, am besten zu wissen, wofür wir beten sollten. Der Hl. Paulus legt jedoch nahe, dass wir oft unwissend sind, wofür wir beten sollten; daher die Notwendigkeit der Erleuchtung und Führung durch den Geist.

Pythagoras verbot seinen Jüngern, für sich selbst zu beten, weil sie nicht wussten, was für sie dienlich sei. Sokrates lehrte seine Jünger weiser, einfach für gute Dinge zu beten, denn Gott weiß am besten, welche Dinge gut sind. Unsere Unwissenheit und unsere Schwäche sind gleichermaßen Gründe, die Erleuchtung des Geistes zu erbitten, um uns mit dem Willen Gottes in Einklang zu bringen, sei es in Frieden oder in Prüfung. Die Regenschauer des Himmels sind nicht weniger fruchtbar, weil sie nachts fallen; ebenso sind die Anstöße des Geistes nicht weniger real und wohltuend, wenn sie die Seele in Zeiten geistlicher Finsternis und Unwissenheit erreichen. Wie tröstlich ist es zu wissen, dass Christus den Geist beauftragt, in uns auf der Erde Fürbitte zu leisten, während Er selbst für uns im Himmel Fürbitte einlegt!

Der Geist sowie Predigen und Beten

Es gibt keinen Priester auf der Welt, der nicht irgendwann in unaussprechlicher Weise diese Sehnsucht nach größerer Gemeinschaft mit Christus erfährt. Sie trotzt allen Bitten. Im unaussprechlichen Schrei liest der Geist ein Verlangen nach Gemeinschaft mit Ihm, das größer ist als das, was bisher erfüllt wurde. Wenn Er Fürbitte für uns einlegt, geschieht dies nicht durch direkte Bitte von Ihm selbst an den Vater; es geschieht dadurch, dass Er in uns zum Geist des Flehens wird. Wenn das Brevier schwerfällt, wenn wir im Gebet kämpfen und die Seele den Kontakt zu Gott zu verlieren scheint, haben wir den Punkt erreicht, an dem wir um den Geist des Gebets bitten müssen. Schließlich macht uns der Geist so vertraut mit Gott, dass wir kaum eine Erfahrung durchleben, ohne mit Ihm darüber zu sprechen, sei es beim Besuch der Kranken, beim Predigen, beim Hören von Beichten, beim Beginn des Offiziums oder beim Zuhören der Sorgen eines Anrufers im Salon.

Die Untertöne priesterlichen Gebets

Priester sind oft zurückhaltend, ihr inneres geistliches Leben selbst ihren Bruderpriestern zu offenbaren. Sie neigen dazu, es vor anderen und vielleicht sogar vor sich selbst zu verbergen, sodass nur wenige wissen, was in ihrem Herzen vorgeht. Doch selbst die Schwächsten hegen Bestrebungen zur Güte, die ihren Kritikern unbekannt sind. Und viele der Besten zögern, im Gebet von ihren Brüdern gesehen zu werden. Aber allmählich durchströmen Gedanken der Heiligkeit oder eine Traurigkeit darüber, nicht heiliger zu sein, ihr Herz. Diese Untertöne bedürfen der Artikulation, diese Lasten brauchen Flügel, dieses Murmeln verlangt nach Ausdruck; und das ist das Werk des Heiligen Geistes.

Der Versuch, Heiligkeit vor anderen zu verbergen, kann oft aus dem Bewusstsein der eigenen Unvollkommenheiten entstehen, sodass wir sie dem Heiligen Geist überlassen, sie in unserer Einsamkeit zu definieren. Wenige Priester mögen verbale oder vokale Gebete. Das ist eine Tatsache. Das liegt nicht daran, dass gute Priester ungebetvoll sind. Aber weil ihre Gebete Seufzer sind, sind ihre Sehnsüchte Inspirationen. Sie haben kein Empfinden dafür, Gott

Der Geist sowie Predigen und Beten

über einen Abgrund hinweg anzurufen. Immer bewusst ihrer Mission, spüren sie das tiefe, stille Wirken des Geistes in ihnen. Sie haben wenige Bitten. Sie beten selten eine Novene für etwas, das sie begehren; sie veranlassen die Gläubigen, die Novenen zu beten. Ihre besten Gebete bleiben unausgesprochen; ihre Gebete sind in ihren Gebeten — das Gespräch mit dem Vater, wie es der Sohn durch den Geist führt, der sie inspiriert, was sie sagen sollen.

So haben wir den Vater, zu dem wir beten, und der das Gebet hört. Wir haben den Sohn, durch den wir beten, *per Christus Dominum Nostrum,* und wir haben den Heiligen Geist, in dem wir beten, der in uns gemäß dem Willen Gottes mit solch tiefen, unaussprechlichen Seufzern betet. Die Fürbitte des Heiligen Geistes in uns ist ebenso göttlich wie die Fürbitte Christi oben. Unsere eigene Schwäche, unsere Demütigung und die Grobheit unseres Fleisches bilden den Wirkungsbereich des Heiligen Geistes, der die Seele erweckt, herauszukommen und ihrem Herrn zu begegnen. Wenn wir im Wissen um den Geist, der in uns wohnt, wachsen, in der Wirklichkeit Seines Atmens in uns, beginnen wir zu erkennen, wie viel jenseits all unserer Theologie jene göttliche Sehnsucht ist, durch die Er uns himmelwärts zieht.

Wie anders wird das Priestertum, wenn wir mit dem Prinzip beginnen, dass wir nicht wissen, was wir wollen! Dann beten wir zum Geist, damit wir unsere Bedürfnisse richtig verstehen. Bevor eine Schule oder ein Kloster gebaut wird, bevor die Pfarrei Pläne für eine gesellschaftliche Veranstaltung macht, ist das erste Gebet, den Heiligen Geist zu fragen, ob das Vorhaben mit dem Willen Gottes übereinstimmt. Oft verlieren wir den Nutzen von Gebeten, indem wir uns selbst unzulässige Ziele setzen. Wie der Hl. Jakobus sagte:

> *Was ihr erbittet, wird euch verweigert, weil ihr es mit bösem Vorsatz erbittet.*
>
> (Jakobus 4,3)

Die Schrift versichert uns, dass das wahre Kennzeichen der Teilhabe an der göttlichen Natur das Folgen des Geistes ist:

Der Geist sowie Predigen und Beten

Diejenigen, die der Führung des Geistes Gottes folgen, sind alle Söhne Gottes.

(Römer 8,14)

Während Christus sein Fürbittwerk im Himmel fortsetzt, wirkt Er es durch den Geist, der nicht kommen konnte, bis Er verherrlicht wurde (Johannes 7,39). Das Werk, das das Blut Unseres Herrn im Himmel bewirkte, als Er hinter den Schleier eingetreten ist, wird nun durch Seinen Geist weiter angewandt, sodass die Gebete Christi unsere werden und unsere zu Seinen gemacht werden. Aber Sein Geist ist unser nicht nur in der Zeit des Gebets, sondern in jedem Moment des Lebens.

2. Unsere Kreuze

Der dem Geist hingegebene Priester hat eine Antwort, wenn ihn Prüfungen, Ungerechtigkeiten, Verrat, Enttäuschungen, gebrochene Gesundheit oder Versuchungen angreifen: Er weiß, dass der Geist sie vorbereitet hat. Er erinnert sich sofort daran, dass

Er durch den Geist in die Wüste geführt wurde, wo Er vierzig Tage blieb und vom Teufel versucht wurde.

(Lukas 4,1)

Der mürrische alte Pfarrer, dem ein Assistent zugeteilt wurde, der träge Fernsehzuschauer, den der eifrige Pfarrer notgedrungen akzeptieren muss – diese und andere scheinbar teuflische Prüfungen werden vom Geist zugelassen, so wie der Geist Unseren Herrn zum Teufel führte. Unter der Führung des Geistes bereichert jede Prüfung die Seele des Priesters. Am besten heilt der, der eine ähnliche Wunde selbst erfahren hat.

Der Priester klagt niemals über seinen Bischof, seine Mitpriester oder sein Volk, wenn er erkennt, dass der Geist der Urheber seiner Prüfungen ist. Betrachte den armen Jona und erkenne, wie sehr Gott mit seiner Mission, Buße zu predigen, verbunden war! Seine Prüfungen schienen aus rein natürlichen Ursachen zu stammen, doch der Herr hatte jede einzelne davon bestimmt: *„Aber der Herr ließ*

Der Geist sowie Predigen und Beten

einen gewaltigen Wind über das Meer wehen...." (Jona 1,4); *„Auf des Herrn Befehl hatte ein großes Meeresungeheuer ihn verschlungen...."* (Jona 2,1); *„Und nun, auf des Herrn Befehl, spie das Meeresungeheuer Jona wieder aus...."* (Jona 2,11); *"... Auf Gottes Befehl ein Wurm... schlug an der Wurzel der Pflanze zu und tötete sie"* (Jona 4,7); *"... Auf des Herrn Befehl kam der Sirocco..."* (Jona 4,8).

Sobald wir erkennen, dass alle Prüfungen vom Herrn kommen, verlieren sie ihre Bitterkeit, und unser Herz findet Frieden. Wenn solche Prüfungen auftreten, müssen wir die Gläubigen inständig bitten, durch ihr Gebet mit uns zu kämpfen. Ein Maßstab für den Wert, den wir dem Gebet beimessen, ist die Beharrlichkeit, mit der wir die uns anvertraute Herde bitten, für uns zu beten. Der Hl. Paulus schrieb im Gefängnis den Philippern, dass er keine weitere Sorge um das Heil seiner Seele haben werde, wenn er sie „für mich beten hat und Jesus Christus meine Bedürfnisse mit Seinem Geist erfüllt" (Philipper 1,19). Er wusste, dass Er ohne die Fürbitte seiner Bekehrten nicht wirken konnte. Er schätzte Lydias Gebete und die ihres Haushalts; Er schätzte die Gebete des Kerkermeisters; Er erbat die Gebete von Euodia, Syntyche und Klemens; und an die Epheser schrieb er:

Betet auch für mich, damit mir Worte gegeben werden, mit denen ich meinen Geist kühn aussprechen kann, um das Evangelium der Offenbarung bekannt zu machen, für das ich als Botschafter in Ketten stehe.

(Epheser 6,19-20)

Der Priester darf die Gebete seines Volkes in Anspruch nehmen, denn durch ihre Gebete empfängt er vom Geist alles, was er benötigt. Doch wie wenige Pfarreien legen bei der Errichtung eines Gymnasiums oder der Verkündigung einer Mission vorrangig Wert auf das Gebet! Spendenaktionen werden organisiert, um das Geld zu beschaffen, und Telefonwerber werden eingesetzt; aber werden Gebete als erste Priorität vorgebracht, um den Segen Gottes herabzurufen? Der Priester kann Seelen ohne Beredsamkeit retten,

Der Geist sowie Predigen und Beten

doch ohne Gebet und den Heiligen Geist vermag er sie nicht zu bewegen. Um eine Kirche zu bauen, brauchen wir „Steine, die leben und atmen" (1 Petrus 2,5), doch was sind die „lebendigen Steine, die in Nächstenliebe zusammengefügt sind", wenn nicht die christliche Gemeinschaft, die im Gebet vereint ist? Um eine Kirche zu bauen, brauchen wir Heiligkeit; aber woher kommt Heiligkeit, wenn nicht vom Geist? Wie viele Pfarrangehörige beten je für den Pfarrer oder seine Assistenten? Wenn manche es nicht tun, mag der Grund nicht sein, dass wir Priester aus unseren Gefängniszellen geistlicher Not sie nicht aufgefordert haben, für uns zu beten, wie Paulus die Philipper?

3. Das Brevier

Wenige geben gern zu, dass sie sich bei etwas langweilen, das sie eigentlich genießen sollen. Das Brevier gehört in diese Kategorie. Von Priestern wird erwartet, dass sie von ihrer Liebe dazu schwärmen, doch viele von uns sind wie jene Betroffenen, die vorgeben, die Oper zu lieben, obwohl sie sie weder genießen noch verstehen. Warum nicht die Wahrheit über das Brevier zugeben: Viele von uns empfinden es als „fremde Rede" (Johannes 6,61). Aber wenn wir gefragt werden, ob wir weggehen wollen, haben wir den Mut, abzulehnen und mit Petrus zu wiederholen: „Herr, zu wem sollen wir gehen?" (Johannes 6,69).

Vielleicht war das Brevier für den durchschnittlichen Priester dazu bestimmt, schwierig zu sein. Könnte es nicht ein Ringen mit Gott sein wie das Jakobs (Genesis 32,24)? Wenn wir lernen, es in diesem Licht zu sehen, mag es weiterhin ein ständiger Kampf sein, doch fällt er in die Kategorie der unaufhörlichen und langanhaltenden Fürbitte. Wir beten es dann, wie Unser Herr im Garten betete, mit Bluttropfen, die die Erde röten, wie der Freund, der in der Nacht an die Tür klopfte um ein Brot, wie die Witwe, die unermüdlich beim Richter flehte, wie die syrisch-phönizische Frau, die sich mit den Krümeln begnügte, die vom Tisch des Meisters fielen. Aufdringlichkeit bedeutet nicht Träumerei, sondern beharrliche Arbeit. Wenn *laborare est orare,* dann ist es nicht manchmal wahr vom Brevier, dass *orare est laborare?*

Unser Glaube klammert sich an das Brevier wie die arme Frau aus dem Land Tyrus und Sidon an den Herrn klammerte (Matthäus 15,21-28). Sie hatte drei Hindernisse zu überwinden: das Schweigen Christi; den Widerstand der Jünger; und schließlich die scheinbare Ablehnung Christi, sie als unwürdig zu erachten, an Seiner Herrlichkeit teilzuhaben. Sind dies nicht auch unsere drei häufigsten Schwierigkeiten mit dem Brevier? Unser Hoherpriester scheint zu schweigen; die Kirche zwingt uns, eine schwere Sprache zu verwenden; Und allzu oft lassen wir uns davon überzeugen, dass Unser Herr nicht sehr erfreut über uns ist. Dennoch kämpfen wir Tag für Tag weiter, inspiriert von Pflichtgefühl und Glauben. Und wenn wir das tun, wird Unser Herr uns am Ende nicht sagen, wie Er es jener Frau gesagt hat:

Um deines großen Glaubens willen, geschehe dir, wie du willst.
(Matthäus 15,28)

Das Brevier ist beschwert

Mag das Brevier nicht auch deshalb schwer sein, weil wir darin nicht nur alle Anliegen der Kirche sammeln, sondern auch die Unbetenden, die Sünder, die sich von Gott abwenden, die das Bußsakrament hinauszögern? Es ist für uns nicht leichter, dies zu tun, als es für Unseren Herrn, der sündenlos war, leicht war, „zur Sünde gemacht" zu werden (2 Korinther 5,21). Jeder möchte beim Gebet ein Gefühl der Andacht haben, doch was ist, wenn wir für jene beten, die nur Sensibilität, aber keine Andacht besitzen?

Immer wenn wir dieses Buch zur Hand nehmen, nehmen wir Japan und Afrika, zwei Milliarden Ungläubige, Abgefallene, die Last der Kirchen weltweit mit auf. Wenn Millionen sich dem Gebet widersetzen, spüren wir dann nicht ihre Abneigung? Wenn die

Der Geist sowie Predigen und Beten

Unbekehrten trödeln, wie können wir dann Flügel nehmen und fliegen? Dreimal während Seiner Agonie kehrte Unser Herr zu Seinen drei Aposteln zurück und suchte Trost. Das Brevier ist kein persönliches Gebet; es ist ein offizielles Gebet und daher „mit der Last der Kirchen" belastet. Und bis wir erkennen, dass wir das Gebet der Kirche aussprechen, werden wir weder seine Schönheit noch seine Last verstehen.

Unser Herr sandte Seine persönlichen Gebete zu Seinem Vater auf dem Berg, doch als Er für Seine Feinde betete, blutete Er am Kreuz (Lukas 23,34). Je mehr Sein Gebet mit der Erlösung verbunden war, desto mehr litt Er. Es ist wahrlich leicht für uns, Gott einsam und allein zu lieben, doch was, wenn wir für jene beten müssen, die nicht lieben? Nehmen wir nicht ihre Lieblosigkeit auf uns? Und ist das nicht gut für uns? Denn wenn alle unsere Gebete nur persönlich wären, wären sie nicht selbstsüchtig? Dann könnten wir versuchen, mit Gott zu verhandeln, wie Jakob es tat:

Wenn Gott mit mir sein wird, sagte er, und über mich auf dieser Reise wacht, und mir Brot zu essen und Kleidung zum Schutz gibt, bis ich schließlich sicher in das Haus meines Vaters zurückkehre, dann soll der Herr mein Gott sein.
(Genesis 28,20-21)

Jakob liebte Gott, während er sich selbst liebte. Doch im Brevier vollziehen wir einen Liebesakt, nicht nur für die Kirche, sondern auch für ihre Feinde. Das Brevier, wie der Engel, ist die Probe unserer Stärke; Wie der Engel Jakob erschütterte und ihn taumeln und rollen ließ, so prüft das Brevier unsere Ausdauer. Wenn das Brevier als Werk, als Ringen mit Gott, als Fürbitte am Kreuz, als etwas betrachtet wird, das uns nicht Trost, sondern Kampf bringen soll, werden wir schließlich lernen, den Kampf zu genießen und ihn zur Ehre Gottes zu wenden.

Trotz all unserer Klagen lieben wir das Brevier. Unser Leben hat zwei Hauptbeschwerden: erstens das Essen im Priesterseminar, bevor wir geweiht sind; zweitens das Brevier, nachdem wir geweiht sind. Aber wir werden durch die Mahlzeiten fett, und wir wachsen in der Heiligkeit durch das Brevier. Anfangs erwarten wir zu viel von ihm, wie eine Braut von ihrem Bräutigam. Doch sobald wir erkennen, dass wir, wenn wir das „Buch" aufschlagen, nicht nur für uns selbst singende Spottdrosseln sind, sondern dass unsere Melodie vielmehr der Gesang der Engel ist, der zum Thron Gottes aufsteigt im Namen des Mystischen Leibes und der Welt, wird es leichter. Wir mögen nicht jedes Wort verstehen, aber Gott versteht, was wir nicht verstehen.

Obwohl es wahr ist, dass nur Der Geist unser Lesen des Breviers fruchtbar machen kann, gibt es vieles, was wir tun können, um uns auf die sanfte Berührung Seines Atems vorzubereiten.

Hilfsmittel zum Brevier

1. Lies das Amt des Tages in der Gegenwart Unseres Herrn im Allerheiligsten Sakrament, eine Praxis, für die ein vollkommener Ablass gewährt wird. Da das Brevier zudem der Leib Christi im Gebet ist, wird es mit mehr Glauben gelesen, wenn es eng mit dem Haupt verbunden ist, das „noch lebt, um für uns Fürbitte zu tun" (Hebräer 7,25).

2. Beachte, dass die meisten Psalmen uns mit zwei Gestalten konfrontieren: eine ist der Leidende, die andere der König. Es hilft uns, die leidenden Psalmen als die Kirche und die königlichen Psalmen als Christus zu deuten. So wird der lange Psalm 118 [RSV 119] zur Kirche, die ihre Liebe zu Christus, dem Neuen Gesetz, flehend ausdrückt. Und wenn wir auf „Fluchpsalmen" stoßen, mag es gut sein, uns daran zu erinnern, dass von allen schlechten Menschen religiöse schlechte Menschen die schlimmsten sind und dass der Richter die Sünde ernst nimmt.

3. Bitte oft den Heiligen Geist während des Rezitierens an. Wie eine Mutter zuerst für ihr Kind betet, noch bevor es versteht, was sie tut, und es dann lehrt zu beten, damit sie später mit ihm beten kann, so betet der Geist im Brevier zuerst in uns und dann durch uns.

Der Geist sowie Predigen und Beten

Betet weiter in der Kraft des Heiligen Geistes; um euch in der Liebe Gottes zu erhalten und auf die Barmherzigkeit Unseres Herrn Jesus Christus zu warten, mit dem ewigen Leben als Ziel.
(Judas 20,21)

4. Widmet bestimmte Stunden des Offiziums für besondere Anliegen. Wie oft wird ein Priester nicht gebeten, für jemanden zu beten: einen Jungen, der eine Prüfung ablegt, eine Mutter vor der Geburt, einen Vater auf Reisen oder ein junges Paar, das heiraten wird? Das Brevier, das Gebet der Kirche, fasst all diese Anliegen der Pfarrei, der Diözese, der Nation und der Welt zusammen. Es hilft, einen bestimmten Psalm für eine bestimmte Person anzubieten.

5. Das Brevier kann niemals richtig gelesen werden, während man Radio hört oder fernsieht, oder mit einem Ohr und halb dem Geist auf ein Baseballspiel konzentriert. *Magna abusio est habere os in Brevario, cor in foro, oculus in televisifico.*

Es ist nicht nötig, dass Ich dich als schuldig erweise, deine Worte beweisen es; deine eigenen Lippen klagen dich an.
(Hiob 15,6)

Dieses Volk ehrt Mich mit den Lippen, aber sein Herz ist fern von Mir.
(Matthäus 15,8)

Momente geistigen Aufschwungs mögen gelegentlich das Rezitieren des Breviers begleiten, doch im Allgemeinen folgt auf die Vision des Berges der Verklärung der Abstieg in die Ebene. Momente der Erhebung sind selten und weit voneinander entfernt. Wir müssen uns damit begnügen, wie Pilger weiterzugehen, meist zu Fuß, manchmal mit zerschlissenen Stiefeln.

Das Brevier ist jedoch nicht nur ein Joch und eine Last; Es ist auch eine Pflicht — eine Pflicht der Liebe. Die beiden Aspekte scheinen fast widersprüchlich, doch die Prüfung der Liebe ist Selbstopfer, nicht Gefühl. Zudem ist die Pflicht an sich ein Gut. Wenn wir den Glauben verlieren, verlieren wir das Pflichtbewusstsein. Wie diese Pflicht erfüllt wird, hängt vom

Der Geist sowie Predigen und Beten

jeweiligen Verhaltensniveau ab. Ist ein Priester egoistisch, wird das Brevier nur aus Pflichtgefühl gebetet; ist ihm jedoch bewusst, dass es das Gebet der Kirche ist, wird die Pflicht von Liebe durchdrungen sein; ist er ein Priester-Opfer, wird die Liebe die Pflicht zu einer Glut entfachen, die keine Verpflichtung empfindet. Jakob musste sieben Jahre für Rahel arbeiten, doch *„schienen sie ihm nur wenige Tage, wegen der großen Liebe, die er zu ihr hatte"* (Genesis 29,20).

✠ J.M.J. ✠

~ 9 ~

Der Geist und die Seelsorge

Nicht alle, die einen Psychiater aufsuchen, benötigen seine Dienste, ebenso wie manche, die zum Priester kommen, einen Psychiater brauchen. Katholiken, die nicht emotional gestört sind, konsultieren manchmal einen Psychiater, weil der Pfarrer und der Klerus die Seelsorge aufgegeben haben. Früher waren die beiden regelmäßigen Berater, jeder mit seinem eigenen Wirkungsbereich, der Hausarzt und der Pfarrer. Heute interessiert sich der Arzt oft mehr für Krankheiten als für kranke Menschen, während zu viele Priester sich mehr auf ihre Karteikarten als auf die Gabe des Rates verlassen. Psychiater füllen gelegentlich die Lücke, die durch das Fehlen echter Fürsorge für die Leiden und Nöte der Menschen seitens des Klerus entstanden ist. Der Staat hat weitgehend die Erziehung übernommen; jetzt würde die Psychologie der Seele den Priester entreißen.

Dies geschehen zu lassen, wäre ein Versagen in Bezug auf eine Hauptpflicht. Doch wie bewahren wir diese Seite unseres Dienstes außer durch den Heiligen Geist? Zahlreiche Abhandlungen über psychologische Seelsorge sind natürlich verfügbar; Aber während viel Hilfe aus ihnen zu gewinnen ist, so wie ein Lautsprecher dem Prediger dient, bleiben sie dennoch in der natürlichen Ordnung. Sofern sie nicht unter der Führung des Geistes verwendet werden, nützen sie nichts.

Nicht jede Person, die emotional oder geistlich gestört ist, fällt in den Zuständigkeitsbereich des Priester-Seelsorgers, doch die Zahl derer, denen er helfen könnte, ist größer als allgemein vermutet. Zwei Hauptursachen geistigen Unglücks sind ein Mangel an Lebenssinn und ein unerwiderter Schuldgefühls. Der Heilige Geist allein kann den vollen Lebenszweck in Christus offenbaren, und der Heilige Geist allein kann uns der Sünde überführen. Es ist erstaunlich, wie wenige katholische Bücher über Seelsorge Verweise auf die übernatürliche Ordnung, auf Gnade, Glaube, Selbstverleugnung und Gebet enthalten. Die Betonung solcher Hilfen wie „Kopf hoch behalten", „Selbstvertrauen", „sich an den eigenen Stiefelschlaufen hochziehen" führt dazu, dass der Christ die unsichtbaren Einflüsse übersieht, die allein letztlich fähig sind, erschöpften Seelen bleibende Ruhe zu schenken.

Die Sorge des Priesters als Seelsorger gilt ausschließlich jenen Seelen, die nicht in den Bereich der Medizin und Psychiatrie fallen. Dies beschränkt ihn jedoch nicht auf die Seelsorge gewöhnlicher Seelen, denn jene, die aufgrund der Verleugnung ihrer Schuld abnormal sind, fallen ebenso unter seine Zuständigkeit. Es ist die Aufgabe des Priesters, und Er genießt die Kraft des Geistes, alle derartigen Seelen neu zu gebären und fortschreitend in das Göttliche Bild umzuwandeln. Einmal wiederhergestellt im himmlischen Erbe, können sie mit Paulus sagen:

Wir waren ja einst wie die anderen, leichtfertig, widerspenstig, die Opfer des Irrtums; versklavt einer seltsamen Mischung von Begierden und Gelüsten, unser Leben voller Gemeinheit und Neid, hassend und einander hassend. Dann brach die Güte Gottes, unseres Erlösers, über uns herein, Seine große Liebe zum Menschen. Er rettete uns; und es war nicht dank irgendetwas, das wir zu unserer Rechtfertigung getan hatten.

(Titus 3,3-5)

Keine fleischliche Weisheit in der Seelsorge

Das Ziel aller Seelsorge ist es, den Menschen aus dem Bereich des Fleisches in den des Geistes zu führen:

Das Leben der Natur zu führen bedeutet, die Gedanken der Natur zu denken; Das Leben im Geist zu führen bedeutet, die Gedanken des Geistes zu denken.

Der Geist und die Seelsorge

(Römer 8,5)

Die Therapie des Geistes sucht „eine Erneuerung im inneren Leben eures Geistes".

(Epheser 4,23)

Woher erhält der Priester die Gaben des Rates, die Unterscheidung der Geister, die Weisheit, die menschlichen Herzen zu verstehen? Teils aus dem Studium, doch vor allem aus dem Gebet zum Heiligen Geist:

Ist jemand unter euch, dem es an Weisheit mangelt? Gott gibt allen frei und ohne Vorbehalt; So soll er Gott darum bitten, und die Gabe wird ihm gegeben werden.

(Jakobus 1,5)

Der Geist kommt unserer Schwachheit zu Hilfe.

(Römer 8,26)

Die Gesinnungen, Richtersprüche und Werte der Menschen werden bestimmt durch den Geist, der sie bewegt. Ihr Geist ist entweder von Christus oder von der Welt (1 Korinther 2,12). Welcher Geist führt die Jugend in die Lust, in die Knechtschaft der Vergnügung und in den Aufruhr gegen die Autorität, der die Mittelalten in Sorgen versinken lässt und die Alten habgierig werden lässt?

Unser Jahrhundert könnte durchaus ein Phänomen alarmierender Ausmaße erleben: ein Wachstum diabolischer Besessenheit und ein erneutes Interesse an Satan. Theaterstücke, Romane, Bücher und Filme werden seinen Namen immer häufiger verwenden, nicht als etwas Böses, sondern als etwas Faszinierendes, um mit den Flammen der Hölle zu spielen, wie Kinder mit dem Feuer spielen.

Das Ziel des priesterlichen Beistands

Priesterlicher Beistand, der sich allein auf natürliche Erkenntnis stützt, kann einem solchen Feind nicht begegnen. Diabolische Besessenheit muss durch Christus-Besessenheit im Priester

Der Geist und die Seelsorge

begegnet werden, sodass er unruhig wird, den Herzen die Schätze der Güte Gottes zu öffnen; die Sünde zu offenbaren, damit sie erlöst werden kann; die neunundneunzig zu verlassen, um den einen Verlorenen zu suchen; Führer ausfindig zu machen und sie im Apostolat sowie in der Herbeiführung von Bekehrungen auszubilden; sie mit dem Mantel des Heiligen Herzens zu umhüllen; den Bedrängten ununterbrochen zuzuhören und die Würde der sprechenden Person anzuerkennen; Ehemann und Ehefrau zu versöhnen, indem ihnen offenbart wird, wie sie einander heiligen können, wie es der Hl. Paulus für die unglücklichen Paare von Korinth tat (1 Korinther 7,14); so zu handeln, dass zwei Strömungen in seinem priesterlichen Herzen zusammenfließen, wie sie in Bethlehem zusammenflossen: die Strömung menschlichen Bedürfnisses und die Strömung göttlicher Erfüllung; die Abgefallenen so anzusehen, wie Unser Herr Petrus ansah und ihn zu Tränen trieb (Lukas 22,61); die gleiche paulinische Geduld zu besitzen, die Markus zur Nützlichkeit wiederherstellte; sich überall dem schrecklichen Verderben und Verschleiß der Sünde entgegenzustellen; für diejenigen zu beten, die ihn aufsuchen (denn Gebetslosigkeit ist die Schlaflosigkeit der Seele); die Menschen beim Verlassen des Salons so denken zu lassen, dass sie bei Christus gewesen sind; zu verstehen, dass der Heilige Geist denen Kraft gibt, die sie ausgeben; zu erkennen, dass es ebenso wenig Schönheit im trägen Tier gibt wie Kraft im trägen Priester; täglich zum Heiligen Geist zu beten, dass Er ihn lehre, Freude nur in den Seelen zu finden; überzeugt zu sein, dass er einen Sünder nicht mit der Fingerspitze kirchlicher Organisation erreichen kann, noch eine Seele durch verschwenderischen Verbrauch billiger Ratschläge zur Heiligkeit erheben kann; niemals zu zögern, einen Besucher um seines eigenen Komforts willen aufzunehmen, im Bewusstsein, dass Gott ihm ohne den Staub der Mühe keine Belohnung schenkt; mit einem Wort, ein „anderer Christus" zu sein und nicht bloß ein „anderer Joe".

Es ist zwar gut und recht, den Armen und Hungrigen der Pfarrei zu sagen, sie sollen sich bei den katholischen Wohltätigkeitsorganisationen anmelden, doch der Priester wird vor

Gott persönlich für sein Mitgefühl mit den Armen zur Rechenschaft gezogen werden. Man darf niemals eine soziale Einrichtung benutzen, um einer priesterlichen Pflicht zu entgehen. Man fragt sich, was im Geist des jüdischen Priesters vorging, der den Verwundeten auf dem Weg von Jerusalem nach Jericho vorüberging (Lukas 10,31). Als Er seinen Weg fortsetzte, sagte Er sich, um moderne Entsprechungen zu verwenden, dass Er dem Sozialzentrum in der nächsten Stadt melden würde, es solle einen Krankenwagen schicken? Doch Er ist ewig im Evangelium verzeichnet als derjenige, der seinem Nächsten in seiner Stunde der Not versagt hat. Indem wir unseren Nächsten vernachlässigen, wenden wir uns von unserem „eigenen Fleisch und Blut" ab (Jesaja 58,7). Es ist nicht nur die Geldbörse, die hervorgeholt werden muss, um den Armen zu helfen; die Geldbörse bedeutet ohne das Herz nichts.

Die Barmherzigen werden barmherzig gerichtet.

(Jakobus 2,13)

Heilige Priester werden von den Bedrängten gesucht

Die besten Ratgeber sind nicht die Weltweisen mit Tonbandgeräten oder jene, die alle psychologischen Tricks des Befragens kennen und mehr auf angenehme Umgebungen als auf die Gegenwart des Geistes bedacht sind. Die besten Seelenführer sind heilige Priester und Priester, die in Gemeinschaft mit Christus gelitten haben. Durch solche ergießt Der Heilige Geist Seine sieben Gaben. Diejenigen, die Christus nahe leben, geben Christus weiter. Wie der Hl. Augustinus sagte: „Was ich lebe, das gebe ich weiter." Leiden bringt Weisheit, aber Bücher bringen nur natürliches Verständnis. Der Priester, der gekreuzigt wurde und seine Passion geduldig ertragen hat, wird immer als der barmherzige Priester erkannt werden. Wenn sich am Samstag vor einem Beichtstuhl eine lange Schlange bildet und vor einem anderen nur ein oder zwei, dann ist es Zeit für einen Priester, sich einige Fragen zu stellen. Heiligkeit zieht Bußfertige zu heiligen Priestern. Die Anziehungskraft solcher Priester ist die Anziehungskraft Christi selbst.

Der Geist und die Seelsorge

Wenn ich vom Erdboden erhöht werde, werde ich alle Menschen zu mir ziehen.

(Johannes 12,32)

Kein Priester sieht Probleme so einfühlsam wie der Priester, der auf dem Wachturm des Kalvarienbergs steht. Wie die Sonne kann er nicht gesehen werden, und doch erleuchtet er alles andere.

Wie viele Seelen sagen von jener großen Schar heiliger Priester: „Er zeigte mir mein Herz", oder „Er zeigte mir die Lieblichkeit Christi", oder „Es war, als spräche ich mit Unserem Herrn." Es ist einem Priester nicht möglich, zugleich klug zu sein und zu zeigen, dass Unser Herr mächtig ist zu retten. Mit edler Wiederholung gebraucht der Hl. Paulus nicht weniger als dreiunddreißig Mal den Ausdruck „in Christus". Für ihn ist es das Geheimnis von *„Ermutigung, liebevollem Mitgefühl, gemeinsamer Gemeinschaft im Geist"* (Philipper 2,1). Der Priester, der von diesem Konzept durchdrungen ist, weil er *„die Natur mit all ihren Leidenschaften und allen ihren Trieben gekreuzigt hat"* (Galater 5,24), führt andere stets im Schatten des Kreuzes und im Licht des Geistes.

Seelsorge und das Gewissen

Priesterliche Seelsorge ist im Wesentlichen die Anwendung der Erlösung auf das einzelne Individuum. Es handelt sich nicht einfach um Predigen zu einer Person anstelle des Predigens zu einer Menge; denn in der Seelsorge legt das Individuum sein Problem dar, wie ein Patient es einem Arzt tut. Der Priester stellt die Tatsachen fest, wie es der Arzt tut; dann legt er seine Diagnose und Behandlung vor, stets bedacht auf die Worte Unseres Herrn:

Nur der Geist gibt Leben; das Fleisch nützt nichts; und die Worte, die ich zu euch gesprochen habe, sind Geist und Leben.

(Johannes 6,64)

Der Geist ist besonders wichtig, wenn der Priester mit einem Verhaltensproblem und nicht mit einem intellektuellen zu tun hat. In

Der Geist und die Seelsorge

fast neun von zehn Fällen werden diejenigen, die einst den Glauben hatten, ihn nun aber ablehnen oder behaupten, er sei unsinnig, nicht durch Vernunft, sondern durch ihre Lebensweise getrieben. Katholiken fallen gewöhnlich nicht wegen einer Schwierigkeit mit dem Glaubensbekenntnis ab, sondern wegen einer Schwierigkeit mit den Geboten. Wenn dies geschieht, besteht die Aufgabe des Priesters darin, das Gewissen durch den Geist zu erwecken. In der Schrift gibt es nicht viele Hinweise auf das Gewissen allein, doch gibt es reichlich Zeugnis dafür, dass das Gewissen durch den Heiligen Geist erweckt wird. Der Hl. Paulus sagt uns, dass sein Gewissen vom Heiligen Geist erleuchtet wurde, wodurch er bereit war, verurteilt zu werden, um seine Brüder zu retten:

Ich sage euch die Wahrheit im Namen Christi, mit der vollen Gewissheit eines vom Heiligen Geist erleuchteten Gewissens.
(Römer 9,1)

Es ist die Aufgabe des Gewissens, Zeugnis von der Erfüllung unserer Pflicht gegenüber Gott abzulegen; doch ist es die Aufgabe des Geistes, Zeugnis von Gottes Annahme unseres Glaubens an Christus und unseres Gehorsams Ihm gegenüber abzulegen. Dank des Geistes werden das Zeugnis des Gewissens und die Verkündigung Christi in unserem Leben eins. Das Gewissen allein in einer Person mag mit einem Raum verglichen werden, der sehr schwach beleuchtet ist und in dem die Gebote in kleinen Buchstaben an der Wand geschrieben stehen. Wenn der Heilige Geist das Gewissen erleuchtet, wird ein strahlendes Licht auf jene Charaktere geworfen. Der Heilige Geist stellt das Gewissen wieder her, damit es die Führung des Gesetzes Christi annimmt. Der Heilige Geist zeigt dem Gewissen auch die Beziehung zwischen Sünde und ihrer Reinigung durch das Blut Christi, sodass kein Bewusstsein der Sünde mehr besteht (Hebräer 9,14; Hebräer 10,2-22).

Es genügt einem Priester niemals, seinem Volk zu sagen, dass es seinem Gewissen folgen müsse; er muss ständig die Erleuchtung ihres Gewissens durch den Geist suchen.

Der Geist und die Seelsorge

Das Ziel, auf das unsere Mahnung abzielt, ist Nächstenliebe, gegründet auf Reinheit des Herzens, ein gutes Gewissen und einen aufrichtigen Glauben.

(1 Timotheus 1,5)

Man versteht die Schwere der Sünde nur durch den Geist, eine Wahrheit, die Unser Herr seinen Priestern in der Nacht des Letzten Abendmahls erklärte. Sünde wird am besten behandelt und überwunden, nicht allein im Hinblick auf das Brechen eines Gebotes, sondern im Hinblick auf das Zerreißen unserer Bindungen mit dem Vater, dem Sohn und dem Heiligen Geist. Sünde zerstört unsere Verbindung zum Himmlischen Vater, weil sie uns als Söhne entfremdet. So lautet die Botschaft des Gleichnisses vom verlorenen Sohn (Lukas 15,11-32). Die Sünde stellt auch den Kalvarienberg nach:

Würden sie den Sohn Gottes ein zweites Mal kreuzigen, Ihn ein zweites Mal zum Spott halten, zu ihren eigenen Zwecken? (Hebräer 6,6)

Zwischen der Seele und dem Kruzifix muss eine persönliche Beziehung hergestellt werden. Sünden des Hochmuts werden durch die Dornenkrone verstanden; Sünden der Wollust durch das zerrissene Fleisch; Sünden der Habgier durch die Armut der Nacktheit; Und Sünden des Alkoholismus durch den Durst. Darüber hinaus muss die Sünde als Widerstand gegen den Geist der Liebe gesehen werden (Apostelgeschichte 7,51); Als Ersticken des Geistes der Liebe (1 Thessalonicher 5,19); Und als Betrüben des Geistes der Liebe (Epheser 4,30).

Das Gewissen wird stets erleuchtet, wenn die Sünde als Verletzung eines geliebten Menschen erkannt wird. Keine Sünde kann einen von Gottes Sternen berühren oder eines Seiner Worte zum Schweigen bringen, doch sie kann Sein Herz grausam verwunden. Sobald der Bußfertige diese Wahrheit erkennt, vermag er zu sehen, warum er solche Leere und Verwüstung in seiner Seele empfindet: Er hat jemanden verletzt, den er liebt.

Der Geist und die Seelsorge

Viele, die sich einem Priester nähern, versuchen weiterhin, ihr Gewissen zu verbergen. Sie geben trügerische Gründe an, um ihr Handeln zu rechtfertigen. Der Priester, der auf einer rein psychologischen Ebene verweilt, vermag solche Täuschungen nicht immer zu durchschauen und kann folglich dem zu ihm Kommenden nicht helfen. Es bedarf einer geistlichen Röntgenaufnahme, um einen solchen Geist zu durchdringen:

Wer sonst kann die Gedanken eines Menschen kennen, außer dem eigenen Geist des Menschen, der in ihm wohnt? Ebenso kann niemand Gottes Gedanken kennen außer dem Geist Gottes. Und was wir empfangen haben, ist kein Geist weltlicher Weisheit; sondern der Geist, der von Gott kommt, um uns Gottes Gaben zu erschließen; Gaben, die wir nicht in Worten kundtun, wie sie menschliche Weisheit lehrt, sondern in Worten, die uns der Geist lehrt, indem er das Geistliche mit dem Geistlichen vergleicht. Der bloße Mensch mit seinen natürlichen Gaben vermag die Gedanken des Geistes Gottes nicht zu erfassen; Sie erscheinen ihm wie bloßer Unsinn, und er kann sie nicht erfassen, weil sie eine Prüfung verlangen, die geistlich ist. Dagegen kann der Mann, der geistliche Gaben besitzt, alles prüfen, ohne selbst der Prüfung eines anderen unterworfen zu sein. Wer ist in den Geist des Herrn eingegangen, um Ihn zu unterweisen? Und der Geist Christi ist unser.

(1 Korinther 2,11-16)

Jedes Jahr würden Tausende zu uns strömen, Post von verzweifelten Seelen würde unsere Türen erreichen, die Jugend würde uns aufsuchen, unzählige Herzen würden Trost in unserem Beichtstuhl suchen, wenn wir nur die außergewöhnlichen Kräfte der Leitung, Seelsorge und Führung erkennen würden, die aus dem Leben im Geist Christi hervorgehen.

Der Geist und die Seelsorge

Seelsorge durch Mitgefühl

Mitgefühl ist die Identifikation mit anderen, sei es im Lachen oder Weinen:

Freut euch mit den Fröhlichen, weint mit den Weinenden.

(Römer 12,15)

Eine solche Herzeinheit mit den Leiden anderer, wie das Gleichnis vom barmherzigen Samariter lehrt, ist unabhängig von unseren natürlichen Gefühlen. Die Psalmen inspirieren uns auch zu einer ähnlichen Sympathie für jeden, dem wir begegnen.

Es war eine Zeit, da waren diese krank; was tat ich damals? Sackkleid war mein Gewand; Streng fastete ich, betete aus der Tiefe meines Herzens. Ich ging traurig meinen Weg, wie einer, der um Bruder oder Freund trauert, gebeugt vor Kummer, wie einer, der den Verlust einer Mutter beweint.

(Psalm 34,13–14 [35,13–14, RSV])

Als Elisabeth, nach langer Kinderlosigkeit, endlich Johannes den Täufer gebar,

kamen ihre Nachbarn und Verwandten, als sie hörten, wie wunderbar Gott ihr Seine Barmherzigkeit erwiesen hatte, um mit ihr zu jubeln.

(Lukas 1,58)

Rief nicht die Frau, die ihr Geldstück verloren und wiedergefunden hatte, ihre Nachbarn zusammen, um sich zu freuen, wie auch der Hirte, der das verlorene Schaf fand? Weinte nicht Unser Gesegneter Herr über Seine Feinde, von denen Er wusste, dass sie ihre Hände mit Seinem Blut beflecken würden (Lukas 19,41)? Hat Er nicht auch gesagt, dass die Engel im Himmel keine gleichgültigen Zuschauer bei der Bekehrung der Sünder sind (Lukas 15,7-10)? Als Unser Gesegneter Herr das Grab Seines Freundes

Der Geist und die Seelsorge

Lazarus sah, weinte Er so sehr, dass die Juden ausriefen: „Wie sehr Er ihn liebte" (Johannes 11,37).

Die Hochzeiten und Beerdigungen in der Pfarrei, die Bekehrten und Abgefallenen, die treuen Jugendlichen und die jugendlichen Straftäter, die Eiferer und die Männer guten Willens – all diesen gilt das Mitgefühl Christi im Priester, wenn Er die Worte des Paulus erfüllt:

Tragt einer des anderen Lasten; so werdet ihr das Gesetz Christi erfüllen.

(Galater 6,2)

Überall in der Bibel wird der Priester dargestellt als der, der die Zerbrochenen verbindet, die Vertriebenen zurückbringt, Lämmer auf seinem Arm trägt und sanft die Muttertiere führt (Ezechiel 34,2.4; Jesaja 40,11). Dies ist eine große Sorge für einen guten Priester, und er mag die Last so sehr empfinden, dass er ausruft wie Mose:

Herr, sagte Er, warum behandelst Du mich so? Muss ich ein ganzes Volk wie eine Last auf meinem Rücken tragen? Ich habe diese Menge von Menschen nicht in die Welt gebracht; ich habe sie nicht gezeugt; und Du möchtest, dass ich sie wie ein Kind an meiner Brust nähre.... Ich kann die Verantwortung für so viele nicht allein tragen; es ist eine zu große Last für mich.

(Numeri 11,11-14)

Zu anderen Zeiten wird der geistliche Priester, voller Sorge um seine Bekehrten, seine Gefühle mit den Schmerzen einer Frau in den Wehen vergleichen:

Meine kleinen Kinder, ich bin abermals in Geburtswehen um euch, bis ich das Bild Christi in euch geformt sehe.

(Galater 4,19)

Ein solcher Priester wird bei Krankenbesuchen ein besonderes Mitgefühl für die Leidenden zeigen. Kein Priester kann mitfühlen,

Der Geist und die Seelsorge

der außerhalb des Leidens der anderen steht. "Kreuzigung mit Christus" durch Eifer, Arbeit und Selbstverleugnung wird andere erleuchten, indem sie daran erinnert, dass Unser Herr Seine Narben mit in den Himmel getragen hat. Wenn Er daher Seine Hand liebevoll auf ein Herz legt, hinterlässt Er den Abdruck Seiner Nägel. Die Kranken werden versichert, dass ihre Leiden nicht so sehr eine Strafe für ihre eigenen Sünden sind, sondern vielmehr eine Gelegenheit, sich der Sühne für die Sünden der Welt anzuschließen.

Der Priester wird solchen Seelen zeigen, dass es im Leben keine Zufälle gibt, dass die Vorsehung Gottes den Fall eines Spatzen oder den Verlust eines Haares lenkt, dass Er den Wind geschaffen hat, der Jona gefangen nahm, dass Er das Meeresungeheuer geschaffen hat, das ihn verschlang, und dass alle Leiden, die uns selbst von unseren Freunden widerfahren, als aus Seiner Hand kommend zu betrachten sind. Im Garten sagte Er nicht zu Petrus:

Soll ich nicht den Kelch trinken, den Mein Vater Mir selbst bereitet hat?

(Johannes 18,11)

Sogar der Kelch des Leids, der von denen kommt, die uns den Wein der Freundschaft reichen sollten, muss als Gabe Gottes angesehen werden, so bitter er auch sein mag.

Das eigene Leben des Priesters mag voller einer eigentümlichen Art von Leiden sein „von falschen Brüdern" (2 Korinther 11,26), die seinen Eifer verspotten, ihn kritisieren, wenn er eine wohlverdiente Ruhe unterbricht, um einer gequälten Seele zu helfen, oder wenn er in einer Woche zwei Besuche bei einer sterbenden Mutter von sieben Kindern macht. Doch keine solche Spitze wird ihn verbittert machen. Seine geduldige Haltung gegenüber denen, die mit ihm das Brot brechen, wird ihn mit Mitgefühl für andere rüsten. Seine Haltung wird der von David gleichen, als Schimei Steine auf David warf und ihn verfluchte. Einer von Davids Hauptleuten fragte, ob er ihm den Kopf abschlagen solle. David antwortete:

Der Geist und die Seelsorge

Lass ihn fluchen, wie er will; der Herr hat ihm befohlen, David zu verfluchen, und wer wird ihn dafür zur Rechenschaft ziehen?

(2 Könige 16,10 [2 Samuel 16,10, RSV])

Alle Dinge, alle Menschen, sogar unsere eigenen Bruderpriester, werden manchmal zur Züchtigung verwendet, damit wir andere besser trösten können. So wird in uns, wie in einem anderen Christus, das Wort Simeons bestätigt werden:

... ein Zeichen zu sein, das die Menschen ablehnen werden anzuerkennen; und so werden die Gedanken vieler Herzen offenbar werden....

(Lukas 2,34-35)

Seelsorge für den Sünder

Es wird erzählt, dass eine Frau nach dreißig Jahren Abwesenheit zur Beichte ging. Der Beichtvater, ein Priester, der in dreißig Jahren nie eine Meditation vor der Messe gehalten hatte, stellte ihr eine bittere Frage: „Warum bist Du dreißig Jahre der Kirche ferngeblieben?" Ihre Antwort war logisch: „Weil ich, Vater, vor dreißig Jahren einen Priester getroffen habe, der genau wie Du war."

Eine spanische Geschichte berichtet, dass ein Priester, der einem Bußfertigen wenig Barmherzigkeit zeigte, eine Stimme vom Kruzifix hörte: „Ich, nicht Du, bin für ihre Sünden gestorben."

So eifersüchtig ist Gott auf Seine Barmherzigkeit, dass Er manchmal Priester in genau jene Sünden fallen lässt, die sie ungerecht und übermäßig verurteilen. Wenn die Andacht zum Heiligen Herzen dem Priester etwas eindringlich vor Augen führt, dann ist es Seine Barmherzigkeit und Seine Liebe zu den Sündern.

Egal wie stark der Griff des Lasters ist, muss der Bußfertige sich dennoch versichert wissen, dass kein Schuldberg so groß ist, dass er nicht durch das Blut Christi entfernt werden könnte. Immer eingedenk der Schätze der Barmherzigkeit, die er vom Heiligen Herzen empfangen hat, wird der Beichtvater jedem Sünder

Der Geist und die Seelsorge

zusichern, dass „auch Lahme Beute tragen werden" (Jesaja 33,23), wie es dem Volk Jerusalems gesagt wurde, als der Sieg unmöglich schien.

Viele Sünder, besonders jene, die sich der Sünden schuldig machen, welche übermäßige Introversion verursachen, neigen dazu, die Sprache Kains anzunehmen:

Schuld wie meine ist zu groß, um Vergebung zu finden.

(Genesis 4,14)

Sie verfluchen vielleicht sogar den Tag ihrer Geburt, wie Hiob (3,1; 27,2) und Jeremia (20,1-18), oder bitten Gott sogar, ihnen das Leben zu nehmen, wie Elija (3 Könige 19,4 [1 Könige 19,4, RSV]). Aber hat nicht Unser Herr selbst am Kreuz, die Tröstungen der Göttlichkeit ausschließend, ausgerufen (während Er für die Dunkelheit der Atheisten und Agnostiker litt):

Mein Gott, mein Gott, warum hast Du Mich verlassen?

(Matthäus 27,46; Markus 15,34; Psalm 21,2 [22,1, RSV])

Solchen Seelen muss versichert werden:

Gab es je einen solchen Gott, der so bereit ist, Sünden zu vergeben, Fehler zu übersehen?... Er liebt es, Absolution zu erteilen.

(Micha 7,18.19)

Und wenn sie niemals gesündigt hätten, oder wir niemals gesündigt hätten, wie könnten wir dann alle Jesus „Erlöser" nennen?

Wir kommen aus einer Welt, in der Gott beständig in Liebe wirkt, wo Sein Mitgefühl niemals erlischt, wo Seine Barmherzigkeit niemals ermüdet, wo Seine Zärtlichkeit niemals ermattet.

Mein Vater hat niemals aufgehört zu wirken, und auch ich muss tätig sein.

(Johannes 5,17)

Der Geist und die Seelsorge

Er gebraucht jede noch so schwache Hoffnung, Wasserkrüge bei einem Hochzeitsmahl, Brote und Fische im Korb eines Knaben, einen Matthäus an seinem Tisch, einen Mann unter einem Baum, einen Schüler mit Jesaja in der Hand — Er nimmt sie alle mit Erbarmen wahr. Der Schlüssel zu seinem Apostolat ist nicht die ‚menschliche Berührung', sondern die Christus-Berührung.

Er streckte Seine Hand aus und berührte ihn.
(Markus 1,41)

Naher, inniger, persönlicher Kontakt mit Leid und Kummer ist der Schlüssel zur Seelsorge im Geist. Der spontane Impuls des Mitleids, der die Schranken von Krankheit und Abscheu durchbricht, ist die Christus-Berührung, die im Priester fortgesetzt wird. Er berührt den Aussätzigen und wird nicht unrein, da Er die Sünde auf sich nahm und ohne Sünde war; so durchdringt der Priester wie ein Sonnenstrahl eine befleckte Menschheit ohne Makel.

Seelsorge ist Berührung dort, wo Krankheit oder Unglück herrscht; sie ist nicht das bloße Geben von Ratschlägen. Ein Händedruck kann mehr eine Gnadenbegegnung sein als eine herablassend gesandte Mahlzeit von einer Behörde. Der Priester nimmt die Hand des Kranken, dem er helfen will; er begibt sich auf ihre Ebene, sieht die Alten mit ihren Augen und die Krebskranken mit ihren Gedanken, wohl wissend, dass er sie nur so weit heiligen kann, wie Christus ihn bereits berührt hat.

✠ J.M.J. ✠

~ 10 ~

Der Priester als Simon und Petrus

Kein anderer Apostel erweckt im Herzen des Priesters so viel Sympathie wie Petrus. Er scheint uns allen in seinen Konflikten und Emotionen, seiner Stärke und Schwäche, seinem Entschluss, heroisch zu sein, und seinem katastrophalen Versagen, seinen Anspruch zu erfüllen, sehr nahe zu sein. Mal ist er demütig, mal stolz. Er bekräftigt die Treue zu seinem Herrn, dann verleugnet Er Ihn. Er ist so übernatürlich und doch so sehr schwach und natürlich. Er preist als göttlich den Meister, den Er liebt, nur um von einem Dienstmädchen so erschreckt zu werden, dass Er sagt, Er kenne „den Menschen" nicht. Keine Kette ist stärker als ihr schwächstes Glied, und das schwächste Glied in der gesamten apostolischen Kette war das erste Glied, Petrus – und der Sohn Gottes hält daran fest. Daher „werden die Pforten der Hölle nicht überwältigen."

Zwei „Naturen" jedes Priesters

Wie Petrus hat jeder Priester zwei „Naturen": eine „menschliche Natur", die ihn zu einem anderen Menschen macht, und eine „priesterliche Natur", die ihn zu einem anderen Christus macht. Der Brief an die Hebräer benennt diese beiden Aspekte. Der Priester ist anders als gewöhnliche Menschen, da Er das Opfer in ihrem Namen darbringt.

Der Zweck, für den ein Hoherpriester aus seinen Mitmenschen erwählt und als Vertreter der Menschen im Umgang mit Gott eingesetzt wird, ist es, Gaben und Opfer zur Sühne ihrer Sünden darzubringen.

(Hebräer 5,1)

Der Priester als Simon und Petrus

Dennoch ist der Priester in seiner Schwäche wie jeder Mensch.

Er ist dazu befähigt, weil Er für sie Mitgefühl empfinden kann, wenn sie unwissend sind und Fehler machen, da Er selbst von Demütigungen umgeben ist und aus diesem Grund Sündopfer für sich selbst darbringen muss, ebenso wie für das Volk.

(Hebräer 5,2-4)

Ein Engel wäre kein geeigneter Priester, um im Namen der Menschen zu handeln. Er besitzt keinen Leib, der Versuchungen unterworfen ist, noch hat Er Erfahrung mit menschlichem Leiden. Es würde ihm an der Schwäche fehlen, die zu mitfühlendem Verständnis führt. Doch obwohl ein Priester den Menschen ähnlich ist, muss Er ihnen auch unähnlich sein. Er ist aus der Menge der Menschen herausgenommen, damit Er im Namen Christi handeln und den Menschen als Christus erscheinen kann.

Es ist bedeutsam, dass der erste von Jesus zum christlichen Priester Berufene einen neuen Namen erhielt, der seinen neuen Charakter repräsentiert. Seinen alten Namen verlor Er jedoch nicht. Stattdessen trug Er nun zwei Namen. Er war zugleich Simon und Petrus. Simon war sein natürlicher Name; Petrus seine Berufung. Als Simon war Er der Sohn des Jona. Als Petrus war Er der Priester des Sohnes Gottes. Petrus legte Simon niemals ganz ab. Doch einmal berufen, hörte Simon nie auf, Petrus zu sein. Manchmal herrscht Simon; zu anderen Zeiten ist es Petrus.

Es sei nebenbei bemerkt, dass Petrus' Bruder Andreas derjenige war, der ständig Vorstellungen machte. Er stellte seinen Bruder Simon Unserem Herrn vor (Johannes 1,41). Als eine Gruppe von Heiden Philippus aufsuchte und bat, Jesus zu treffen, konsultierte Philippus Andreas, und gemeinsam gingen sie zu Jesus (Johannes 12,20-22). Andreas stellte auch den Knaben vor, der die Brote und Fische hatte (Johannes 6,8). Andreas begann sein Zeugnis im Familienkreis.

Der Priester als Simon und Petrus

Er fand zuerst seinen eigenen Bruder Simon und sagte ihm: Wir haben den Messias (das heißt, den Christus) gefunden, und brachte ihn zu Jesus. Jesus sah ihn genau an und sprach: Du bist Simon, der Sohn des Jona; du sollst Kephas genannt werden (was dasselbe bedeutet wie Petrus).

(Johannes 1,41-42)

Vielleicht hat uns jemand in unserem Familienkreis, ein Elternteil oder ein Lehrer, zu Christus geführt, der uns durch die Berufung einen neuen Namen gab. So groß auch die Würde unseres christusähnlichen Amtes ist, tragen wir doch die menschliche Natur in uns, die von unserem eigenen Jona abstammt. Ebenso wie Unser Herr Petrus zum Felsen machte, auf dem Er Seine Kirche baute, erinnerte Er ihn daran, dass er aus schwachen Menschen genommen wurde:

Gesegnet bist du, Simon, Sohn des Jona.

(Matthäus 16,17)

Wir schleppen unser körperliches Erbe, unsere angeborenen Schwächen, unser Temperament und unseren Leib zum Altar. Das Simon-Element verlässt uns niemals, selbst wenn wir die Rolle des Petrus übernehmen. Das Sündhafte und das Sündenlose, das Menschliche und das Göttliche, der alte Adam und der neue, unsere Bindung an eine irdische Mutter und unsere Filialität zu einer himmlischen Mutter – unter beiden Aspekten steigen wir die Altarstufen hinauf, tragen den Eucharistischen Herrn ans Krankenbett und sitzen lange mühsame Stunden, um Barmherzigkeit und Hoffnung an Sünder zu spenden.

Am Tag der Weihe stellten wir uns fälschlicherweise vor, dass die Simon-Natur verschwunden sei. Doch die Wirklichkeit meldete sich bald zurück. Der Simon-Petrus-Konflikt tauchte wieder auf.

Die Impulse der Natur und die Impulse des Geistes stehen im Krieg miteinander; der eine ist dem anderen völlig entgegengesetzt, und deshalb kannst du nicht alles tun, was dein Wille billigt. (Galater 5,17)

Der Priester als Simon und Petrus

Dessen bin ich gewiss, dass kein Prinzip des Guten in mir wohnt, das heißt, in meinem natürlichen Selbst; Lobenswerte Absichten sind stets griffbereit, doch ich finde keinen Weg, sie zu erfüllen.

(Römer 7,18)

Der Verlauf der Jahre und das Wachstum in geistlicher Reife lassen bestimmte Arten von Versuchungen nachlassen, doch andere treten an ihre Stelle. Der Dämon des Mittagswechsels weicht dem Dämon der Nacht. Als Petrus gegen Ende seines Apostolats seine erste Epistel schrieb, deutete er mit den Anfangsworten an, dass er den Simon in sich für tot hielt, denn er bezeichnete sich als „Petrus, ein Apostel Jesu Christi" (1 Petrus 1,1). In seiner zweiten und letzten Epistel, kurz vor seinem Märtyrertum, erkannte er jedoch den fortwährenden Kampf des Mannes des Fleisches gegen den Mann Gottes an: „Simon Petrus, ein Knecht und Apostel Jesu Christi" (2 Petrus 1,1).

In jedem Priester herrscht entweder Simon oder Petrus. Im Urbild, in Simon Petrus selbst, errang Petrus dank des Heiligen Geistes allmählich die Herrschaft über Simon. Nach Pfingsten hört man weniger von Simon, und wenn der Name erwähnt wird, so hat dies einen Grund. So wird Kornelius angewiesen, „Simon, der Petrus genannt wird" (Apostelgeschichte 10,5) zu senden, weil Außenstehende ihn am besten unter dem einen Namen kennen, Christen hingegen unter dem anderen. Jakobus verwendet beim Konzil von Jerusalem den Namen Simon aus einer alten und vertrauten Freundschaft. Andernorts ist das Wort Petrus. Der impulsive Wagemut, der Simon eigen war, verwandelt sich in standhaften, gezügelten Mut. In jener letzten Epistel wiederholt er jedoch selbst den so lange nicht gebrauchten Namen, der aus allen bis auf die gedächtnisstärksten Erinnerungen verschwunden sein muss. Wenn er jedoch darauf zurückgriff, tat er dies mit dem Zweck, demütig aus dem Nebel der Jahre sein altes, unheiliges Selbst hervorzurufen.

Der Priester als Simon und Petrus

Der Wendepunkt im geistlichen Leben eines Priesters ist nicht nur seine Berufung, sein Ruf. Es ist auch jener Moment, in dem er dem Geist gehorsam wird. Dies ist eine Art zweite Weihe, eine Krise, die ihn vom bloßen Amtspriester zum Besitz und zur Manifestation des Geistes Christi führt.

Bevor Petrus den Geist Christi besaß, offenbarte sich das Ringen zwischen seiner irdischen und seiner priesterlichen Natur in Cäsarea Philippi, als er den Göttlichen Christus bekannte, aber den leidenden Christus verleugnete. Der Vater hatte seinen Geist erleuchtet, um zu erkennen und zu verkünden, dass

Du bist der Christus, der Sohn des lebendigen Gottes.

(Matthäus 16,16)

Als aber Unser Herr ankündigte, dass Er gekreuzigt werden würde, zog Petrus Ihn zu sich

... und begann, Ihn zu tadeln: Niemals, Herr, sagte er; so etwas soll Dir nicht widerfahren.

(Matthäus 16,22)

Hier haben wir in einer kleinen Szene das ganze Paradox, das für viele ein Stein des Anstoßes, ein Skandal der Unfehlbarkeit und Fehlbarkeit war. Wir sehen Christus' Stellvertreter, göttlich geleitet in seinem Amt als Schlüsselträger zu den Toren von Himmel und Erde. Wir sehen aber auch denselben Petrus, den Felsen, den Träger der Schlüssel, sich selbst überlassen und ohne Führung, als Satan bezeichnet. Es ist ein Paradox, aber auch eine Tatsache. Welcher Simon Petrus ist im gesamten Priestertum, der diese Szene nicht tausendfach an sich selbst nachgespielt gesehen hat: in diesem Moment ein anderer Christus; in jenem ein anderer Satan?

Petrus war bereit, Christus den Priester zu bekennen, jedoch nicht Christus das Opfer. Männer, die berufen sind, Felsen zu sein, können zu Steinen des Anstoßes werden. Der Herr selbst jedoch definierte Seine Dienstbedingungen in klarer Sprache. Das Priestertum bedeutet Nachahmung Christi, und Nachahmung bedeutet Selbstkreuzigung. Eine Unwilligkeit eines Priesters, Ihm zum Kalvarienberg zu folgen, kann für Unseren Gesegneten Herrn nur wie die Stimme des Teufels selbst klingen, das heißt, die Stimme Simons, der die Empfindungen wiederholt, mit denen Satan zu Beginn Seines öffentlichen Lebens versucht hatte, Ihn vom Kreuz abzubringen. Unser Herr nahm Petrus die Berufung nicht weg. Er begnügte sich damit, ihn zu warnen, dass das Fleisch mit ihm sei und dass er in einem Moment der Überheblichkeit fallen würde. Petrus wird somit von Unserem Gesegneten Herrn als ständige Mahnung dargestellt, dass es gerade in ihren stärksten Eigenschaften ist, sofern sie nicht periodisch durch Göttliche Gnade erneuert werden, dass Menschen am anfälligsten zum Scheitern sind.

Der kompromittierende Priester

Niemand kann zwei Herren dienen. Der Priester wird dennoch manchmal versuchen, das Beste aus dem Simon und dem Petrus in ihm zu machen. Christus will es nicht so. In Seinem Priester ist kein Platz für kalkuliertes Weniger oder Mehr. Unser Herr verlangt unermessliche Liebe, doch manchmal verlangt unsere Natur einen Kompromiss. Es war ein solcher Geist, den Unser Gesegneter Herr im Sinn hatte, als Er Seine Jünger ermahnte, sich nicht damit zufrieden zu geben, nur das zu tun, was sie zu tun verpflichtet sind.

Wenn dich jemand nötigt, eine Meile mit ihm zu gehen, so geh mit ihm zwei Meilen aus freien Stücken.

(Matthäus 5,41)

Unser Herr bezog sich hier möglicherweise auf den erzwungenen Transport militärischer Lasten und nicht nur auf das erzwungene Begleiten oder die Gesellschaft von jemandem. Das höchste Beispiel wäre Simon von Kyrene, der gezwungen wurde, das Kreuz zu tragen (Markus 15,21).

Hl. Lukas zeichnet ein lebendiges Bild des Priesters, der nicht bereit ist, alles zu tun, was der Herr von ihm verlangt, vom Versuch des Kompromisses und der halben Gehorsamkeit gegenüber dem

Der Priester als Simon und Petrus

Göttlichen Willen. Bemerkenswert ist, dass in der einleitenden Darstellung der Protagonist nur mit dem Namen Simon bezeichnet wird. Hier ist die Passage (Lukas 5,1-6):

Es geschah, dass Er am See Genezareth stand, zu einer Zeit, als die Menge sich dicht um Ihn drängte, um das Wort Gottes zu hören; und Er sah zwei Boote am Ufer des Sees liegen; die Fischer waren ans Land gegangen und wuschen ihre Netze. Und Er stieg in eines der Boote, das Simon gehörte, und bat ihn, ein wenig vom Land abzufahren; So setzte Er sich und begann, die Menge vom Boot aus zu lehren. Als Er aufgehört hatte zu sprechen, sagte Er zu Simon: Fahr hinaus auf die Tiefe und lass eure Netze zum Fang aus. Simon antwortete Ihm: Meister, wir haben die ganze Nacht gearbeitet und nichts gefangen; aber auf Dein Wort hin werde ich das Netz auswerfen. Und als sie dies getan hatten, fingen sie eine große Menge Fische.

Nachdem Er in seiner Heimatstadt Nazareth abgelehnt worden war, lenkte Unser Gesegneter Herr Seine Schritte nach Kafarnaum, das fortan Seine Wirkungsstätte sein sollte. Er fand sich so sehr von der Menge bedrängt, dass Er Zuflucht in einem Boot nahm, das Simon gehörte. Ein wenig vom Land abgetrieben, begann Er, die Menschen zu lehren. Als Er dann zu Ende gesprochen hatte, wandte Er sich an Simon und sagte ihm, er solle hinaus auf die Tiefe fahren. "Lass deine Netze zum Fang aus," wies Er ihn an.

Simon jedoch war alles andere als überzeugt. Er war nicht bereit, Ihn herauszufordern, aber auch nicht bereit, ganz und gar zu gehorchen. Sogar das Wort, das er benutzte, um Jesus zu antworten, spiegelte die Zwiespältigkeit seiner Haltung wider: „Meister", sagte er. Es war dasselbe Wort, das Judas benutzen würde, als er Ihn verriet, ein Wort ohne jeglichen Hinweis auf die Anerkennung des Göttlichen, höchstens ein Eingeständnis Seines Status als Lehrer, als Rabbi. Simons Worte offenbaren seine Gedanken. „Was weiß Er, der aus Nazareth kommt, schon vom Fischfang in Kafarnaum?", dachte er sicher. „Wer würde zu dieser Tageszeit daran denken, Fische zu fangen?" Der erfahrene Fischer weiß, dass die Nacht die Zeit zum

Der Priester als Simon und Petrus

Fischen ist, und wir haben die ganze Nacht gearbeitet und doch nichts gefangen.

Petrus kannte sich bestens mit dem Fischen auf dem See Genezareth aus. Es war daher, als Zeichen des Respekts gegenüber dem Meister, sozusagen um Ihm zu gefallen, dass er zustimmte, einen Teil des Weges mitzugehen: „Aber auf Dein Wort hin werde ich die Netze auswerfen." Unser Herr hatte nach Netzen gefragt; Petrus machte einen Kompromiss mit einem Netz. Unser Herr fordert vollkommene Gehorsamkeit; Der Diener gibt eine widerwillige Antwort. Das Fleisch ist nicht Geist; die Vernunft ist nicht Glaube. Petrus, der sich auf die Vernunft verließ, warf ein Netz aus. Er schleuderte dem Herrn den bitteren Ruf der unfruchtbaren Stunden des Lebens entgegen. Aber als das Netz eine so große Menge Fische fing, dass es fast zu zerreißen drohte, erschien plötzlich hinter der Gestalt Simons die priesterliche Gestalt Petrus:

Simon Petrus fiel nieder und ergriff Jesus an den Knien; Lass mich in Ruhe, Herr,... ich bin ein Sünder.

(Lukas 5,8)

Beachte die doppelte Namensänderung. Christus ist nicht mehr „Meister"; Er ist „Herr." Simon ist nicht mehr Simon; er ist Simon Petrus. Die Natur des Priesters setzt sich über die des Menschen durch unter dem Einfluss des Wunders, das der Hohepriester zum Wohl des unwürdigen Selbst Simons vollbracht hat. Simon fing mehr als Fische; er fing den Herrn. Wie Coventry Patmore es ausdrückt:

In angestrengter Hoffnung habe ich gewirkt,
und die Hoffnung schien dennoch betrogen,
Zuletzt sagte ich,
„Ich habe die ganze Nacht gearbeitet und doch
nichts gefangen;
Aber auf Dein Wort werde ich das Netz auswerfen!"
Und siehe, ich fing
(Oh, ganz anders und weit über meine Vorstellung hinaus,)
Nicht die schnelle, glänzende Ernte des Meeres

für Nahrung, wie ich es wünschte,
sondern Dich.

Solange wir an Unseren Herrn als „Meister" denken, glauben wir, dass das, was wir tun, genug ist, dass wir uns mit einem Netz zufriedengeben können, wenn Er nach Netzen ruft. In dem Moment jedoch, in dem Der Heilige Geist uns Seine Herrschaft erkennen lässt und uns durch den Geist verstehen lässt, dass wir Seine Priester sind, überkommt uns die erschreckende Erkenntnis der Sünde. Je mehr wir die Heiligkeit des Hohen Priesters erkennen, desto bewusster werden wir unserer eigenen Versagen. Die Bedingung für all unseren priesterlichen Erfolg liegt nicht in uns, den Arbeitern, noch in den Netzen unserer Schulen und Vereine. Der Arbeiter versagte, das Netz war fast zerrissen. Unsere Genügsamkeit kommt von Gott. Das Versagen, Seelen zu fangen, darf nicht Gott zugeschrieben werden. Wir versagen vielmehr, weil wir Ihn nur als Meister ansehen und nicht als Herrn oder weil wir weniger als vollständigen Gehorsam Seinem Willen gegenüber leisten.

In dem Moment, als Simon Petrus von seiner Unwürdigkeit getroffen wurde, nahm Unser Herr ihn wahrscheinlich bei der Hand. So zumindest deuten die letzten Worte des Berichts an.

Aber Jesus sagte zu Simon: Fürchte dich nicht; Von nun an wirst du ein Menschenfischer sein.
(Lukas 5,10)

Unser Gesegneter Herr scheint paradox, die Priester Ihm am nächsten zu ziehen, wenn sie sich am stärksten der Distanz bewusst sind, die sie von Ihm trennt. Wir verkünden das Wort Gottes nur dann wirksam, wenn wir vor dem Wort gezittert haben. Die Priester und Missionare, die die meisten Bekehrten gewinnen, sind jene mit dem tiefsten und überwältigendsten Gefühl persönlicher Unwürdigkeit.

Wenn ein Priester klagt, dass er in seiner Pfarrei, seiner Stadt oder seiner Mission keine Bekehrten gewinnen kann, ist es an der Zeit zu fragen, ob er sich auf seine eigenen Kräfte verlässt. Es gibt immer einen Grund, wenn die göttliche Zusicherung: „Du wirst Menschenfischer sein" (Lukas 5,10) nicht wirksam ist. Ich erinnere mich an eine Pfarrei in Südamerika, in der nur acht der achttausend Gläubigen die Sonntagsmesse besuchten. Ein neuer Pfarrer erhöhte in sechs Jahren die Zahl der Heiligen Kommunionen an Werktagen auf achthundertzehn. Er predigte jährlich achtzig geschlossene Exerzitien und hatte die Freude, über 98 Prozent seines Volkes ihre religiösen Pflichten erfüllen zu sehen. Unser Herr sagte nicht, dass wir Fischer von Fischen sein würden, sondern Fischer von Menschen. Der Erfolg kommt durch unsere Vereinigung mit Ihm.

Petrus und Judas

Jeder schlechte Priester ist nahe daran, ein guter zu sein; jeder gute Priester läuft Gefahr, ein schlechter zu werden. Die Grenze zwischen Heiligkeit und Sünde ist fein. Sie ist leicht zu überschreiten, und wer sie überschreitet, kann schnell in beide Richtungen an Schwung gewinnen. Der Hl. Thomas von Aquin sagte, dass alles seine Bewegung verstärkt, je näher es seinem rechten Ort oder Zuhause kommt. Heilige wachsen schnell in der Nächstenliebe; böse Menschen verfallen rasch. Wir erkennen die Wahrheit dieses Punktes, wenn wir Petrus und Judas vergleichen. Lange schien kaum ein Unterschied zwischen ihnen zu bestehen, und dann plötzlich der ganze Unterschied zwischen Heiligem und Teufel.

Beide wurden zum Priester berufen, doch das war nur der erste von vielen Ähnlichkeiten zwischen ihnen. Unser Herr nannte sie beide Teufel. Er nannte Petrus „Satan" (Matthäus 16,23; Markus 8,33), weil Er den Priester dazu verleiten wollte, kein Opfer am Kreuz zu sein. Judas nannte Er eines Tages in Kafarnaum einen „Teufel" (Johannes 6,71), in Bezug auf den zukünftigen Verrat, als „der Satan in ihn gefahren war" (Johannes 13,27) beim Letzten Abendmahl.

Unser Herr warnte sowohl Petrus als auch Judas, dass sie fallen würden. Petrus wies die Warnung zurück. Obwohl andere den

Der Priester als Simon und Petrus

Meister verleugnen könnten, behauptete er mit Kühnheit, dass er es niemals tun würde. Judas wurde ebenso gewarnt.

Der Mann, der seine Hand mit Mir in die Schüssel steckt, wird Mich verraten.

(Matthäus 26,23)

In für uns bedeutsame Worte gefasst bedeutet dies, dass Judas einen „Trunk" von Unserem Herrn annehmen und dennoch „seine Ferse gegen Ihn erheben" würde. Judas kannte auch genügend Schrift, um zu verstehen, dass sein Verrat mit dem Verrat Davids durch Ahitophel verglichen wurde (2 Könige 15,31 [2 Samuel 15,31, RSV]).

Sowohl Petrus als auch Judas vollbrachten die Verrätereien, die Christus vorausgesagt hatte. Petrus fiel, als er in der Nacht von Christi Prozess von einer Magd herausgefordert wurde. Judas vollbrachte die ruchlose Tat im Garten, als er Unseren Herrn den Soldaten überlieferte.

Unser Herr unternahm eine bewusste Anstrengung, beide vor ihrer eigenen Schwäche zu retten. Er schenkte Petrus einen Blick.

Der Herr wandte sich um und sah Petrus an.

(Lukas 22,61)

Er sprach Judas als „Freund" an und nahm seinen Kuss an.

Willst Du den Sohn des Menschen mit einem Kuss verraten?

(Lukas 22,48)

Der Herr sah nur Petrus an, aber Er sprach zu Judas. Augen für Petrus, Lippen für Judas. Es gibt nichts, was Jesus nicht tun würde, um Seine Priester zu retten.

Sowohl Petrus als auch Judas empfanden Reue, wenn auch in einem entscheidend unterschiedlichen Sinn.

Und Petrus ging hinaus und weinte bitterlich.

(Lukas 22,62)

Der Priester als Simon und Petrus

Und nun war Judas, Sein Verräter, voller Reue, als er sah, dass Er verurteilt wurde, sodass er die dreißig Silberstücke zu den Hohepriestern und Ältesten zurückbrachte; Ich habe gesündigt, sagte Er zu ihnen, indem ich das Blut eines unschuldigen Mannes verraten habe.

(Matthäus 27,3-4)

Warum steht der eine an der Spitze der Liste und der andere am Ende? Weil Petrus sich zum Herrn bekehrte und Judas zu sich selbst. Der Unterschied war so groß wie der zwischen göttlicher Bezugnahme und Selbstbezug; wie der Unterschied zwischen dem Kreuz und der psychoanalytischen Couch. Judas erkannte, dass er ‚unschuldiges Blut' verraten hatte, doch er wollte sich niemals darin reinigen lassen. Petrus wusste, dass er gesündigt hatte und suchte Erlösung. Judas wusste, dass er einen Fehler gemacht hatte und suchte Befreiung – der erste einer langen Reihe von Fliehenden vom Kreuz. Göttliche Absolution setzt menschliche Freiheit voraus, zerstört sie aber niemals. Man fragt sich, ob Judas, als er unter dem Baum stand, der ihm den Tod bringen würde, jemals hinüber ins Tal zum Baum blickte, der ihm das Leben hätte bringen können. Zu diesem Unterschied zwischen der Buße zum Herrn und der Buße zu sich selbst, wie es Petrus und Judas jeweils taten, würde Paulus später mit folgenden Worten Stellung nehmen:

Übernatürliche Reue führt zu einer bleibenden und heilsamen Herzensänderung, während die Reue der Welt zum Tod führt.

(2 Korinther 7,10)

Beide lebten im gleichen religiösen Umfeld, hörten dieselben Worte des Wortes, wurden von denselben Winden der Gnade erfasst, und doch machte die innere Reaktion jedes Einzelnen den Unterschied aus:

Der Priester als Simon und Petrus

Ein Mann wird genommen, einer bleibt zurück, während sie zusammen auf den Feldern arbeiten; Eine Frau wird genommen, eine bleibt zurück, während sie zusammen in der Mühle mahlen.

(Matthäus 24,40.41)

Judas war der Typ, der sagte: „Was für ein Narr ich bin"; Petrus: „Oh, was für ein Sünder." Es ist ein Paradoxon, dass wir erst dann gut werden, wenn wir erkennen, dass wir böse sind. Judas empfand Selbstekel, der eine Form von Stolz ist; Petrus hatte keine bloß bedauerliche Erfahrung, sondern eine *Metanoia*, eine Herzensänderung. Die Bekehrung des Geistes ist nicht notwendigerweise die Bekehrung des Willens. Judas ging zum Beichtstuhl seines eigenen Geldgebers; Petrus zum Herrn. Judas trauerte über die Folgen seiner Sünde, wie ein junges Mädchen über ihre Schwangerschaft trauern könnte. Petrus bereute die Sünde selbst, weil er die Liebe verwundet hatte. Schuld ohne Hoffnung in Christus ist Verzweiflung und Selbstmord. Schuld mit Hoffnung in Christus ist Barmherzigkeit und Freude. Judas brachte das Geld zu den Tempelpriestern zurück. So ist es immer. Wenn wir Unseren Herrn für irgendeine irdische Sache aufgeben, ekelt sie uns früher oder später an; wir wollen sie nicht mehr. Nachdem wir das Beste geliebt haben, können wir uns mit nichts Geringerem zufrieden geben. Die Göttlichkeit wird immer in einem völlig unverhältnismäßigen Maß zu ihrem wahren Wert verraten. Und die Tragödie ist, dass er der heilige Judas hätte sein können.

Petrus und Judas veranschaulichen, wie zwei, die durch dieselbe geistliche Erfahrung des Abfalls vom Herrn zum Priestertum berufen sind, aufgrund der Antwort auf oder der Vernachlässigung der Gnade in der entscheidenden Stunde völlig unterschiedlich enden können. Manchmal ist eine Versöhnung süßer als eine ungebrochene Freundschaft. Petrus war stets dankbar für seine Gnade. Sie leuchtete in seinen Episteln. Jeder Brief, den ein Mann schreibt, ist charakteristisch für ihn. Die Episteln des Paulus an Timotheus sind Ermahnungen, in seinem Priestertum heilig zu sein. Die Episteln des Johannes sind ein Ruf zur Brüderlichkeit. Die Epistel des Jakobus ist ein Appell für praktische Frömmigkeit. Was war der vorherrschende Ton der Episteln des Petrus? Es war der Wert der Absolution, die er empfangen hatte, die uns daran erinnert, dass unsere Erlösung nicht mit „*in irdischer Währung, Silber oder Gold bezahlt wurde; sie wurde mit dem kostbaren Blut Christi erkauft; kein Lamm war je so rein, so makellos ein Opfer*".

(1 Petrus 1,18-19)

Ursachen für den Fall und die Auferstehung des Priesters

Während eines Exerzitiums und oft in den stillen Stunden der Meditation wird ein Priester unzufrieden mit seiner Mittelmäßigkeit und fragt sich, wie er in geistliche Gleichgültigkeit geraten konnte. Eine Untersuchung der Geschichte Petrus' zeigt, dass der Niedergang auf verschiedene Ursachen zurückzuführen sein kann.

1. *Vernachlässigung des Gebets*

An erster Stelle in Zeit und Bedeutung beim Fall Petrus' und beim Fall jedes Priesters steht gewiss die Vernachlässigung des Gebets. Als Unser Herr in den Garten Gethsemane eintrat, sagte Er: „Betet, dass ihr nicht in Versuchung fallt" (Lukas 22,40). Während Unser Gesegneter Herr Seine Agonie im Garten erlebte, begann Er, der keine Sünde hatte, die Strafe der Sünde zu tragen, als wäre sie Seine eigene. Er sah den Verrat zukünftiger Judasse, die Sünden der Häresie, die Seinen Mystischen Leib zerreißen würden, den kämpferischen Atheismus der Kommunisten, die (obwohl sie Ihn nicht aus dem Himmel vertreiben konnten) Seine Botschafter von der Erde vertreiben würden. Er sah die zerbrochenen Ehegelübde, Verleumdungen, Ehebrüche, Abfälle, all die Verbrechen, die Ihm in die Hände gelegt wurden, als hätte Er sie selbst begangen. Während all diese Dinge das Blut aus Seinem Leib zogen, schliefen die

Der Priester als Simon und Petrus

Apostel im Garten. Menschen schlafen nicht, wenn sie besorgt sind, doch diese schliefen.

Jede Seele kann zumindest schwach die Natur des Kampfes verstehen, der in der mondbeschienenen Nacht im Garten Gethsemane stattfand. Jedes Herz weiß etwas davon. Niemand ist je in die Zwanziger — geschweige denn in die Vierziger, Fünfziger, Sechziger oder Siebziger des Lebens gekommen, ohne über sich selbst und die Welt um ihn herum nachzudenken und ohne die Spannung zu kennen, die die Sünde in der Seele verursacht. Fehler und Torheiten löschen sich nicht aus dem Gedächtnis; Schlaftabletten bringen sie nicht zum Schweigen; Psychoanalytiker können sie nicht weg erklären. Solange die Sonne der Jugend hell scheint, kann sie das Auge für einen Moment blenden, sodass die Umrisse der Sünde undeutlich sind. Doch dann kommt eine Zeit der Klarheit — ein Krankenbett, eine schlaflose Nacht, das offene Meer, ein Moment der Stille, die Unschuld im Angesicht eines Kindes — wenn unsere Sünden, wie Gespenster oder Phantome, ihre unerbittlichen Feuerzeichen auf unser Gewissen brennen. Ihre volle Ernsthaftigkeit wurde im Moment der Leidenschaft vielleicht nicht erkannt, doch das Gewissen wartet seine Zeit ab. Es wird irgendwann, irgendwo sein strenges, kompromissloses Zeugnis ablegen. Es wird der Seele eine Furcht auferlegen, eine Furcht, die sie dazu bestimmt, sich zurück zu Gott zu wenden. Eine solche Seele erfährt unbeschreibliche Qualen und Pein, doch sie sind nur ein Tropfen im gesamten Ozean der Schuld der Menschheit, der den Erlöser im Garten überwältigte, als wären sie Seine eigenen.

Während die Apostel schliefen, schmiedeten die Feinde ihre Pläne.

Dann ging Er zurück und fand sie schlafend; und Er sprach zu Petrus: Simon, schläfst Du? Hattest Du nicht Kraft, auch nur eine Stunde zu wachen?

(Markus 14,37)

Unser Herr kam zu dem, den Er Fels nannte, doch Er sprach ihn nicht als Petrus an. Er sprach zu ihm in seinem menschlichen Wesen,

Der Priester als Simon und Petrus

in der Schwäche seines Fleisches: „Simon", sagte Er. Simon war in tiefem Schlaf, und das war der erste Schritt im Fall des Petrus. Er wachte weder noch betete er. Aber es war nicht jene Nacht, in der Petrus die Schlacht verlor. Seine Niederlage war in den vorangegangenen Wochen vorbereitet worden. Was heute gedacht wird, wird morgen getan. Was wir mit zwanzig sind, neigen wir dazu, mit vierzig zu sein. Der einzige Unterschied ist, dass die wahren Charakterzüge deutlicher geworden sind. Geistliche Nachlässigkeit bereitet den Weg für den Untergang.

Unser Gesegneter Herr wählte Seine Worte, um für Petrus und die Kirche den doppelten Charakter des Priesters zu betonen – der Geist des Priesters ist von Christus, das Fleisch des Menschen.

Der Geist ist willig, aber das Fleisch ist schwach.
(Matthäus 26,41)

Petrus und die anderen Priester wurden in die Welt gestellt und ausgebildet, um den Mächten des Bösen zu widerstehen. Wenn sie vor dem Bösen geschützt wären, müssten sie nicht wachsam sein. Fähigkeiten, die vollständig und häufig angewandt werden, erlangen die Geschicklichkeit der Finger eines Pianisten. Dies ist ein Gesetz der Natur. Es gilt gleichermaßen in der geistlichen Welt. Wachsamkeit gegenüber den Mächten des Bösen schult den Geist zum Widerstand. Wenn die Erlösung durch eine einzige Handlung vollendet wäre, bestünde kein Bedarf an ständigem Gebet. Doch die Gefahr besteht so lange wie das Leben, und die Apostel sowie ihre Nachfolger finden die Kraft, Ihm nahe zu bleiben. Man fragt sich, ob Petrus nicht die genauen Worte Christi im Gedächtnis hatte, als er Jahre später schrieb:

... Lebt klug und haltet eure Sinne wach, um die Stunden des Gebets zu begrüßen.
(1 Petrus 4,7)

Hl. Paulus betonte ebenso, dass Wachsamkeit eine Voraussetzung dafür ist, den Geist Christi gegen die Einflüsse des Fleisches zu bewahren:

Der Priester als Simon und Petrus

... Lernt, im Geist zu leben und euch zu bewegen; dann besteht keine Gefahr, den Impulsen der verderbten Natur nachzugeben. Die Impulse der Natur und die Impulse des Geistes stehen im Krieg miteinander; Beide sind nicht gegensätzlich zueinander, und deshalb könnt ihr nicht alles tun, was euer Wille billigt...... Die zu Christus gehören, haben die Natur mit all ihren Leidenschaften und Impulsen gekreuzigt.

(Galater 5,16-24)

Das Leben eines Priesters, das so viel in der Öffentlichkeit verbracht wird, muss innerlich durch Gebet und Wachsamkeit gestärkt werden:

Ohne Mich könnt ihr nichts tun.

(Johannes 17,19)

Das ständige Geben seiner selbst bedarf der Erneuerung von oben. Als der Kanal, durch den die Wasser des Lebens zum Volk fließen, muss der Priester unaufhörliche Sorge und Gebet darauf verwenden, sich selbst rein und heilig zu erhalten. Um an die hl. Teresa von Ávila zu erinnern: Wer das Gebet vernachlässigt, braucht keinen Teufel, der ihn in die Hölle wirft; er wirft sich selbst hinein. Petrus schlief, als er zum Gebet gerufen wurde. Das ist der erste Schritt im Fall eines Priesters.

2. *Ersatz der Handlung für das Gebet*

Als nächstes im geistlichen Abstieg eines Priesters folgt der Ersatz der Arbeit für das Gebet. Er ist nun zu beschäftigt, um zu beten; er hat keine Zeit für Meditation. Er wird so aktiv, dass er das Außerordentliche liebt. Er vertieft sich in endlose Besuche, Treffen und Konferenzen. Zu beschäftigt, um auf den Knien zu sein, ist er nicht zu beschäftigt, Schwerter zu schwingen, gegen Beamte und schlechte Politik zu schimpfen. Er tut genau das, was Petrus im Garten tat, als Judas und die Soldaten kamen, um Unseren Gesegneten Herrn zu verhaften (Johannes 18,10-11):

Der Priester als Simon und Petrus

Da zog Simon Petrus, der ein Schwert hatte, es und schlug den Knecht des Hohenpriesters und hieb ihm das rechte Ohr ab; Der Name des Knechtes war Malchus. Worauf Jesus zu Petrus sagte: Stecke dein Schwert wieder in die Scheide. Soll ich nicht den Kelch trinken, den Mein Vater mir gegeben hat?

Als Schwertkämpfer war Petrus ein ausgezeichneter Fischer. Das Beste, was er in seinem wilden Gebrauch weltlicher Mittel tun konnte, war, dem Knecht des Hohenpriesters das rechte Ohr abzuhacken. In Petrus war noch viel von der Simon-Natur. Vermutlich beabsichtigte er, Malchus zu töten, doch die Göttliche Macht verhinderte es. Das letzte aufgezeichnete Wunder Unseres Gesegneten Herrn vor Seiner Auferstehung war die Heilung dieses Ohres (Lukas 22,51). Es ist möglich, dass die Heilung der Wunde der Grund war, warum Petrus nicht verhaftet wurde.

Petrus' Handlung in jener Nacht symbolisiert alle Priester, die den Verpflichtungen ihres Priestertums durch Beschäftigung ausweichen. Manche verlieren sich in einer Leidenschaft für Gebäude, andere in der Organisation, wieder andere in einem endlosen Reigen von Banketten und Reden, Ausschusssitzungen und Spendensammlungen. Solche sind die Schwerter, die an die Stelle des Gebets treten. Verwaltung, lange Stunden in Büros, theatralische Darbietungen, gesellschaftliche Abende, Pfarrfeste – sie sind die Zeichen des Wohlstands, die den Geist töten können.

In Zeiten des Wohlstands verwaltet die Kirche; aber in Zeiten der Not hütet die Kirche. Eine Kirche im Wert von 2 Millionen Dollar ist kein Zeichen eines Glaubens von 2 Millionen Dollar, ebenso wenig ist ein armes Pfarrhaus das Zeichen eines armen Priestertums. Oft ist es nicht der Eifer für Christus, der das Schwert des Handelns zieht, sondern eine leere und einsame Seele. Langeweile kann unaufhörliche, unreflektierte Tätigkeit hervorbringen.

Aristoteles sagt, ein Laster sei der Feind der Spiritualität, das Laster, zu viel zu tun. Wenn der Christus-Geist verlässt, erzeugt der

Der Priester als Simon und Petrus

Fleisch-Geist den „praktischen Priester", den „Priester des Handelns". Dann ist es *labora,* aber kein *ora.*

Pius XI. gab einen äußerst treffenden Kommentar zu diesem Geist ab.

Es muss auf die große Gefahr hingewiesen werden, der sich der Priester aussetzt, wenn er, getrieben von falschem Eifer, seine eigene persönliche Heiligung vernachlässigt, um sich vorbehaltlos den äußeren Werken seines Dienstes zu widmen, so bewundernswert diese auch sein mögen. ... Dies bringt ihn in Gefahr, wenn nicht die Göttliche Gnade selbst, so doch zumindest die Inspiration und Salbung des Heiligen Geistes zu verlieren, die den äußeren Werken des Apostolats eine so wunderbare Kraft und Wirksamkeit verleiht.

Pius XII. betonte erneut die Gefahr des Schwertschwingens anstelle des Gebets:

Wir können nicht umhin, unsere Sorge und Angst gegenüber jenen auszudrücken, die allzu oft so sehr in einem Strudel äußerer Tätigkeit gefangen sind, dass sie die vorrangige Pflicht des Priesters, die Heiligung seiner selbst, vernachlässigen. Diejenigen, die leichtfertig behaupten, dass die Erlösung den Menschen durch das, was zu Recht und richtig als die „Häresie der Tat" bezeichnet wird, gebracht werden könne, müssen zu einem korrekteren Urteil gerufen werden.

3. Aufgabe der Selbstverleugnung: Lauheit

Nachdem der Priester die Meditation aufgegeben und seinen Tag mit „Aktivismus" gefüllt hat, ist der nächste Abstiegsschritt des Priesters, die Selbstverleugnung aufzugeben und lauwarm zu werden.

... Petrus folgte Ihm aus weiter Ferne.

(Matthäus 26,58)

Beim Letzten Abendmahl hatte Petrus alles versprochen; schnell beginnt er, alles aufzugeben. Als Unser Gesegneter Herr Sein

Der Priester als Simon und Petrus

Angesicht nach Jerusalem wandte, „folgten Ihm Petrus und die anderen mit schwachem Herzen" (Markus 10,32), aus Furcht vor dem Kreuz. Petrus spürte zwar das Ziehen der Passion Christi, doch eine Zurückhaltung, sich unwiderruflich zu engagieren, ließ ihn weit zurückbleiben. Wie ein Kommentator des neunten Jahrhunderts schrieb: „Petrus hätte den Erlöser nicht verleugnet, wenn er an Seiner Seite geblieben wäre." Er wäre an Seiner Seite geblieben, wenn er nicht ohne Befehl sein Schwert gezogen hätte und wenn er vor allem gewusst hätte, mit dem Erlöser zu wachen und zu beten. Jeder Priester macht dieselbe Erfahrung. Vernachlässigung des Wachens, Gebets und der Selbstverleugnung erzeugt eine innere Unruhe darüber, dem Herrn zu nahe zu sein.

Wenn dies geschieht, ist das Herz des Priesters nicht mehr bei seiner Arbeit. Er zelebriert die Messe und verrichtet sein Stundengebet, besucht aber selten das Allerheiligste Sakrament. Er hält den Herrn auf Distanz. Er steigt auf die Kanzel, um für die Missionen zu werben, gibt aber nichts aus eigener Tasche. Er nimmt nach der eigenen Messe nicht mehr an einer weiteren Messe teil. Er verliert den Geschmack an geistlichen Dingen. Heilige Priester ärgern ihn. Er hält die Fasten- und Abstinenztage ein, spart aber an vielen Stellen. Er flüstert seinem Gewissen zu: „Nun, wenn ich nicht alles Gute getan habe, was ich konnte, so habe ich wenigstens keinen Schaden angerichtet."

Anstatt über das Böse nachzudenken, dessen er schuldig geworden ist, rühmt er sich der Sünden, die er vermeidet; Er vergleicht sich nicht mit denen, die besser sind, sondern mit denen, die schlechter sind. Er gibt das geistliche Lesen auf, ersetzt das Buch des Monats durch die Offenbarung. Seine Predigten sind unvorbereitet. Sie sind größtenteils kritisch und klagend. Alles, was er erreicht, ist, seine eigene Mittelmäßigkeit auf andere zu projizieren. Seine Seele ist leer. Höchstens ist sie sich verwirrt bewusst, dass eine immer größer werdende Distanz sie von Unserem Herrn trennt. Nachts, wenn er erwacht, klingen die Worte des Meisters in seinen Ohren:

Der Priester als Simon und Petrus

Wenn jemand mir nachfolgen will, verleugne er sich selbst, nehme sein Kreuz auf sich und folge mir.

(Matthäus 16,24)

Obwohl Petrus dem Herrn folgt, geht er tatsächlich auf eine Grube zu, in die er fallen wird. Wer nicht in der Vollkommenheit voranschreitet, fällt in die Unvollkommenheit. Ein unbeachteter Garten wird voller Unkraut. Dinge bleiben nicht gleich, wenn man sie sich selbst überlässt. Weiße Zäune bleiben nicht weiß; Sie werden allmählich grau, dann schwarz. Es gibt keine Ebenen im geistlichen Leben. Wir gehen bergauf oder wir gehen bergab. In dem Moment, in dem wir aufhören, gegen den Strom zu rudern, trägt uns die Strömung den Fluss hinab.

Was Gott durch Jesaja über Sein Volk gesagt hat, kann Er auch über die Priester sagen, die Ihm nachfolgen:

Dieser Freund, den ich sehr liebe, hatte einen Weinberg an einer Ecke seines Landes, voller Fruchtbarkeit. Er umzäunte ihn, räumte ihn von Steinen frei und pflanzte dort einen auserlesenen Weinstock; baute auch einen Turm in der Mitte und richtete darin eine Weinpresse ein, doch er trug wilde Trauben statt der erhofften.... Ich rufe euch auf, Recht zu sprechen zwischen meinem Weinberg und mir. Was hätte ich mehr für ihn tun können? Was sagt ihr zu den wilden Trauben, die er trug, statt der Trauben, die ich erwartete? Lasst mich euch sagen, was ich mit diesem Weinberg tun will. Ich will seine Hecke rauben, damit ihn alle plündern, seine Mauer niederreißen, damit er zertreten wird. Ich meine, es zur Ödnis zu machen; kein Beschneiden und Graben mehr; nur Brombeeren und Dornen werden dort wachsen, und ich werde den Wolken verbieten, es zu bewässern.

(Jesaja 5,1-7)

Das Gleichnis stellt jene dar, die sich dem Dienst Gottes geweiht haben. Sie sind mit sakerdotalen Gnaden umfriedet, doch sie werden weder heiß noch kalt, sodass Gott sie aus Seinem Mund erbrechen würde (Offenbarung 3,16). Gott nimmt dem faulen Diener das Talent weg und gibt es dem fleißigen (Matthäus 25,29).

4. Befriedigung der Bedürfnisse, Emotionen und des Komforts der Kreatur

Petrus gab zuerst das Gebet auf, dann das Handeln, dann die Selbstverleugnung. Wenn der Moment der Krise kommt, macht er es sich am Feuer bequem, zuerst stehend, dann sitzend.

Petrus folgte aus großer Entfernung bis in den Palast des Hohenpriesters und setzte sich dort mit den Dienern ans Feuer, um sich zu wärmen.

(Markus 14,54)

Was für eine geistliche Biographie! Petrus war der letzte Mann, der dem Herrn aus der Ferne hätte folgen sollen. Seine Rangordnung und seine Führungsposition brachten beide zusätzliche Verantwortlichkeiten mit sich. Doch wenn ein Mensch innerlich wenig geistliche Erfüllung erfährt, wenn die Flut seiner Hingabe zurückgegangen ist, muss er einen Ausgleich für seine innere Einsamkeit finden. Für Petrus äußerte sich dies darin, sich am Feuer zu wärmen und mit den Dienstmädchen zu plaudern. Um innere Armut zu kompensieren, sucht man, äußerlich reich zu erscheinen. Erst nachdem Adam und Eva durch die Sünde das innere Leuchten der Gnade verloren hatten, wurden sie sich bewusst, dass sie nackt waren. Sie empfanden das Bedürfnis nach Kleidung, um ihre neu entdeckte Scham zu bedecken; zuvor hatten ihre Körper mit einem Mantel der Nächstenliebe geleuchtet, gewebt von den Fingern Gottes. Es ist fast allgemein wahr, dass übermäßige äußere Zurschaustellung eine innere Armut und Nacktheit der Seele verrät.

Zurück zu Simon Petrus: Es war der Moment der Krise, und hier machte er es sich in einer zweideutigen Position bequem. Die Evangeliums-Erzählung hebt die ironischen Gegensätze hervor. Hl. Johannes (18,18) bemerkt, dass es kalt war und dass Petrus das Bedürfnis verspürte, sich am Feuer zu wärmen. Petrus fühlte sich kalt, weil er sich vom Sonnenstrahl der Gerechtigkeit entfernt hatte. Sein Verhalten war das eines bürgerlichen Priesters: bequem, während andere leiden; ein Sesselstratege in den Missionen, doch selbst tat er nichts dafür. Petrus war nun wie der Pfarrer, der am

Der Priester als Simon und Petrus

Samstag am Feuer sitzt, während seine Kaplanen Beichten hören, Bekehrte unterweisen und die Kranken besuchen. Das warme Glühen des Feuers in diesem Hof war für Simon eine „weit bessere Pfarrei" als der Garten Gethsemane.

Seine Liebe zum Luxus brachte ihm schlechten Umgang ein. Die warmen Feuer des Wohlstands haben viele zu Fall gebracht, die durch Not und Leiden in der Gnade aufrecht gestanden hatten. Das Ergebnis ist, dass Simon, vom Herrn zurückgezogen, eine Gelegenheit zur Sünde antrifft. Mangels Zeit zur Meditation hat er dennoch Zeit für Gespräche. Obwohl Jesus in der Ferne war, war ein Mädchen nahe. Die Lippen des Petrus, die gerade erst das eucharistische Mahl des Lebens gekostet hatten, sprechen bereits eine Lüge. Noch vor kurzer Zeit war er bereit, mit Christus zu sterben; jetzt aber, ohne Ihn, fehlt ihm der Mut, der Neugier einer Frau zu widerstehen. Damals hatte er erklärt:

Du bist der Christus, der Sohn Gottes,

(Johannes 6,70)

Nun, seine Theologie jonglierend, protestiert er wie ein Feigling:

Ich kenne den Mann nicht.

(Matthäus 26,72)

Wenn Petrus bei Christus geblieben wäre, hätte kein Fragender diese schändliche Zweideutigkeit aus ihm herauspressen können. Die List Satans schleicht sich in die Freundschaften derer, denen es an Spiritualität mangelt, und verursacht, dass sie ihren Freunden tiefer schaden als jeder Feind. Am Feuer der Gottlosen zu sitzen mag den Leib trösten, aber es zerstört das Christusprinzip im Innern. Satan kam nicht zu Petrus „brüllend wie ein Löwe" (1 Petrus 5,8), sondern als eine leichtfertige Frau, die ihrer Neugier nachgibt. Dies war der Moment, in dem die automatische Verbindung zwischen dem Wachen und dem Gebet im Leben des Petrus offenbar wurde, wie sie sich zu einem unerwarteten Zeitpunkt in jedem Leben zeigt. Wer nicht wacht, kann keine Antwort auf das Gebet erwarten. Zugegeben,

Der Priester als Simon und Petrus

Gott hat die Macht, jeden zu retten, der fällt, damit seine Knochen nicht zerbrechen; aber um Sicherheit zu bitten, ohne zu wachen, heißt es, „den Herrn, deinen Gott, auf die Probe zu stellen" (Matthäus 4,7). Gottes besonderer Schutz für Seine Freunde darf nicht vorausgesetzt werden, wenn wir gegenüber Seiner Freundschaft gleichgültig geworden sind. Jona sträubte sich gegen Gottes Wort, als ihm befohlen wurde, nach Ninive zu gehen und Buße zu predigen; stattdessen richtete er sein Herz auf Tarschisch und fand ein Schiff bereitstehen, das ihn von seiner Mission wegbringen sollte (Jona 1,3). Sobald der Geist eines Priesters erkaltet, finden die Feinde Christi, die Welt, das Fleisch und der Teufel schnell einen Weg, das ‚Feuer', den Trost und die Gesellschaft zu bieten.

Für jeden Priester enthält die Beobachtung im Evangelium eine Lektion, dass der Priester, der Unserem Herrn aus großer Entfernung folgt, Ihn als „einen Menschen" bezeichnet. Es ist, als ob er sagte: „Ich war nie für dieses Leben bestimmt; Ich hatte nie eine Berufung." Ebenso wird er zornig, wenn ihm jemand sagt, dass er nicht christusähnlich sei. In ihm ist, wie bei Petrus, die starke Neigung, zur alten Adamsnatur zurückzukehren. Der Geist ruft Simon in seinen frühen Tagen als Fischer hervor. Man kann förmlich die bildhaften Flüche hören, wann immer seine Netze sich verhedderten. Während er in der innigen Gemeinschaft mit Unserem Gesegneten Herrn lebte, würden solche Worte ihm nicht einmal in den Sinn kommen; doch nach wenigen Stunden erlebt er einen Rückfall. Die Flüche strömen aus ihm heraus, und das angesichts einer jungen Frau. Andere haben ein besseres Verständnis davon, was der Priester tun sollte, als er selbst. Die Magd konnte Petrus sagen, dass er bei dem Galiläer sein sollte. Selbst jene, deren Amt (wie das der Martha) es ist, sich mit profanen Dingen zu beschäftigen, sind oft empört über das Versäumnis des Priesters, zu erkennen, dass sein Amt darin besteht, bei Christus zu sein.

Die Berufung, Gottes Botschafter zu sein, ist keine Garantie gegen Schwäche. Mose wurde überheblich, als Gott ihn erwählte, Sein Volk zu führen, und er schlug auf den Felsen, um Wasser daraus

Der Priester als Simon und Petrus

hervorzubringen (Numeri 20,7-12). David, das zarteste aller Herzen, wird zum Mord verleitet (2 Könige 11,14-27 [2 Samuel 11,14-27, RSV]). Salomo, der weiseste aller Intellekte, sinkt in die Torheit des Götzendienstes (3 Könige 11,4 [1 Könige 11,4, RSV]). Schließlich, als Petrus die dreifache Verleugnung vollendet hatte, protestierte sogar die Natur. Das Erste, was Unser Herr tat, war, Petrus' Gedächtnis zu wecken, und Er tat es durch den Hahnenschrei. In jener dunklen Stunde, als Petrus sogar vergessen hatte, die Göttlichkeit seines Meisters zu bekennen, seine Treue und seine Verpflichtung gegenüber dem Einen, der ihn berufen hatte, der Fels zu sein, vergessen hatte, hätte man einen Blitzschlag, einen Donnerschlag erwarten können, um das Ausmaß des Fehltritts zu verkünden. Christus begnügte sich mit einem vertrauten Klang, den Petrus tausendfach gehört hatte. Ein vertrauter Klang, doch mit neuer Bedeutung, da er die Erfüllung der Warnung des Meisters war.

Die Natur steht auf Gottes Seite, nicht auf unserer. Er hat im Glauben zu Ihm... Wankelmut zu mir, verräterische Treue und... treuen Betrug ... (Francis Thompson, *The Hound of Heaven*)

Der Fall des Priesters vollendet sich durch diese Schritte: Vernachlässigung des Gebets, Rückzug vom Eucharistischen Herrn, Hingabe an ein bequemes Dasein, Nachlässigkeit gegenüber Gelegenheiten zur Sünde; und schließlich die Ersetzung Christi durch eine Kreatur.

✠ J.M.J. ✠

~ 11 ~

Die Rückkehr zur göttlichen Gnade

So schrecklich dieser Zustand auch ist, er ist nicht notwendigerweise endgültig. Als Unser Gesegneter Herr vom Hof geführt wurde, sein Gesicht mit Spucke bedeckt, „wandte Er sich um und sah Petrus an" (Lukas 22,61). Der Meister ist gebunden, wird beleidigt, verlassen und verworfen. Doch Er gibt nicht auf. Er wendet sich um und blickt Petrus an. Mit grenzenlosem Mitleid sucht Sein Auge denjenigen, der Ihn gerade erst verlassen hatte. Er spricht kein Wort. Er schaut nur! Aber für Petrus ist es eine Erfrischung des Gedächtnisses, ein Erwachen der Liebe! Petrus mag den „Mann" verleugnen, doch Gott wird den Mann, Petrus, weiterhin lieben! Allein die Tatsache, dass der Herr sich umwenden muss, um Petrus anzublicken, bedeutet, dass Petrus dem Herrn den Rücken zugekehrt hat. Der verwundete Hirsch sucht das Dickicht, um allein zu verbluten, doch der Herr kommt zum verwundeten Herzen Petrus, um den Pfeil herauszuziehen.

Und Petrus ging hinaus und weinte bitterlich.

(Lukas 22,62)

Petrus ist erfüllt von Buße, wie Judas in wenigen Stunden von Reue erfüllt sein wird. Petrus' Kummer wird nicht durch den Gedanken an die Sünde selbst oder die Verletzung der Person Gottes verursacht. Buße bezieht sich nicht auf die Folgen. Dies unterscheidet sie von der Reue, die hauptsächlich durch die Furcht vor unangenehmen Folgen inspiriert wird. Die gleiche Barmherzigkeit, die demjenigen erwiesen wird, der Ihn verleugnet, wird denen zuteilwerden, die Ihn ans Kreuz nageln, und dem bußfertigen Dieb, der um Vergebung bitten wird. Petrus hat nicht tatsächlich geleugnet, dass Christus der Sohn Gottes ist. Er leugnete,

Die Rückkehr zur göttlichen Gnade

dass er „den Mann" kannte, dass er einer Seiner Jünger war. Er hat seinen Glauben nicht verleugnet. Aber er sündigte. Er versagte dem Meister. Und doch wählte der Sohn Gottes Petrus, der die Sünde kannte, anstelle des geliebten Johannes als den Felsen, auf den Er Seine Kirche bauen wollte, damit Sünder und die Schwachen niemals einen Grund zur Verzweiflung hätten.

Die Liebe Christi zu Seinen Priestern

Und der Herr wandte sich um und sah Petrus an....
(Lukas 22,61)

Der Vorfall ereignete sich wahrscheinlich, als Unser Gesegneter Herr, nach der Vernehmung durch Kaiphas, zum Sanhedrin geführt wurde. Unser Göttlicher Herr könnte sogar gehört haben, wie Petrus seine wohlbekannte Stimme erhob, die Eide und Flüche hörte, mit denen er den Umstehenden versicherte, dass er Jesus von Nazareth nicht kannte. Unser Herr sagte nicht: „Ich habe es dir gesagt." Keine brennenden Worte der Verurteilung verließen Seine Lippen. Nur ein Blick, ein einziger Blick voller verwundeter Liebe. So ist die Barmherzigkeit Unseres Herrn, wenn wir Ihm untreu und illoyal sind! Er sucht, uns durch vermehrte Gnade und vervielfachte Barmherzigkeit zurückzugewinnen! Es sind nicht nur die Fiebernden, die Gelähmten und die Aussätzigen, die das zärtliche Mitgefühl in den Augen des Fleischgewordenen Sohnes erkennen; es sind vor allem Priester und Sünder. Nicht nur der Blick Christi bewirkt Umkehr; es ist auch unsere Antwort. Die Sonne, die so warm scheint, erweicht Wachs und verhärtet Schlamm. Die Göttliche Barmherzigkeit, die die Gefallenen ruft, verhärtet sie zur Hölle oder erweicht sie zum Himmel.

In der Synagoge von Kafarnaum warf Unser Gesegneter Herr seinen verblüfften Feinden zornige, flammende Blicke zu, während Er ein Wunder vollbrachte. Mit Seinem Göttlichen Wissen wusste Er, dass sie nicht glauben wollten und nicht überzeugt würden, selbst wenn Er tausendmal von den Toten auferstehen würde. Doch die Haltung des Petrus war eine andere. Ein einziger Blick voller

Die Rückkehr zur göttlichen Gnade

traurigen Vorwurfs brachte seiner Seele Schmerz. Der reiche Mann, der zu Unserem Herrn kam, war noch nicht bereit, den ganzen Weg zu gehen, obwohl er ein aufrichtiger Sucher nach Gott war. Das Evangelium sagt uns:

Dann heftete Jesus Seine Augen auf ihn und empfand Liebe für ihn.

(Markus 10,21)

Der Hauptmann erkannte die göttliche Majestät am Kreuz und sagte:

Zweifellos war dies der Sohn Gottes.

(Markus 15,39)

Es ist dieselbe Göttlichkeit, die Petrus in Erinnerung gerufen wurde, als Jesus sich umdrehte und ihn ansah. Johannes, der das Privileg hatte, so oft auf dieses liebe Gesicht zu blicken, wurde auf der Insel Patmos nach einem halben Jahrhundert von ihr heimgesucht. Er sprach davon, wie die ganze Erde verwelken würde, wenn Christus im Richterspruch kommen würde:

Und nun sah ich einen großen weißen Thron und Einen darauf sitzen, bei dessen Anblick Erde und Himmel verschwanden und nicht mehr gefunden wurden.

(Offenbarung 20,11)

Auch dieses Gesicht würde der Lohn aller sein, die Ihn lieben und zu Ihm zurückkehren, wie Petrus es tat:

... Gottes Thron (der Thron des Lammes) wird dort sein, mit seinen Dienern, um Ihn anzubeten und sein Angesicht zu schauen....

(Offenbarung 22,3.4)

Wie Petrus gerät jeder Priester irgendwann einmal aus dem Tritt mit Christus, folgt hinterher, verkehrt in weltlicher Gesellschaft und bei weltlichen Feuerstellen. Christus behandelt ihn dennoch so, wie

Die Rückkehr zur göttlichen Gnade

Er Petrus behandelte. Er wendet sich beständig um, um ihn anzuschauen. Es war nicht Petrus, der daran dachte, sich umzuwenden, sondern der Herr. Petrus, weil er schuldig war, hätte lieber irgendwo anders hingeschaut, aber der Herr sah ihn an. Dies ist der wesentliche Punkt, den jeder Nachfolger Christi im Geist behalten muss, wenn er sündigt — *dann wendet sich der Herr zuerst.*

Kein Mensch versteht das Unrecht vollständig, bis er es im Licht des Angesichts Christi sieht. Er mag sich über den Narren, der er geworden ist, beschämt fühlen, aber er wird nur dann traurig sein, wenn er den Geliebten gekreuzigt sieht. Der Mensch, der sagt: „Ich bin so dumm" anstatt „Herr, sei mir Sünder gnädig", ist noch weit von der Wiedergeburt entfernt.

Welche Lektion der Zärtlichkeit offenbart sich durch die Weigerung Unseres Herrn, Petrus zu schelten! In einem solchen Moment, wenn man auf dem Drahtseil balanciert, macht ein Atemzug oder ein Blick den entscheidenden Unterschied. Es beginnt die Rückkehr zu Gott, anstatt in den Abgrund des Bösen zu stürzen. Wie Christina G. Rossetti schrieb:

O Jesu, so weit entfernt
Nur mein Herz kann Dir folgen,
Dieser Blick, der das Herz des Hl. Petrus durchbohrte,
Richte Dich nun auf mich.

Du, der Du mich durch und durch erforschest
Und die krummen Wege, die ich ging, merkst,
Sieh auf mich, Herr, und mache auch mich
Zu Deinem Bußfertigen.

Ein Blick auf die Göttlichkeit überzeugt uns von der Sünde. Petrus, der Verleugner, wurde unter dem Blick des Sohnes Gottes sogleich Petrus, der Bußfertige. Dieser eine Blick, in dem die Göttlichkeit die Seele durchsucht, ist der Anfang der persönlichen Verantwortung vor Gott. Wir sündigen nicht gegen Abstraktionen oder nur gegen die Gebote; Als Personen sündigen wir gegen eine Person. Das Entsetzliche an der Sünde erschöpft sich nicht im

Die Rückkehr zur göttlichen Gnade

Brechen eines Gebotes; sie umfasst das erneute Kreuzigen Christi. Deshalb ist die tiefste Trauer mit dem Kruzifix verbunden, an dem jeder von uns seine Autobiographie ablesen kann. Wir sehen unseren Stolz in der Dornenkrone; unsere Lust und Fleischlichkeit in den Nägeln; unsere Vergesslichkeit Gottes in den durchbohrten Füßen und unseren Diebstahl in den zerrissenen Händen. Reue bedeutet, uns im unendlichen Licht Gottes zu halten und Ihn unsere Dunkelheit hinwegscheinen zu lassen.

Der Unterschied zwischen dem Sünder und dem Heiligen besteht darin, dass der eine in der Sünde verharrt, während der andere bitterlich weint. Das griechische Wort, das im Evangelium mit ‚Weinen' übersetzt wird, impliziert eine lange und anhaltende Trauer. Wer keine Zeit findet, um über seine Sünden zu trauern, hat auch keine Zeit zur Besserung. Der vom Reuegefühl Gegriffene greift oft zum Trinken, um sein Gewissen zu betäuben. Es ist oft nicht die Liebe zum Alkohol, sondern der Hass auf etwas anderes, der einen Trinker macht. Die Reue des Judas führte nicht zu einem Schlag auf die Brust in einem Mea Culpa, sondern zur Tötung eines Lebens. Er hatte kein Herz zum Beten. Ebenso suchte Er nicht das Angesicht Gottes, um um Barmherzigkeit zu flehen. Aber Petrus trauerte. Er war demütig, nicht verhärtet.

Sobald die Tränen die Augen waschen, wird die geistliche Sicht klarer; deshalb werden Tränen oft mit dem wahren Verständnis der Sünde verbunden. Die Tränen in Petrus' Augen waren ein Regenbogen der Hoffnung nach einem schwarzen Sturm. In ihnen leuchtete das gesamte Spektrum der strahlenden Vergebung von Christi Blick. Petrus' Erinnerung an jenen lebensspendenden Blick war gewiss noch in seinem Geist, als Er in seiner ersten Epistel schrieb:

Ihr wart wie irrende Schafe; jetzt aber seid ihr zurückgebracht worden zu Ihm, eurem Hirten, der über eure Seelen wacht.

(1 Petrus 2,25)

Die Rückkehr zur göttlichen Gnade

Christus blickt uns Priester noch immer mit traurigen, aber hoffnungsvollen Augen an. Er gebietet jedem von uns, wenn der Simon vorherrscht, unsere Petrus-Berufung zu erwecken. Kein Priester erreicht je einen Punkt, an dem ‚alles vorbei' ist. David schrie in seinem Elend und wurde erhört. Petrus, der nach einer unüberlegten Tat zu ertrinken drohte, wurde gerettet. Als Thomas zweifelte, wurde ihm ein durchbohrtes Herz dargebracht, um seinen Glauben wiederherzustellen. Der verlorene Sohn erhob sich von den Schweinen und Schalen zu einem Festmahl im Haus des Vaters.

Wüssten Priester nur, dass die unendliche Liebe sich mitteilen muss! Eines Tages fragte eine heilige Seele, die vor Jesus im Tabernakel niedergeworfen war: ‚Wie möchtest Du, dass ich Dich nenne?' Und Er antwortete: ‚Barmherzigkeit.' *Hätten wir nie gesündigt, könnten wir Jesus niemals unseren Erlöser nennen.*

Ein religiöser Mensch, dem durch das Heilige Herz besondere Offenbarungen zuteilwurden, erklärte, dass Er diese Worte sprach: ‚Und nun wende Ich Mich zuletzt an Meine eigenen Geweihten, damit sie Mich den Sündern und der Welt bekannt machen.' "Viele können noch nicht verstehen, was Meine wahren Gefühle sind. Sie behandeln Mich wie Einen, von dem sie getrennt leben, den sie nur wenig kennen und in den sie wenig Vertrauen setzen. Lassen sie ihren Glauben und ihre Liebe vertrauensvoll in Meine Nähe und Liebe neu entfachen."

Alle unsere priesterlichen Vollmachten über Seelen beruhen auf unserer Liebe zu Unserem Herrn.

Die nächste Lektion, die Unser Herr Petrus lehrte, war, dass die Liebe die Grundlage des priesterlichen Amtes bilden muss. Es war die Woche nach der Auferstehung, und die Apostel waren am See von Tiberias versammelt. Simon Petrus, der etablierte und anerkannte Führer, sagte zu Thomas, Nathanael, Jakobus, Johannes und zwei weiteren Jüngern:

Die Rückkehr zur göttlichen Gnade

Ich gehe angeln.

(Johannes 21,3)

Das Wort, das Petrus benutzte, deutete auf eine fortwährende oder gewohnheitsmäßig wiederholte Handlung hin. Wollte Petrus ihnen sagen, dass er dauerhaft zu seinem Fischfang zurückkehrte? Es scheint schwer vorstellbar, und doch ist es im Tempus angedeutet. Zudem war Petrus' Charakter trotz all seiner guten Eigenschaften schwankend und ungestüm. Er war es, der Unserem Herrn gesagt hatte, Er werde Ihn nicht verleugnen, nur um dann zu beharren, dass Er den Mann nicht kenne. ‚Lasst eure Boote zurück', sagte Der Herr zu Petrus und den anderen, ‚von nun an werdet ihr Menschenfischer sein' (Lukas 5,10). Und hier sind sie wieder bei ihrer alten Arbeit.

Am See von Tiberias war die Nacht die beste Zeit zum Fischen. In jener Nacht jedoch fingen sie nichts. Arbeit, die aus dem Impuls unseres eigenen Willens geschieht, ist vergeblich. Dann brach der Tag an, und das Morgenlicht offenbarte den Auferstandenen Erlöser am See stehen. ‚Nein', antworteten sie auf Seine Frage, ‚wir haben nichts gefangen.' ‚Wirf das Netz auf der rechten Seite aus', wies Er sie an; und daraufhin folgte der Fang einer Vielzahl von Fischen. Sowohl Petrus als auch Johannes reagierten charakteristisch.

Wie Johannes am Ostermorgen als Erster das leere Grab erreichte, so war Petrus der Erste, der es betrat; Wie Johannes der Erste war, der glaubte, dass Christus auferstanden sei, so war Petrus der Erste, der den Auferstandenen Christus begrüßte; Wie Johannes der Erste war, der den Herrn vom Boot aus sah, so war Petrus der Erste, der dem Herrn entgegeneilte und sich in seiner Begeisterung ins Meer stürzte.

Nackt, wie er im Boot war, legte er einen Mantel um sich, vergaß persönlichen Komfort, verließ menschliche Gesellschaft und schwamm eifrig die hundert Meter zum Meister. Johannes besaß die größere geistliche Unterscheidung, Petrus die schnellere Tat. Es war Johannes, der sich in der Nacht des Letzten Abendmahls an die Brust des Meisters lehnte; Auch er war dem Kreuz am nächsten, und der Erlöser vertraute ihm seine Mutter an; So war er nun der Erste, der

Die Rückkehr zur göttlichen Gnade

den Auferstandenen Erlöser am Ufer erkannte. Einmal zuvor, als Christus auf den Wellen zum Schiff ging, konnte Petrus nicht warten, bis der Meister zu ihm kam, sondern bat den Meister, ihn auf dem Wasser gehen zu lassen. Nun schwamm er aus Ehrfurcht vor seinem Erlöser zum Ufer, nachdem er sich bekleidet hatte.

Die anderen sechs blieben im Boot. Als sie ans Ufer kamen, sahen sie ein Feuer, darauf einen Fisch und etwas Brot, das der barmherzige Erlöser für sie bereitet hatte. Der Sohn Gottes bereitete eine Mahlzeit für Seine armen Fischer vor; Es musste sie an das Brot und die Fische erinnern, die Er vermehrt hatte, als Er sich selbst als das Brot des Lebens verkündet hatte. Nachdem sie das Netz an Land gezogen und die einhundertdreiundfünfzig gefangenen Fische gezählt hatten, waren sie fest davon überzeugt, dass es der Herr war. Auch entging ihnen nicht die symbolische Bedeutung. Nachdem Er sie berufen hatte, Menschenfischer zu sein, bot Er eine konkrete Vorahnung der Größe des Fangs, der letztlich in die Bundeslade des Petrus gezogen werden würde.

Christus war von Johannes dem Täufer am Ufer des Jordan zu Beginn Seines öffentlichen Lebens als das „Lamm Gottes" (Johannes 1,29) bezeichnet worden; Nun, da Er im Begriff war, diese Erde zu verlassen, wandte Er denselben Titel auf diejenigen an, die an Ihn glauben würden. Der, der sich selbst als den Guten Hirten bezeichnet hatte, ernannte auch andere zu Hirten. Sie hatten gerade die Mahlzeit beendet, die Er selbst für sie am Meeresufer bereitet hatte. Wie zuvor hatte Er nach dem Abendmahl die Eucharistie gespendet und die Vollmacht, Sünden zu vergeben, nachdem Er mit ihnen gegessen hatte; So wandte Er sich nun, nachdem Er Brot und Fisch gegessen hatte, dem zu, der Ihn dreimal verleugnet hatte, und verlangte eine dreifache Bekundung der Liebe. Das Bekenntnis der Liebe muss der Verleihung der Vollmacht vorausgehen, denn Vollmacht ohne Liebe ist Tyrannei: „Simon, Sohn des Johannes, hast Du mich mehr lieb als diese?" (Johannes 21,15).

Man darf sich wohl fragen, ob das Morgenfeuer, das Unser Herr entfacht hatte, Petrus an ein anderes Feuer erinnerte, etwa zehn Tage zuvor, als er den Meister verleugnet hatte. Petrus hatte durch ein Feuer verleugnet; Er wurde durch ein Feuer wiederhergestellt. So gestaltet sich die Szene des Gesprächs, in dem Christus Petrus beauftragt, die Lämmer und Schafe zu weiden.

Vollmacht untrennbar mit der Liebe verbunden

Vollmacht darf niemals ohne Liebe sein. Die Liebe Unseres Herrn geht jedem fruchtbaren Dienst in Seinem Namen voraus. Dies ist die Lehre, die Christus erneut einprägt, als Er Petrus in das apostolische Amt wiedereinsetzt, aus dem Er gefallen war. Er spricht ihn erneut als Simon an und erinnert ihn an die entscheidenden Momente, in denen Christus ihm zuerst einen neuen Namen und neue Vollmacht gegeben hatte (Matthäus 16,17) und ihn vor seinem bevorstehenden Fall gewarnt hatte, während Er ihm durch Seine Liebe Wiederherstellung versprach (Lukas 22,31). Obwohl die Autorität in der Kirche auf der Liebe beruht, ist die Liebe wiederum untrennbar mit dem Gehorsam verbunden:

Wenn ihr mich liebt, so haltet meine Gebote.

(Johannes 14,15)

Der Evangelienbericht über die dreifache Frage Christi an Petrus enthält ein bemerkenswertes Detail. Der griechische Text verwendet zwei verschiedene Wörter, die beide im Englischen mit „love" übersetzt werden. Das erste dieser Wörter ist *agapao*, ein Wort, das ein Bewusstsein für den Wert des Geliebten impliziert. Es ist das Wort, das Johannes verwendet, um Gottes Liebe zu dem gefallenen Menschen auszudrücken, den Er so sehr liebte, „dass Er seinen eingeborenen Sohn gab, damit alle, die an Ihn glauben, nicht verloren gehen" (3,16). Das andere griechische Wort ist *phileo*, welches die Reaktion des menschlichen Geistes auf alles bezeichnet, was als angenehm erscheint, eine Liebe, die eine Art Freundschaft impliziert.

Die Rückkehr zur göttlichen Gnade

Lieben und Mögen

Die ersten beiden Male, als Christus Petrus bittet, seine Liebe zu Ihm zu bekennen, verwendet Er das Wort *agapao*, während die dritte und letzte Frage das Wort *phileo* enthält. *Doch jedes Mal verwendet Petrus in seiner Antwort dasselbe Wort, das Wort* phileo. *Im Neuen Testament ist es das seltener verwendete Wort, um Liebe zu beschreiben.* Agapao, das einen erwachten und höheren Wertbegriff impliziert, kommt etwa 320 Mal vor; *phileo, das eine freundschaftliche Liebe und gegenseitige Anziehung bezeichnet, nur 45 Mal. Um die Szene in den Begriffen und der Form eines Dramatikers nachzubilden, könnte das Ergebnis etwa so lauten:*

CHRISTUS: Simon, Sohn des Johannes, liebst Du Mich mehr als diese anderen, mit einer göttlichen, opferbereiten, opferähnlichen und selbsthingebenden Liebe?

PETRUS: Du weißt, Herr, dass ich Dich mit einer tiefen, menschlichen, instinktiven, persönlichen Zuneigung liebe, als meinen engsten Freund.

CHRISTUS: Simon, Sohn des Johannes, liebst Du Mich mehr als diese anderen, mit einer göttlichen, opferbereiten, opferähnlichen und selbsthingebenden Liebe?

PETRUS: Ich habe Dir bereits gesagt, Meister. Du weißt, dass ich Dich mit einer tiefen, menschlichen, instinktiven, persönlichen Zuneigung liebe, als meinen engsten Freund.

CHRISTUS: Simon, Sohn des Johannes, liebst Du Mich mit einer menschlichen, instinktiven, tiefen, persönlichen Zuneigung, als einen sehr engen Freund?

PETRUS: Wie oft, Herr, muss ich meine Antwort wiederholen? Zum dritten Mal liebe Ich Dich mit der menschlichen, instinktiven, tiefen, persönlichen Zuneigung, die man für seinen engsten Freund empfindet.

Die Rückkehr zur göttlichen Gnade

Petrus' Antwort zeigt, dass er verletzt war. Er war schwer verletzt. Doch die Vernunft ist nicht ganz so einfach, wie es auf den ersten Blick erscheinen mag. Es war nicht nur die dreimal wiederholte Frage, die ihn verstörte. Vielmehr deutete der Wechsel von *agapao zu phileo* auf eine Herabstufung der Forderungen Unseres Herrn hin. Er verlangte nicht mehr die Opferliebe, um die Er zuerst gebeten hatte. Es ist, als ob Unser Herr Seine Hände unter diese arme, schwache, zerbrechliche Liebe Petrus legte, so wie Er tatsächlich mit unserer armen, schwachen, menschlichen Liebe als Anfang eines reichen Apostolats beginnt. Der Herr verlangte eine Liebe der Hingabe, und alles, was Er erhielt, war eine Liebe der Emotion. Aber selbst diese lehnt Er nicht ab. Es ist nicht genug, sagt Er, aber es ist genug, um zu beginnen.

Während des öffentlichen Lebens, als Unser Gesegneter Herr Petrus sagte, dass er der Fels sei, auf den Er Seine Kirche bauen werde, prophezeite Er auch, dass Er selbst gekreuzigt und auferstehen werde. Petrus versuchte Ihn daraufhin vom Kreuz abzubringen. Zur Sühne für diese Versuchung, die Unser Herr als satanisch bezeichnete, teilte Er Petrus nun mit, dass Er ihn nicht nur mit voller Autorität beauftrage, über Seine Lämmer und Schafe zu herrschen, sondern dass Er für ihn eine weitere Parallele zu Sich selbst schaffe, nämlich dass auch Petrus am Kreuz sterben werde. "Du wirst ein Kreuz haben wie das, an das sie Mich genagelt haben", sagte Er ihm sinngemäß, "das Kreuz, das du Mir verweigert und damit Meine Herrlichkeit verhindert hättest." Nun musst du lernen, was es wirklich bedeutet zu lieben. Meine Liebe ist ein Vorhof zum Tod. Weil Ich dich liebte, töteten sie Mich; Aus deiner Liebe zu Mir werden sie dich töten. Ich habe einst gesagt, dass der Gute Hirte Sein Leben für Seine Schafe gibt; Nun bist Du Mein Hirte an Meiner Statt; Du wirst für deine Mühen die gleiche Belohnung empfangen, die Ich empfangen habe — Querbalken, Nägel und dann ... ewiges Leben.

Glaube Mir, wenn Ich Dir dies sage;
Als junger Mann wolltest Du Dich gürten
und gehen, wohin Dein Wille Dich führte,

Die Rückkehr zur göttlichen Gnade

Aber wenn Du alt geworden bist,
Wirst Du Deine Hände ausstrecken,
Und ein anderer wird Dich gürten und tragen
dorthin, wohin Du nicht aus eigenem Willen gehst.

(Johannes 21,18)

Impulsiv und eigensinnig in den Tagen seiner Jugend, würde Petrus im Alter den Meister durch einen Tod am Kreuz verherrlichen. Vom Tag Pfingstens an leitete der Geist Petrus' Entscheidungen. Er wurde geführt, wohin er nicht gehen wollte. Er musste die Heilige Stadt verlassen, wo Gefängnis und Schwert auf ihn warteten. Danach führte ihn sein Göttlicher Meister nach Samaria, zum Haus des Heiden Kornelius; dann nach Rom, dem neuen Babylon, wo er von den Fremden der Zerstreuung gestärkt wurde, die Paulus in die Herde geführt hatte; Schließlich wurde er zu einem Kreuz geführt, um auf dem Hügel des Vatikans einen Märtyrertod zu sterben. Auf eigenen Wunsch wurde er kopfüber gekreuzigt, da er es unwürdig hielt, wie der Meister zu sterben. Insofern er der Fels war, war es angemessen, dass er selbst als unerschütterliches Fundament der Kirche in die Erde gelegt wurde.

Der Mann, der den Herrn vom Kreuz weg versucht hatte, war der erste Apostel, der es selbst umarmte. Seine Annahme des Kreuzes trug mehr zur Herrlichkeit seines Erlösers bei als aller Eifer und die Ungestümheit seiner Jugend. Als Petrus noch nicht verstand, dass das Kreuz das Mittel zur Erlösung von der Sünde war, bot er seinen eigenen Tod anstelle des Meisters an und behauptete, selbst wenn alle anderen versagten, Ihn zu verteidigen, würde er allein stehen, um Ihn zu schützen. Doch nach der Erleuchtung an Pfingsten erkannte er, dass es das Kreuz des Kalvarienbergs war, das dem Kreuz, das er umarmen würde, Sinn verlieh. Gegen Ende seines Lebens, als das Kreuz bereits deutlich vor ihm sichtbar war, schrieb Petrus:

Ich bin mir dessen gewiss, durch das, was Unser Herr Jesus Christus mir offenbart hat, dass ich bald mein Zelt zusammenfalten muss. Und ich werde dafür sorgen, dass ihr,

Die Rückkehr zur göttlichen Gnade

wenn ich gegangen bin, immer in der Lage sein werdet, euch an das zu erinnern, was ich gesagt habe. Wir haben euch nicht Fabeln menschlicher Erfindung geglaubt gemacht, als wir euch von der Macht Unseres Herrn Jesus Christus und von Seiner Wiederkunft predigten; wir waren Augenzeugen Seiner Erhöhung.

(2 Petrus 1,14-16)

Der Mensch sucht die Freundschaft derer, die ihm im Charakter und in der Macht überlegen sind, aber Unser Herr neigt sich herab, um unsere Liebe zu erbitten. Er wird sie annehmen, selbst wenn sie nur wenig Opferbereitschaft und Hingabe vermag. Die Prüfung der Liebe findet letztlich zwischen der Seele und Christus statt. Wenn ein Priester geweiht wird, stellt ihm der Bischof prüfende Fragen; Aber die eigentliche Prüfung findet im Herzen statt, und der Verhörer ist der allgegenwärtige und ewig lebendige Erlöser. Es ist nicht überliefert, dass Petrus nie wieder fischen ging, doch es steht fest, dass er sein ganzes Leben lang ein lebendiges Bewusstsein für den Unterschied in seinem Priestertum bewahrte – zwischen der Freude, den Herrn zu kennen, und der Traurigkeit, von Ihm abzufallen.

Nur die Liebe kann die pastorale Aufgabe erleichtern, Lämmer und Schafe zu nähren. Es war die Liebe, die die sieben Jahre von Jakobs harter Knechtschaft für Rachel in so viele angenehme Tage verwandelte. Sogar die Stürze können in die Heiligkeit eingegliedert werden. Petrus ist im Himmel herrlicher wegen seiner Wiederherstellung, ebenso wie Paulus herrlicher ist wegen seiner erneuerten Freundschaft mit Markus, nachdem sie sich gestritten hatten. Der Zorn Moses, die Lüge Abrahams, der Rausch Noahs – all dies wird hinweggefegt in der großen und endgültigen Bestätigung der Liebe.

Unser Herr klagt oft in den Schriften. Er drückt Enttäuschung und Verwunderung über das Verhalten mancher Seiner Jünger aus.

Die Rückkehr zur göttlichen Gnade

Doch wie Petrus findet Er uns an irgendeinem Ufer und bittet uns mit schneller Vergebung erneut zu lieben.

Wie der Arzt den Puls seines Patienten fühlt, um sein Herz zu beurteilen, so prüft Unser Herr den Puls der Seele jedes Priesters durch seine Liebe. Die Prüfung kann manchmal verletzend sein, doch das liegt daran, dass unsere Sünden Ihm Wunden zugefügt haben. Es gibt keinen Hinweis darauf, dass Unser Herr diese Prüfung jemals vor Seiner Passion und Seinem Tod an jemandem vorgenommen hätte, dass Er einen Einzelnen mit der Frage herausgefordert hätte, ob er Ihn liebte. Nun handelte Er mit der Gewissheit dessen, der einen Anspruch auf die Zuneigung des Menschen erworben hat, einen Anspruch, dem das sündige Herz nicht widerstehen kann.

Nach jeder Bekräftigung der Liebe übertrug Unser Gesegneter Herr Petrus das Apostolat und den Dienst. Dies sind die Elemente, die verhindern, dass die Liebe in eine Nachgiebigkeit gegenüber Gefühlen entartet. Er sandte Maria Magdalena vom Grab, um Petrus eine Botschaft zu überbringen, und Er sandte Petrus von seiner Beichte aus, um das Werk der Kirche zu tun. Wir dürfen uns nicht von anderen trennen, selbst im Moment des Bewusstseins unseres größten Selbstzweifels. Die Lektion gilt für alle Priester: Es war Petrus, trotz seines berüchtigten Verrats, dem Unser Gesegneter Herr die Schlüssel der Kirche übergab.

Sympathie ist der Weg zur Selbsterkenntnis. Unsere eigene Reue vertieft sich, wenn wir die Sünden unseres Bruders erkennen. Jeder Fall eines Bruders erinnert uns an unsere Notwendigkeit der Wachsamkeit. Nichts vertieft unsere Liebe zu Christus so sehr wie das größere Wissen um Seine Gnade, das wir gewinnen, wenn wir sehen, wie Seelen durch Ihn gerettet werden. Petrus konnte die Unzulänglichkeiten der Herde besser ertragen, weil er sich selbst als sündigen Bruder erkannte. Der Hl. Thomas von Aquin sagt, dass Gott manchmal Menschen sündigen lässt, um sie aus ihrem Stolz herauszuführen und in ihnen eine mitfühlende Liebe zu anderen zu wecken.

Die Entscheidung war und ist eine sehr persönliche. In den Augen Gottes gibt es keine Massen. So wie Er aus der Menge die Frau herausgriff, die den Saum Seines Gewandes berührte (Lukas 8, 43–44), so wählte Er Petrus aus. Er hatte zuvor ähnlich gehandelt: „Adam; Wo bist Du?" (Genesis 3,9); "Abraham, Abraham" (Genesis 22,1); "Samuel, Samuel" (1 Könige 3,10 [1 Samuel 3,10, RSV]); "Martha, Martha" (Lukas 10,41); "Saul, Saul" (Apostelgeschichte 9,4); "Simon, Sohn des Johannes" (Johannes 21,15).

Drei Formen der Liebe

Das Maß unseres Priestertums ist das Ausmaß unserer Liebe. Liebe existiert in drei Formen: unbewacht, bußfertig und gläubig. Die erste Stufe umfasst sehr wenig Liebe zu Christus, aufgrund einer übermäßigen Liebe zur Welt; die zweite Art ist nicht so sehr Liebe, sondern *„Furcht, die Qual bringt,"* wegen der Sünde; die dritte ist die Liebe, die *„in unsere Herzen ausgegossen wird durch den Heiligen Geist, den wir empfangen haben"* (Römer 5,5). Der unaufgeweckte Mensch vollbringt Akte des Gehorsams, doch sie sind eher scheinbar als wirklich. Der Gehorsam des Bußfertigen ist der eines Sklaven. Aber beim wahren Liebenden ist der Gehorsam kindlich. Er erzeugt Gebet und Heiligkeit.

Über die mannigfaltigen Sorgen des Priesters als Pfarrer hinausgehend – seine Sorge um Schulen, Klöster, Finanzen, Gebäude und Verwaltung – muss der Priester als ein anderer Christus letztlich zur erhabenen Wahrheit zurückkehren, dass die eine Wirklichkeit die Seele ist. Denn zu diesem Zweck heiligt Er sich selbst. Père Jean-Baptiste Lacordaire schrieb in *Briefe an junge Männer*:

> *Ich bin Ihrer Meinung über die Berge, das Meer und den Wald; sie sind die drei großen Dinge in der Natur und haben viele Analogien, besonders das Meer und der Wald. Ich habe sie ebenso lieb wie Sie; Aber mit dem Fortschreiten des Alters verliert die Natur ihren Einfluss auf uns, und wir fühlen die Schönheit des Ausspruchs des Marquis de Vauvenargues:*

Die Rückkehr zur göttlichen Gnade

„Früher oder später genießen wir nur noch Seelen." Deshalb können wir immer lieben und geliebt werden. Das Alter welkt den Leib, doch der Seele, die nicht verdirbt, schenkt es eine neue Jugend. Und der Moment des Todes ist der Augenblick des Erblühens unseres Geistes.

Wenn die Liebe aus unserem Herzen schwindet, hassen wir die Dinge, die wir tun müssen, oder wir überdecken zumindest unsere tiefen Gefühle mit dem metallischen Klang des Formalismus. Unsere Predigten werden zu Scheltreden. Verlorene Schafe werden zu Unterbrechungen unserer Muße. Am Altar der Liebe mit einem lieblosen Herzen zu dienen; einer Berufung selbstaufopfernder Liebe anzugehören, während man doch seinen eigenen Komfort sucht; leidenden Seelen nur hohle Worte der Liebe zu bieten: Diese Dinge bringen ihre eigene Strafe mit sich.

Auch wenn man noch nicht das Maß der Liebe erreicht hat, das die Ausübung der Pflichten des Apostolats ohne Störung des inneren Friedens erlaubt, kann man doch stets dem Rat des hl. Franz von Sales folgen:

Wenn Du nicht beten kannst wie eine Seele, die das Geschenk der Kontemplation genießt, kannst Du wenigstens eine geistliche Lektüre halten und darüber nachsinnen; Wenn Du nicht stark genug bist zu fasten, kannst Du Dich wenigstens einer zarten Speise enthalten; Wenn Du die Welt nicht verlassen kannst, kannst Du Dich wenigstens gegen ihren Geist wappnen; Wenn Du Gott nicht mit reiner Liebe lieben kannst, kannst Du Ihn wenigstens aus Dankbarkeit lieben; Wenn Du keine lebendige Reue über Deine Sünden empfindest, kannst Du versuchen, sie von Gott zu erbitten; Du kannst nicht viele Almosen geben, aber Du kannst wenigstens ein Glas Wasser schenken; Du kannst große Beleidigungen nicht ertragen, aber Du kannst wenigstens ein wenig Tadel ohne Murren ertragen; Verachtet zu werden übersteigt das, was Du ertragen kannst, aber Du kannst jene kleine Kälte ertragen, die Dir Dein Nächster in seinem Verhalten zeigt; Das Opfer Deines Lebens wird von Dir nicht verlangt,

Die Rückkehr zur göttlichen Gnade

aber Du kannst einige Unannehmlichkeiten ertragen und Geduld in kleinen Prüfungen bewahren.

Petrus, wiederhergestellt, ist nahe am Feuer. Das andere Feuer, bei dem er Christus verleugnete, ist eines, das die Welt gemacht hat; aber dieses Feuer hat Christus bereitet. Die Begeisterung, die Anstrengung, die Leidenschaft, entfacht durch die Feuer der Welt, hinterlassen nur Asche und Staub. Nicht so jedoch, wenn sie von Dem entfacht wird, Der gekommen ist, Feuer auf die Erde zu werfen (Lukas 12,49).

~ 12 ~

Melchisedek und das Brot

Warum werden wir Priester „in der Linie Melchisedeks" genannt? Warum sind wir nicht Priester in der Linie Aarons, dem im Alten Testament das Priestertum gehörte? Der Brief an die Hebräer (7,11) nennt den Grund, nämlich dass der levitische Priesterdienst nicht die Vollkommenheit des Priestertums darstellte. Es könnte also kein Bedürfnis bestehen, dass ein neuer Priester auftaucht, der mit dem Priestertum Melchisedeks, nicht mit dem Aarons, beglaubigt ist, wenn der levitische Priesterdienst Erfüllung gebracht hätte.

Die Gründe für die Unzulänglichkeit des levitischen Priesterdienstes waren vielfältig.

1. Das Priestertum Aarons war fleischlich, zeitlich, sukzessiv und vergänglich. Das Priestertum Melchisedeks, als Symbol für das von Christus, ist ewig. Die levitischen Priester waren persönlich unrein im liturgischen Sinn des Wortes. Sie mussten Opfer für ihre Sünden darbringen, und der Tod beendete für jeden von ihnen seinen Dienst.

Aber Melchisedek ist ewig. Dieser Aspekt seines Priestertums wird in der Bibel in symbolischer Form ausgedrückt:

Kein Name von Vater oder Mutter, kein Stammbaum, kein Geburts- oder Todesdatum; dort steht Er ewig, ein Priester, die wahre Gestalt des Sohnes Gottes.

(Hebräer 7,3)

Das Weglassen jeglicher Hinweise auf Melchisedeks Abstammung, Geburt oder Tod ist die Art des Heiligen Geistes, ihn als Typus Unseres Herrn darzustellen.

Melchisedek und das Brot

Zusammenfassend über den Unterschied zwischen den beiden Priestertümern fährt die Schrift fort:

Von jenen anderen Priestern gab es eine Nachfolge, da der Tod ihnen keine Dauer gewährte; während Jesus ewig bleibt und Sein priesterliches Amt unveränderlich ist; Deshalb kann Er ewige Erlösung denen schenken, die durch Ihn ihren Weg zu Gott finden; Er lebt weiterhin, um Fürbitte für uns zu leisten.

(Hebräer 7,23-25)

2. Ein zweiter Grund ist, dass Unser Herr in Sich sowohl Königtum als auch Priestertum vereint, und dies galt auch für Melchisedek.

Auch Melchisedek war dort, der König von Salem. Und Er, Priester, wie Er vom Höchsten Gott war...

(Genesis 14,18)

Melchisedek war in seiner Person König und Priester und kündigte damit den verehrungswürdigen Herrn an, in dem Gerechtigkeit und Frieden sich küssen würden (Psalm 84,10). Unser Herr hätte keinen Frieden ohne Gerechtigkeit; daher schuf Er „Frieden mit ihnen durch Sein Blut, das am Kreuz vergossen wurde" (Kolosser 1,20).

3. Die „Größe" Melchisedeks war eine Vorwegnahme der Größe Christi. Abraham erkannte an, dass Melchisedek größer war als er, indem er ihm Tribut zahlte:

Ihm gab Abraham den Zehnten von allem, was er gewonnen hatte.

(Genesis 14,20)

Dies wendet der Brief an die Hebräer (7,4-8) auf Unseren Herrn an:

Betrachte, welch großer Mann dies war, dem der Patriarch Abraham selbst den Zehnten von seiner erbeuteten Beute gab.

Melchisedek und das Brot

Die Nachkommen Levis, wenn ihnen das Priestertum verliehen wird, dürfen nach den Bestimmungen des Gesetzes von Gottes Volk Zehnten nehmen, obwohl diese, wie sie selbst, aus dem privilegierten Geschlecht Abrahams stammen; schließlich sind sie ihre Brüder; hier aber ist einer, der nicht von ihrem gemeinsamen Geschlecht ist, der Abraham selbst Zehnten nimmt. Er segnet ihn auch, segnet den Mann, dem die Verheißungen gemacht wurden; Und es steht außer Frage, dass Segen nur von dem Größeren in Würde dem Geringeren gegeben wird. Im einen Fall sind die Priester, die den Zehnten empfangen, nur sterbliche Menschen; In dem anderen ist es ein Priester (so berichtet die Überlieferung), der weiterlebt.

4. Das Priestertum Melchisedeks war sakramental und unblutig, nicht das Darbringen von Ochsen und Ziegen.

Und Er, Priester, wie Er vom Höchsten Gott war, brachte Brot und Wein mit sich...

(Genesis 14,18)

Jeden Tag in der Messe erwähnen wir das Opfer Melchisedeks als *sanctum sacrificium immaculatam hostiam*. Das Opfer war ein Friedensopfer, dargebracht, nachdem Abraham den Krieg gegen die vier Könige gewonnen hatte.

5. Unser Herr selbst entstammte einer anderen Abstammung als der des levitischen Priesterdienstes. Er gehörte zum Stamm Juda; nicht, wie Aarons Söhne, zum Stamm Levi. Seine Linie war anders, nicht nur, weil Er ewig ist, sondern auch, weil, wie der Brief an die Hebräer (7,14-18) betont, Seine zeitliche Generation anders war:

Unser Herr nahm seinen Ursprung aus Juda, das ist gewiss, und Mose sagte über diesen Stamm nichts von Priestern. Und etwas Weiteres wird offenbar, wenn ein neuer Priester auftritt, der dem Typus Melchisedeks entspricht, berufen nicht, dem Gesetz mit seinen äußeren Geboten zu gehorchen, sondern in der Kraft eines unvergänglichen Lebens; (Du bist ein Priester nach der Ordnung Melchisedeks, sagt Gott von ihm, für immer).

Melchisedek und das Brot

Der historische Rahmen der Begegnung zwischen Abraham und Melchisedek ist bedeutsam. Alles, was wir über Melchisedek wissen, findet sich in kurzen Passagen im Buch Genesis (14,18–20) und im Psalm 109 sowie im Brief an die Hebräer (5,6–10; 6,20; 7,17.21). Genesis berichtet, dass, während Lot, Abrahams Neffe, in Sodom lebte, die Stadt von den Heeren vier mächtiger Könige angegriffen und eingenommen wurde. Es ist der erste Krieg, der in der Bibel verzeichnet ist. Neben der Gefangennahme des Königs von Sodom nahmen sie auch Lot und seine Familie gefangen. Als Abraham von Lots Missgeschick erfuhr, stellte er eine kleine Streitmacht von 318 Dienern zusammen und errang einen mächtigen Sieg. Er erlangte nicht nur die von den Eindringlingen geraubte Beute zurück, sondern befreite auch Lot und seine Familie.

Abraham hatte Anspruch auf alles, was er durch seinen Sieg erlangt hatte. Würde er von seinem Recht Gebrauch machen und das Unglück anderer ignorieren? Da Abraham versucht gewesen sein könnte, sich materiell zu bereichern, sandte Gott Hilfe in der Person Melchisedeks.

Auch Melchisedek war dort, der König von Salem. Und er, Priester des Höchsten Gottes, brachte Brot und Wein hervor und sprach diesen Segen: Auf Abram sei der Segen des Höchsten Gottes, Schöpfer von Himmel und Erde, und gesegnet sei der Höchste Gott, dessen Schutz deine Feinde in deine Gewalt gebracht hat.

(Genesis 14:18–20)

Gott errang den Sieg für Abraham. Die Beute gehörte daher nicht wirklich Abraham, sondern Gott, der Abraham darüber hinaus nun eine noch größere Belohnung versprach. Die Hilfe wurde angenommen, und Abraham gab seinen Zehnten dem Priester.

Später, als der König von Sodom kam und Abraham aufforderte, die Beute für sich zu behalten, konnte Abraham antworten:

Bei dieser Hand, die ich zum Herrn Gott, dem Fürsten des Himmels und der Erde, erhebe, werde ich nichts von dir nehmen,

Melchisedek und das Brot

auch nicht einen Faden vom Gewebe oder den Riemen eines Schuhs. Du sollst niemals sagen, Abram habe seinen Reichtum von mir erhalten.

(Genesis 14,22-23)

Was für edle Worte! Er wollte nichts für sich behalten. Weil er nicht nach Reichtum gesucht hatte, wie Salomo nicht darum gebetet hatte, wurde ihm eine besondere Belohnung zuteil:

Fürchte dich nicht, Abram, ich bin dein Schutz.

(Genesis 15,1)

So segnet der himmlische Hohepriester jene, die nicht nach den materiellen Beuten der Erde trachten.

Wir sind dann Priester nach der Ordnung Melchisedeks. Als der levitische Priesterdienst in den Tagen Elis und seiner Söhne unzulänglich wurde (1 Könige 1,4-5; 2,12-17,22 [1 Samuel 3; 2,12-17,22, RSV]), sprach Gott:

Danach werde Ich mir einen Priester finden, der ein treuer Ausleger Meines Geistes und Meines Willens sein wird.

(1 Könige 2,35 [1 Samuel 2,35, RSV])

Die Erfüllung findet sich in Christus, dessen Priester wir sind:

So verhält es sich mit Christus. Er hat Sich nicht selbst zur Würde des Hoherpriesteramtes erhoben; es war Gott, der Ihn dazu erhoben hat, als Er sprach: Du bist Mein Sohn, heute habe Ich Dich gezeugt, und an anderer Stelle: Du bist ein Priester auf ewig nach der Ordnung Melchisedeks.

(Hebräer 5,5-6)

Da Melchisedek Brot und Wein dargebracht hat, ist es angemessen, nach dem im Alten Testament vorweggenommenen eucharistischen Brot zu suchen.

Schau-Brot

Gott ist Seiner Kirche stets auf eine andere Weise gegenwärtig gewesen als anderswo. Die Kirche des Alten Testaments genoss bereits einen Prototyp, ein Schaustück oder Symbol der Eucharistischen Gegenwart. Das alte Heiligtum enthielt zwei Gegenstände von besonderer Bedeutung: den Leuchter und das Schau-Brot. Der Hl. Johannes wendet beide auf Christus an, das Licht der Welt (Johannes 8,12) und das Brot des Lebens (Johannes 6).

Das Alte Testament

Der Brief an die Hebräer (9,2) berichtet, dass „es ein äußeres Heiligtum gab, das den Leuchter, den Tisch und die vor Gott aufgestellten Brote enthielt; Heiligtum war der Name, der diesem gegeben wurde." Der sogenannte Tisch des Schau-Brotes war nicht so sehr wegen des Tisches selbst wichtig, sondern wegen des darauf gelegten Brotes. Es war das Brot der Gegenwart, wörtlich „Brot des Angesichts." Auf dieses Brot der Gegenwart bezog sich Christus in Matthäus (12,4) als „die dort vor dem Herrn aufgestellten Brote." Das Brot war als ein ständig in Gottes Gegenwart dargebrachtes Gedächtnis gedacht.

Das Brot soll ein Zeichenopfer für den Herrn sein.
(3. Mose 24,7)

Jeden Samstag wurde eine frische Brotration anstelle der alten eingesetzt, zwölf Brote – eines für jeden der zwölf Stämme. Alle waren somit vertreten, der kleine Benjamin ebenso wie das königliche Juda, Dan ebenso wie der priesterliche Levi, und ebenso für einen Stamm wie für den anderen. Kein Teil von Gottes Familie wurde vergessen. Jeder war vollständig vertreten, und sie standen allezeit vor Ihm.

Der Tisch soll die Brote aufnehmen, die beständig in Meiner Gegenwart dargeboten werden sollen.
(2. Mose 25,30)

Melchisedek und das Brot

Das Brot des Alten Testaments war somit die Gegenwart des Volkes vor dem Herrn, das Brot des Neuen Testaments hingegen ist die Gegenwart des Herrn vor dem Volk. Im Alten Testament gab es niemals einen Augenblick, in dem sie aus Seinem Blickfeld waren. Das Brot war für Ihn eine fortwährende Erinnerung an Seine Bundesbeziehung zu ihnen und an Seine Verheißungen eines Erlösers und Retters. Wie die zwölf Stämme in Seiner Gegenwart eins wurden, so auch Seine Ecclesia, Seine Kirche, denn „durch das eine Brot sind wir alle ein Leib, obwohl wir viele sind"; das gleiche Brot wird von allen geteilt" (1 Korinther 10,17).

Das Schau-Brot stand vor Seinem Angesicht; deshalb wurde es das beständige Brot genannt.

...heilige Brote, die beständig dargeboten werden....

(2 Paralipomena 2:4 [2 Chronik 2:4, RSV])

...das dort wie immer dargebotene Brot...

(Numeri 4:7)

Das Brot sollte aus dem feinsten Mehl hergestellt werden, und auf jede Reihe wurde Weihrauch gelegt, um anzuzeigen, dass das Opfer ein Opfer für den Herrn war.

Lege Körner von feinem Weihrauch darauf; Das Brot soll ein Zeichenopfer für den Herrn sein.

(3. Mose 24:7)

So wurde die Vereinigung von Sakrament und Opfer unter dem Neuen Gesetz vorgebildet.

Sogar eine „Heiligtumslampe" wurde bereitgestellt – nicht, weil das Brot die Substanz des Leibes und Blutes Christi wäre, sondern nur ein Schatten, eine Vorwegnahme.

Der Altar darf niemals ohne dieses ewige Feuer sein.

(3. Mose 6:13)

Von jenem Tag an kündigt eine Lampe die Gegenwart an.

Die Heiligkeit des Heiligtums

Für den Christen, der im Bereich der Gnade lebt, sind die Anforderungen der Heiligkeit Gottes nicht weniger streng als für den Juden unter dem Alten Testament. Wenn diejenigen, die sich in der Wüste auflehnten, dem Richterspruch nicht entkamen, um wie viel mehr wir, die wir das Privileg haben, in der Fülle der Offenbarung zu leben.

Hütet euch davor, euch zu entschuldigen, wenn ihr dem nicht zuhört, der zu euch spricht. Für jene anderen, die sich zu entschuldigen suchten, als Gott Seine Warnungen auf Erden aussprach, gab es kein Entrinnen; noch weniger für uns, wenn wir uns abwenden, wenn Er vom Himmel spricht.

(Hebräer 12,25)

Das Alte Testament enthält sieben Fälle plötzlichen Richterspruchs im Zusammenhang mit dem Tabernakel oder dem Tempel, seiner Liturgie, seiner Anbetung oder seinen Gefäßen. Drei davon betrafen das Darbringen von Weihrauch, drei die Bundeslade und einer den Leuchter.

Wahrscheinlich waren die ersten, die in der Wüste starben, Aarons zwei Söhne, die gerade zu Priestern geweiht worden waren. Gott hatte Feuer vom Himmel auf den Opferaltar gesandt und geboten, dass es stets brenne, wie eine Heiligtumslampe vor dem Tabernakel (3. Mose 9,23–24). Was ihre Sünde genau war, ist ungewiss, doch könnte es gewesen sein, dass sie unter verbotenen Umständen Alkohol tranken (3. Mose 10,9); jedenfalls brachten sie ein fremdes Feuer dar. Sie könnten selbst ein Feuer entfacht haben, anstatt es vom Altar zu nehmen, und sie könnten auch einen fremden Weihrauch gemischt haben, der ausdrücklich verboten war (Exodus 30,9–10): „woraufhin der Herr Feuer sandte, das sie verzehrte, und

Melchisedek und das Brot

sie starben dort in der Gegenwart des Herrn" (3. Mose 10,2). Mit dem Geist der Welt in unserer Seele zum Tabernakel zu gehen, anstatt mit dem Geist Christi, bedeutet, fremdes Feuer darzubringen. Aber welche Sünde auch immer jene Priester des Alten Testaments begangen haben mögen, wir sind aufgefordert, „Gott so anzubeten, wie Er es von uns verlangt, in Ehrfurcht und Andacht; zweifellos ist unser Gott ein verzehrendes Feuer" (Hebräer 12,28–29).

Die Bundeslade fiel in die Hände der Philister (1 Könige 4 [1 Samuel 4, RSV]), weil die Juden sie als magisches Amulett benutzten, um sich im Krieg zu schützen. Die Philister stellten sie in den Tempel des Dagon, und die Statue des Gottes fiel vor der Bundeslade nieder, wie diejenigen, die kamen, um Unseren Gesegneten Herrn zu verhaften, beim Erwähnen Seines Namens zu Boden fielen (Johannes 18,6).

Als die Philister sich weigerten, die Macht Gottes anzuerkennen, starben viele von ihnen an der Pest (1 Könige 5,6 [1 Samuel 5,6, RSV]). Wie die Bundeslade eine Quelle des Segens für diejenigen war, die sie ehrten, so war sie auch eine Quelle des Unheils für diejenigen, die die Macht Gottes, der symbolisch in ihr wohnte, nicht anerkannten. Dasselbe gilt für Christus.

Wir sind Christi Weihrauch, der Gott dargebracht wird, und machen sowohl diejenigen sichtbar, die Erlösung erlangen, als auch diejenigen, die auf dem Weg zum Verderben sind; als tödlicher Dunst, wo er den Tod findet, als lebensspendendes Parfum, wo er das Leben findet. Wer kann sich als würdig erweisen, einer solchen Berufung zu folgen?

(2 Korinther 2,15–16)

Überall, wo die Bundeslade hinging, solange sie in den Händen der Philister war, folgte die Strafe Gottes:

Keine Stadt war frei von der Furcht vor dem Tod und von Gottes schwerer Heimsuchung; Selbst diejenigen, die überlebten, hatten schändliche Geschwüre zu versorgen, und überall stiegen Schreie des Schmerzes zum Himmel auf.

(1 Könige 5,12 [1 Samuel 5,12, RSV])

Obwohl wir keine derartigen Manifestationen dieser Macht sehen, wenn die Eucharistie profaniert wird, könnte es nicht sein, dass Gott Seinen Richterspruch für diejenigen aufhebt, die ihr ohne Glauben begegnen? Menschen mögen einwenden, dass sie in Seiner Gegenwart gegessen, wunderbare Werke in Seinem Namen getan und gerufen haben: „Herr, Herr", aber Er wird sagen, dass Er solche Übeltäter nicht kennt (Matthäus 7,21-23; Lukas 12,25-27).

Die Philister wurden schließlich bußfertig, gaben die Bundeslade zurück und brachten Zeichen der Wiedergutmachung für ihre Sünden dar; Aber wie viel mehr Barmherzigkeit hätten sie erlangt, wenn sie die Gegenwart Gottes nicht in Furcht, sondern in der Bitte um Seine Barmherzigkeit anerkannt hätten!

Wenn Gott die Philister so hart bestrafte, weil sie die Bundeslade hielten, die nur ein Versprechen und Urbild der Eucharistie war, wie viel mehr Ehrfurcht sollte die Eucharistie selbst in denen erwecken, die die Wirklichkeit und Substanz besitzen! Wie schrecklich ist es, in die Hände des lebendigen Gottes zu fallen! (Hebräer 10,31) Wie schwach erschien Nebukadnezar, als er Gras fraß (Daniel 4,30)! Was für ein verachtenswerter „Gott" war Herodes, als Würmer seine Eingeweide fraßen (Apostelgeschichte 12,21-23)! Wie bebte Belsazar vor Furcht, seine Knie zitterten beim Anblick der Schrift an der Wand (Daniel 5,6)! Wie floh Felix vor der Erleuchtung, als Paulus mit ihm über Gerechtigkeit und Richterspruch vernunftmäßig sprach (Apostelgeschichte 24,25)! Personen, die von sklavischer Furcht erfüllt sind, suchen das zu vertreiben, was ihnen Schrecken bereitet, statt sich von der Sünde zu trennen, die allein Gott zum Gegenstand der Furcht macht. Uns aber ist die Macht gegeben worden, den Herrn auf unseren Altären herabzurufen! Unsere größeren Privilegien sollten uns erzittern lassen, wenn wir bedenken,

Melchisedek und das Brot

wie Gott diejenigen bestrafte, die weniger Talente und weniger Licht hatten.

Ein weiterer Vorfall aus dem Alten Testament, der dem Priester hilft zu erkennen, wie viel Ehrfurcht Gott für Sein Sakrament verlangt, zeigt sich in der Strafe, die dem Volk von Beth-Schemesch auferlegt wurde. Sie freuten sich, die Bundeslade von den Philistern zurückzuerhalten, versäumten es jedoch, ihr den gebührenden Respekt zu erweisen. Stattdessen, aus unrechtmäßiger Neugier, blickten sie hinein und wurden von Gott geschlagen (1 Könige 6,19 [1 Samuel 6,19, RSV]).

Manche Dinge sind zu heilig, um sie mit neugierigen Augen anzuschauen. Mose durfte sich dem brennenden Dornbusch nicht nähern, um zu sehen, warum er nicht verbrannte (Exodus 3,5). Das Alte Testament enthielt ein sehr strenges Verbot jeglicher ungebührlichen Neugier im Zusammenhang mit heiligen Symbolen. Wie Mose gesagt wurde: „Nahe dich nicht" (Exodus 3,5), so galt in Bezug auf die Bundeslade, die von Aaron und seinen Söhnen getragen werden sollte: „Niemand darf die Geheimnisse des Heiligtums enthüllen, solange sie noch unbedeckt sind, auf Strafe des Todes" (Numeri 4,20).

Wegen ihrer sündhaften Neugier schlug der Herr einige der Bethsamiter selbst, weil sie in die Bundeslade des Herrn hineinschauten (1 Könige 6:19 [1 Samuel 6:19, RSV]). Die Bethsamiter, als Israeliten und mit Leviten unter ihnen, kannten die Gesetze bezüglich der Heiligen Lade und die Ehrfurcht, mit der sie behandelt werden sollte. Wahrscheinlich war der Grund, warum sie hineinschauten, zu sehen, ob die Philister neben den Goldopfern, die sie in eine separate Truhe gelegt hatten, auch Gold hineingelegt hatten, als sie sie zurückbrachten. Damit brachen sie das Gesetz, das dem einfachen Volk sogar verbot, sich der Lade zu nähern, und das den Priester anwies, sie mit einem Schleier zu bedecken.

Wegen der Respektlosigkeit gegenüber dem, was nur ein Bild des Allerheiligsten Sakraments war, wurden die Philister mit Krankheiten belegt, die Israeliten mit dem Tod. Wenn uns die Strafe hart erscheint, so liegt es daran, dass unser Geist nicht die Ehrfurcht aufbringt, die entweder dem gebührt, was Seine Gegenwart symbolisiert, oder dem, was die Gegenwart selbst ist. Nachdem das Unheil über sie gekommen war,

> *Wer kann standhalten, fragten die Bethsamiter, vor einem so heiligen Gott wie diesem?*
>
> (1 Könige 6,20 [1 Samuel 6,20, RSV])

Nachdem die Bundeslade eine Zeitlang im Haus Abinadabs aufbewahrt worden war, wurden seine beiden Söhne, Oza und Ahio, als ihre Führer bestimmt, um den Weg vorzubereiten, während die Ochsen von Oza getrieben wurden. Sie hatten den Dreschplatz von Nachon erreicht, als die Ochsen zu treten begannen und dadurch die Lade zur Seite kippte. Oza streckte die Hand aus und ergriff sie. Die Handlung schien unter den Umständen natürlich, wurde jedoch als unbesonnene Tat bestraft, da sie „den göttlichen Zorn erregte"; der Herr schlug ihn, und er starb dort neben der Lade" (2 Könige 6,7 [2 Samuel 6,7, RSV]).

So groß war der Unmut des Herrn, wenn der Bundeslade irgendeine Ehrfurchtslosigkeit erwiesen wurde. Das Gesetz war eindeutig darüber, wer die Lade berühren durfte und wie sie getragen werden sollte. Es war nicht rechtens, sie in einen Wagen zu legen, wie es geschehen war, noch durfte sie jemand berühren außer dem Priester:

> *Wenn Aaron und seine Söhne dann das Heiligtum und all seine Gerätschaften für den Marsch eingehüllt haben, werden die Söhne Kaaths [Kohath] eintreten und sie in ihren Einwicklungen wegtragen; Sie dürfen die Dinge des Heiligtums nicht berühren, unter Todesstrafe.*
>
> (Numeri 4,15)

Die Bundeslade hätte mit zwei Stangen getragen werden müssen, die von Priestern gehalten wurden. Oza war kein Priester und war daher nicht befugt, das Heilige zu berühren. Diese Verletzung von

Melchisedek und das Brot

Gottes Gebot mag die Frucht einer gewohnheitsmäßigen Respektlosigkeit gewesen sein, hervorgerufen durch lange Vertrautheit mit der Bundeslade. Gottes Handeln zeigte, dass kein Dienst Ihm gefällig war, außer er wurde durch strikte Einhaltung Seines offenbarten Willens geregelt. Die äußerste Ehrfurcht wurde von allen gefordert, die sich Ihm näherten (3. Mose 10,3).

Wie streng der Herr Seine Priester ermahnt:

Hütet euch unbefleckt, ihr, die ihr die Gefäße der Anbetung des Herrn in eurer Obhut habt.

(Jesaja 52,11)

Das Privileg, dem Mystischen Leib Christi anzugehören, bringt sowohl gewaltige Privilegien als auch entsprechende Verantwortlichkeiten mit sich.

Kein Volk habe ich zu meinem Eigentum erklärt, außer euch; und keine Schuld von euch wird ungestraft bleiben.

(Amos 3,2)

Solche sind die Richtersprüche, die über die Menschen im Zusammenhang mit dem Tabernakel oder dem Tempel, seiner Anbetung, seinen heiligen Gefäßen oder seinem Priestertum verhängt werden. Wenn man all dies zusammen betrachtet, erbebt man vor der Ehrfurcht, die Gott für die Dinge fordert, die Ihm gehören, und vor der Strafe, die Er manchmal für die geringste Verletzung dessen, was Ihm geweiht ist, verhängt. Der Altar, an dem der Priester steht, ist heilig.

Wenn die Engel erzittern, sollen wir dann nicht beben? Aber die Gegenwart darf keine Furcht entfachen, die aus Sünde oder Gotteslästerung geboren ist, sondern eine heilige Furcht, die aus der Liebe zu dem Einen erwächst, der unter uns wohnt. Wie Leo XIII. es ausdrückte:

Unser Herr hat sie eingesetzt, um an die höchste Liebe zu erinnern, durch die Unser Erlöser alle Schätze Seines Herzens ausgegossen hat, um bis zum Ende der Zeiten bei uns zu bleiben.

Melchisedek und das Brot

Die wahre Gegenwart

Es ist eine häufige Erfahrung, auf der Straße von einem Fremden angesprochen zu werden, der fragt: „Wo wohnt Soundso?" Dieselbe Frage wurde im Lauf der Jahrhunderte denen gestellt, die an Gott glauben:

Täglich muss ich den Spott hören: Wo ist jetzt dein Gott?

(Psalm 41,4 [42,3, RSV])

Für den Leidenden mag es scheinen, als sei Gott verschwunden. Doch in den ruhigeren Momenten des Neuen Testaments fragten Seine Jünger eines Tages Unseren Herrn:

Wo wohnst Du?

(Johannes 1,38)

Johannes und Andreas hatten Ihn bereits sprechen hören; sie hatten ihre Theologie gelernt, nämlich dass Er das „Lamm Gottes" ist (Johannes 1,36–37) und somit der Erlöser. Dort, leibhaftig gegenwärtig, war der, nach dem alle Zeitalter atemlos verlangten. Sie begannen, Unserem Herrn zu folgen, und Er sprach die ersten Worte Seines öffentlichen messianischen Wirkens:

Was willst Du von Mir?

(Johannes 1,38)

Mensch? Lehrer? Erlöser? Ansehen? Aufstieg? Macht? Was sucht jeder von uns in Christus? Ist es etwas, das Er hat, oder ist Er es selbst?

Die Antwort der Jünger war eine einfache Frage:

Wo wohnst Du? (Johannes 1,38)

Wo ist Seine bleibende Gegenwart? Wo Seine Wohnung? Wir wissen, Seine Macht ist in den Bergen; Seine Weisheit in den Gesetzen der Natur; Seine Liebe in der Gravitation, die alle Dinge zu einem Zentrum zieht. Aber das ist nicht Gegenwart. Das sind nur

Melchisedek und das Brot

Wirkungen. Aber Leib, Blut, Seele und Göttlichkeit — „Wo wohnst Du?"

Wir kennen die Antwort theoretisch. Er wohnt in der Eucharistie. Aber in der Praxis, wissen wir das? Ach! Das erfordert eine besondere Suche, eine zusätzliche Anstrengung, vielleicht eine Stunde, um es zu erkennen. Deshalb antwortete Er auf ihre Frage:

Komm und sieh. (Johannes 1,39)

Das „Komm" ist eine Einladung zum Besuch; „sehen" bedeutet, zu genießen. Die ersten Worte, die von den Lippen dessen fielen, der das Brot des Lebens ist, waren eine Einladung, eine tiefere Vereinigung mit Ihm zu suchen. Johannes und Andreas nannten Ihn „Meister", als sie Ihn zum ersten Mal sahen, doch nun wurden sie gedrängt zu erkennen, dass Er der „Herr" ist. Beim Letzten Abendmahl war Er für Judas noch „Meister", für die anderen jedoch „Herr".

Von jenem Tag an wird Priestern, die „kommen und sehen", unmittelbare Erkenntnis von Ihm als Herr zuteil. Priester können folgen, wie Johannes und Andreas. Die eucharistische Andacht ist etwas Hinzugefügtes, etwas Besonderes im Verständnis Unseres Herrn. Man kann die gesamte Theologie vom Lamm Gottes und der Erlösung kennen und dennoch nicht den „zusätzlichen" Weg gehen, um zu wissen, wo Er „wohnt". Das „Kommen" verlangt, das Pfarrhaus oder die Zeitschrift zu verlassen; Um „zu sehen" bedarf es der Gegenwart Seiner Gegenwart. Doch einmal vor Seinem Tabernakel können wir mit Hiob sagen:

Ich habe jetzt Deine Stimme gehört; nein, mehr noch, ich habe Dich gesehen.

(Hiob 42, 5)

Ein frisch geweihter französischer Priester erhielt Besuch von einem fremden Priester einer anderen Nationalität. Da der Besucher ungepflegt war, erhielt er ein ärmliches Zimmer auf dem

Melchisedek und das Brot

Dachboden. Der französische Priester erlebte noch, wie dieser Besucher als Don Bosco heiliggesprochen wurde. Als er von der Heiligsprechung erfuhr, dachte er: „Wenn ich gewusst hätte, dass er ein Heiliger war, hätte ich ihm ein besseres Zimmer gegeben." Was werden unsere Gedanken am Tag des Richterspruchs sein, wenn wir an die tausend Male zurückdenken, in denen wir an unserer Kirche oder einer Kapelle vorbeigingen, ohne auch nur ein kurzes Gebet oder einen Gruß? Der Wirt in Bethlehem erkannte nicht, dass Er es war. Die Kapitalisten der Gergesener wussten nicht, dass Er es war. Die Samariter, die Ihn nicht aufnehmen wollten, wussten nicht, dass Er es war.

Wenn wir nun die Frage stellen: „Wo wohnst Du?", zeigt Er auf den Tabernakel und sagt: „Komm und sieh." Wir sollten Ihn nicht nicht lieben, wenn Er sich uns so nahe bringt. Johannes und Andreas geben das Beispiel:

Sie gingen hin und sahen, wo Er wohnte, und blieben den ganzen restlichen Tag bei Ihm, ungefähr ab der zehnten Stunde.

(Johannes 1,39)

Das „gingen hin und sahen" glich dem „komm und sieh" aus. Doch es gab noch mehr: „und sie blieben bei Ihm." Kein Priester, der je aus einer solchen Stunde in Seiner Gegenwart auferstanden ist, wird jemals andere Worte auf den Lippen haben als die von Andreas:

Wir haben den Messias entdeckt.

(Johannes 1,41)

Unmittelbar nach diesem Besuch brachte Andreas seinen Bruder Petrus zum Herrn. Das Werk der Bekehrung ist untrennbar verbunden mit langen Besuchen bei Jesus in Seinem Wohnort.

~ 13 ~

Judas und der erste Riss in Seinem Priestertum

Wo beginnt ein geistlicher Niedergang? Was ist das erste Symptom einer Kette von Sünden? Die traditionell genannten Feinde der Spiritualität sind die Welt, das Fleisch und der Teufel. Sind diese aber nicht sekundär? Gibt es nicht zuerst eine Loslösung von etwas, bevor eine Bindung an irgendetwas möglich ist? Es wird oft gesagt, dass Judas, das höchste Beispiel des gefallenen Apostels, zuerst durch Habgier verdorben wurde. Das Evangelium unterstützt diese Ansicht nicht. Habgier könnte möglicherweise seine Absicht gewesen sein, als er den Ruf Christi annahm, Ihm nachzufolgen. So wie sie sich in seinem Leben zeigte, erforderte sie jedoch eine gewisse Wachsamkeit, um nicht entdeckt zu werden. Wie sehr muss er sich gewunden haben, als Unser Gesegneter Herr die Gleichnisse von der Eitelkeit des Reichtums entfaltete! Sicherlich erkannte er, dass sie auf ihn zutrafen.

Später wurde die Habgier kühn. Judas protestierte gegen die Verschwendung Marias, die die Füße des Erlösers mit kostbarem Salböl salbte. Da er den Preis von allem kannte und den Wert von nichts, rechnete Judas aus, dass die Kosten des Salböls einem Menschen ein Jahr lang ein bequemes Leben ermöglichen würden. Wie enttäuscht muss Judas gewesen sein, als er zuvor Zachäus von Jericho Unserem Herrn hatte sagen hören:

> *Hier und jetzt, Herr, gebe ich die Hälfte von dem, was ich habe, den Armen; und wenn ich jemandem in irgendeiner Weise Unrecht getan habe, mache ich es vierfach wieder gut.*

Judas und der erste Riss in seinem Priestertum

(Lukas 19,8)

Judas muss sich auch gefragt haben, warum Matthäus einen einträglichen Posten als Zöllner aufgab, um der Armut des Erlösers zu folgen. Matthäus selbst mag überrascht gewesen sein, dass er nicht zum Schatzmeister ernannt wurde, aufgrund seiner Vertrautheit mit Geldgeschäften. Geldliebe war bei Judas vorhanden; das ist offensichtlich. Sie zeigte sich deutlich, als er das zerbrochene Parfüm über die Füße des Herrn sah.

Was bedeutet diese Verschwendung? ... Es wäre möglich gewesen, dies zu einem hohen Preis zu verkaufen und den Armen Almosen zu geben.

(Matthäus 26,8-9)

Maria gehorchte dem instinktiven Impuls unberechneter Liebe, nur um beschuldigt zu werden, nicht berechnet zu haben. Verliebte auf der Erde kümmern sich wenig um die Nützlichkeit ihrer Gaben. Wahre Liebende Christi messen ihre Gaben nicht. Sie zerbrechen Alabaster und geben alles. Für Judas, den kaltblütigen Zuschauer, war es jedoch nutzloser Verschwendung. Habgier kann in der Tat eine der großen Sünden des Priesters sein und vielleicht die heimtückischste. Es ist eine Art „saubere" Sünde, weil sie sich unter dem Deckmantel der Klugheit, der „Fürsorge für das Alter", tarnt. Simon Magus erkannte zum Beispiel sehr schnell, dass das Handauflegen ein guter Weg war, Geld zu machen (Apostelgeschichte 8,19).

Der gute Priester lebt für seine Berufung; der habgierige Priester lebt von seiner Berufung. Wenn er an einer pastoralen Konferenz teilnimmt, ignoriert er jeden Hinweis auf die Heiligung des Klerus, auf moralische und geistliche Disziplin, auf die Krankenvisitation. Aber wenn der Bischof über Gehälter, Stola-Gebühren und Beförderungen spricht, dann richtet er sich auf und hört zu. Er ist stets darauf aus, eine „bessere" Pfarrei zu erhalten, doch für ihn bedeutet „besser" einfach nur lukrativer.

Den Worten des Herrn zum Trotz glaubt der habgierige Mensch, er könne sowohl Gott als auch dem Mammon dienen. Was Unser Herr meinte, war, dass ein Mensch sein Herz nicht zwischen Gott und Geld teilen kann; und wenn er es könnte, will Gott keinen Anteil an einem geteilten Herzen. Der Hl. Paulus sagte:

Ihr wisst genau, dass ihr, wo ihr einem Sklaven zustimmt, euch als Sklaven dieses Meisters erweist; Sklaven der Sünde, dem Tod geweiht, oder Sklaven des Gehorsams, der Rechtfertigung geweiht.

(Römer 6,16)

Es kommt oft vor, dass diejenigen, die Reichtum anhäufen, in anderen Belangen manchmal sündenlos sind. Sie sind Zölibatäre, sie achten vielleicht sogar peinlich genau auf die äußeren Gesetze der Kirche, doch ebenso waren es die Pharisäer, *„die Pharisäer, die Reichtum liebten"* (Lukas 16,14). Es war ihnen, denen der Herr das Gleichnis vom reichen Mann und Lazarus erzählte (Lukas 16,19-31).

War Habgier der Anfang des Falls von Judas?

Aber war Habgier die Ursache für den Fall Judas? Nein! Sein Fall begann mit Mangel an Glauben und Vertrauen in den Herrn, was deutlich wurde, als Jesus zur Zeit des zweiten Passah, das im Evangelium des Hl. Johannes erwähnt wird, der Menge, die Ihm nach Kafarnaum gefolgt war, die Eucharistie versprach (Johannes 6). Petrus glaubte und bekannte seinen Glauben. Aber Jesus wusste, dass nicht alle der Zwölf treu waren:

Habe ich nicht alle zwölf von euch erwählt? Und einer von euch ist ein Teufel. Er sprach von Judas, dem Sohn des Simon, dem Iskariot, der einer der Zwölf war und Ihn verraten sollte.

(Johannes 6,71-72)

Es war Judas' Mangel an Glauben, der sein Herz verhärtete und ihn in seiner Habgier bestätigte. Ein Jahr später, wiederum zur Passahzeit, tadelte Unser Herr Judas wegen seiner Geldgier. Der Hl. Johannes eröffnet seinen Bericht über die Tragödie des

Judas und der erste Riss in seinem Priestertum

Kalvarienbergs mit den Worten: „Sechs Tage vor dem Passahfest ging Jesus nach Bethanien" (Johannes 12,1). Dort, im Haus des Lazarus, salbte Maria Jesus. Doch „der, der Ihn verraten sollte" (Johannes 12,4) protestierte, dass das Geld den Armen gegeben werden solle. Inzwischen war klar, dass Judas „ein Dieb war" (Johannes 12,6), und Jesus antwortete ihm, indem Er ihn zugleich tadelte und Seinen eigenen Tod voraussagte,

Lasst sie in Ruhe; es genügt, dass sie es für den Tag aufbewahrt, an dem mein Leib zur Beerdigung bereitet wird. Ihr habt die Armen allezeit bei euch; Ich aber bin nicht allezeit bei euch.
(Johannes 12,7-8)

So wird die Geschichte vom Fall Judas in Bezug auf das Passah erzählt. Es war bei einem Passah, dass Unser Herr zuerst die Eucharistie ankündigte, und bei einem anderen Passah setzte Er sie ein. Die erste Zerreißprobe in der Seele Judas war, als Unser Herr sagte, Er werde den Menschen Seinen Leib und Sein Blut als Speise geben. Der völlige Zusammenbruch kam in der Nacht des Letzten Abendmahls, als Unser Gesegneter Herr dieses Versprechen erfüllte. Hier ist ein unmissverständlicher Beweis dafür, dass Treue und Heiligkeit einerseits und Verrat und Untreue andererseits mit der Eucharistie, dem Brot des Lebens, verbunden sind. Der erste Riss im Priestertum zeigt sich in unserer Haltung zur Eucharistie: die Heiligkeit, mit der wir die Messe feiern, die Empfindsamkeit unserer Andacht zum Allerheiligsten Sakrament.

Die erste Erwähnung in der Bibel, dass Judas ein Verräter war, erfolgte nicht, als er seine Gier offenbarte, sondern als Unser Herr sich selbst als das Brot des Lebens erklärte. Bei dieser Gelegenheit verlor Unser Herr die Unterstützung dreier unterschiedlicher Arten von Jüngern; Er verlor die Massen, weil Er sich weigerte, ein Brot-König zu sein, der die Eucharistie anstelle von Überfluss gab; Er verlor verschiedene Jünger, die *„nicht mehr in Seiner Gemeinschaft wandelten"* (Johannes 6,67), weil die Eucharistie für sie ein Skandal war; schließlich verlor Er Judas.

Judas und der erste Riss in seinem Priestertum

Zwei, die von Christus berufen wurden, Priester zu sein, werden vom Hl. Johannes gegenübergestellt: Petrus und Judas. Als die massenhaften Abfälle nach der Ankündigung Christi folgten, dass Er Sein Fleisch geben werde für das Leben der Welt, fragte Unser Herr Petrus, ob auch er gehen wolle. Petrus antwortete:

Herr, zu wem sollen wir gehen? Deine Worte sind Worte des ewigen Lebens; wir haben gelernt zu glauben und sind überzeugt, dass Du der Christus, der Sohn Gottes bist.

(Johannes 6,69–70)

Das Herz Unseres Herrn wird nun traurig wegen dessen, was mit Seinen Zwölfen geschah. Die Zahl war symbolisch, stammte von den zwölf Patriarchen und den zwölf Stämmen und wurde so oft in Bezug auf die Apostel verwendet. War nicht jeder der zwölf Apostel aus einem der zwölf Stämme? Daher liegt etwas Tragisches in der göttlichen Klage:

Jesus antwortete ihnen: Habe ich nicht alle zwölf von euch erwählt? Und einer von euch ist ein Teufel. Er sprach von Judas, dem Sohn des Simon, dem Iskariot, der einer der Zwölf war und Ihn verraten sollte.

(Johannes 6,71–72)

Habgier später! Doch schon lange vor der Mahlzeit im Haus Simons, lange vor seinem Austausch mit den Tempelpriestern, wird Judas zuerst als Verräter bezeichnet, als Unser Herr uns Sein Fleisch zu essen und Sein Blut zu trinken gibt. Was fügten die dreißig Silberstücke zum Verkauf dieses Leibes und Blutes hinzu? Er hatte es bereits verleugnet! Er ist zunächst ein Dieb, dann ein Verräter; später ein offener Verbündeter des Feindes. Er stahl aus der apostolischen Kasse und entwickelte einen neurotischen Hass sowohl gegen das Geld als auch gegen sich selbst; schließlich nahm er sich das Leben. Doch wann zeigte sich der Riss zum ersten Mal? Wann begann der unsichtbare Zusammenbruch – so unsichtbar, dass die Apostel beim Letzten Abendmahl nichts davon wussten? Er begann, als derjenige, der berufen war, Priester und Opfer zu sein, sich weigerte, die Worte seines Herrn anzunehmen:

Wie Ich lebe durch den Vater, den lebendigen Vater, der Mich gesandt hat, so wird auch der, der Mich isst, durch Mich leben.

(Johannes 6,58)

Das Fleisch! Gewiss, es erklärt bestimmte Aspekte priesterlicher Schwäche. Weltlichkeit! Liebe zu Aktien und Anleihen! Luxus! Alkohol! Nenne jede Sünde, die dir einfällt. Dies sind die Schwänze an den fallenden Drachen des Priestertums. Doch bereits vor dem Auftreten dieser anderen Formen von Nacktheit und Schande klaffte ein Riss im Gewand der Heiligkeit. Unser Herr weiß, wo all diese offensichtlichen und skandalösen Sünden ihren Ursprung hatten. Vielleicht begannen sie in einer „fünfzehnminütigen Messe", einem „einminütigen Dankgebet", einer Flucht vom Nachthemd zur Albe, einem Versäumnis, den eucharistischen Erlöser außer „offiziell" zu besuchen, wenn man „musste" Messe feiern oder Andachten halten. Doch irgendwo, irgendwie versagte der Mann, der Priester ist wegen der Eucharistie, ein eucharistischer Priester zu sein. Wenn ein Chirurg sich vom menschlichen Leib und Blut fernhielte, würde er dann nicht seine Fertigkeit verlieren? Ist Er nicht gerade für Leib und Blut befugt? Aber wir, die wir nicht „befugt", sondern „geweiht" sind für Leib und Blut, wie sollen wir unsere Kraft, unsere Heiligkeit, unsere priesterliche Kunst bewahren, wenn nicht durch den lebendigen Glauben an den Leib und das Blut Christi?

Der Verrat und das Passah

Die Evangelien machen deutlich, Judas mit dem Passah in Verbindung zu bringen. Habgier, eine der Folgen seines Versagens, eucharistisch zu sein, wird zuerst in diesem Zusammenhang erwähnt:

Sechs Tage vor dem Paschafest ging Jesus nach Bethanien.

(Johannes 12,1)

Judas und der erste Riss in seinem Priestertum

So sind die Worte, mit denen der Geliebte Jünger den Vorhang zur Tragödie des Kalvarienbergs hebt. Und wer wird zuerst genannt? Judas! Wie Maria, die Schwester des Lazarus, dem Leib und Blut des Erlösers Verehrung erweist, indem sie Ihn „für das Begräbnis" salbt (Johannes 12,7–8), so verrät Judas seine Habgier und bereitet sich darauf vor, diesen Leib und dieses Blut zu verkaufen.

Die Heuchelei des Judas, der Sorge um die Armen Ausdruck verleiht, wird durch die Identifikation Unseres Herrn mit den Armen in derselben Woche (Matthäus 25,35 ff.) besonders hervorgehoben. Als Jesus Judas tadelte und ihm sagte: „Lass sie in Ruhe" (Johannes 12,7), fasste der falsche Apostel den Entschluss, den Verrat zu vollenden.

Und einer von den Zwölfen, Judas, der Iskariot genannt wurde, ging zu den Hohepriestern und fragte sie: Was wollt ihr mir geben, wenn ich Ihn euch überliefere? Und sie legten ihm dreißig Silberstücke vor, und von da an suchte er eine Gelegenheit, Ihn zu verraten.
(Matthäus 26,14-16)

Das Kreuz vereinte nicht nur die Freunde Unseres Herrn, sondern auch Seine Feinde. Die Sadduzäer und Pharisäer, Judas und der Sanhedrin, Rom und die Tempelpriester, Herodes und Pilatus – alle jene, die geringere Feindschaften hegten, vereinten sich in der größeren Feindschaft gegen Jesus, den Erlöser der Welt. Die Kirche, die der fortwährende Christus ist, muss in Krisenzeiten stets mit solchen feindlichen Koalitionen rechnen. Das Böse ist überempfindlich gegenüber dem Guten. Es erkennt eine Bedrohung seiner Existenz lange bevor gute Menschen die Zeichen der Zeit wahrnehmen.

Judas beim Letzten Abendmahl

Nun kommt das Passah des Todes Unseres Herrn, wenn das wahre Lamm Gottes für uns Pilger zur Ewigkeit geopfert wird. Die zwölf Apostel sind um Unseren Herrn versammelt. Wo saß Judas bei dieser ersten Messe? Johannes saß gewiss auf der Seite Seines

Judas und der erste Riss in seinem Priestertum

Herzens. Wer saß auf der anderen Seite des Herrn? Möglicherweise Petrus, obwohl ein Detail dagegen spricht:

Jesus hatte einen Jünger, den Er liebte, der nun mit dem Kopf an Jesu Brust lehnte; Simon Petrus gab ihm daher ein Zeichen und fragte ihn: Wer ist es, den Er meint?

(Johannes 13,23-24)

Wenn Petrus auf der anderen Seite gewesen wäre, hätte er kaum ein Zeichen gemacht, wie hier beschrieben.

Konnte Judas neben Unserem Herrn gesessen haben? Es ist vorstellbar, denn Unser Herr unternimmt viele Versuche, diejenigen zu retten, die Er erwählt hat. Matthäus scheint dies anzudeuten, denn wie sonst hätte Christus Judas sagen können, dass Er seine Absichten kenne, während die anderen weiterhin den Eindruck hatten, er sei hinausgegangen, um den Armen zu helfen (Matthäus 26,22.25)? Verräter und Treulose wissen selten, dass sie entlarvt sind. Wenn Judas also diesen Platz als Zeichen der Göttlichen Liebe erhalten hatte, wie sehr muss er in seinem verhärteten Herzen gedacht haben: „Wenn Er gewusst hätte, was ich tun werde, hätte Er mir diesen Platz niemals gegeben."

An dieser Stelle bezog sich Unser Herr erneut auf das Passah:

Ich habe mich sehnsüchtig danach gesehnt, dieses Paschamahl mit euch vor Meiner Passion zu teilen.

(Lukas 22,15)

Wurde Judas an das andere Passah erinnert, als Unser Herr die Eucharistie verheißen hatte?

Ebenso bedeutsam für Judas, obwohl von ihm ignoriert, war die Betonung der Demut in diesem feierlichen Moment der Einsetzung der Eucharistie. Unser Herr bestand darauf, dass Seine Apostel in gewissem Sinne Könige seien. Er leugnete ihren Instinkt für Aristokratie nicht, doch sagte Er ihnen, dass ihre Adeligkeit die des Humils sei, wobei der Größte der Kleinste werde. Um die Lektion

Judas und der erste Riss in seinem Priestertum

zu verdeutlichen, erinnerte Er sie an die Stellung, die Er unter ihnen als Meister und Herr des Tisches einnahm und dennoch frei von jedem Anflug von Überlegenheit war. Oft wiederholte Er, dass Er nicht gekommen sei, um bedient zu werden, sondern um zu dienen. Die Last anderer und besonders ihre Schuld zu tragen, war der Grund, weshalb Er der vom Jesaja (52,13–53,12) verheißene „leidende Knecht" wurde. Und nicht zufrieden mit Worten, untermauerte Er sie durch das Beispiel.

Und nun, vom Abendmahl aufstehend, legte Er Seine Gewänder ab, nahm ein Tuch und legte es um sich; dann goss Er Wasser in das Becken und begann, die Füße Seiner Jünger zu waschen und sie mit dem Tuch abzutrocknen, das Ihn umgürtete.

(Johannes 13,4)

Die Detailgenauigkeit von Johannes' Beschreibung ist auffallend. Es werden sieben verschiedene Handlungen aufgezählt: Aufstehen, das Ablegen Seiner Gewänder, das Ergreifen eines Tuchs, das Umlegen desselben, das Eingießen von Wasser, das Waschen der Füße und das Abtrocknen der Füße mit dem Tuch. Man kann sich einen irdischen König vorstellen, der kurz bevor er aus einer fernen Provinz zurückkehrt, einem seiner Untertanen einen demütigen Dienst erweist; aber man würde nicht sagen, dass er dies tut, weil er bald in seine Hauptstadt zurückkehren wird. Doch Unser Gesegneter Herr wird beschrieben, wie Er die Füße der Jünger wäscht, weil Er zum Vater zurückkehren soll. Er hatte Demut durch Vorschrift gelehrt: „Wer sich selbst erniedrigt, wird erhöht werden" (Lukas 14,11); durch Gleichnis, wie in der Geschichte vom Pharisäer und Zöllner; durch Beispiel, wie als Er ein Kind in Seine Arme nahm; und nun durch Herablassung.

Die Szene glich einer Nachstellung Seiner Inkarnation. Vom Himmlischen Mahl aufstehend in inniger Naturvereinigung mit dem Vater, legte Er die Gewänder Seiner Herrlichkeit ab, hüllte Seine Göttlichkeit in das Tuch der menschlichen Natur, das Er von Maria nahm; Er goss das Becken der Wiedergeburt aus, das Sein auf dem Kreuz vergossenes Blut ist, um die Menschen zu erlösen, und

Judas und der erste Riss in seinem Priestertum

begann, die Seelen Seiner Jünger und Nachfolger durch die Verdienste Seines Todes, Seiner Auferstehung und Himmelfahrt zu reinigen. Der Hl. Paulus drückte es schön aus:

Seine Natur ist von Anfang an göttlich, und doch sah Er in der Rangordnung der Gottheit keinen Preis, der begehrt werden sollte; Er entäußerte sich selbst, nahm die Natur eines Knechtes an, wurde in der Gestalt der Menschen gleich und erschien uns in menschlicher Gestalt; und dann erniedrigte Er Seine eigene Würde, nahm einen Gehorsam an, der Ihn bis zum Tod führte, zum Tod am Kreuz.

(Philipper 2,6-8)

Sobald Petrus' Proteste verstummen, sind die anderen Jünger regungslos, verloren in stummer Verwunderung. Wenn Demut vom Gottmenschen ausgeht, wie hier, ist es offensichtlich, dass die Menschen durch Demut zu Gott zurückkehren werden. Jeder hätte seine Füße aus dem Becken zurückgezogen, wäre da nicht die Liebe gewesen, die ihre Herzen durchdrang.

Doch Unser Herr war noch nicht bereit, Judas aufzugeben. Noch einmal versuchte Er, ihn zur Erkenntnis dessen zu erwecken, was er plante.

Und ihr seid jetzt rein; nur nicht alle von euch.

(Johannes 13,10)

Es war eine Sache, als Apostel ausgewählt zu werden; eine andere, durch die Einhaltung der entsprechenden Verpflichtungen zur Erlösung erwählt zu sein. Damit die Apostel jedoch erkennen würden, dass Häresie, Schismen oder Verrat in ihren Reihen nicht unerwartet waren, zitierte Jesus Psalm 40, um zu zeigen, dass dies von den Propheten vorausgesehen worden war:

Der Mann, der Mein Brot teilte, hat seine Ferse erhoben, um Mich zu Fall zu bringen. Ich sage euch dies jetzt, bevor es

Judas und der erste Riss in seinem Priestertum

geschieht, damit ihr, wenn es geschieht, glaubt, dass es über Mich geschrieben steht.

(Johannes 13,18-19)

Die Anspielung bezog sich auf Davids Leiden durch Ahithophel, eine Illoyalität, die nun als Vorausbild dessen erkannt wird, was Davids königlicher Sohn erleiden würde. Der niedrigste Teil des Leibes, die Ferse, wurde in beiden Fällen als derjenige beschrieben, der die Wunde zufügte. In Genesis (3,14) sagte Gott zur Schlange, dass die Frau ihn zertreten werde, während er auf ihre Ferse lauere. Es schien nun, dass der Teufel eine momentane Rache erlangen würde, indem er die Ferse benutzte, um dem Samen der Frau — dem Herrn — eine Wunde zuzufügen. An anderer Stelle sagte Unser Herr:

Die Feinde eines Menschen werden die seines eigenen Hauses sein.

(Matthäus 10,36)

Nur wer einen solchen Verrat aus dem eigenen Haus erfahren hat, kann auch nur ansatzweise die Traurigkeit der Seele des Erlösers in jener Nacht erfassen. Alle guten Beispiele, Ratschläge, Gemeinschaft und Inspiration sind fruchtlos bei denen, die Böses tun wollen. Einer der stärksten Ausdrucksformen des Kummers, die Jesus nun von Seinen Lippen fallen ließ, um Seine Liebe zu Judas zu beschreiben und die freie Entscheidung des abtrünnigen Apostels zur Sünde zu beklagen.

Jesus bezeugte die Not, die Er in Seinem Herzen empfand; Glaubt mir, sagte Er, glaubt mir, einer von euch wird Ihn verraten.

(Johannes 13,21)

Es gab insgesamt zwölf Fragen. Zehn der Apostel fragten:

„Bin ich es, *Herr?*"

Judas und der erste Riss in seinem Priestertum

Sie waren alle voller Kummer und begannen nacheinander zu sagen: Herr, bin ich es?

(Matthäus 26,22)

Einer jedoch fragte:

Herr, wer ist es?

(Johannes 13,26)

Das war Johannes selbst. Der Zwölfte hatte kaum eine andere Wahl, als seine Heuchelei fortzusetzen.

Dann sagte Judas, der Ihn verriet, offen: Meister, bin ich es?

(Matthäus 26,25)

Beachte, dass elf Ihn Herr nannten; doch Judas nannte Ihn Meister. Es ist eine perfekte Veranschaulichung von Hl. Paulus' Beharren darauf, dass nur durch den Heiligen Geist jemand sagen kann: „Jesus ist der Herr" (1 Korinther 12,3). Weil der Geist, der Judas erfüllte, satanisch war, nannte er Ihn Meister; die anderen nannten Ihn Herr, im vollen Bekenntnis der Göttlichkeit.

Während des ersten Teils des Passahmahls tauchten sowohl Unser Herr als auch Judas ihre Hände in dasselbe Gefäß mit Wein und Früchten. Die Tatsache, dass Unser Herr gerade das Brot als Symbol des Verrats wählte, könnte Judas an das in Kapernaum verheißenen Brot erinnert haben. Menschlich betrachtet hätte Unser Herr Judas mit Donnerstimme verurteilen müssen, doch vielmehr benutzte Er in einem letzten Versuch, ihn zu retten, das Brot der Gemeinschaft.

Er antwortete: Der Mann, der seine Hand mit mir in die Schale taucht, wird mich verraten. Der Sohn des Menschen geht seinen Weg, wie es die Schrift von Ihm voraussagt; Doch wehe dem Menschen, durch den der Sohn des Menschen verraten wird; Es wäre besser für diesen Menschen, wenn er nie geboren wäre.

(Matthäus 26,23-25)

Judas und der erste Riss in seinem Priestertum

In der Gegenwart der Göttlichkeit, wer kann seiner Unschuld sicher sein? Es war vernünftig, dass jeder Jünger fragte, ob er es sei. Der Mensch ist ein Geheimnis, sogar für sich selbst. Er weiß, dass in seinem Herzen Schlangen liegen, zusammengerollt und schlummernd, die jederzeit einen Nächsten oder sogar Gott mit ihrem Gift stechen können. Keiner von ihnen konnte sich sicher sein, dass er nicht der Verräter war, auch wenn keiner sich einer Versuchung bewusst war, Ihn zu verraten. Nur Judas wusste, wo er stand. Obwohl Unser Herr Sein Wissen um den Verrat offenbarte, blieb Judas in seinem Entschluss, das Böse zu tun, unbeirrt. Die Offenbarung, dass das Verbrechen aufgedeckt und das Böse entblößt war, beschämte ihn nicht zu einem Rückzug.

Manche schrecken entsetzt zurück, wenn ihre Sünden ihnen unverblümt vor Augen geführt werden. Doch obwohl Judas seinen Verrat in all seiner Entstellung sah, erklärte er in der Sprache Nietzsches gewissermaßen: „Böse, sei Du mein Gut." Unser Herr gab Judas ein Zeichen. Als Antwort auf die Frage der Apostel („Bin ich es?") erklärte Er:

Es ist der Mann, dem ich dieses Stück Brot gebe, das ich in die Schale tauche. Dann tauchte Er das Brot und gab es Judas, dem Sohn des Simon, dem Iskariot.
(Johannes 13,26–27)

Dass Judas seine Sünde freiwillig beging, wird durch seine anschließende Reue belegt. Ebenso war Christus frei, Seinen Verrat zur Bedingung Seines Kreuzes zu machen. Böse Menschen scheinen der Ökonomie Gottes zuwiderzulaufen, ein fehlgeleiteter Faden im Gewebe des Lebens zu sein, doch sie fügen sich alle in den göttlichen Plan ein. Wenn der wilde Wind aus den schwarzen Himmeln braust, gibt es irgendwo ein Segel, das ihn einfängt und zum nützlichen Dienst des Menschen einspannt.

Als Unser Herr sagte: „Es ist der Mann, dem ich dieses Stück Brot gebe, das ich in die Schale tauche", bot Er tatsächlich eine Geste der Freundschaft an. Das Geben des Bissens scheint sowohl bei Griechen als auch bei Semiten Tradition gewesen zu sein. Sokrates

Judas und der erste Riss in seinem Priestertum

sagte, es sei stets ein Zeichen der Gunst, einem Tischnachbarn einen Bissen zu geben. Unser Herr bot Judas die Möglichkeit zur Umkehr an, wie Er es später erneut im Garten Gethsemane tat. Doch obwohl Unser Herr die Tür offenhielt, wollte Judas nicht eintreten. Vielmehr sollte Satan eintreten.

Der Bissen, der einst gegeben wurde, ließ Satan in ihn eindringen; und Jesus sagte zu ihm: Sei schnell auf deinem Weg.
(Johannes 13,27)

Satan besitzt nur willige Opfer. Die Zeichen der Barmherzigkeit und Freundschaft, die das Opfer ausstreckte, hätten Judas zur Umkehr bewegen müssen. Das Brot muss seine Lippen verbrannt haben, wie die dreißig Silberstücke später seine Hände verbrennen würden. Nur wenige Minuten zuvor hatten die Hände des Sohnes Gottes die Füße Judas gewaschen; nun berühren dieselben göttlichen Hände die Lippen Judas mit einem Bissen; In wenigen Stunden werden die Lippen Judas die Unseres Herrn im letzten Akt des Verrats küssen. Der göttliche Mittler, der alles wusste, was Ihm widerfahren würde, leitete Judas an, den Vorhang über der Tragödie des Kalvarienbergs weiter zu öffnen. Was Judas tun sollte, möge er schnell tun. Das Lamm Gottes war bereit für das Opfer.

Die Göttliche Barmherzigkeit enthüllte nicht den Verräter, denn Unser Herr verbarg vor den anderen die Identität des Verräters. Die Praxis der Welt, die es liebt, Skandale zu verbreiten, selbst solche, die unwahr sind, wird hier umgekehrt, indem das Wahre verborgen bleibt. Als sie sahen, dass Judas ging, nahmen die anderen an, er sei auf einer Mission der Nächstenliebe.

Keiner von denen, die dort saßen, konnte den Sinn dessen verstehen, was Er sagte; einige von ihnen dachten, da Judas die gemeinsame Kasse verwaltete, dass Jesus zu ihm sagte: ‚Geh und kaufe, was wir für das Fest brauchen‘, oder er bat ihn, den Armen etwas Almosen zu geben.

(Johannes 13,28)

Judas und der erste Riss in seinem Priestertum

Aber Judas war hinausgegangen, um zu verkaufen, nicht um zu kaufen. Er würde nicht den Armen dienen, sondern den Reichen, die für die Tempelschatzkammer verantwortlich waren. Obwohl Unser Gesegneter Herr die böse Absicht Judas kannte, fuhr Er dennoch fort, sich freundlich zu verhalten. Er würde die Schmach allein ertragen. In vielen Fällen handelte Jesus, als wären Ihm die Folgen der Taten anderer unbekannt. Er wusste, dass Er Lazarus von den Toten auferwecken würde, selbst als Er weinte. Er wusste, wer Ihm nicht glaubte und wer Ihn verraten würde, doch dies verhärtete nicht Sein Heiliges Herz. Judas wies den letzten Appell zurück, und so blieb Verzweiflung in Seinem Herzen.

Judas ging hinaus, „und es war Nacht" (Johannes 13,30), ein passender Rahmen für eine Tat der Finsternis. Es war vielleicht eine Erleichterung, fern vom Licht der Welt zu sein. Die Natur steht manchmal im Einklang, manchmal im Widerspruch zu unseren Freuden und Leiden. Der Himmel ist wolkenverhangen und düster, wenn Melancholie im Innern herrscht. Die Natur fügte sich den bösen Taten Judas. Als er hinausging, fand er nicht die lächelnde Sonne Gottes, sondern die stygische Schwärze der Nacht. Es wäre auch mitten am Tag Nacht gewesen, als der Herr gekreuzigt wurde.

Judas ist nur im Zusammenhang mit dem Leib und Blut Christi verständlich. Das Gieren nach Geld war die Folge, nicht die Ursache eines zerstörten Priestertums.

Judas und das Priestertum

1. Diejenigen, die in den heiligen Gemeinschaften des Priestertums gewiegt wurden, wissen am besten, wie man Unseren Herrn verrät. Judas wusste, wo er Unseren Herrn nach Einbruch der Dunkelheit finden konnte.

Hier war ein Garten, in den Er und Seine Jünger gingen. Judas, Sein Verräter, kannte den Ort gut; Jesus und Seine Jünger hatten sich dort oft versammelt.

(Johannes 18,1-2)

Judas und der erste Riss in seinem Priestertum

2. Die Göttlichkeit ist so heilig, dass jeder Verrat mit einem Zeichen der Wertschätzung oder Zuneigung eingeleitet werden muss.

Es ist niemand anderes, sagte Er ihnen, als der Mann, den ich mit einem Kuss begrüßen werde.

(Matthäus 26,48)

3. Kein Bischof oder Priester kennt die tiefste Tiefe geistlichen Kummers und Schmerzes, bis er den heißen, brennenden Kuss eines Bruders in Christus gespürt hat, der ein Verräter ist.

4. Ein Priester kann Unseren Herrn immer verkaufen, aber kein Priester kann Ihn kaufen.

Woraufhin sie dreißig Silberstücke niederlegten.

(Matthäus 26,15)

5. Jedes Vergnügen, jeder Gewinn oder Nutzen, den man durch die Ablehnung des Eucharistischen Herrn empfängt, erweist sich als so abscheulich, dass der Nutznießer, wie Judas, dazu getrieben wird, es denen ins Gesicht zurückzuwerfen, die es uns gegeben haben.

Und nun war Judas, Sein Verräter, voller Reue, als er sah, dass Er verurteilt wurde, sodass er die dreißig Silberstücke zu den Hohepriestern und Ältesten zurückbrachte; Ich habe gesündigt, sagte Er ihnen, indem ich das Blut eines unschuldigen Mannes verraten habe.

(Matthäus 27,3-4)

Konnte das Geld nicht den Armen gegeben werden? Judas dachte damals nie daran.

6. Viele Psychosen und Neurosen sind auf ein unerwidertes Schuldgefühl zurückzuführen. Der Herr hätte Judas vergeben, wie Er Petrus vergeben hat, aber Judas hat nie darum gebeten.

Wenn ein Mensch sich selbst für das hasst, was er getan hat, und keine Reue vor Gott empfindet, wird er manchmal auf seine Brust schlagen, als wollte er eine Sünde auslöschen. Es besteht ein

Judas und der erste Riss in seinem Priestertum

Weltenunterschied zwischen dem Schlagen auf die Brust aus Selbstekel und dem Schlagen mit dem mea culpa eines um Vergebung bittenden Menschen. Selbsthass kann so intensiv werden, dass er einem Menschen das Leben auszuschlagen vermag und ihn in den Selbstmord treibt. Obwohl der Tod eine Strafe der Erbsünde ist und von jedem normalen Menschen natürlich gefürchtet wird, eilen manche in seine Arme.

Das Gewissen des Judas warnte ihn vor der Sünde. Nach der Sünde nagte es an ihm, und das Zerreißen war so groß, dass er es nicht ertragen konnte. Er ging hinab ins Tal Cedron, jenes Tal so vieler geisterhafter Erinnerungen. Zackige Felsen und knorrige, verkümmerte Bäume wählte er als den rechten Ort, um sich selbst zu entleeren. Alles um ihn herum verkündete sein Schicksal und sein Ende. Nichts war ihm widerwärtiger als das vergoldete Dach des Tempels, denn es erinnerte ihn an den Tempel Gottes, den er gerade verkauft hatte. Jeder Baum schien der Galgen zu sein, zu dem er unschuldiges Blut verurteilt hatte. Jeder Ast war ein anklagender Finger. Der Hügel, auf dem er stand, überblickte den Kalvarienberg, auf dem derjenige, den er zum Tod verurteilt hatte, Himmel und Erde vereinen würde – eine Vereinigung, die er nun mit aller Kraft zu verhindern suchte. Indem er ein Seil über einen Ast eines Baumes warf, erhängte er sich (Matthäus 27,5).

Die Lektion ist klar. Wir sind eucharistische Priester. Beobachten Sie einen Priester, wie Er die Messe liest, und Sie können erkennen, wie Er mit den Seelen im Beichtstuhl umgeht, wie Er den Kranken und Armen dient, ob Er daran interessiert ist, Bekehrte zu gewinnen, ob Er mehr darauf bedacht ist, dem Herrn Bischof als dem Herrn Gott zu gefallen, wie wirksam Er Geduld und Resignation bei den Leidenden einflößt, ob Er Verwalter oder Hirte ist, ob Er die Reichen liebt oder die Reichen und die Armen, und ob Er nur Geldpredigten hält oder Christus-Worte spricht. Der moralische Verfall des Priestertums beginnt mit einem Mangel an lebendigem Glauben an die Göttliche Gegenwart, und die Heiligkeit des Priestertums beginnt ebenfalls dort.

Judas und der erste Riss in seinem Priestertum

~ 14 ~

Warum eine Heilige Stunde halten?

Welchen Nutzen hat ein medizinischer Kongress, wenn die Ärzte sich über die Notwendigkeit guter Gesundheit einig sind, aber keine praktischen Schritte unternehmen, um ihr Argument umzusetzen? Also ein Buch über das Priestertum. Welche konkreten Empfehlungen können dem Priester gegeben werden, um ihn würdig zu machen für die überirdische Berufung, zu der Er berufen ist? Eine unmittelbare und wesentliche Antwort ist die Heilige Stunde. Aber warum eine Heilige Stunde halten?

1. Weil es Zeit ist, die in der Gegenwart Unseres Herrn selbst verbracht wird. Wenn der Glaube lebendig ist, bedarf es keiner weiteren Begründung.

2. Weil es in unserem geschäftigen Leben beträchtliche Zeit braucht, um die ‚Mittags-Teufel' abzuschütteln, die weltlichen Sorgen, die an unseren Seelen wie Staub haften. Eine Stunde mit Unserem Herrn folgt der Erfahrung der Jünger auf dem Weg nach Emmaus (Lukas 24,13-35). Wir beginnen, indem wir mit Unserem Herrn gehen, doch unsere Augen sind ‚festgehalten', sodass wir Ihn nicht ‚erkennen'. Als Nächstes spricht Er mit unserer Seele, während wir die Schriften lesen. Die dritte Stufe ist eine süße Intimität, wie wenn ‚Er sich zu ihnen an den Tisch setzte'. Die vierte Stufe ist das volle Erwachen des Geheimnisses der Eucharistie. Unsere Augen werden ‚geöffnet' und wir erkennen Ihn. Schließlich erreichen wir den Punkt, an dem wir nicht mehr gehen wollen. Die Stunde schien so kurz. Als wir aufstanden, fragten wir:

Brannte nicht unser Herz in uns, als Er auf dem Weg mit uns redete und uns die Schriften öffnete? (Lukas 24,32)

Warum eine Heilige Stunde halten?

3. Weil Unser Herr darum gebeten hat.

Hattest du denn keine Kraft, eine Stunde mit Mir zu wachen?

(Matthäus 26,40)

Das Wort richtete sich an Petrus, doch er wird Simon genannt. Es ist unsere Simon-Natur, die die Stunde braucht. Wenn die Stunde schwer erscheint, dann weil... *der Geist willig ist, aber das Fleisch schwach*ist. (Markus 14,39)

4. Denn wie der Hl. Thomas von Aquin lehrt, folgt die Macht des Priesters über das *corpus mysticum* seiner Macht über das *corpus physicum* Christi. Weil er den Leib und das Blut Christi konsekriert, kann der Priester lehren, herrschen und die Glieder der Kirche heiligen. Praktisch bedeutet dies, dass er vom Fuß des Altars in den Beichtstuhl tritt; dass Er nach der Verwirklichung des Geheimnisses der Erlösung die Kanzel besteigt. Jede Krankensalbung, jedes Wort des Rates im Salon, jede Katechismusstunde für Kinder, jede offizielle Handlung in der Kanzlei entspringt dem Altar. Alle Macht wohnt dort, und je mehr „Abkürzungen" wir vom Tabernakel zu unseren anderen priesterlichen Pflichten nehmen, desto weniger geistliche Kraft haben wir für sie.

The Eucharist is the *fans et caput* of all the spiritual goods of the Church. (Urbi Et Orbi, May 8, 1907)

Aus der Eucharistie beziehen alle anderen Sakramente ihre Wirksamkeit. (Katechismus des Konzils von Trient, Teil II, Kapitel 4, Nr. 47.)

Wenn alle Sakramente, wenn unsere ganze Predigt, Beichte, Verwaltung und Heilswirken mit jener Flamme der Liebe beginnen, wie können wir uns dann weigern, von ihr eine Stunde am Tag entzündet zu werden?

5. Weil die Heilige Stunde ein Gleichgewicht zwischen dem Geistlichen und dem Praktischen wahrt. Westliche Philosophien neigen zu einem Aktivismus, in dem Gott nichts tut und der Mensch

Warum eine Heilige Stunde halten?

alles; die östlichen Philosophien hingegen zu einem Quietismus, in dem Gott alles tut und der Mensch nichts. Die goldene Mitte ist *Surgite postquam sederitis:* Handeln nach der Ruhe; Martha, die mit Maria geht; *contemplare aliis tradere*, in den Worten des Hl. Thomas. Die Heilige Stunde verbindet das kontemplative mit dem aktiven Leben des Priesters.

Dank der Stunde mit Unserem Herrn gehen unsere Meditationen und Entschlüsse vom Bewussten ins Unterbewusste über und werden dann zu Beweggründen des Handelns. Ein neuer Geist beginnt, unsere Krankenbesuche, unsere Predigten, unsere Beichten zu durchdringen. Die Veränderung wird von Unserem Herrn bewirkt, der unser Herz erfüllt und durch unsere Hände wirkt. Ein Priester kann nur das geben, was er besitzt. Um Christus anderen zu geben, muss man Ihn besitzen.

6. Weil Offenbarungen, die das Heilige Herz heiligen Seelen macht, anzeigen, dass noch unerforschte Tiefen jenes Herzens für Priester reserviert sind. Es gibt Schleier der Liebe, hinter denen nur der Priester eindringen darf und aus denen er mit einer Salbung und Macht über Seelen hervorgeht, die weit über seine eigene Kraft hinausgehen. Das „Haus" des Priesters ist nicht das Pfarrhaus. Er ist nur „zu Hause", wo Christus gegenwärtig ist. Nur dort allein lernt Er die Geheimnisse der Liebe. Dem Hl. Margareta Maria klagte das Heilige Herz, dass so wenige Priester auf Seinen Ruf antworten: *„Ich habe Durst"* (Johannes 19,28). Seine Worte an sie waren: „Ich habe einen brennenden Durst, im Allerheiligsten Sakrament geehrt zu werden, und ich finde kaum jemanden, der sich nach Meinen Wünschen bemüht, diesen Durst zu stillen, indem er Mir einige Gegenleistungen erbringt."

7. Weil die Heilige Stunde uns lehren wird, das zu üben, was wir predigen. Es betrübt das Heilige Herz, eine skandalöse Kluft zwischen dem hohen Ideal des Priestertums und seiner armseligen Verwirklichung zu sehen.

Hier ist ein Bild, sagte Er, vom Reich des Himmels; Es war einmal ein König, der ein Hochzeitsmahl für seinen Sohn

Warum eine Heilige Stunde halten?

veranstaltete und seine Diener aussandte mit einer Einladung an alle, die er zur Hochzeit geladen hatte; doch sie wollten nicht kommen.

(Matthäus 22, 2-3)

Es wurde über Unseren Herrn geschrieben, dass Er „auszog zu tun und zu lehren" — *facere et docere* (Apostelgeschichte 1, 1). Der Priester, der die Heilige Stunde hält, wird feststellen, dass, wenn Er lehrt, das Volk von ihm sagt wie vom Herrn:

Alle ... waren erstaunt über die gnädigen Worte, die aus seinem Mund kamen.

(Lukas 4, 22)

8. Denn die Heilige Stunde macht uns zu gehorsamen Werkzeugen der Göttlichkeit. In der Eucharistie gibt es diese doppelte Bewegung; zuerst vom Priester zum eucharistischen Herzen; und zweitens vom Priester zum Volk. Der Priester, der sich dem Herzen Unseres Gesegneten Herrn hingegeben hat, ist Unserem Herrn bekannt als „verfügbar" für Seine Zwecke. Der Priester wird mit einer besonderen Kraft ausgestattet aufgrund seiner Geschmeidigkeit in den Händen seines Meisters. Gott schenkt manchen Seelen Gnaden direkt, wie ein Mann einem armen Mann Almosen gibt, dem er begegnet. Aber das Heilige Herz wünscht, dass große Gnaden durch die Hände Seiner Priester an die Seelen verteilt werden.

Die Wirksamkeit der Priester hat wenig oder nichts mit ihren natürlichen Begabungen zu tun. Ein eucharistischer Priester wird unter den Seelen ein besseres Werkzeug des Herrn sein als ein gelehrter, der Ihn weniger liebt. Eines der Versprechen, die den Priestern gemacht werden, die das Heilige Herz lieben, lautet: „Ich werde solchen Priestern die Kraft geben, die verhärtetsten Herzen zu berühren."

9. Weil die Heilige Stunde uns hilft, sowohl für die Sünden der Welt als auch für unsere eigenen Wiedergutmachung zu leisten. Als das Heilige Herz der Hl. Margareta Maria erschien, war es Sein Herz

Warum eine Heilige Stunde halten?

und nicht Sein Haupt, das mit Dornen gekrönt war. Es war die Liebe, die verletzt wurde. Schwarze Messen, sakrilegische Kommunionen, Skandale, militantischer Atheismus – wer wird sie wiedergutmachen? Wer wird ein Abraham für Sodom sein, eine Maria für die, die keinen Wein haben? Die Sünden der Welt sind unsere Sünden, als hätten wir sie selbst begangen. Wenn sie Unserem Herrn einen blutigen Schweiß verursachten, so sehr, dass Er Seine Jünger tadelte, weil sie nicht mit Ihm eine Stunde wach geblieben waren, sollen wir dann mit Kain fragen:

10.

Bin ich meines Bruders Hüter?

(Genesis 4,9)

Der Priester, der fragt, was er gegen den Kommunismus tun kann, weiß, dass Schlachten gewonnen werden, wenn seine Hände erhoben sind, wie die des Mose, im Gebet.

11. Denn es wird unsere verlorene geistliche Lebenskraft wiederherstellen. Unsere Herzen werden dort sein, wo unsere Freuden sind. Ein Grund, warum viele nach vielen Jahren im Priestertum nicht vorankommen, ist, dass sie sich scheuen, die ganze Last ihres Lebens auf Unseren Herrn zu werfen. Sie versäumen es, ihre Freude in der Vereinigung ihres Priestertums mit dem Opfersein Christi zu suchen. Manchmal bleiben sie stur und klammern sich an die Dinge der Sinne, vergessend, dass die eucharistische Tür eigentlich gar keine Tür ist; Es ist nicht einmal eine Mauer, denn dort haben wir das „Niederreißen der Mauer, die eine Schranke zwischen uns war" (Epheser 2,14).

Das Heilige Herz versprach durch die Hl. Margareta Maria, „Seine Priester wie zweischneidige Schwerter zu machen, die die heilige Quelle der Buße in ihnen zum Sprudeln bringen." Unser Leben ist bestenfalls schwach, vielleicht zerbrochen wie zerbrochenes Porzellan. So gehen wir zum Heiligen Herz und bitten *ut congregata restaures, et restaurata conserves*: dass „Du zusammenfügen und heilen mögest, heilen und für immer bewahren,

Warum eine Heilige Stunde halten?

was jetzt zerbrochen daliegt." Wir müssen durch Liebe wieder in Einheit zementiert werden, und wo kann eine solche Liebe gefunden werden außer im Sakrament der Einheit?

12. Denn die Heilige Stunde ist die „Stunde der Wahrheit." Allein mit Jesus sehen wir dort uns selbst, nicht wie die Menschen uns sehen – die uns immer besser beurteilen, als wir sind – sondern wie der Richter uns sieht. Wenn wir Lob ernst nehmen, entkräftet nichts unsere Selbstüberschätzung so sehr wie die Erkenntnis der Hilflosigkeit, auf die sich der Herr des Himmels unter der Gestalt des Brotes herabgelassen hat. Unsere Fehler, unser Mangel an Nächstenliebe gegenüber anderen Priestern, unsere zu hastigen Antworten auf jene, deren Erscheinung uns anstößt, unsere zuckersüße Freundlichkeit gegenüber den Wohlhabenden, unser Suchen nach den Reichen, unser Meiden der Armen, unsere hastige Messe, unsere Ungeduld im Beichtstuhl – all dies zieht der Eucharistische Herr aus unserem Gewissen.

Im Zustand der Sünde zu leben, sei sie schwerwiegend oder lässlich, wird für den Priester, der die Heilige Stunde hält, unerträglich. Es ist, als stünde ein Arzt bereit, der uns vor einem wachsenden Krebs warnt. Schließlich werden wir veranlasst, den Göttlichen Arzt zu bitten, uns zu heilen. Keine Sünde bleibt in der Meditation verborgen; keine Ausflüchte werden zugelassen. Wir holen die Sünde aus ihrem Versteck und legen sie vor Gott hin. Wir wussten stets, dass Gott sie sah; aber in der Heiligen Stunde sehen wir sie. Unsere Sünden werden vor unsere Augen gelegt, nicht als menschliche Schwäche, sondern als eine erneute Kreuzigung Unseres Herrn:

Durchforsche mich, o Gott, wie Du willst, und erforsche mein Herz; prüfe mich und erforsche meine unruhigen Gedanken. Sieh, ob mein Herz auf falschen Wegen wandelt, und führe mich selbst auf den alten Pfaden.

(Psalm 138:23-24 [139:23-24, RSV])

Warum eine Heilige Stunde halten?

Doch es besteht kein Grund zur Furcht, denn während der Stunde treten wir in die privaten Gemächer des Richters ein. Wir schließen Freundschaft mit Ihm vor dem Gericht und leisten Wiedergutmachung für unsere Sünden.

13. Denn sie vermindert unsere Anfälligkeit für Versuchung und Schwäche. Sich vor Unserem Herrn im Allerheiligsten Sakrament zu präsentieren, ist wie einen tuberkulösen Patienten in gute Luft und Sonnenlicht zu bringen. Das Virus unserer Sünden kann angesichts des Lichts der Welt nicht lange bestehen.

Immer kann ich den Herrn im Blick behalten; immer ist Er zu meiner Rechten, um mich standhaft zu machen.

(Psalm 15,8 [16,8, RSV])

Unsere sündhaften Impulse werden durch die täglich errichtete Barriere der Heiligen Stunde am Entstehen gehindert. Unser Wille neigt sich mit wenig bewusster Anstrengung unsererseits zur Güte. Satan, der brüllende Löwe, durfte seine Hand nicht ausstrecken, um den gerechten Hiob zu berühren, bis er die Erlaubnis erhielt (Hiob 1,12). Gewiss, dann wird der Herr den schweren Fall von dem fernhalten, der wachsam ist (1 Korinther 10,13). Mit vollem Vertrauen in seinen Eucharistischen Herrn wird der Priester geistliche Widerstandskraft besitzen. Er wird nach einem Fall schnell wieder aufstehen:

Falle ich, so ist es nur, um wieder aufzustehen; sitze ich in der Finsternis, so wird der Herr mein Licht sein. Des Zorns des Herrn muss ich tragen, ich, der ich gegen Ihn gesündigt habe, bis Er endlich mein Flehen erhört und mir Abhilfe gewährt.

(Micha 7,8-9)

Der Herr wird selbst dem Schwächsten von uns gnädig sein, wenn Er uns zu Füßen in Anbetung findet, bereit, göttliche Gnaden zu empfangen. Kaum hatte Saulus von Tarsus, der Verfolger, sich vor seinem Schöpfer demütig gezeigt, da sandte Gott einen

Warum eine Heilige Stunde halten?

besonderen Boten zu seiner Erleichterung und sagte ihm, dass „er sogar jetzt im Gebet ist" (Apostelgeschichte 9,11). Sogar der Priester, der gefallen ist, kann Zusicherung erwarten, wenn er wachsam ist und betet.

Sie sollen sich mehren, die bisher geschrumpft waren, erhöht werden, die einst erniedrigt wurden.
(Jeremia 30,19-20)

14. Denn die Heilige Stunde ist ein persönliches Gebet. Die Messe und das Brevier sind offizielle Gebete. Sie gehören zum Mystischen Leib Christi. Sie gehören nicht uns persönlich. Der Priester, der sich streng auf seine offizielle Verpflichtung und Anbetung beschränkt, ist wie der Gewerkschaftsmann, der die Arbeit niederlegt, sobald die Pfeife ertönt. Liebe beginnt, wenn die Pflicht endet. Es ist das Geben des Mantels, wenn der Rock genommen wird. Es ist, die zusätzliche Meile zu gehen.

Antwort wird kommen, ehe der Hilferuf ertönt, Gebet findet Gehör, solange es noch auf den Lippen ist.
(Jesaja 65,24)

Natürlich müssen wir keine Heilige Stunde halten — und das ist genau der Punkt. Liebe wird niemals gezwungen, außer in der Hölle. Dort muss die Liebe der Gerechtigkeit unterworfen sein. Zum Lieben gezwungen zu werden, wäre eine Art Hölle. Kein Mann, der eine Frau liebt, ist verpflichtet, ihr einen Verlobungsring zu schenken; und kein Priester, der das Heilige Herz liebt, muss jemals eine Verlobungsstunde geben.

"Wirst Du auch weggehen?" (Johannes 6,68) ist *weiche* Liebe; "Schläfst Du?" (Markus 14,37) ist *verantwortungslose* Liebe; "Er hatte großen Besitz" (Matthäus 19,22; Markus 10,22) ist *selbstsüchtige* Liebe. Hat aber der Priester, der seinen Herrn liebt, Zeit für andere Tätigkeiten, bevor er Liebesakte vollbringt, die "über die Pflicht hinausgehen"? Liebt der Patient den Arzt, der für jeden Besuch Gebühren erhebt, oder beginnt er zu lieben, wenn der Arzt sagt: „Ich wollte nur sehen, wie es Dir geht"?

Warum eine Heilige Stunde halten?

15. Meditation bewahrt uns davor, eine äußere Flucht vor unseren Sorgen und Leiden zu suchen. Wenn Schwierigkeiten im Pfarrhaus auftreten und die Nerven durch falsche Anschuldigungen angespannt sind, besteht stets die Gefahr, dass wir, wie die Israeliten, nach außen blicken, um Befreiung zu suchen.

Vom Herrgott, dem Heiligen Israels, wurde dir das Wort gegeben: Kehre zurück und schweige, und alles wird wohl mit dir sein; in Ruhe und Vertrauen liegt deine Stärke. Doch du wolltest nichts davon wissen; Zu den Pferden! riefst du, Wir müssen fliehen! und fliehen wirst du; Wir müssen schnell reiten, sagtest du; doch noch schneller reiten deine Verfolger.

(Jesaja 30,15-16)

Kein äußerliches Entkommen, weder Vergnügen, Trank, Freunde noch Beschäftigung, ist eine Antwort. Die Seele eines Priesters kann nicht „auf einem Pferd fliegen"; er muss „Flügel" nehmen zu einem Ort, wo sein „Leben verborgen ist ... mit Christus in Gott" (Kolosser 3,3).

16. Schließlich ist die Heilige Stunde für die Kirche notwendig. Niemand kann das Alte Testament lesen, ohne sich der Gegenwart Gottes in der Geschichte bewusst zu werden. Wie oft hat Gott andere Völker benutzt, um Israel für ihre Sünden zu bestrafen! Er machte Assyrien zur „Rute, die Meine Rache vollstreckt" (Jesaja 10,5). Die Geschichte der Welt seit der Inkarnation ist der Weg des Kreuzes. Der Aufstieg und Fall der Nationen bleibt mit dem Reich Gottes verbunden. Wir können das Geheimnis der Regierung Gottes nicht verstehen, denn es ist das „versiegelte Buch" der Offenbarung. Johannes weinte, als er es sah (Offenbarung 5,4). Er konnte nicht verstehen, warum dieser Moment des Wohlstands und jene Stunde der Not einander gegenüberstanden.

Was wir oft vergessen, ist, dass alle Richtersprüche Gottes mit der Kirche beginnen, wie sie mit Israel begannen. Nicht die Politik, sondern die Theologie ist der Schlüssel zur Welt. Wir beklagen die

Warum eine Heilige Stunde halten?

Bosheit der Menschen, doch sieht der Herr nicht die ganze Zeit auf unsere eigenen Versagen? Der Richterspruch beginnt bei uns:

Geh deinen Weg, sprach der Herr zu ihm, durch die ganze Stadt, von einem Ende Jerusalems bis zum anderen; und wo du Männer findest, die über die abscheulichen Taten darin weinen und klagen, zeichne ihre Stirn mit einem Kreuz. Zu den anderen hörte ich Ihn sagen: Euch ist es bestimmt, der Stadt auf seinen Fersen zu folgen und zu schlagen. Lass niemals dein Auge vor Mitleid erweichen; Alt und Jung, Mann und Jungfrau, Mutter und Kind, alle gleichermaßen zerstöre, bis keiner mehr übrig ist, außer dort, wo du das Kreuz auf ihnen siehst. Und beginne zuerst mit dem Tempel selbst.

(Ezechiel 9,4-6)

Amos erteilte dieselbe Lehre. Je unverdienter die Gnaden, betonte er, desto größer die Strafe:

Kein Volk habe ich zu meinem Eigentum erklärt, außer euch; und keine Schuld von euch wird ungestraft bleiben.

(Amos 3,2)

Gott spricht durch Jeremia und sagt, dass die Strafe in der heiligen Stadt beginnt, *in civitate mea*.

Hier beginne Ich mein Werk der Vergeltung mit jener Stadt, die das Heiligtum Meines Namens ist, und sollt ihr anderen ungestraft davonkommen? Das soll niemals geschehen, spricht der Herr der Heerscharen; Zum Schwert, wenn ich appelliere, so ist es zur Strafe für die ganze Welt.

(Jeremia 25,29)

Damit wir nicht meinen, im Neuen Testament nicht mitverantwortlich zu sein für das, was über die Welt kommt, möge Petrus die Warnung bekräftigen:

Warum eine Heilige Stunde halten?

Die Zeit ist reif, dass das Gericht beginnt, und zwar mit dem Haus Gottes selbst; Und wenn unser Fall zuerst kommt, was wird das Ergebnis sein für die, die der Botschaft Gottes keinen Glauben schenken?

(1 Petrus 4,17)

Die Hand Gottes wird zuerst die Kirche treffen, dann die Welt. Wir, die wir die Wächter auf den Mauern sind, sind die ersten, die gerichtet werden. Jerusalem wurde erst zerstört, nachdem Unser Herr den Tempel gereinigt hatte. Jakobs Haus erlebte die Hungersnot vor den Ägyptern. Die Juden wurden in die Gefangenschaft geführt, bevor die Assyrer den Medern und Persern unterlagen.

Wenn also von schlimmen Dingen ein *sanctuario meo incipite*, ausgeht, sollen wir Priester nicht für die Sünden der Welt sühnen, unser Priestertum heilig bewahren um unseres Landes und der Welt willen und treu bleiben? Wenn der Richterspruch also im Heiligtum beginnt, dann soll auch die Barmherzigkeit dort beginnen. So kann die Welt gerettet werden. Welchen Beitrag könnten die 55.000 Priester in den Vereinigten Staaten zum Frieden der Welt leisten, wenn jeder täglich eine Stunde im Heiligtum verbringen würde! Und wie gesegnet wäre für jeden der Moment des Todes:

Selig ist der Knecht, den sein Herr bei seiner Ankunft so handelnd findet.

(Lukas 12,43)

Ein Priester, der seine Heilige Stunde beendet, wird mit Johannes dem Täufer sagen:

Er muss wachsen, ich aber muss abnehmen.

(Johannes 3,30)

Die vermeintliche Überlegenheit ‚in der Kanzlei' zu sein, oder die vermeintliche Unterlegenheit ‚nur ein Assistent' zu sein, löst sich vor dem Tabernakel auf. Welchen entscheidenden Unterschied macht es, ob man für eine ‚gute' (reiche) Pfarrei übergangen wird oder ob der ‚Zweitbeste' der Diözese zum *officialis* ernannt wird?

Warum eine Heilige Stunde halten?

Das Selbstbehauptungsstreben weicht vor dem Tabernakel der Christusbehauptung. Der Priester, der dem Herrn jeden Morgen eine Stunde lang alles hingibt, wird durch ein bischöfliches „Passah" nicht ernsthaft verwundet, wenn die Beförderung logisch ihm zustand. Die „Kleinheit" des Herrn in der Eucharistie macht die „Größe" im Priester zur Absurdität.

Anstatt der „Trauzeuge" bei der Vermählung Christi mit Seiner Kirche zu sein, handeln wir manchmal, als wollten wir der Bräutigam sein – und dieses Amt wird der Herr nicht preisgeben. In der Heiligen Stunde lernt der Priester, sich einzig darum zu bemühen, die Schönheit der Braut, die die Kirche ist, zu fördern, damit sie am Tag der Hochzeit des Lammes „ohne Flecken oder Runzel" (Epheser 5,27) dargeboten werden kann.

Zu unserer Pfarrei sagen wir, wie Paulus zu den Korinthern:

Ich habe dich Christus verlobt, damit niemand außer Ihm dich beanspruche, Seine makellose Braut.
(2 Korinther 11, 2)

Ein unnachgiebiges Gesetz bestimmt den Einfluss des Priesters auf andere: Je mehr er aufgeblasen ist, desto weniger werden der Herr und Seine Kirche verherrlicht. Die Meditation über das „Entäußern" des Erlösers in der Eucharistie hält den Priester stets bewusst, dass er der Mond ist, der sein Licht von der Sonne empfängt.

Kein eucharistischer Bischof wird jemals sagen oder auch nur denken: „Ich habe in einundzwanzig Jahren einundzwanzig Gymnasien, dreiundvierzig neue Pfarreien und sechs Klöster gebaut." Er weiß zu gut, wer das Geld bereitgestellt hat – das Volk! Er weiß zu gut, wer die Autorität verliehen hat – die Kirche! Er weiß zu gut, wer die Hilfe geleistet hat – seine Priester! Täglich wird er den Herrn aus dem Tabernakel flüstern hören:

Wer ist denn, Freund, der dir diese Vorherrschaft gibt? Welche Kräfte hast du, die dir nicht durch Gabe zuteilwurden? Und

Warum eine Heilige Stunde halten?

wenn sie dir durch Gabe zuteilwurden, warum rühmst du dich ihrer, als ob keine Gabe im Spiel wäre?

(1 Korinther 4,7)

Wenn der Herr uns keine Berufung gegeben hätte, was wären wir dann: Versicherungskaufleute, Lkw-Fahrer, Lehrer, Ärzte, Landwirte, Kellner? Der Herr hat keinen von uns als den Besten erwählt. Er wählt „zerbrechliche Gefäße". Und wenn wir uns um die Eucharistie versammeln und einander ansehen, erkennen wir in unseren Herzen die Wahrheit von Paulus' Worten:

Betrachte, Brüder, die Umstände eurer eigenen Berufung; Nicht viele von euch sind weise nach menschlicher Art, nicht viele mächtig, nicht viele vornehm geboren.

(1 Korinther 1,26)

Wir sind nicht die Besten, sonst wäre die Kraft des Evangeliums in uns und nicht im Geist. Aber wo wird diese Wahrheit besser gelernt als in der Gegenwart des Geheimnisses, das wie Brot erscheint, aber tatsächlich Emmanuel ist; so klein, dass unsere Hände es brechen können, so voller Kraft, dass sein Brechen die Passion und den Tod Christi erneuert? Der verminderte Priester ist der erhöhte Christus. Wenn die Eucharistie nicht mehr als ein ferner Hintergrund unseres Lebens ist, ist es, als stünde die Sonne tief am Horizont hinter uns. Wir werfen einen Schatten nach vorn; Und je tiefer die Sonne steht, desto länger wird der Schatten. Wenn der Herr fern von uns ist, scheint unser eigenes Ego kaum sichtbar an Bedeutung zu gewinnen wie unser Schatten, und damit nehmen unsere Meinungen und Werke den Anschein großer Substanz an. Doch dies ist eine Illusion. Wenn hingegen jeder Tag mit der Eucharistie vor uns beginnt wie mit unserer aufgehenden Sonne, verbirgt der Schatten des Egos nicht mehr unser wahres Antlitz, und wenn die Sonne der Gerechtigkeit den Meridian erreicht, überlebt kein Ego. Dann sehen die Seelen, die wir betreuen, wie die Apostel bei der Verklärung, „niemand mehr, sondern nur noch Jesus mit ihnen" (Markus 9,7).

Warum eine Heilige Stunde halten?

Die einzige Voraussetzung ist das Wagnis des Glaubens, und die Belohnung sind die Tiefen der Intimität für jene, die Seine Freundschaft pflegen. Mit Christus zu verweilen ist geistliche Gemeinschaft, wie Er es in der feierlichen und heiligen Nacht des Letzten Abendmahls betonte, dem Moment, in dem Er uns die Eucharistie schenkte:

Du brauchst nur in Mir zu leben, und Ich werde in dir leben.

(Johannes 15,4)

Er will uns in Seinem Wohnsitz haben:

Damit auch ihr dort seid, wo Ich bin.

(Johannes 14,3)

Wie sehr entgehen uns die Freuden unseres Priestertums, wenn unsere einzigen Begegnungen mit dem Herrn ‚öffentliche Audienzen' sind – bei der Messe, Andachten, Kreuzwegen, wann immer wir dort sein müssen. Der Herr will ‚private Audienzen'. Er will eine ausgedehnte Audienz, eine volle Stunde. Johannes und Andreas blieben den ganzen Tag!

☩ J.M.J. ☩

~ 15 ~

Wie man die Heilige Stunde hält

Wenn möglich, sollte der Priester seine tägliche Heilige Stunde vor der Feier seiner Messe halten. Da die kirchlichen Vorschriften zum vor-Eucharistischen Fasten geändert wurden, ist es ratsam, vor Beginn eine Tasse Kaffee zu trinken. *Der durchschnittliche Amerikaner ist körperlich, biologisch, psychologisch und neurologisch nicht in der Lage, etwas Sinnvolles zu tun, bevor er eine Tasse Kaffee getrunken hat.* Und das gilt auch für das Gebet. Selbst Schwestern in Klöstern, deren Regeln verfasst wurden, bevor elektrische Kaffeemaschinen entwickelt wurden, täten gut daran, ihre Gebetsordnung zu aktualisieren. Lassen Sie sie vor der Meditation Kaffee trinken.

Begrenzen Sie das Breviergebet auf zwanzig Minuten der Stunde. Der grundlegende Zweck dieser Stunde ist die Meditation. Einige geistliche Schriftsteller empfehlen eine mechanische Einteilung der Stunde in vier Teile: Danksagung, Bitte, Anbetung und Sühne. Dies ist unnötig künstlich. Ein Gespräch mit einem Freund wird nicht in vier starre Abschnitte oder Themen unterteilt. Die Heilige Stunde ist kein offizielles Gebet; sie ist persönlich. Jeder Priester, als Mensch, hat ein Herz, das anders ist als jedes andere auf der Welt. Dieses einzigartige Herz muss den Inhalt seines Gebets ausmachen. Gott mag „Rundschreiben" ebenso wenig wie wir. Neben dem liturgischen oder offiziellen Gebet muss es das Gebet des Herzens geben. Wir predigen ständig anderen; In der Heiligen Stunde predigen wir uns selbst.

Viele Bücher über Meditation folgen einem starren Format, das im Priesterseminar erträglich ist, das der Priester jedoch bald als zu trocken für seine Zwecke empfindet. Die sogenannten „Methoden" der Meditation sind im Allgemeinen unpraktisch und ungeeignet für unsere Mentalität. Sie bestehen in der Analyse einer Meditation, *die bereits vollzogen wurde* und für denjenigen, der sie ausführte, zufriedenstellend war. Ein Kind läuft mit Anmut und Bewegungsfreiheit einem Ball nach. Wird ihm jedoch gesagt, er solle jede Sekunde schildern, wie er zuerst den rechten Fuß hebt, dann den linken, verschwindet jegliche Spontaneität. Eine Meditation zuerst auf den Intellekt, dann auf den Willen und schließlich auf die Gefühle zu gründen, zerstört die Intimität. So geschieht es jedoch nicht wirklich. Der Intellekt wirkt nicht zuerst in der Meditation, dann der Wille, dann die Einbildungskraft. *Die Person meditiert; alle seine Fähigkeiten wirken zusammen.* Um dies zu erreichen, sollte dem Einzelnen die größtmögliche Freiheit gelassen werden:

... Wo der Geist des Herrn ist, da ist Freiheit.

(2 Korinther 3,17)

Das beste Buch zur Meditation ist die Schrift. Da viele ihrer Tiefen jedoch erklärt werden müssen, ist ein guter geistlicher Kommentar von großem Wert. Zu oft muss der Herr die Klage wiederholen, die Er seinen Jüngern vortrug:

Ihr versteht weder die Schriften noch die Kraft Gottes.

(Matthäus 22,29)

Lies die Schriften, einen Kommentar oder ein solides geistliches Buch, bis dir ein Gedanke auffällt. Dann schließe das Buch und sprich mit Unserem Herrn darüber. Doch übernimm nicht das ganze Reden. Höre auch: „Sprich, Herr, Dein Diener hört" (1 Könige 3,10 [1 Samuel 3,10, RSV]) – es darf nicht heißen: „Höre, Herr, Dein Diener spricht." Wir lernen durch Hören zu sprechen und wachsen in der Liebe zu Gott durch das Hören. Meditation ist mindestens halb Zuhören:

Wie man die Heilige Stunde hält

Es ist Meine Zeit, Fragen zu stellen.

(Hiob 40,2)

Wenn du so müde und erschöpft bist, dass du nicht beten kannst, opfere deine Wertlosigkeit auf. Liebt ein Hund es nicht, in der Nähe des Meisters zu sein, selbst wenn der Meister ihm kein offensichtliches Zeichen der Zuneigung gibt?

Lass keine Schwierigkeit, die Stunde zu halten, als Ausrede gelten, sie aufzugeben. Wenn es Freude bereitet, die Stunde zu halten, können wir uns als Priester betrachten; wenn es eine Anstrengung ist, können wir uns daran erinnern, dass wir auch Opfer sind. Dann werden wir wie Mose, der Gott bat, seinen Namen aus dem Buch zu streichen, wenn dies dem Volk Vergebung bringen würde (Exodus 32,31), und wie Paulus, der bereit war, für sein Volk verflucht zu werden (Römer 9,1-3). Die Anstrengung, die wir jeden Tag aufbringen, macht uns zu Meistern unserer selbst und daher zu besseren Dienern des Heiligen Herzens.

Wenn du versucht bist, die Stunde aufzugeben, frage dich, welche dieser drei Ausreden, die der Herr sagte, unsere sein würden (Lukas 9,57-62), uns vom totalen Dienst abhalten: irdische Begierden, irdische Liebe oder irdische Trauer.

Sitzen oder Knien?

Sollte man während der Heiligen Stunde knien, sitzen, stehen oder gehen? Die Schrift berichtet von Beispielen für jede dieser verschiedenen Haltungen. Der Zöllner, der hinten im Tempel stand, wurde als gerecht angesehen. Der heilige Simplician, der dem heiligen Ambrosius als Bischof von Mailand nachfolgte, fragte Augustinus, welche die angemessene Haltung zum Gebet sei und warum David beim Beten vor dem Tabernakel nicht kniete. Augustinus antwortete, man solle die Körperhaltung einnehmen, die am besten geeignet sei, die Seele zu bewegen. Aristoteles sagte, dass die Seele durch das Sitzen weise werde. Die Regel des heiligen Hieronymus war, dass beim Beten und Meditieren der Leib stets die

Wie man die Heilige Stunde hält

Haltung einnehmen solle, die am besten geeignet erscheine, die innere Andacht der Seele zu erwecken.

Sitzen wird in der Schrift manchmal mit Verzweiflung und Erschöpfung in Verbindung gebracht. Als Israel in die Gefangenschaft geführt wurde und Jerusalem verlassen dalag:

... setzte sich der Prophet Jeremia dort nieder und weinte.

(Klagelieder 1,1)

Elija setzte sich ebenfalls in seiner Verzweiflung unter einen Wacholderbaum und „betete, mit dem Leben fertig zu sein" (3 Könige 19,4 [1 Könige 19,4, RSV]). Die Exilierten aus Jerusalem werden im Psalm dargestellt

Wir saßen an den Wassern Babylons und weinten dort, indem wir an Zion gedachten.

(Psalm 136:1 [137:1, RSV])

Und als Mose für den Sieg gegen Amalek betete, "wurden seine Arme müde; da suchten sie ihm einen Stein, darauf er sitzen konnte, und setzten ihn darauf" (Exodus 17:12).

Unser Gesegneter Herr betete im Garten auf den Knien: „Er fiel auf sein Angesicht zum Gebet" (Matthäus 26:39). Stephanus betete in derselben Haltung: „Er kniete nieder und rief laut: Herr, rechne ihnen diese Sünde nicht an" (Apostelgeschichte 7:59). Nach dem wunderbaren Fischfang: „Simon Petrus fiel nieder und ergriff Jesus an den Knien; Lass mich von dir allein, Herr, ich bin ein Sünder" (Lukas 5:8). Hl. Paulus betete offenbar kniend: „Ich falle auf meine Knie vor dem Vater unseres Herrn Jesus Christus" (Epheser 3:14). Der junge Mann, der zu Unserem Herrn kam und fragte, was er tun müsse, um das ewige Leben zu erlangen, „kniete vor Ihm nieder" (Markus 10,17). Selbst als die Soldaten Unseren Gesegneten Herrn verspotteten, nachdem sie Ihn mit einem Stock auf den Kopf geschlagen und Ihn bespuckt hatten, „beugten sie die Knie zur Anbetung vor Ihm" (Markus 15,19). Die Geste des Spottes ist eine offensichtliche Verhöhnung einer Geste der Anbetung.

Wie man die Heilige Stunde hält

Als Unser Herr in den Garten ging, „kniete Er nieder, um zu beten" (Lukas 22,41). Als Petrus Tabitha von den Toten auferweckte, „kniete er nieder, um zu beten" (Apostelgeschichte 9,40). Als Paulus nach Ephesus kam und die einzigen Worte Unseres Herrn zitierte, die außerhalb der Evangelien in der Schrift überliefert sind („Es ist seliger zu geben als zu nehmen"), „kniete er nieder und betete mit ihnen allen" (Apostelgeschichte 20,35–36). Der Psalmist gebrauchte einen ähnlichen Ausdruck: „Kommt her, lasst uns anbetend niederfallen, die Knie beugen vor Gott, der uns gemacht hat" (Psalm 94,6 [95,6 RSV]). Die Mutter der Söhne des Zebedäus nahm dieselbe Haltung ein, als sie um eine Bevorzugung für ihre beiden Söhne bat, „indem sie niederkniete, um Ihn zu bitten" (Matthäus 20,20).

Der Vater, der den besessenen Sohn hatte, kam zu Unserem Herrn und kniete vor Ihm nieder: Herr, sagte er, erbarme Dich meines Sohnes, der besessen ist (Matthäus 17,14). Der Aussätzige, der zu Unserem Gesegneten Herrn in der Synagoge in Galiläa kam, um geheilt zu werden, kniete zu Seinen Füßen und sagte: Wenn Du willst, kannst Du mich reinigen (Markus 1,40). Die Bedingung, die der Teufel Unserem Gesegneten Herrn auferlegte, um Ihm alle Reiche der Welt zu geben, war ebenfalls das Niederknien: Wenn Du vor mir niederfällst und mich anbetest (Lukas 4,7).

Petrus hingegen stand, als er sich am Feuer wärmte (Johannes 18,18.25).

Die Schlussfolgerung ist offensichtlich. Es ist am besten, während der Heiligen Stunde zu knien, denn es zeigt Demut, folgt dem Beispiel Unseres Herrn im Garten, sühnt unsere Versäumnisse und ist eine ehrerbietige Geste vor dem König der Könige.

Wie oft?

Soll der Priester, der den Appell des leidenden Erlösers hört, eine Stunde mit Ihm wachen und das Opfer einmal pro Woche bringen? Nein! Das ist zu schwer. Was einmal pro Woche getan wird, ist eine Unterbrechung unseres normalen Lebens. Die Versuchung besteht

Wie man die Heilige Stunde hält

darin, es bis zum Ende der Woche aufzuschieben und dadurch das Risiko einzugehen, es überhaupt nicht zu tun.

Die wöchentliche Heilige Stunde kann niemals zur Gewohnheit werden. Einmal pro Woche ist kein tiefes Zeichen der Liebe. Welche Mutter ist zufrieden, ihr Kind nur einmal pro Woche zu sehen; welche Ehefrau ihren Ehemann? Liebe ist nicht intermittierend. Medikamente, die einmal pro Woche eingenommen werden, können wenig Kraft geben.

Wenn die Heilige Stunde einmal pro Woche zu schwer ist, wie oft sollte sie dann gehalten werden? Die Antwort ist offensichtlich. Sie sollte jeden Tag gehalten werden.

Die einmal wöchentlich gehaltene Heilige Stunde ist eine Unterbrechung der Woche. Wird sie jedoch täglich gehalten, ist ihr Fehlen eine Unterbrechung. Außerdem verliert eine Handlung, die durch tägliche Wiederholung zur Gewohnheit wird, ihre Schwierigkeit. Was anfangs unvollkommen ausgeführt wurde, wird durch Gewohnheit mit jedem fortschreitenden Mal leichter. Wenn die Heilige Stunde täglich zur gleichen Stunde gehalten wird, beginnen wir sie ohne Vorbedacht; sie wird fast automatisch. Die tägliche Heilige Stunde wird so einfach wie alles, was wir täglich tun. Sie wird nicht nur zur Gewohnheit, sondern Teil der Natur eines Priesters. Wie Aristoteles in seiner Rhetorik schrieb:

Was zur Gewohnheit geworden ist, wird gewissermaßen Teil unserer Natur; Gewohnheit ist etwas wie Natur, denn der Unterschied zwischen ‚oft' und ‚immer' ist nicht groß, und Natur gehört zum Begriff des ‚immer', Gewohnheit zum Begriff des ‚oft'.

Im Alten Testament fiel das Manna täglich, nicht nur wöchentlich.

Aber der Herr sprach zu Mose: Ich will Brot vom Himmel auf euch regnen lassen. Es wird für das Volk sein, hinauszugehen und genug für ihren Bedarf zu sammeln, Tag für Tag; und so

Wie man die Heilige Stunde hält

werde Ich eine Prüfung haben, ob sie bereit sind, Meine Gebote zu befolgen oder nicht.

(Exodus 16,4)

Gott versprach, ihnen täglich Brot zu geben, doch am Tag vor dem Sabbat fiel eine doppelte Menge, da am Sabbat nichts fallen würde. Dieses tägliche Sammeln war eine Prüfung der Liebe und des Gehorsams. Der Herr stellt stets eine Prüfung: in der Wüste ebenso wie im Garten. Die ersten Eltern wurden durch das Verbot geprüft, die Frucht vom Baum der Erkenntnis von Gut und Böse zu essen. Der Gehorsam der Israeliten wurde durch das Gebot geprüft, an gewöhnlichen Tagen nicht mehr zu sammeln als für den jeweiligen Tag nötig. Alles Leben ist eine Bewährungsprobe. Die daraus gezogene Folgerung lautet, dass unter der neuen Ordnung ein täglicher Glaube an die Eucharistie durch eine Heilige Stunde ein Beweis unserer Treue ist.

Das Manna lehrte eine tägliche Lektion der Abhängigkeit von Gott und spielte eine wichtige Rolle in der geistlichen Erziehung Israels. Es kam nicht unregelmäßig oder sporadisch, sondern auf geregelte Weise. Was der Herr täglich gab, können wir täglich zurückgeben.

Der Priester soll die Praxis der täglichen Heiligen Stunde als etwas betrachten, das er sein ganzes Leben lang fortzusetzen hat. Die Kinder Israels aßen das Manna vierzig Jahre lang (Exodus 16, 35), bis sie an die Grenzen des Landes Kana gelangten. Die vierzig Jahre symbolisieren die Pilgerschaft des Lebens. Dies bedeutet geistlich, dass jeder Priester täglich himmlisches Manna für seine Seele sammeln soll.

Die tägliche Heilige Stunde schenkt uns Weisheit. Die tägliche Anbetung der Eucharistie war nicht nur im Typus oder der Vorzeichnung des Mannas angedeutet, sondern auch in der Weise, wie Weisheit denen zuteilwird, die die angegebenen Bedingungen erfüllen. Unser Herr sagte, dass diejenigen, die Seinen Willen tun, Seine Lehre erkennen werden. Dies bedeutet, dass Wissen am Anfang notwendig ist, um zu lieben, doch später vertieft die Liebe das Wissen. Das Buch der Sprichwörter, das von der Weisheit spricht, die älter ist als diese Welt, ruft die Seele zu einem frühen und täglichen Wachen auf:

Liebe Mich, und Du wirst Meine Liebe verdienen; Warte früh an meinen Türen, und Du wirst Zugang zu Mir erhalten.

(Sprüche 8,17)

Der Geist des Priesters, der nahe an der Tür des Tabernakels lebt, erfährt eine besondere Erleuchtung. Der Geist und das Herz des Priesters werden am besten geleitet, wenn sie den Eucharistischen Herrn im Morgengrauen suchen. Auch der junge Priester wird gestärkt, der seine Wache an der Tür des Tabernakels in den ersten Tagen seines Priestertums beginnt.

Ein weiterer Abschnitt aus dem Buch der Sprüche, der die tägliche Suche nach Weisheit zu Füßen des Herrn beschreibt, wird häufig auf die Gesegnete Mutter angewandt:

Ich war an Seiner Seite, ein Meisterwerk, meine Freude wuchs mit jedem Tag, während ich vor Ihm spielte; spielte in dieser Welt aus Staub, mit den Söhnen Adams als meine Spielgefährten.

(Sprüche 8,30-32)

Es ist gewiss bemerkenswert, dass diese Freude nicht als spasmodisch oder wöchentlich beschrieben wird, sondern Tag für Tag. „Selig sind, die auf Mich hören, die Tag für Tag wachen an meiner Schwelle und wachen, bis Ich meine Türen öffne" (Sprüche 8,34).

Tägliche Erfordernisse verlangen eine tägliche Heilige Stunde. Das Gebet des Herrn erinnert uns daran, dass das Brot von gestern uns heute nicht nährt:

Gib uns heute unser tägliches Brot.

(Matthäus 6,11)

Wie man die Heilige Stunde hält

Vitamine können nicht aufgespart werden. Geistige Kraft muss erneuert werden; die Kraft von heute muss heute vom Herrn kommen. So wird die Monotonie des Lebens durchbrochen, und dem Priester wird neue Kraft für das Apostolat eines jeden Tages gegeben. Die Heilige Stunde jeden Tag zerstört auch im Priester Befürchtungen und Sorgen um die Zukunft. Kniend vor dem Eucharistischen Herrn empfängt er die Rationen für den Marsch eines jeden Tages, ohne sich um das Morgen zu sorgen.

Die Heilige Stunde sollte ein tägliches Ereignis sein, weil unsere Kreuze täglich sind, nicht wöchentlich.

Wenn jemand mein Jünger sein will, verleugne er sich selbst, nehme täglich sein Kreuz auf sich und folge mir nach.
(Lukas 9,23)

Unsere Kinder, unsere Missionen, unsere Schulden, unsere Geschwüre, unsere kleinen Ärgernisse – keines davon kommt in Oktaven. Ihre horizontalen und vertikalen Verflechtungen bilden für uns ein tägliches Kreuz. Diese täglichen Kreuze werden uns verbittert machen, unsere Seelen versengen und uns verbittert stimmen, wenn wir sie nicht in Kruzifixe verwandeln; und wie kann das geschehen, außer indem wir sie als vom Herrn kommend ansehen? Das können wir nur, wenn wir mit Ihm sind. Die Heilige Stunde mag ein Opfer sein, doch der Herr macht die Woche nicht zur Einheit des Opfers. Er sagt uns, dass unser Kreuz täglich ist.

Ein Moment, in dem Unser Herr sich erhob, war, als Er inmitten Seiner Jünger ausrief, dass „die Stunde gekommen ist" (Johannes 17,1). Das Wort „Stunde" gebrauchte Er nur in Bezug auf Seine Passion und den Tod. Für diese Zeit, jene Stunde, war die Uhr der Zeit in Bewegung gesetzt worden; Für jene Stunde wurde die Welt erschaffen, das Lamm geschlachtet, der Staub der Erde bereitet. Auf sie blickten die Patriarchen voraus; Darauf blicken wir zurück. Ohne sie gäbe es keine Messe, keine Absolution, keine Vergebung. Wird der wahre Priester vor einer solchen Stunde zurückschrecken, bereit, Priester zu sein, aber nicht Opfer? Zu opfern, aber nicht dargebracht zu werden? Ein Körnchen Weihrauch zu sein, aber nicht bereit, im

Wie man die Heilige Stunde hält

Feuer verzehrt zu werden? Vielmehr muss er jeden Tag sein Kreuz des Wachens auf sich nehmen und mit dem Heiligen Herz sagen: „Die Stunde ist gekommen".

Jeden Tag, solange es in seiner Macht steht, denn es wird einen Tag und eine Stunde geben, die nicht ihm gehören, über die er keine Kontrolle hat, denn

... Jener Tag und jene Stunde, von denen Du sprichst, sind niemandem bekannt, nicht einmal den Engeln im Himmel.
(Markus 13,32)

Es ist undenkbar, dass ein Priester, der jeden Tag mit seiner Stunde geheiligt hat, jemals vom Richter verworfen wird. Wenn Unser Herr den Tag und die Stunde zusammenfügt, um ein Symbol des Richterspruchs zu sein, sollen wir dann nicht den Tag und die Stunde zusammenfügen zu Erlösung, zu Freude und zu Liebe?

Selig ist der Knecht, den sein Herr bei seiner Ankunft so handelnd findet. (Lukas 12,43)

Es könnte eingewendet werden, dass eine Stunde am Tag, die der priesterlichen Arbeit entnommen wird, so viel weniger Gutes bewirken kann. Dasselbe Einwand wurde gegen Paulus' Gefängnis erhoben. Doch aus seinem Gefängnis schrieb der Hl. Paulus an die Philipper, um sie zu beruhigen, dass er, auch wenn er nicht aktiv predigte, Gutes tat. Jeder Priester kann im Gebet sagen wie Paulus im Gefängnis:

Ich eile, euch zu versichern, Brüder, dass meine Umstände hier nur dazu gedient haben, das Evangelium weiter zu verbreiten; So weit ist meine Gefangenschaft, zur Ehre Christi, im Prätorium und in der ganzen Welt bekannt geworden.
(Philipper 1,12)

Alle Dinge, die ihm dort widerfuhren, förderten das Evangelium. Wir alle stehen unter einer geistlichen Verpflichtung gegenüber Christus, eine klare und entschiedene Treue zu bewahren, nicht nur um unserer selbst willen, sondern um aller willen, die durch unsere

Wie man die Heilige Stunde hält

Standhaftigkeit und Wachsamkeit gestärkt werden. Die tägliche Heilige Stunde ist eine zeitliche Begrenzung, doch eine Begrenzung, die durch ein höheres geistliches Gut überwunden wird. Nach menschlichen Maßstäben könnte nichts vergeudeter sein als Paulus im Gefängnis, gerade als das Christentum begann, die Welt zu erobern. Dasselbe könnte man von einem Pfarrer sagen, der eine Pfarrei gründet. Nichts könnte vergeudeter erscheinen, als eine Stunde für den Herrn zu opfern. Doch Gottes Wege sind anders. Die scheinbare Umkehr und Verlegenheit des Menschen wird zum Triumph der Wahrheit. Barmherzigkeiten werden gesammelt und verborgene Ressourcen gefunden von dem Priester, der an die Tür des Tabernakels klopft.

Jeder Pfarrer darf sich zu Recht fragen, ob er dem Tabernakel und dem Altar in seiner Kirche nicht mehr Aufmerksamkeit schenken sollte, um die Wirkliche Gegenwart zu betonen. Ein Altar, der wie ein Tisch aussieht, und ein Tabernakel, der wie eine Schachtel wirkt, tragen wenig dazu bei, dem Betrachter die Göttliche Gegenwart nahe zu bringen. Wäre der Tabernakel nicht vielleicht durch die Wiederherstellung der zwei unter dem Gesetz des Mose vorgeschriebenen Cherubim bereichert?

Fertige auch einen Thron aus reinem Gold an, zweieinhalb Ellen lang, eineinhalb Ellen breit, und zwei Cherubim aus reinem getriebenem Gold für die beiden Enden dieses Thrones, je einen zu jeder Seite; mit ausgebreiteten Flügeln, um den Thron zu bedecken, Wächter des Heiligtums. Sie sollen einander gegenüber am Thron stehen. Und dieser Thron soll die Bedeckung der Bundeslade sein, und der Inhalt der Lade, das geschriebene Gesetz, das ich dir geben will. Von dort werde ich meine Gebote erlassen; von jenem Thron der Barmherzigkeit, zwischen den zwei Cherubim, die über der Lade und ihren Aufzeichnungen stehen, wird Meine Stimme zu dir kommen, wann immer ich durch dich den Söhnen Israels ein Wort sende.

(Exodus 25,17-22)

Wie man die Heilige Stunde hält

Die genaue Gestalt der Tempelcherubim wurde von den Juden geheim gehalten. Der jüdische Historiker des ersten Jahrhunderts, Josephus, bemerkte, dass „niemand in der Lage ist, die Form der Cherubim zu benennen oder zu vermuten." Die beiden Flügel beider Cherubim waren so weit vor ihnen ausgebreitet und erhoben, dass sie die Oberseite der Bundeslade überschatteten. Ihre Gesichter waren einander zugewandt, sodass sie beide nach unten zur Lade blickten, als ob sie über sie wachten. Die Cherubim werden als die Seraphim der Tempelvision bei Jesaja (6,2) bezeichnet und auch als Wächter des Paradieses (Genesis 3,24). Ihre Flügel waren auch ein schützender Schatten für jene, die unter ihnen in der Göttlichen Barmherzigkeit Zuflucht suchten (Psalm 90,1-3 [91,1-4 RSV]). Der Hl. Petrus sagte später, dass die Engel liebten, das Geheimnis der Erlösung zu betrachten und darüber zu meditieren – eine offensichtliche Anspielung auf die Stellung der Engel über der Bundeslade.

Und nun können die Engel ihren sehnsüchtigen Blick befriedigen. (1 Petrus 1,12)

Die Oberseite der Bundeslade, manchmal Gnadenstuhl genannt, war blutbefleckt, da einmal im Jahr Blut darauf gesprengt wurde. Als Bild des Neuen Testaments schweben die Gesichter der Engel daher Christus zugewandt über dem Kreuz und dem Blut der Erlösung.

Der Engel, der den Garten der Wonne bewacht, um die Rückkehr unserer ersten Eltern zu verhindern (Genesis 3,24), scheint nun ein Gegenstück zu denen zu sein, die über das Urbild der Eucharistie wachen, mit dem Unterschied, dass letztere kein Schwert in den Händen halten. Sacharja scheint uns zu sagen, wo das Schwert zu finden sein wird, nämlich im Herzen des Hirten, der Sein Leben für Seine Schafe dargebracht hat.

Welche Wunden sind dies in Deinen verschränkten Händen? So verwundet war ich, wird Er antworten, im Haus meiner Freunde. Auf, Schwert, und greife diesen Hirten Meinen an ... spricht der Herr der Heerscharen. (Sacharja 13,6–7)

Wie man die Heilige Stunde hält

Die Hauptsorge des Pfarrers sollte der Tabernakel sein, nicht das Pfarrhaus, nicht das Ego, sondern der Herr, nicht sein Komfort, sondern die Herrlichkeit Gottes. Wand-zu-Wand-Teppich im Pfarrhaus passt schlecht zu einem Altar und Tabernakel, die wie ein Haus auf Stelzen wirken. Sollte der König nicht ein besseres Heim haben als sein Vertreter? Das Wichtigste zuerst, wie David sang:

> *Nie werde ich unter das Dach meines Hauses kommen oder in das für mich bereite Bett steigen; Nie sollen diese Augen Schlaf finden, diese Lider sich schließen, bis ich dem Herrn ein Heim gefunden habe, dem großen Gott Jakobs eine Wohnung.... Lass deine Priester in der Kleidung der Unschuld wandeln, dein treues Volk laut jubeln.*

(Psalm 131,3-5,9 [132,3-5,9, RSV])

Manche können die Eucharistie vergessen, wie Saul die Bundeslade nicht beachtete. Doch David stellte sein eigenes behagliches Heim der Armut der Bundeslade gegenüber: „Hier wohne ich in einem Haus aus Zedernholz, während die Bundeslade Gottes nichts Besseres hat als Vorhänge aus Tierhaut!" (2 Könige 7,2 [2 Samuel 7,2, RSV]). David konnte es nicht zulassen, dass der Ewige Gott in einer ungeeigneten Behausung wohnt. Der Herr tadelt diejenigen, die prächtige Häuser bauen und dabei Seinen Tempel vernachlässigen:

> *Hört zu, sprach der Herr (durch den Propheten Haggai zu ihnen), ist es nicht noch zu früh für euch, Dächer über eure Köpfe zu haben, während Mein Tempel in Trümmern liegt? ... Ihr rennt durcheinander zu euren eigenen Häusern, und Mein Tempel liegt in Trümmern! Deshalb ist euch der Himmel verboten, euch Regen zu senden.*

(Haggai 1,4.9.10)

Aber während wir Kirchen bauen, die des Eucharistischen Herrn würdig sind, werden wir zehn Prozent der Kosten verwenden, um dem gleichen Herrn in Afrika und Asien bescheidene Häuser zu errichten. Wer die tägliche Stunde hält, wird daran denken, denn er

Wie man die Heilige Stunde hält

weiß, dass seine Pfarrei ein Opfersein sein muss, wie sie zugleich ein königliches Priestertum ist.

Es werden Momente kommen, in denen die Stunde schwerfällt – meist im Urlaub, aber manchmal auch in großer Bedrängnis. Was gibt dem Priester dann Mut? Dies kann eine Zeit der Dunkelheit sein, wie als die Griechen zu Unserem Herrn kamen und sagten: „Wir wollen Jesus sehen", wahrscheinlich wegen der Majestät und Schönheit des Erscheinungsbildes, die sie als Anhänger Apollos so hoch verehrten. Doch Er wies auf Sein zerrissenes und verwundetes Selbst auf einem Hügel hin und fügte hinzu, dass nur durch das Kreuz in ihrem Leben jemals Schönheit der Seele in der Neuheit des Lebens sein wird.

Dann verharrte Er einen Moment, da Seine Seele von einer erschreckenden Ahnung der Passion ergriffen wurde und davon, „zur Sünde gemacht" zu sein, verraten, gekreuzigt und verlassen zu werden. Aus den Tiefen Seines Heiligen Herzens quollen diese Worte hervor:

Und nun ist meine Seele betrübt. Was soll ich sagen? Ich werde sagen: Vater, rette Mich davor, diese Stunde der Prüfung zu durchleben; Und doch habe Ich nur diese Stunde der Prüfung erreicht, um sie zu durchleben.

(Johannes 12,27)

Dies sind fast dieselben Worte, die Er später im Garten Gethsemane gebrauchte – Worte, die nur dadurch erklärbar sind, dass Er die Last der Sünden der Welt trug. Es war nur natürlich, dass Unser Gesegneter Herr einen Kampf durchlebte, da Er ein vollkommener Mensch war. Doch es waren nicht allein die körperlichen Leiden, die Ihn beunruhigten; Er, wie die Stoiker, Philosophen, Männer und Frauen aller Zeiten, hätte angesichts großer körperlicher Prüfungen ruhig bleiben können. Aber Seine Betrübnis richtete sich weniger auf den Schmerz als vielmehr auf das Bewusstsein der Sünden der Welt, die diese Leiden verlangten. Je mehr Er jene liebte, für die Er das Lösegeld war, desto mehr nahm

Wie man die Heilige Stunde hält

Seine Qual zu, denn es sind die Fehler der Freunde und nicht der Feinde, die die Herzen am meisten beunruhigen!

Er bat gewiss nicht darum, vom Kreuz gerettet zu werden, da Er Seine Apostel tadelte, weil sie versuchten, Ihn davon abzubringen. Zwei Gegensätze vereinigten sich in Ihm, nur in der Äußerung getrennt: das Verlangen nach Befreiung und *Unterwerfung* unter den Willen des Vaters. Indem Er Seine eigene Seele entblößte, sagte Er den Griechen, dass Selbstaufopferung nicht leicht sei. Sie sollten keine Fanatiker sein, die den Tod herbeisehnen, denn die Natur will sich nicht selbst kreuzigen; aber andererseits sollten sie ihre Augen nicht aus feiger Furcht vom Kreuz abwenden. In Seinem eigenen Fall vergehen jetzt wie immer die traurigsten Gemütszustände in die seligsten; Es gibt niemals das Kreuz ohne die Auferstehung; Die „Stunde", in der das Böse die Herrschaft hat, vergeht schnell in den „Tag", an dem Gott der Sieger ist.

Und wie in jenem Augenblick eine Stimme vom Himmel zu Ihm kam, so wird auch zum Priester-Opfer eine Stimme aus dem Tabernakel kommen.

~ 16 ~

Die Eucharistie und das Leib des Priesters

Eine Wirkung der Verehrung des Allerheiligsten Sakraments ist ein erhabeneres Verständnis des Leibes. Viel fromme Literatur ist von einem jansenistischen Akzent auf die Niedrigkeit des Leibes durchdrungen. Er wird dargestellt als ein „Wurm" und „der Feind der Seele", als ob die Seele ohne den Leib gerettet werden könnte. Eine solche Verachtung des Leibes vergisst, dass der Mensch eine Person ist, ein Zusammenspiel von Leib und Seele. Bei der Ankündigung der Eucharistie sprach Unser Gesegneter Herr nicht nur in Beziehung zur Seele, sondern auch zum Leib, der an der Auferstehung teilhaben wird.

Und Er, der Mich gesandt hat, will, dass Ich nichts verliere von dem, was Er Mir anvertraut hat, sondern es auferwecke am letzten Tag.

(Johannes 6,39)

Hiob, der der Auferstehung entgegensah, während er auf seine ulzerösen Geschwüre blickte, rief aus:

Dies wenigstens weiß ich, dass Einer lebt, der mich rechtfertigen wird, der sich aus dem Staub erheben wird, wenn der letzte Tag kommt. Einmal wird meine Haut mich wieder bekleiden, und in meinem Fleisch werde ich Gott schauen.

(Hiob 19,25)

Ebenso spricht Der Herr zu Ezechiel:

Die Eucharistie und der Leib des Priesters

Wirst du dann an der Macht des Herrn zweifeln, wenn Ich deine Gräber öffne und dich wiederbelebe?

(Ezechiel 37,13)

Diese Idee entwickelte der Hl. Paulus ausführlich (1 Korinther 15,35-44) und bezog sie auf die Auferstehung Christi. Die Eigenschaften, die der Leib annehmen wird, spiegeln die der Seele wider. Wenn man eine blaue Flüssigkeit in ein Glas gießt, erscheint das Glas blau. Wenn man rote Flüssigkeit hineingießt, erscheint es rot. Wenn die Seele innerlich schwarz ist, wird der Leib eine ähnliche Verderbnis annehmen. Wenn die Seele an der Göttlichen Natur teilhat, wird der Leib den Glanz des Himmels annehmen. Wie Dante in seinem *Paradiso* schrieb:

Herrliches und geheiligtes Fleisch wird uns wieder angelegt werden, wodurch unsere Person durch Vollkommenheit angenehmer wird.

Was von Unserem Gesegneten Herrn gesagt wurde, als Er in die Welt kam, sollte daher auf jeden Priester anwendbar sein.

Du hast mir stattdessen einen Leib gegeben.

(Hebräer 10,6)

Dies bedeutet, dass Gott mit den Opfern des Alten Gesetzes nicht zufrieden war (Jesaja 1,11-17; Jeremia 7,21-23; Hosea 6,6), sondern dass der Leib, den Sein Sohn annahm, das Instrument Seiner Göttlichkeit sein sollte. Dank des Leibes, den Maria Ihm gab, konnte Er leiden. Dank desselben Leibes wandelte die Göttlichkeit in der Gestalt des Menschen auf der Erde:

In Christus ist die ganze Fülle der Gottheit leibhaftig gegenwärtig und wohnt in Ihm.

(Kolosser 2,9)

In der Wüste wandte sich der Satan nach der Fastenzeit Unseres Herrn an den Hungerappetit. Aber Unser Herr leistete für alle derartigen Sünden Wiedergutmachung, indem Er Seinen Leib als Opfer am Kreuz darbrachte.

Die Eucharistie und der Leib des Priesters

Es mag gefragt werden, warum im Brief an die Hebräer die Betonung auf dem Leib liegt, den Unser Herr annahm, und nicht auf der Seele, wie es bei Jesaja (53,10) der Fall ist. Wahrscheinlich geschah dies, um die Tatsache zu betonen, dass das Opfer Christi durch den Tod vollbracht werden sollte, welcher einen Leib erforderte; und auch, um auf die Notwendigkeit hinzuweisen, den Neuen Bund sowohl durch Blut als auch wie den Alten zu bestätigen. Daher verwandelte Unser Herr in der Nacht des Letzten Abendmahls den Wein in Blut und nannte es das Blut des Neuen Testaments oder Bundes; Doch das Blut konnte nicht ohne den Leib gegeben werden.

Ein weiterer Grund mag sein, uns daran zu erinnern, dass die menschliche Natur Christi (Lukas 1,35) keine eigenständige Person darstellte, sondern der Zweiten Person der Heiligen Dreifaltigkeit zukam. Das Geheimnis der Inkarnation besteht darin, dass die Gottheit im Leib wohnte; Das Geheimnis der Sühne ist im einen Opfer des Leibes Christi verborgen; Das Geheimnis der Heiligung besteht darin, dass der Heilige Geist im Leib wohnt und diesen ebenfalls heiligt.

Da der große Hohepriester Seinen Leib als Quelle der Heiligung für die Seelen betonte, muss nicht auch der Priester, der diesen Leib Christi in der Eucharistie berührt, seinen eigenen Leib in jenem gleichen Eucharistischen Herrn eingebunden sehen?

Dieser Respekt vor dem Leib wird sich auf zweierlei Weise manifestieren: durch Reinheit des Leibes und durch einen Geist des Opfers. Für alle Christen, besonders aber für den Priester, der den Leib Christi berührt, ist die Verpflichtung zur Reinheit eindeutig:

Eure Leiber sind nicht für die Unzucht bestimmt, sondern für den Herrn, und der Herr beansprucht eure Leiber.

(1 Korinther 6,13)

Ist euch nicht gesagt worden, dass eure Leiber dem Leib Christi gehören?

(1 Korinther 6,15)

Die Eucharistie und der Leib des Priesters

Der Leib gehört nicht dem Priester; er ist nur dessen Verwalter. Er ist verpflichtet, es gemäß der Anweisung des großen Hohenpriesters zu gebrauchen:

Ihr seid nicht mehr eure eigenen Herren. Ein großer Preis wurde bezahlt, um euch zu erlösen; Verherrlicht Gott, indem ihr eure Leiber zu Heiligtümern Seiner Gegenwart macht.

(1 Korinther 6,19-20)

Nicht nur die Seele gehört dem Herrn; auch der Leib gehört Ihm. Glied für Glied muss der Leib des Priesters derselbe sein wie jener, den der Sohn Gottes annahm, der für uns gekreuzigt wurde und der nun in Herrlichkeit zur Rechten Gottes ist. Sobald der Priester seinen Leib tatsächlich als Tempel Gottes erkennt, muss er ihm größere Ehrfurcht erweisen. Wie er sich kleidet, wie er sich den Besuchern an der Tür präsentiert, wie er seinen Leib diszipliniert hält, frei von Übermaß beim Essen und Trinken – all dies und alle seine Beziehungen zu seinem Leib werden von dem Bewusstsein geleitet, was dem Tempel gebührt, der Gottes ist. Der Leib des Priesters ist die Tempelmauer, seine Sinne sind das Tor, sein Geist das Kirchenschiff, sein Herz der Altarpriester und seine Seele das Heiligste Allerheiligste.

Es wird sogar eine angenehme Ausstrahlung im Gesicht des Priesters zu erkennen sein. Die Erbauer mittelalterlicher Kathedralen widmeten den Türen viel Zeit, um sie so würdig wie möglich zu gestalten. Das Gesicht ist die Pforte der Seele und sollte dem Tempel keine Schande bereiten. Ein trüber und trauriger Blick, Murren und Unzufriedenheit passen wenig zu denen, deren Körper Tempel des Heiligen Geistes sind und die jeden Morgen am Altar den Leib und das Blut Christi berühren. Im Gesicht wird die Göttliche Gegenwart erstrahlen.

Reinheit

Die Reinheit des Priesters ist daher geistlich, bevor sie körperlich ist; sie ist theologisch, bevor sie physiologisch ist; sie ist eucharistisch, bevor sie hygienisch ist. Reinheit ist ein Spiegelbild

Die Eucharistie und der Leib des Priesters

des Glaubens; sie ist Haltung vor einer Handlung; eine ehrfürchtige Innigkeit, nicht eine biologische Unversehrtheit.

Reinheit beim Priester ist nicht das Ergebnis von etwas, das Er „aufgibt"; sie ist Ehrfurcht vor dem Geheimnis – und das Geheimnis ist Schöpferkraft. Gott hat den Geschöpfen erlaubt, an Seiner Schöpfung teilzuhaben. Ehemann und Ehefrau verlängern sie, indem sie Frucht für ihre Ehe zeugen, eine Inkarnation ihrer gegenseitigen Liebe. Der Botschafter Christi ist zu einer anderen Art von Kreativität berufen – er zeugt Seelen. Er weiht; er tauft; er erneuert Seelen im Beichtstuhl. An all diesen Handlungen nimmt sein Leib teil. Daher hat Er bestimmte Funktionen des Leibes nicht aufgegeben; Er hat sie verwandelt und in den göttlichen Erlösungsplan eingegliedert.

Geweihte Jungfräulichkeit ist die höchste Form sakraler oder opferbereiter Liebe; sie sucht nichts für sich selbst, sondern nur den Willen des Geliebten. Die Welt begeht den Fehler anzunehmen, dass Jungfräulichkeit der Liebe entgegenstehe, wie Armut dem Reichtum entgegenstehe. Vielmehr steht die Jungfräulichkeit zur Liebe in Beziehung wie eine Universitätsausbildung zur Schulbildung. Jungfräulichkeit ist der Berggipfel der Liebe, wie die Ehe ihr Hügel ist. Allein weil Jungfräulichkeit oft mit Askese und Buße verbunden wird, glaubt man, sie bedeute lediglich den Verzicht auf etwas. Das wahre Bild ist, dass Askese lediglich der Zaun um den Garten der Jungfräulichkeit ist. Um die Kronjuwelen Englands ist stets ein Wächter postiert, nicht weil England Soldaten liebt, sondern weil es sie zum Schutz der Juwelen benötigt. Je kostbarer die Liebe, desto größer die Vorsichtsmaßnahmen zu ihrem Schutz. Da keine Liebe kostbarer ist als die der Seele, die Gott liebt, muss die Seele stets wachsam sein gegen Löwen, die ihre grünen Weiden überrennen wollen. Das Gitter in einem Karmeliterkloster dient nicht dazu, die Schwestern einzuschließen, sondern die Welt auszuschließen. Da Jungfräulichkeit nicht das Gegenteil von Liebe ist, ist sie auch nicht das Gegenteil von Generation. Der christliche Segen der Jungfräulichkeit hat die Anordnung aus Genesis (1,22) „Seid fruchtbar und mehret euch" nicht aufgehoben, denn die

Jungfräulichkeit hat ihre eigene Generation. Marias Weihe der Jungfräulichkeit war einzigartig, da sie eine physische Generation hervorbrachte – das Wort wurde Fleisch. Doch sie setzte auch das Muster für geistliche Generation, denn sie gebar auch die christusähnlichen. Ebenso darf die jungfräuliche Liebe nicht unfruchtbar sein. Vielmehr muss sie mit Paulus sagen:

Ich habe euch in Jesus Christus gezeugt ...
(1 Korinther 4,15)

Als die Frau in der Menge die Mutter Unseres Herrn lobte, wandte Er das Lob zur geistlichen Mutterschaft und sagte, dass sie, die den Willen Seines Vaters im Himmel tat, Seine Mutter sei. Die Beziehung wurde hier von der Ebene des Fleisches auf den Geist erhoben. Einen Leib zu zeugen ist gesegnet; eine Seele zu retten, ist gesegneter, denn dies ist der Wille des Vaters. Eine Idee kann somit eine lebenswichtige Funktion verwandeln, nicht indem sie sie zur Sterilität verurteilt, sondern indem sie sie zu einer neuen Fruchtbarkeit des Geistes erhebt. In aller Jungfräulichkeit scheint daher die Notwendigkeit der Apostelschaft und der Zeugung von Seelen für Christus impliziert zu sein. Gott, der den Mann hasste, der sein Talent vergrub, wird sicherlich jene verachten, die sich verpflichten, Ihn zu lieben, und doch kein neues Leben zeigen – keine Bekehrten oder durch Kontemplation gerettete Seelen.

Unterweisung der Jugend in der Reinheit

Wenn der wahre Priester mit anderen über die Würde des Leibes spricht, beschränkt Er sich nicht auf die routinemäßige Wiederholung der traditionellen Verbote und den ebenso routinemäßigen Rat, die Gesegnete Mutter nachzuahmen. Die „Nicht"-Technik bewirkt, dass die Jugend sich fragt, warum ihr Fortpflanzungstrieb so stark sein soll, wenn er mit etwas Bösem verbunden ist. Andererseits wundert sich die Jugend, wie die Gesegnete Mutter nachgeahmt werden soll. Das Ideal ist so hoch und abstrakt, dass es der Jugend leicht unpraktisch erscheint.

Die Eucharistie und der Leib des Priesters

Wie reines Wasser mehr ist als die Abwesenheit von Verunreinigungen, wie ein reiner Diamant mehr ist als die Abwesenheit von Kohlenstoff, und wie reine Nahrung mehr ist als die Abwesenheit von Gift, so ist Reinheit mehr als die Abwesenheit von Wollust. Weil man die Festung gegen den Feind verteidigt, folgt daraus nicht, dass die Festung selbst keinen Schatz enthält.

Die Jugend sollte vom Priester gelehrt werden, dass jedes Geheimnis zwei Elemente enthält; Das eine sichtbar, das andere unsichtbar. Zum Beispiel ist im Sakrament der Taufe das Wasser das sichtbare Element und die regenerierende Gnade des Christus das unsichtbare Element. Das Geschlecht ist ebenfalls ein Geheimnis, weil es diese zwei Eigenschaften besitzt. Das Geschlecht ist etwas, das allen bekannt ist und doch für alle verborgen bleibt. Das bekannte Element ist, dass jeder entweder männlich oder weiblich ist. Das unsichtbare, verborgene, geheimnisvolle Element im Geschlecht ist seine Fähigkeit zur Schöpfung, eine Teilhabe an der schöpferischen Kraft, durch die Gott die Welt und alles, was darin ist, erschaffen hat. Wie Gottes Liebe das schöpferische Prinzip des Universums ist, so wollte Gott, dass die Liebe von Mann und Frau das schöpferische Prinzip der Familie sei. Diese Kraft des Menschen, einen nach seinem Bild und Gleichnis zu zeugen, nimmt an Gottes schöpferischer Kraft teil.

Die Jugend muss verstehen lernen, dass die von Gott in ihre Hände gelegte Fackel des Lebens kontrolliert brennen muss, gemäß dem Zweck und dem Schicksal, die von der Vernunft und dem Gott der Vernunft gesetzt sind. Das Geheimnis der Schöpferkraft, das Gott in sie gelegt hat, ist von Ehrfurcht umgeben. Eine besondere Verehrung umhüllt die Macht, mit Gott als Mit-Schöpfer am Entstehen menschlichen Lebens teilzuhaben. Es ist dieses verborgene Element, das in besonderer Weise Gott gehört, ebenso wie die Gnade Gottes in den Sakramenten. Diejenigen, die nur vom Geschlecht sprechen, konzentrieren sich allein auf das physische oder sichtbare Element und vergessen das geistliche oder unsichtbare Geheimnis der Schöpferkraft. Die Menschen bringen in den Sakramenten die Handlung, das Brot, das Wasser und die Worte dar; Gott schenkt die Gnade, das Geheimnis. Im heiligen Akt der Lebensschöpfung bringen Mann und Frau die Einheit des Fleisches dar; Gott schenkt die Seele und das Geheimnis. So ist das Geheimnis des Geschlechts, wie es der Priester erklären sollte.

In der Jugend zeigt sich diese Ehrfurcht vor dem Geheimnis in der Schüchternheit einer Frau, die sie davor bewahrt, ihr Geheimnis zu früh oder zu bereitwillig preiszugeben. Beim Mann offenbart sich das Geheimnis in der Ritterlichkeit gegenüber der Frau, die mehr ist als nur ein bloßes Gefühl der Ehrfurcht vor dem Unbekannten. Auch wegen der Ehrfurcht, die diese geheimnisvolle Kraft, welche von Gott stammt, umgibt, hat die Menschheit stets empfunden, dass sie nur mit einer besonderen göttlichen Erlaubnis und unter bestimmten Verhältnissen verwendet werden darf. Deshalb ist die Ehe traditionell mit religiösen Riten verbunden, um Zeugnis abzulegen, dass die von Gott gegebene Kraft des Geschlechts nur mit Gottes Zustimmung gebraucht werden soll, da sie dazu bestimmt ist, Seine schöpferischen Absichten zu erfüllen.

Bestimmte Kräfte dürfen nur in bestimmten Verhältnissen rechtmäßig verwendet werden. Was in einem Verhältnis erlaubt ist, ist in einem anderen nicht erlaubt. Ein Mensch kann im gerechten Krieg einen anderen Menschen töten, jedoch nicht in seiner privaten Eigenschaft als Bürger. Ein Polizist kann jemanden als ordnungsgemäß ernannter Hüter des Gesetzes verhaften, jedoch nicht anderweitig. Ebenso ist die „Schöpferkraft" von Mann und Frau nur unter bestimmten von Gott sanktionierten Verhältnissen rechtmäßig, nicht aber außerhalb jenes geheimnisvollen Verhältnisses, das Ehe genannt wird.

Reinheit wird heute nicht mehr als etwas Negatives, sondern als etwas Positives angesehen. Reinheit ist eine solche Ehrfurcht vor dem Geheimnis der Schöpfungskraft, dass sie keinen Bruch zwischen der Nutzung der Zeugungskraft und ihrem göttlich geweihten Zweck duldet. Die Reinen würden niemals daran denken, die Fähigkeit, an Gottes Schöpferkraft teilzuhaben, zu isolieren, ebenso wenig wie sie ein Messer für einen anderen als den

Die Eucharistie und der Leib des Priesters

menschlich geweihten Zweck verwenden würden. Was Gott verbunden hat, würden die Reinen niemals trennen. Niemals würden sie das materielle Zeichen entehren, das heilige innere Geheimnis entweihen, so wie sie das zum Gott geweihte Altarbrot nicht allein zur Nahrung des Leibes verwenden würden.

Reinheit ist also nicht bloße körperliche Unversehrtheit. Der Priester wird dem Mädchen sagen, es sei ein fester Entschluss, die Kraft niemals zu gebrauchen, bis Gott ihr einen Ehemann sendet. Im Knaben ist es ein standhafter Wunsch, auf Gottes Willen zu warten, dass er eine Ehefrau habe. In diesem Sinne werden wahre Ehen im Himmel geschlossen; Denn wenn der Himmel sie schließt, ziehen Leib und Seele nicht in entgegengesetzte Richtungen. Der physische Aspekt, bekannt als Geschlecht, ist nicht entfremdet von dem unsichtbaren, geheimnisvollen Aspekt, der nur dem offenbart wird, der von Gott gewollt ist, an Gottes Schöpferkraft teilzuhaben, zu Gottes eigener Zeit.

Die Jugend wird erkennen, dass die Erfahrung die Definition von Reinheit als Ehrfurcht vor dem Geheimnis bestätigt. Niemand ist empört, wenn Menschen in der Öffentlichkeit essen, in Bussen lesen oder auf der Straße Musik hören, aber sie sind schockiert über schmutzige Darstellungen, obszöne Bücher oder ungebührliche Zurschaustellung von Zuneigung in der Öffentlichkeit. Es liegt nicht daran, dass Jugendliche prüde sind, noch daran, dass sie in katholischen Schulen erzogen wurden, noch daran, dass sie noch nicht unter den „befreienden" Einfluss eines Freud gekommen sind, sondern daran, dass diese Dinge Aspekte eines so tiefen, so persönlichen, so unaussprechlichen Geheimnisses betreffen, dass sie nicht vulgärisiert werden dürfen.

Wir sehen gern die amerikanische Flagge über dem Kopf eines Nachbarn wehen, aber wir wollen sie nicht unter seinen Füßen sehen. In dieser Flagge liegt ein Geheimnis; sie ist mehr als nur Stoff; Es steht für das Unsichtbare, das Geistliche, für Liebe und Hingabe an das Vaterland. Die Reinen sind über die Unreinen entsetzt wegen der Prostitution des Heiligen; Es macht den Ehrfürchtigen ehrfurchtslos.

Die Eucharistie und der Leib des Priesters

Das Wesen der Obszönität ist die Verwandlung des inneren Geheimnisses in einen Spott. Angesichts der verborgenen Gegenwart eines gottgegebenen Geschenks in jeder Person, wie es eine verborgene Göttliche Gegenwart im Altarbrot gibt, wird jede Person zu einem Gastgeber. Wie man das Brot der Engel unter dem Zeichen des Brotes erkennt, so erkennt man eine Seele und eine potenzielle Teilhabe an Gottes Schöpferkraft unter einem Leib. Wie der katholische Gläubige die Umarmung Christi im Sakrament ersehnt, weil er Ihn zuerst als Person zu lieben gelernt hat, so verehrt er den Leib, weil er zuerst die Seele zu verehren gelernt hat. Dies ist zunächst Anbetung und zweitens Reinheit.

Im Umgang mit Erwachsenen wird der Priester, der seinen Leib dem Herrn gegeben hat, ihnen die Bedeutung von ‚zwei in einem Fleisch' erklären. Nicht nur in der Ehe, sondern auch außerhalb der Ehe schafft jede solche Handlung Einheit und etwas, das durch die Ewigkeit besteht. Es gibt nichts Vergleichbares, wie das Wasser zu trinken und das Glas zu vergessen:

Soll ich nehmen, was Christus gehört, und es mit einer Hure vereinigen? Gott bewahre. Oder habt ihr nie gehört, dass der Mann, der sich mit einer Hure verbindet, mit ihr ein Leib wird? Die beiden, so heißt es, werden ein Fleisch sein.
(1 Korinther 6,15–16)

Jeder Mensch besitzt eine Gabe, die nur einmal gegeben und nur einmal empfangen werden kann. In der Einheit des Fleisches macht er sie zur Frau; sie macht ihn zum Mann. Sie mögen die Gabe oft genießen, doch einmal gegeben, kann sie weder beim Mann noch bei der Frau zurückgenommen werden. Es ist nicht nur eine physiologische Erfahrung, sondern die Entschleierung eines Geheimnisses. Wie man nur einmal von Unwissenheit zur Erkenntnis eines gegebenen Faktums oder Axioms, zum Beispiel dem Prinzip des Widerspruchs, gelangen kann, so kann man nur einmal von Unvollständigkeit zur vollen Selbsterkenntnis gelangen, die der Partner bringt. Sobald diese Grenzlinie überschritten ist, gehört keiner mehr ganz sich selbst. Ihre Gegenseitigkeit hat

Die Eucharistie und der Leib des Priesters

Abhängigkeit geschaffen; das Rätsel ist gelöst, das Geheimnis offenbart; Das Duale ist zur Einheit geworden, entweder von Gott sanktioniert oder im Trotz Seines Willens.

Hl. Paulus lehrt auch eine Lektion, die der Priester über den Leib vermitteln kann.

Jede andere Sünde, die ein Mensch begeht, lässt den Leib unberührt, aber der Unzüchtige begeht ein Verbrechen gegen seinen eigenen Leib.

(1 Korinther 6,17-18)

Trunkenheit und Völlerei sind Sünden, die im und durch den Leib geschehen, Sünden, die durch Missbrauch des Leibes begangen werden; Doch sie sind dennoch außerhalb des Leibes, das heißt, von außen eingeführt. Unzucht ist die Entfremdung eines Leibes, der dem Herrn gehört, und die Hingabe desselben an einen anderen; Es ist die Übergabe des Eigentums des Herrn an einen anderen. Es ist eine Sünde gegen den eigenen Leib in seiner ganz eigenen Natur.

Nachdem man anderen die positive Seite der Reinheit dargelegt hat, wird das Ideal der Gesegneten Mutter offenbar. Sie ist die ideale Liebe, die wir jenseits aller geschaffenen Liebe erkennen, eine Liebe, zu der wir uns instinktiv wenden, wenn die fleischliche Liebe versagt. Sie ist das Ideal, das Gott von Ewigkeit her in Seinem Herzen trug — die Dame, die Er unsere Gesegnete „Mutter" nennen würde. Sie ist diejenige, die jeder Mann liebt, wenn er eine Frau liebt — ob er es weiß oder nicht. Sie ist das, was jede Frau sein möchte, wenn sie sich selbst betrachtet. Sie ist die Frau, die jeder Mann in seinem Ideal heiratet; sie ist als Ideal verborgen im Unmut jeder Frau über die fleischliche Aggressivität des Mannes; sie ist das geheime Verlangen jeder Frau, geehrt und gefördert zu werden. Um eine Frau in der Stunde des Besitzes zu erkennen, muss ein Mann sie zuerst in der erhabenen Stunde eines Traumes geliebt haben. Um in der Stunde des Besitzes vom Mann geliebt zu werden, muss eine Frau zuerst geliebt, gefördert und als Ideal geehrt werden wollen. Jenseits aller menschlichen Liebe gibt es eine andere Liebe; Dieses „andere" ist das Bild des Möglichen. Es ist dieses „Mögliche", das jeder Mann und jede Frau liebt, wenn sie einander lieben. Dieses „Mögliche" wird real in der vorweltlichen Liebesplanung des Einen, der von Gott geliebt ist, und in jener anderen Liebe, die Christus zu uns bringt und uns zu Christus: Maria, die unbefleckte Jungfrau, die Mutter Gottes.

Der Leib des Priesters: Ein lebendiges Opfer

Der eucharistische Priester lebt die Worte des Paulus:

Ich ermahne euch durch die Barmherzigkeit Gottes, eure Leiber darzubringen als ein lebendiges Opfer, heilig und Gott wohlgefällig.

(Römer 12,1)

Hl. Paulus hatte vielleicht einige Opfer des Alten Gesetzes im Sinn. Der Priester tötete das Tier, schnitt es auf und entfernte alles Unreine. Dann wusch er es und verzehrte es auf dem Altar im Feuer vor dem Herrn. Unser großer Hoher Priester möchte, dass wir äußerlich von unserer Schuld in Seinem Blut gereinigt werden und dann, indem Er uns öffnet, alles, was in uns verdorben ist, durch die Waschung und Erneuerung des Heiligen Geistes entfernt wird, damit wir als heilige Opfer auf den Altar gelegt und vor dem Herrn verzehrt werden.

"Lebendig" kann hier im Gegensatz zur sinnlichen Lust verstanden werden, die ihre Quelle im Leib hat und gegen die sich der Apostel später beklagte (Römer 7,24). "Lebendig" kann auch das fortwährende Opfer bedeuten. Das im Text verwendete griechische Wort ist das übliche für das Darbringen von Opfertieren am Altar, doch hier sind unsere Leiber gemeint. Der Jude musste Gott den Leib eines Tieres darbringen, der Priester muss seinen eigenen Leib darbringen. Unter dem Gesetz wurde das Tier geopfert; in der Messe wird der Priester „geopfert" und zum Opfer gemacht.

Wenn der Leib Gott als ein „vernünftiges Opfer" dargebracht wird, wird die Erde nicht als Golfplatz oder Markt betreten, sondern als Tempel. Wenn unser einziges Gefühl gegenüber unserem großen

Die Eucharistie und der Leib des Priesters

Hohen Priester ein religiöses Empfinden wäre, das sich nicht in einer angemessenen Opferform ausdrückt, würden unsere Gefühle schließlich erlöschen. Das Ausdrücken unseres priesterlichen Lebens im Opfer verhindert, dass Frömmigkeit emotional wird. Nichts verleiht den Worten des Priesters in Kanzel, Unterricht oder Haus so viel Kraft wie seine Selbstverleugnung. Nichts auf dieser Welt hat Wert, bis es einem höheren Zweck dargebracht oder geweiht wird. Was nützt Land, wenn wir nichts damit tun? Was nützt unser Leib, wenn Er nicht für Christus hingegeben wird?

Das Opfer der Messe, das wir dargebracht, vollzieht sich ohne jede Befriedigung der Sinne. Aber wann wird es sinnlich, greifbar, gelebt, konkret? Wenn das Morgenopfer im lebendigen Opfer des Leibes des Priesters sichtbar wird. Jegliche Ausschweifungen, die den Geist betäuben und unfähig machen, Ihm zu dienen, jede absorbierende Sorge um äußere Dinge, die das Wachstum Christi in uns hemmt, errichten eine Barriere gegen die Macht des Priesters, andere *ex opere operantis* zu heiligen. Es gibt keine sogenannte „Sechs-Uhr-Messe". Die Messe ist fortwährend — ein „lebendiges Opfer". Was mystisch in der Morgenmesse dargebracht wird, muss den ganzen Tag über leiblich dargebracht werden.

Nachdem wir mit Christus am Altar gestorben sind, setzen wir den Tod fort, indem wir Bekehrte unterweisen, die Toten bestatten, die Kranken trösten und Almosen für die Ausbreitung des Glaubens geben. Niemand wird die Opfer verachten, die der Leib bringen soll, wenn das Opferfeuer bei der Weihe entfacht wird.

Das fortwährende Opfer des Priesters ist ein Opfer des Herzens und des Geistes in Danksagung (Römer 15,16; Hebräer 13,15); das Opfer guter Werke (Hebräer 13,16); das Opfer zerbrochener Herzen und zerknirschter Geister (Psalm 50,17 [51,17 RSV]); das Opfer des ganzen Menschen und die Hingabe seiner selbst an Gott (1 Petrus 2,15; Römer 12,1; Philipper 2,7).

Dass die Motivation für unser lebendiges Opfer die Eucharistie ist, ist eindeutig:

Die Eucharistie und der Leib des Priesters

So ist es der Tod des Herrn, den ihr verkündet, wann immer ihr dieses Brot esst und diesen Kelch trinkt, bis Er kommt.

(1 Korinther 11,26)

Die Eucharistie ist somit nicht nur eine Eingliederung in das *Leben* Christi, sondern auch eine Eingliederung in Seinen *Tod*. Unsere Messe blickt nicht nur zurück auf das erste Kommen Christi, sondern auch voraus auf Sein zweites Kommen. Die Messe ist auch eine mystische Darstellung des Todes Christi durch die getrennte Weihe von Brot und Wein, welche die Trennung des Blutes vom Leib Christi symbolisiert. Diese mystische und unblutige Darstellung des Todes Christi verpflichtet uns zur Disziplin und Selbstverleugnung des Leibes, wenn wir den Altar verlassen. Wie der Tod Christi kein bloßes Sterben war, sondern ein Tod mit hohen und herrlichen Zielen, so ist auch unsere Nachstellung desselben kein bloßes historisches Erinnern, sondern ein praktisches Ausleben des Kreuzes. Ohne die Verlängerung des Opfers gibt es nur eine spekulative Erinnerung, wie man sie an einem Film haben könnte, jedoch ohne ein Erwecken gegenseitiger Liebe und Dankbarkeit.

Ein Rückgang der Ehrfurcht beim Feiern der Messe wird von einem Rückgang des Opfers in den priesterlichen Tätigkeiten des Tages gefolgt werden. Der faule Priester wird stets am „härtesten" arbeiten, um seine Messe so schnell wie möglich zu beenden. Er will nicht, dass der Trompetenruf zum Opfer laut oder zu deutlich erklingt. Aber der heilige Priester weiß, dass der Weizen durch eine Mühle gehen muss, um für den Altar tauglich zu sein, und die Trauben in der Weinpresse zerdrückt werden müssen; so muss auch er ein Opfer sein, um würdig das Opfer darzubringen, das den Tod Christi verkündet und nachstellt.

Monsignore Ronald Knox fordert uns auf, über unser Opfersein nachzudenken. wie wir in der Danksagung sagen: „Dies ist Sein Leib, der für mich hingegeben wird; dies ist Sein Blut, das für mich vergossen wird; nach all dieser Zeit kommt Er immer noch in der Haltung eines Opfers zu mir. Und Er möchte etwas von Sich auf

Die Eucharistie und der Leib des Priesters

mich prägen; Ich soll das Wachs sein, Er der Siegelring. Etwas also von dem Opfer möchte Er in mir sehen; Sagt nicht die Nachfolge, dass es an jedem Christlichen liegt, ein sterbendes Leben zu führen? Vielleicht ist es nicht meine Aufgabe, sehr tief in die Gesinnungen meines gekreuzigten Erlösers einzutreten, sondern vielmehr demütiger zu sein, wenn ich zurückgewiesen werde; eher resignierter, wenn bei mir etwas schiefgeht; weniger besorgt darum, eine Übersicht über meinen eigenen geistlichen Fortschritt zu erstellen, vielmehr bereit, Ihm in mir zu tun, was Er tun will, ohne dass ich es erfahre! Wenn ich nur ein wenig der Welt, meinen Wünschen, mir selbst sterben könnte; geduldig sein und auf Sein Kommen warten, zufrieden damit, Seinen Tod anzukündigen, indem ich mit Ihm sterbe!"

Unser Kampf als Priester besteht nicht darin, engelgleich zu werden und zu leben, als hätten wir keinen Leib, sondern darin, mehr christusähnlich zu werden.

Das ist mein inniges Verlangen und meine Hoffnung... dass dieser Leib von mir Christus Ehre erweisen wird...
(Philipper 1,20)

Am Ende eines arbeitsreichen Tages, wenn die Müdigkeit einsetzt, können wir wegen allem, was wir um Christi willen getan haben, in unserem Leib die Spuren der Kreuzigung lesen: „Wir tragen allezeit in unserem Leib den Tod Jesu, damit auch das Leben Jesu in unserem Leib offenbar werde" (2 Korinther 4,10).

In der Morgenmesse haben wir „den Tod des Herrn verkündet"; in der Pfarrei, zu Hause, im Beichtstuhl und überall haben wir ihn bis zur Erschöpfung verlängert, im Bewusstsein, dass solche vielfachen „Tode" für andere die Voraussetzung für die herrliche Auferstehung desselben Leibes sind. Manche geistlichen Schriftsteller sprechen von der Nachahmung Christi, als ob sie nur in der Seele stattfände. Der Hl. Paulus betont, dass der Tod Christi „in unseren Leibern offenbar wird." Der Hl. Paulus verwendet zwei Worte für Leib, eines ist „sarks", das den Menschen in seiner Abwesenheit von Gott bezeichnet; das andere ist „soma", das den

Die Eucharistie und der Leib des Priesters

Menschen in der Solidarität der Schöpfung und für Gott geschaffen bezeichnet. Das erste wird um Christi willen gekreuzigt, das andere wird um Seinetwillen verherrlicht. Der „sarks" kann das Reich Gottes nicht erben (1 Korinther 15,50), aber der „soma" kann es. Da der „Leib für den Herrn ist", gehört unser Leib nicht uns selbst. *Der Priester gehört sich nicht selbst.* "Ihr seid nicht mehr eure eigenen Herren. Ein großer Preis wurde bezahlt, um euch zu erlösen; verherrlicht Gott, indem ihr eure Körper zu Heiligtümern Seiner Gegenwart macht" (1 Korinther 6,19-20).

✠ J.M.J. ✠

~ 17 ~

Der Priester und Seine Mutter

Jeder Priester hat zwei Mütter: eine im Fleisch, die andere im Geist. Über die erstere ist viel mehr bekannt; über die letztere wurde viel mehr geschrieben. Zwischen diesen beiden Müttern besteht kein größerer Wettbewerb als zwischen dem irdischen Vater des Priesters und seinem Himmlischen Vater. Oft war eine der ersten Handlungen der Mutter im Fleisch, ihren Sohn zu Füßen der Gesegneten Mutter zu legen, wie es die Mutter des Autors tat, um die Hingabe der Sohnschaft zu symbolisieren. Wie viele geheime Gespräche fanden wohl zwischen diesen beiden Müttern statt, in denen die Mutter im Fleisch die Mutter in Christus anflehte, dass ihr Sohn eines Tages eine Hostie und einen Kelch in seinen Händen halten möge?

Wenn es wahr ist (wie die Kirchenväter sagen), dass Maria im Herzen empfing, bevor sie im Leib empfing, darf man dann nicht dasselbe von den Müttern vieler Priester sagen? Manche Priester wurden in der elften Stunde berufen, doch viele Mütter könnten das Buch der Sprichwörter paraphrasieren und sagen: „Der Sohn war noch nicht da, und ich empfing einen Priester." Wie Gott Maria befragte, ob sie Ihm eine menschliche Natur geben wolle, so befragt Er oft die Mutter eines Priesters, um ihre Zustimmung zur Fortsetzung Seines Priestertums zu erbitten. Wenn der Traum der Mutter Wirklichkeit wird, welche Gedanken gehen durch die Seele ihres Sohnes, der nun Priester ist?

Der Priester gibt zuerst die irdische Liebe einer Frau auf, wie Maria die irdische Liebe eines Mannes aufgab. Sein ‚Ich kenne keine Frau' steht im Gleichgewicht zu ihrem ‚Ich kenne keinen Mann' (Lukas 1,34). Der Ausdruck in der Schrift bedeutet fleischliche Vereinigung, wie in Genesis 4,1 („Adam erkannte seine Frau Eva, und sie empfing"). Von Anfang an weiß der Priester, dass Liebe zugleich eine Bejahung und eine Verneinung ist. Jede Liebeserklärung ist eine Einschränkung gegenüber jeder konkurrierenden Liebe. Wahre Liebe bringt ihrer Natur nach Beschränkungen mit sich. Der verheiratete Mann auferlegt sich selbst Beschränkungen in Bezug auf alle Frauen, bis auf eine. Der Priester kennt keine Ausnahme, und das tut Er in der Ausübung vollkommener Freiheit. In der Inkarnation errichtete Gott durch die freie Wahl einer Frau einen Brückenkopf in der Menschheit; Nun findet Unser Herr eine Erweiterung Seines Priestertums im freien Akt eines Priesters. Er wartet auf unsere Zustimmung.

Unsere irdische Mutter wollte im Allgemeinen empfangen, doch wann dies geschehen würde, war unvorhersehbar und unberechenbar. Nicht so die Hingabe des Priesters bei der Weihe. Seine Hingabe ist wie die Marias. Sie wollte ihren Sohn und empfing ihn. So wollte der Priester Gottes sein, und er kann Tag und Stunde benennen. Je mehr er dieser Hingabe dient, desto mehr erkennt er, dass nur die Christusgebundenen frei sind.

Aber ein Priester kann nicht ohne Liebe leben. Die Gesegnete Mutter wusste, dass es keine Empfängnis ohne Feuer und Leidenschaft geben könne. Wie könnte es einen Sohn geben, da sie „keine Erkenntnis von einem Mann" hatte? Der Himmel hatte die Antwort. Gewiss würde es Feuer und Leidenschaft und Liebe geben, aber jenes Feuer und jene Liebe wären der Heilige Geist.

Auch kann der Priester nicht ohne Liebe leben. Wenn es eine Generation von Seelen geben soll und wenn Er ein „Vater" sein soll, der andere in Christus zeugt, muss es Liebe geben. Diese Liebe ist dieselbe wie die Mariens; das Feuer und die Leidenschaft des Heiligen Geistes, das ihn überschattet. Wie bei Ihr Jungfräulichkeit und Mutterschaft vereint waren, so soll auch im Priester die Einheit von Jungfräulichkeit und Vaterschaft sein. Dies ist keine Unfruchtbarkeit, sondern Fruchtbarkeit, nicht das Fehlen von Liebe, sondern ihre Ekstase.

Die nächste Stufe der Liebe des Priesters ist der Dienst.

Der Priester und Seine Mutter

So ist es, dass der Sohn des Menschen nicht gekommen ist, um bedient zu werden; Er kam, um anderen zu dienen...

(Markus 10,45)

Wie Marias geistliche Mutterschaft kein Privileg außerhalb der Menschheit war, so ist auch die geistliche Vaterschaft des Priesters es nicht. Nichts fördert den Dienst an den Mitmenschen so sehr wie das Bewusstsein der eigenen Unwürdigkeit, wenn man von der Gnade Gottes besucht wird. Maria, die eilend über die Hügel zur Heimsuchung geht, zeigt, wie sie, die Magd des Herrn, zur Magd Elisabeths wurde. Sie ist nun das Vorbild für den Priester, dass der Christus in ihm die Hingabe an „alle, die unsere Freunde im gemeinsamen Glauben sind" (Titus 3,15) und an die gesamte Menschheit anregen muss. Wie Marias Besuch Johannes den Täufer heiligt, so wird der Besuch des Priester-Opfers stets die Seelen heiligen.

Jeder Krankensalbungseinsatz des Priesters wird für ihn erneut das Geheimnis der Heimsuchung sein. Das Allerheiligste Sakrament an seine Brust tragend, sei es im Auto oder zu Fuß, macht ihn zu einer weiteren Maria, die den verborgenen Christus in ihrem reinen Leib trägt. Keine Verzögerungen bei Krankensalbungen, kein Zögern, während die Familie besorgt ist, sondern wie Maria eilt der Priester — denn nichts verlangt so sehr Eile wie das Bedürfnis der anderen. Je mehr der Priester von Christus erfüllt ist, desto eher hört er von denen, die ihm die Tür öffnen, der den Allerheiligsten Sakrament trägt: „Denn sobald die Stimme deines Grußes in meinen Ohren erklang" (Lukas 1,44), hüpfte mein Herz vor Freude. Der heilige Priester inspiriert bei jedem Besuch der Kranken Magnifikate, wie die Familien der Pfarrei zu ihm sagen: „Wie habe ich es verdient, so besucht zu werden" (Lukas 1,43) von einem anderen Christus?

Der Priester hat eine tiefe Liebe zu Maria nicht nur in seinen besseren Momenten, sondern auch in seinen Schwächen. Er vertraut auf ihre Fürbitte, um seine Schwäche zu überwinden. Gerade dann

Der Priester und Seine Mutter

wendet er sich besonders an sie, wissend, dass das Kind, das am häufigsten fällt, meist die meisten Küsse der Mutter erhält.

Wenn je die Simon-Natur ihn beherrscht; wenn Momente kommen, in denen er, wie Demas, „sich in diese gegenwärtige Welt verliebt hat" (2 Timotheus 4,9); Wenn er in der Pfarrei eher als „Golfer" oder „netter Kerl" oder „einer von den Jungs" bekannt wird, statt als guter Priester, dann weiß er, wohin er gehen muss, um seinen Herrn wiederzufinden. Er muss zu Maria gehen. Auch sie hat Christus „verloren". Dieser physische Verlust war ein Symbol für den geistlichen Verlust, den der Priester erleidet, wenn er seine erste Glut verliert. Marias Herz wird mit einem Schwert durchbohrt beim Verlust jedes *alten Christus*. Aber sie ist auch auf der Suche nach ihnen. Gott zu haben und ihn dann zu verlieren, ist ein größerer Verlust, als ihn nie gehabt zu haben. Maria und der schwache Priester leiden gemeinsam, aber auf unterschiedliche Weise. Sie fühlte die Dunkelheit des Verlustes Gottes, als der Knabe Jesus unbekannt bei ihr in Jerusalem blieb (Lukas 2,43). Es war in diesem Moment, dass Maria zur Zuflucht der Sünder wurde. Sie verstand, was Sünde ist; denn sie, eine Kreatur, verlor erfahrungsmäßig den Schöpfer. Sie verlor das Kind nur in der mystischen Dunkelheit der Seele, während der Priester, der fällt, die moralische Schwärze eines undankbaren Herzens fühlt. Aber Maria fand das Kind. Allen Bischöfen und Priestern durch die Zeiten gab sie die Lehre, dass wir nicht darauf warten sollen, dass die Verlorenen zurückkehren; wir müssen ihnen nachgehen. Und ihre Fürbitte wird in den verzweifeltsten Fällen helfen, wie wir mit Augustinus zu ihr sagen: „Was alle anderen Heiligen mit deiner Hilfe können, kannst du allein ohne sie tun."

Beim Hochzeitsmahl zu Kana lehrt Maria den Priester, wie sehr er der Kirche gehört und wie wenig sich selbst. Bis zu diesem Zeitpunkt und während des Festes wird sie „Jesu Mutter" genannt (Johannes 2,1.3). Am Ende jedoch wird sie „Frau" (Johannes 2,4). Was hier geschieht, ist wie das, was geschah, als Christus drei Tage lang verloren war. Maria hatte damals gesagt: „Dein Vater und ich" (Lukas 2,48), und Unser Herr erinnerte sie sofort an Seinen

Himmlischen Vater, indem Er das Geheimnis der Verkündigung und die Tatsache, dass Josef nur der gesetzliche Vater war, ins Gedächtnis rief.

Von diesem Moment an verschwindet Josef aus der Heiligen Schrift; er wird nie wieder gesehen. In Kana bittet „Jesu Mutter" um eine Offenbarung Seiner messianischen Rolle und Göttlichkeit; Unser Herr sagt ihr, dass der Moment, in dem Er ein Wunder wirkt und Sein öffentliches Leben beginnt, Seine „Stunde" ist, das Kreuz. Sobald das „Wasser sich in Wein verwandelt" durch den göttlichen Blick, wird sie „Frau". Wie Josef im Tempel verschwindet, so verschwindet Maria als Mutter Jesu, um die Mutter aller zu werden, die Er erlösen wird. Sie spricht nie wieder in der Heiligen Schrift. Sie hat ihr Letztes Wort gesprochen, und welch ein schönes Abschiedswort es war:

Tut, was Er euch sagt.

(Johannes 2,5)

Sie ist nun die „universale Mutter", die Frau mit dem Samen zahlreicher als der Sand am Meer.

Durch Marias Beispiel und Einfluss kommt ein Moment im Leben des Priesters, in dem er erkennt, dass Er nicht seiner Familie, seiner Pfarrei, seiner Diözese oder seinem Land gehört. Er gehört den Missionen und der Welt; Er gehört der Menschheit. Je näher der Priester der Mission Christi kommt, desto mehr liebt Er jede Seele auf der Welt. Wie Maria am Kreuz alle Menschen „mütterte", so „vätert" der Priester sie. Kein Bischof wird für eine Diözese geweiht; Er wird für die Welt geweiht. Er wird einer Diözese nur aus jurisdiktionalen Gründen zugewiesen. Der Priester wird nicht für eine Diözese geweiht; Er ist für die Seelen geweiht. "Er gehört nicht zu unserer Pfarrei" ist ein gültiger juristischer Grund, einen Ehefall nicht zu bearbeiten, aber kein gültiger Grund, den Antragsteller nicht als Mitglied Christi zu betrachten und ihm daher nicht die Milch der menschlichen Güte zu gewähren. Der Hl. Thomas von Aquin lehrt uns, dass Maria bei der Verkündigung im Namen der gesamten

Der Priester und Seine Mutter

Menschheit sprach. In Kana wird sie der Menschheit gegeben; Am Fuß des Kreuzes wird sie als Mutter der Menschheit bestätigt.

Die Verehrung Marias bewahrt den Priester davor, ein Hirte zu sein, ein angestellter Diener mit festen Arbeitszeiten, zugewiesenen Aufgaben, Pfarreigrenzen und ohne verlorene Schafe. Für einen Priester gibt es keinen ‚Dienst'. Er ist überall ‚in der Liebe' – auf dem Golfplatz, im Flugzeug, im Restaurant, im Krankenhaus. Nichts Menschliches ist ihm fremd. Jede Seele ist entweder ein potenziell Bekehrter oder ein potenzieller Heiliger.

In der Passion lehrt Maria dem Priester das Mitgefühl. Die Heiligen, die sich selbst am wenigsten nachsichtig sind, sind den anderen gegenüber am nachsichtigsten. Aber der Priester, der ein leichtes, nicht gemartertes Leben führt, kann nicht die Sprache der Erschrockenen sprechen. Selbst über das Bedürfnis erhoben, kann Er sich nicht beugen, um zu trösten; oder wenn Er es tut, dann mit Herablassung, nicht mit Mitgefühl. Der gute Priester hingegen sieht Maria im Staub menschlicher Leben; sie lebt mitten in Terror, Gehirnwäsche, falschen Anschuldigungen, Verleumdungen und all den anderen Instrumenten des Terrors. Die Unbefleckte ist bei den Makulierten, die Sündenlose bei den Sündern. Sie trägt weder Groll noch Bitterkeit, sondern nur Mitleid, Mitleid darüber, dass sie nicht sehen oder wissen, wie liebevoll jene Liebe ist, die sie in den Tod senden.

In ihrer Reinheit ist Maria auf dem Berggipfel; in ihrem Mitgefühl ist sie mitten unter Flüchen, Todeszellen, Henkern, Vollstreckern und Blut. Ein Mensch mag so sehr von seiner Sündhaftigkeit besessen sein, dass er sich weigert, zu Gott um Vergebung zu schreien, aber er kann sich nicht scheuen, die Fürbitte der Mutter Gottes anzurufen. Wenn die gute Heilige Mutter Maria, die es verdient hätte, vom Übel verschont zu bleiben, dennoch in der besonderen Vorsehung ihres Sohnes ein Kreuz tragen konnte, wie sollen wir, die wir es nicht verdienen, mit ihr gleichgestellt zu werden, erwarten, unserem Treffen mit einem Kreuz zu entkommen? "Was habe ich getan, um dies zu verdienen?" ist ein Schrei des

Stolzes. Was hat Jesus getan? Was hat Maria getan? Es soll keinen Vorwurf gegen Gott geben, weil Er ein Kreuz sendet; es soll nur genug Weisheit vorhanden sein, um zu erkennen, dass Maria dort ist, um es leichter zu machen, süßer zu machen, es zu ihrem zu machen!

Jedes Leid, jede Wunde in der Welt ist unser als Priester. Solange ein unschuldiger Priester in einem sibirischen Gefängnis ist, bin ich im Gefängnis. Solange ein Missionar ohne Dach über dem Kopf ist, bin ich obdachlos. Teilen mit diesen muss sein, wenn es Mitgefühl geben soll. Der Priester wird niemals sitzen und die Feindschaft der Welt gegen Unseren Herrn betrachten, wissend, dass Marias Mitwirkung so real und aktiv war, dass sie am Fuß des Kreuzes stand. In jeder Darstellung der Kreuzigung ist die Magdalena niedergeworfen; Sie ist fast immer zu Füßen Unseres Herrn. Aber Maria steht.

Endlich ist Maria beim Tod des Priesters gegenwärtig. Millionenfach hat er Maria gebeten, in der „Stunde meines Todes" für ihn zu beten. Es ist zu hoffen, dass er ihr während seines gesamten Priestertums einmal wöchentlich die Messe dargebracht hat. Täglich verkündigte er den Tod des Herrn in der Eucharistie (1 Korinther 11,26), und nun tritt er nicht an das Ende seines Priestertums, denn dieses endet niemals: „Ein Priester ewiglich nach der Ordnung Melchisedeks" (Psalm 109,4 [110,4 LXX]; Hebräer 5,6). Doch es ist das Ende der Bewährung. Dies ist der eine Moment, in dem der Priester am meisten auf Marias Fürbitte vertraut. Er sieht das Kruzifix vor sich und kann erneut Seinen Herrn sagen hören: „Das ist deine Mutter" (Johannes 19,27). Der Tod ist für die Geretteten wieder Kindheit, eine zweite Geburt. Deshalb wird es in der Liturgie *natalitia* oder Geburtstag genannt. Die Welt feiert Geburtstage, wenn Menschen im Fleisch geboren werden; die Kirche, wenn Seelen im Geist geboren werden.

Aber der Priester weiß, dass Maria in den Wehen liegt, denn er sieht nun all seine Fehler im weißen Licht der Ewigkeit. In Bethlehem, als sie den Hohenpriester gebar, gab es keine Geburtswehen, doch am Kreuz erlebte sie die Schmerzen der Geburt,

Der Priester und Seine Mutter

indem sie zur Frau oder universalen Mutter wurde. Der Vertreter ihres göttlichen Sohnes spürt nun, wie viel zusätzliches Leid er ihr verursacht hat. Doch sie wird die Last nicht abgeben, so wie sie Johannes nicht verweigerte, der in der Tat ein schlechter Tausch für Jesus war.

Zwei Worte fallen wiederholt von den Lippen des Priesters: „Jesus" und „Maria." Er war immer ein *Priester* — jetzt, endlich, im Tod ist er auch ein Opfer. Zweimal war der große Hohepriester ein *Opfer*, beim Eintritt in die Welt und beim Verlassen derselben. Maria war an beiden Altären, in Bethlehem und am Kalvarienberg. Maria war auch am Altar des Priesters am Tag der Weihe und jetzt ist sie mit ihm in der Stunde seines Todes.

Mutter der Priester! Zwei Lieben waren stets in ihrem Leben: die Liebe zum Leben ihres Sohnes, die Liebe zum Tod ihres Sohnes. Dieselben zwei Lieben trägt sie jedem Priester entgegen. In der Inkarnation war sie das verbindende Glied zwischen Israel und Christus; Am Kreuz und an Pfingsten war sie das verbindende Glied zwischen Christus und Seiner Kirche. Nun ist sie die Verbindung zwischen dem Priester-Opfer und Dem, der stets „für uns im Himmel Fürbitte einlegt".

Jeder Priester möchte beim Tod in Marias Armen gebettet werden, wie es Christus war, dessen Stellvertreter Er ist. Wie Maria nach der Kreuzigung über ihren in ihren Armen gelegten Sohn sagte: „Dies ist mein Leib", so wird sie beim Tod jedes Priesters sagen: „Dies ist mein Leib, mein Opfer, meine Hostie." Wie ich Jesus, den Priester, in meinem Schoß als Opfer gestaltete, so half ich Jesus, *Sacerdos Hostia*, in Dir zu wachsen.

Ist es da ein Wunder, dass sie die Frau im Leben jedes Priesters ist? Kein Priester gehört sich selbst. Er gehört der Mutter Jesu, ein für alle Mal das Priester-Opfer.

~ 18 ~

Einführung in Kalvarienberg und die Messe

Und es geschah, dass Er an einem bestimmten Ort betete. Als Er aufgehört hatte, sagte einer Seiner Jünger zu Ihm: Herr, lehre uns beten, wie auch Johannes seine Jünger lehrte.

(Lukas 11,1)

Vor über zweitausend Jahren baten die Jünger Jesu Ihn, ihnen das Beten zu lehren. Der Wunsch, sowohl zu wissen, wie man betet, als auch ein erfülltes Gebetsleben zu führen, regt sich bis heute in den Herzen.

Unser Herr erfüllte liebevoll die Bitte der Jünger, als Er ihnen das Vaterunser lehrte (Lukas 11,1–4). Durch Sein Beispiel zeigte Er ihnen die Notwendigkeit, an einen stillen Ort zu gehen, um zu beten, Führung zu empfangen und geistliche Nahrung zu erhalten (Markus 1,35; Lukas 5,16; Matthäus 14,23).

Während Er zu der auf dem Berg versammelten Menge sprach, erinnerte Jesus auch die Jünger daran: „Wenn ihr betet, geht in euer Zimmer, schließt die Tür und betet zu eurem Vater, der im Verborgenen ist; und euer Vater, der im Verborgenen sieht, wird es euch vergelten" (Mt 6,6).

Erzbischof Fulton J. Sheen erhielt dieselbe Bitte, die auch Unser Herr erhielt: Lehre uns beten. Seine Schüler, seine Pfarrangehörigen

Einführung in Kalvarienberg und die Messe

und sein weltweites Publikum fragten ihn nach Wegen des Gebets und nach seinen Lieblingsgebeten.

Mit diesem Anliegen war Sheen bestrebt, die Menschen zu ermutigen, das Gebet zu einer täglichen, heiligen Gewohnheit zu machen. Den Katholiken empfahl er insbesondere, wenn möglich täglich an der Heiligen Messe teilzunehmen, Zeit für eine Heilige Stunde zu reservieren und den Kreuzweg in Gemeinschaft mit der Passion Unseres Herrn zu beten.

Erzbischof Fulton J. Sheen war dafür bekannt, oft gesagt zu haben: „Ich will nicht, dass mein Leben mir gehört. Ich will, dass es Christus gehört." Er hatte ein inniges Gebetsleben mit Christus gepflegt und wollte es mit allen teilen.

Während der 1930er und 1940er Jahre war Fulton Sheen der Hauptredner der Radiosendung The Catholic Hour, und Millionen von Zuhörern hörten jede Woche seine Rundfunkansprachen. Seine Themen reichten von Politik und Wirtschaft bis hin zu Philosophie und dem ewigen Streben des Menschen nach Glückseligkeit.

Neben seinem wöchentlichen Radioprogramm schrieb Sheen Dutzende von Büchern und Broschüren. Man kann mit Sicherheit sagen, dass durch seine Schriften Tausende von Menschen ihre Perspektive auf Gott und die Kirche änderten. Sheen wurde mit den Worten zitiert: „Es gibt nicht hundert Menschen in den Vereinigten Staaten, die die katholische Kirche hassen, aber es gibt Millionen, die hassen, was sie fälschlicherweise für die katholische Kirche halten."

Mit brennendem Eifer, die Mythen über Unseren Herrn und Seine Kirche zu zerstreuen, hielt Sheen eine Reihe kraftvoller Vorträge über die Passion Christi und Seine sieben letzten Worte vom Kreuz. Als Schriftgelehrter wusste Erzbischof Sheen genau um die Kraft, die in der Verkündigung des gekreuzigten Christus liegt. Mit dem Hl. Paulus konnte Er sagen: „Denn ich habe beschlossen,

Einführung in Kalvarienberg und die Messe

unter euch nichts zu wissen als Jesus Christus und ihn gekreuzigt" (1 Kor 2,2).

Während seiner letzten aufgezeichneten Karfreitagsansprache im Jahr 1979 erwähnte Erzbischof Sheen, diese Art von Betrachtung über die Sieben Letzten Worte Christi vom Kreuz „zum achtundfünfzigsten Mal in Folge" gehalten zu haben. Ob als junger Priester in Peoria, Illinois, als Universitätsprofessor in Washington, D.C. oder als Bischof in New York – Sheens Botschaften hinterließen bei seinen Zuhörern stets einen unauslöschlichen Eindruck.

Angesichts ihrer Bedeutung und des Einflusses, den sie auf die Gesellschaft hatten, schien es angemessen, diese Sammlung von Sheens Rundfunkansprachen wieder zugänglich zu machen, die später in einem Buch mit dem Titel *Kalvarienberg und die Messe* (New York: P.J. Kenedy and Sons, 1936) zusammengefasst wurden.

In dieser Vortragsreihe spricht Erzbischof Sheen darüber, wie Kalvarienberg in der Messe erneuert, nachgezeichnet und neu dargeboten wird. Kalvarienberg ist eins mit der Messe, und die Messe ist eins mit Kalvarienberg, denn in beiden ist derselbe Priester und dasselbe Opfer. Die Sieben Letzten Worte sind wie die sieben Teile der Messe. Und ebenso wie es in der Musik sieben Töne gibt, die eine unendliche Vielfalt an Harmonien und Kombinationen zulassen, so gibt es auch am Kreuz sieben göttliche Töne, die der sterbende Christus durch die Jahrhunderte hindurch erklingen ließ, die alle zusammen die schöne Harmonie der Erlösung der Welt bilden.

Jedes Wort ist ein Teil der Messe. Das erste Wort, „Vergib", ist das Confiteor; das zweite Wort, „Heute im Paradies", ist die Gabenbereitung; das dritte Wort, „Siehe Deine Mutter", ist das Sanctus; das vierte Wort, „Warum hast Du mich verlassen?", ist die Weihe; das fünfte Wort, „Ich habe Durst", ist die Kommunion; das

Einführung in Kalvarienberg und die Messe

sechste Wort, „Es ist vollbracht", ist das Ite, Missa Est; das siebte Wort, „Vater, in Deine Hände", ist das Letzte Evangelium.

Am 2. Oktober 1979, bei einem Besuch der St. Patrick's Kathedrale in New York City, umarmte Papst Johannes Paul II. Fulton Sheen und sprach ihm einen Segen und eine Bestätigung ins Ohr. Er sagte: „Du hast wohl über den Herrn Jesus Christus geschrieben und gesprochen. Du bist ein treuer Sohn der Kirche." Am Tag des Todes von Erzbischof Sheen (9. Dezember 1979) wurde er in seiner Privatkapelle vor der Eucharistie im Schatten des Kreuzes gefunden. Erzbischof Sheen war ein Mann, der im Feuer der Liebe und durch das Holz des Kreuzes gereinigt wurde.

Es wird gehofft, dass der Leser beim Lesen dieser Betrachtungen der herzlichen Bestätigung zustimmt, die Papst Johannes Paul II. über Sheens Begabung und Treue gegeben hat. Mögen diese Schriften von Erzbischof Fulton J. Sheen eine größere Liebe und ein tieferes Verständnis für das Heilige Opfer der Messe hervorrufen. Mögen sie allen offenbaren, dass das Kreuz Jesu Christi und die Heilige Eucharistie die eine wahre Quelle aller Gnade sind, dargebracht zu ihrer Erlösung.

✠ J.M.J. ✠

~ 19 ~

Prolog

Es gibt bestimmte Dinge im Leben, die zu schön sind, um vergessen zu werden, wie die Liebe einer Mutter. Deshalb bewahren wir ihr Bild. Die Liebe der Soldaten, die sich für ihr Land geopfert haben, ist ebenso zu schön, um vergessen zu werden; deshalb ehren wir ihrer am Gedenktag. Aber der größte Segen, der je auf diese Erde kam, war die Menschwerdung des Sohnes Gottes in der Gestalt und Gewandung eines Menschen. Sein Leben ist über alle Leben hinaus zu schön, um vergessen zu werden; Daher schätzen wir die Göttlichkeit Seiner Worte in der Heiligen Schrift und die Nächstenliebe Seiner Taten in unserem täglichen Handeln. Leider ist dies alles, woran sich manche Seelen erinnern, nämlich Seine Worte und Seine *Taten*; So wichtig sie auch sind, sie sind nicht das größte Merkmal des Göttlichen Heilandes.

Die erhabenste Handlung in der Geschichte Christi war Sein *Tod*. Der Tod ist stets von Bedeutung, denn er besiegelt ein Schicksal. Jeder Sterbende ist eine Szene. Jede Sterbeszene ist ein heiliger Ort. Deshalb ist die große Literatur der Vergangenheit, die sich mit den Gefühlen rund um den Tod befasst hat, niemals veraltet. Aber von allen Toden in der Geschichte des Menschen war keiner wichtiger als der Tod Christi. Alle anderen, die je in die Welt geboren wurden, kamen, um zu leben; unser Herr kam, um zu sterben. Der Tod war ein Stolperstein für das Leben Sokrates', aber er war die Krone für das Leben Christi. Er selbst sagte uns, dass Er gekommen sei, „um sein Leben als Erlösung für viele zu geben";

Prolog

dass niemand Sein Leben nehmen konnte; sondern Er es von sich aus hingeben würde.

Wenn also der Tod der höchste Moment war, für den Christus lebte, dann war es folglich das Eine, an das Er erinnert wissen wollte. Er bat nicht darum, dass Menschen Seine Worte in einer Schrift festhalten sollten; Er bat nicht darum, dass Seine Güte gegenüber den Armen in der Geschichte verzeichnet werde, aber Er bat darum, dass man Sich an Seinen Tod erinnere. Und damit diese Erinnerung nicht irgendeine willkürliche Erzählung der Menschen sei, setzte Er selbst die genaue Weise fest, wie sie bewahrt werden solle.

Das Gedächtnis wurde in der Nacht vor Seinem Tod eingesetzt, bei dem, was seitdem „Das Letzte Abendmahl" genannt wird. Er nahm das Brot in Seine Hände und sprach: „Dies ist mein Leib, der für euch hingegeben wird", das heißt, hingegeben zum Tod. Dann sprach Er über den Kelch mit Wein: „Dies ist mein Blut des neuen Testaments, das für viele vergossen wird zur Vergebung der Sünden." So versprach Christus sich selbst dem Tod vor Gott und den Menschen in einem unblutigen Zeichen der Trennung von Blut und Leib durch die getrennte Weihe von Brot und Wein und stellte Seinen Tod dar, der am folgenden Nachmittag um drei Uhr kommen sollte.[1] Er bot Sich selbst als Opfer dar, um verbrannt zu werden, damit die Menschen niemals vergessen, dass „größere Liebe hat niemand als die, dass er sein Leben lässt für seine Freunde." Er gab der Kirche das göttliche Gebot: „Tut dies zu meinem Gedächtnis."

Am folgenden Tag vollendete Er das, was Er vorgebildet und vorausgeahnt hatte; während Er zwischen zwei Dieben gekreuzigt wurde und Sein Blut aus Seinem Leib für die Erlösung der Welt vergoss.

Die Kirche, die Christus gegründet hat, hat nicht nur das Wort bewahrt, das Er sprach, und die Wunder, die Er wirkte; sie hat Ihn auch ernst genommen, als Er sagte: „Tut dies zu meinem

Prolog

Gedächtnis." Und jene Handlung, durch die wir Seinen Tod am Kreuz nachstellen, ist das Opfer der Messe, in dem wir als Gedächtnis vollziehen, was Er beim Letzten Abendmahl als Vorbild Seiner Passion tat.[(2)]

Daher ist die Messe für uns der krönende Akt der christlichen Anbetung. Eine Kanzel, auf der die Worte unseres Herrn wiederholt werden, verbindet uns nicht mit Ihm; ein Chor, in dem süße Empfindungen gesungen werden, bringt uns dem Kreuz nicht näher als Seinen Gewändern. Ein Tempel ohne einen Altar des Opfers ist bei primitiven Völkern nicht existent und unter Christen bedeutungslos. So ist in der Katholischen Kirche der *Altar*, und nicht die Kanzel, der Chor oder die Orgel, das Zentrum der Anbetung, denn dort wird das Gedächtnis Seiner Passion neu dargebracht. Sein Wert hängt nicht von dem ab, der ihn spricht, oder von dem, der ihn hört; er hängt von Dem ab, der der Eine Hohepriester und das Opfer ist, Jesus Christus unser Herr. Mit Ihm sind wir verbunden, trotz unseres Nichts; in gewissem Sinne verlieren wir vorübergehend unsere Individualität; Wir vereinen unseren Intellekt und unseren Willen, unser Herz und unsere Seele, unseren Leib und unser Blut so innig mit Christus, dass der Himmlische Vater nicht so sehr uns mit unserer Unvollkommenheit sieht, sondern vielmehr uns *in Ihm* sieht, den Geliebten Sohn, in dem Er Wohlgefallen hat. Die Messe ist aus diesem Grund das größte Ereignis in der Geschichte der Menschheit; die einzige Heilige Handlung, die den Zorn Gottes von einer sündigen Welt abhält, weil sie das Kreuz zwischen Himmel und Erde hält und somit jenen entscheidenden Moment erneuert, als unsere traurige und tragische Menschheit plötzlich zum vollen übernatürlichen Leben aufbrach.

Wichtig ist an dieser Stelle, dass wir die richtige geistige Haltung gegenüber der Messe einnehmen und uns an diese wichtige Tatsache erinnern, dass das Opfer des Kreuzes nichts ist, das vor zweitausend Jahren geschah. Es geschieht noch immer. Es ist nichts

Prolog

Vergangenes wie die Unterzeichnung der Unabhängigkeitserklärung; es ist ein bleibendes Drama, dessen Vorhang noch nicht gefallen ist. Es darf nicht geglaubt werden, dass es vor langer Zeit geschah und uns deshalb nicht mehr betrifft als alles andere in der Vergangenheit. *Der Kalvarienberg gehört allen Zeiten und allen Orten.* Deshalb wurde unser Gesegneter Herr, als Er die Höhen des Kalvarienbergs bestieg, würdig seiner Gewänder beraubt: Er würde die Welt ohne die Schmuckstücke einer vergänglichen Welt retten. Seine Gewänder gehörten der Zeit an, denn sie lokalisierten Ihn und bestimmten Ihn als Bewohner Galiläas. Nun, da Er davon entkleidet und völlig der irdischen Dinge beraubt war, gehörte Er nicht mehr Galiläa, nicht einer römischen Provinz, sondern der ganzen Welt. Er wurde der universelle Arme der Welt, der keinem Volk allein, sondern allen Menschen angehörte.

Um die Universalität der Erlösung weiter auszudrücken, wurde das Kreuz an der Wegkreuzung der Zivilisation errichtet, an einem zentralen Punkt zwischen den drei großen Kulturen Jerusalems, Roms und Athens, in deren Namen Er gekreuzigt wurde. Das Kreuz wurde somit vor den Augen der Menschen aufgestellt, um die Gleichgültigen aufzuhalten, die Gedankenlosen anzusprechen und die Weltlichen zu erwecken. Es war die eine unausweichliche Tatsache, der sich die Kulturen und Zivilisationen Seiner Zeit nicht entziehen konnten. Es ist auch die eine unausweichliche Tatsache unserer Zeit, der wir uns nicht entziehen können.

Die Gestalten am Kreuz waren Symbole aller, die kreuzigen. Wir waren dort durch unsere Vertreter. Was wir jetzt dem Mystischen Christus antun, taten sie im Namen des historischen Christus. Wenn wir den Guten neidisch sind, waren wir dort bei den Schriftgelehrten und Pharisäern. Wenn wir fürchten, einen zeitlichen Vorteil zu verlieren, indem wir die Göttliche Wahrheit und Liebe annehmen, waren wir dort bei Pilatus. Wenn wir auf materielle

Prolog

Kräfte vertrauen und durch die Welt statt durch den Geist zu siegen suchen, waren wir dort bei Herodes. So setzt sich die Geschichte der typischen Sünden der Welt fort. Sie alle verstellen uns die Sicht auf die Tatsache, dass Er Gott ist. Daher lag eine gewisse Unvermeidlichkeit in der Kreuzigung. Menschen, die frei sind zu sündigen, sind auch frei zu kreuzigen.

Solange es Sünde in der Welt gibt, bleibt die Kreuzigung eine Realität. Wie die Dichterin Rachel Annand Taylor es formuliert hat:

„Ich sah den Sohn des Menschen vorübergehen,
Gekrönt mit einer Dornenkrone.
‚War es nicht vollendet, Herr?' sagte ich,
‚Und all das Leid ertragen?'
Er wandte Seine schrecklichen Augen mir zu;
‚Hast Du nicht verstanden?
So ist jede Seele ein Kalvarienberg
Und jede Sünde ein Kreuz.'"

Wir waren damals während jener Kreuzigung dort. Das Drama war bereits vollendet, soweit es die Vision Christi betraf, doch es war noch nicht allen Menschen, an allen Orten und zu allen Zeiten offenbart worden. Wenn eine Filmrolle sich beispielsweise ihrer selbst bewusst wäre, würde sie das Drama von Anfang bis Ende kennen, doch die Zuschauer im Theater würden es erst verstehen, wenn sie es auf der Leinwand ablaufen sehen. Ebenso sah unser Herr am Kreuz Seinen ewigen Geist, das ganze Drama der Geschichte, die Geschichte jeder einzelnen Seele und wie sie später auf Seine Kreuzigung reagieren würde; Doch obwohl Er alles sah, konnten wir nicht wissen, wie wir auf das Kreuz reagieren würden, bis wir auf der Leinwand der Zeit abgerollt wurden. Wir waren uns an jenem Tag auf dem Kalvarienberg nicht bewusst, dort gegenwärtig zu sein, aber Er war sich unserer Gegenwart wohl bewusst. Heute kennen wir

Prolog

die Rolle, die wir im Theater des Kalvarienbergs spielten; und wir leben und handeln nun im Theater des zwanzigsten Jahrhunderts.

Deshalb ist der Kalvarienberg gegenwärtig; deshalb ist das Kreuz die Krise; deshalb sind in gewissem Sinne die Narben noch offen; deshalb steht der Schmerz noch immer vergöttlicht da, und deshalb tropft Blut wie fallende Sterne noch immer auf unsere Seelen. Dem Kreuz kann man nicht entkommen, nicht einmal durch Verleugnung, wie es die Pharisäer taten; nicht einmal durch den Verrat an Christus, wie es Judas tat; nicht einmal durch die Kreuzigung, wie es die Henker taten. Wir alle sehen es, entweder um es in der Erlösung zu umarmen oder um vor ihm ins Elend zu fliehen.

Aber wie wird es sichtbar gemacht? Wo finden wir den Kalvarienberg perpetuiert? Wir finden den Kalvarienberg erneuert, nachgespielt, wiedergegenwärtigt, wie wir gesehen haben, in der Messe. Kalvarienberg ist eins mit der Messe, und die Messe ist eins mit dem Kalvarienberg, denn in beiden gibt es denselben Priester und dasselbe Opfer. Die Sieben Letzten Worte sind wie die sieben Teile der Messe. Und so wie es sieben Töne in der Musik gibt, die eine unendliche Vielfalt an Harmonien und Kombinationen zulassen, so gibt es auch am Kreuz sieben göttliche Töne, die der sterbende Christus durch die Jahrhunderte erklingen ließ, die alle zusammen die schöne Harmonie der Erlösung der Welt bilden.

Jedes Wort ist ein Teil der Messe. Das erste Wort, „Vergib", ist das Confiteor; das zweite Wort, „Heute im Paradies", ist die Gabenbereitung; das dritte Wort, „Siehe Deine Mutter", ist das Sanctus; das vierte Wort, „Warum hast Du mich verlassen?", ist die Weihe; das fünfte Wort, „Ich habe Durst", ist die Kommunion; das sechste Wort, „Es ist vollbracht", ist das Ite, Missa Est; das siebte Wort, „Vater, in Deine Hände", ist das Letzte Evangelium.

Stellen Sie sich den Hohenpriester Christus vor, wie Er die Sakristei des Himmels verlässt, um zum Altar des Kalvarienbergs zu

Prolog

gehen. Er hat bereits das Gewand unserer menschlichen Natur angelegt, das Manipel unseres Leidens, die Stola des Priestertums, das Messgewand des Kreuzes. Kalvarienberg ist Seine Kathedrale; Der Fels des Kalvarienbergs ist der Altarsstein; Die sich rot färbende Sonne ist die Heiligtumslampe; Maria und Johannes sind die lebendigen Seitenaltäre; die Hostie ist Sein Leib; der Wein ist Sein Blut. Er steht aufrecht als Priester, doch liegt Er als Opfer nieder. Seine Messe steht kurz bevor.

(1) „Der Tod wird uns in einem Symbol vor Augen gestellt, durch jene sakramentale Trennung des Blutes vom Leib; Doch zugleich ist der Tod Gott gegenüber bereits mit all seiner Bedeutung und seiner schrecklichen Wirklichkeit durch die ausdrucksvolle Sprache des Heiligen Symbols verpfändet. Der Preis unserer Sünden wird am Kalvarienberg bezahlt werden, doch hier wird die Schuld von unserem Erlöser übernommen und in Seinem eigenen Blut unterschrieben." – Maurice de la Taille, S.J. – Katholischer Glaube an die Heilige Eucharistie, S. 115. "Es wurden nicht zwei verschiedene und vollständige Opfer von Christus dargebracht, eines im Abendmahlssaal, das andere auf dem Kalvarienberg. Es gab ein Opfer beim Letzten Abendmahl, doch es war das Opfer der Erlösung, und es gab ein Opfer am Kreuz, doch es war dasselbe Opfer, fortgesetzt und vollendet." Das Abendmahl und das Kreuz bildeten ein einziges vollständiges Opfer." – Maurice de la Taille, S.J., Das Geheimnis des Glaubens und die menschliche Meinung, S. 232.

(2) „Er dargebrachte das Opfer, um immoliert zu werden; wir bringen es dar, als sei es längst immoliert. Wir bringen das ewige Opfer des Kreuzes dar, einmal dargebracht und für immer bestehend... Die Messe ist ein Opfer, weil sie unsere Oblation des einst immolierten Opfers ist, ebenso wie das Abendmahl die Oblation des zu immolierenden Opfers war." ebd. S. 239–240. Die Messe ist nicht nur eine Gedenkfeier; sie ist eine lebendige Darstellung des Opfers des Kreuzes. "In diesem Göttlichen Opfer, das in der Messe stattfindet und unblutig dargebracht wird, ist

Prolog

derselbe Christus enthalten und immoliert, der einst für alle Zeiten im Blut am Kreuz dargebracht wurde ... Es ist ein und dasselbe Opfer, ein und derselbe Hohepriester, der heute durch den Dienst Seiner Priester das Opfer darbringt, nachdem Er sich gestern am Kreuz dargebracht hat; Nur die Art der Darbringung ist verschieden" (Konzil von Trient, Sitzung 22).

✠ J.M.J. ✠

~ 20 ~

Das Confiteor

„Vater, vergib ihnen,

denn sie wissen nicht, was sie tun."

Die Messe beginnt mit dem Confiteor. Das Confiteor ist ein Gebet, in dem wir unsere Sünden bekennen und die Gesegnete Mutter sowie die Heiligen bitten, bei Gott für unsere Vergebung Fürsprache zu halten, denn nur die Reinen im Herzen können Gott schauen. Unser Gesegneter Herr beginnt auch Seine Messe mit dem Confiteor. Doch Sein Confiteor unterscheidet sich von unserem darin: Er hat keine Sünden zu bekennen. Er ist Gott und daher sündenlos. "Welcher von euch kann mich der Sünde überführen?" Sein Confiteor kann dann kein Gebet um Vergebung *Seiner* Sünden sein, sondern ein Gebet um Vergebung unserer Sünden.

Andere hätten geschrien, geflucht, gerungen, als die Nägel ihre Hände und Füße durchbohrten. Aber keine Rachsucht findet Platz in der Brust des Heilandes; kein Flehen um Vergeltung kommt von Seinen Lippen gegen Seine Mörder; Er haucht kein Gebet um Kraft, Sein Leiden zu ertragen. Das Fleischgewordene Liebe vergisst Verletzung, vergisst Schmerz und offenbart in jenem Moment konzentrierter Qual etwas von der Höhe, der Tiefe und der Breite der wunderbaren Liebe Gottes, wenn Er Sein Confiteor spricht: „Vater, vergib ihnen, denn sie wissen nicht, was sie tun."

Das Confiteor

Er sagte nicht: „Vergib Mir", sondern „Vergib ihnen." Die Todesstunde war gewiss diejenige, die am ehesten ein Bekenntnis der Sünde hervorbringt, denn das Gewissen erhebt in den letzten feierlichen Stunden seine Autorität; Und doch entkam kein einziger Seufzer der Reue Seinen Lippen. Er war mit Sündern verbunden, aber niemals mit der Sünde. Im Tod wie im Leben war Er sich keiner einzigen unerfüllten Pflicht gegenüber Seinem Himmlischen Vater bewusst. Und warum? Weil ein sündenloser Mensch nicht bloß ein Mensch ist; Er ist mehr als bloßer Mensch. Er ist sündenlos, weil Er Gott ist – und darin liegt der Unterschied. Wir schöpfen unser Gebet aus der Tiefe unseres Bewusstseins der Sünde; Er hingegen zog Sein Schweigen aus Seiner eigenen inneren Sündenlosigkeit. Dieses eine Wort, „Vergib", beweist, dass Er der Sohn Gottes ist.

Beachte die Gründe, auf denen Er Seinen Himmlischen Vater bat, uns zu vergeben – „Denn sie wissen nicht, was sie tun." Wenn uns jemand verletzt oder zu Unrecht beschuldigt, sagen wir: „Sie hätten es besser wissen müssen." Aber wenn wir gegen Gott sündigen, findet Er eine Entschuldigung für die Vergebung – unsere Unwissenheit.

Für die gefallenen Engel gibt es keine Erlösung. Die Blutstropfen, die am Karfreitag vom Kreuz in jener Messe Christi fielen, berührten nicht die Geister der gefallenen Engel. Warum? Weil sie wussten, was sie taten? Sie sahen alle Konsequenzen ihrer Taten ebenso klar, wie wir sehen, dass zwei und zwei vier ergeben oder dass eine Sache nicht zugleich existieren und nicht existieren kann. Wahrheiten dieser Art können, wenn sie verstanden werden, nicht zurückgenommen werden; sie sind unwiderruflich und ewig. Daher gab es, als sie sich entschieden, sich gegen den Allmächtigen Gott zu erheben, kein Zurück mehr. Sie wussten, was sie taten!

Aber bei uns ist es anders. Wir sehen die Konsequenzen unserer Taten nicht so klar wie die Engel; wir sind schwächer; wir sind unwissend. Aber wenn wir wüssten, dass jede Sünde des Stolzes eine

Das Confiteor

Dornenkrone für das Haupt Christi webte; wenn wir wüssten, dass jeder Widerspruch gegen Sein göttliches Gebot für Ihn das Zeichen des Widerspruchs, das Kreuz, bedeutete; Wenn wir wüssten, dass jede habgierige, geizige Tat Seine Hände ans Kreuz schlug und jede Reise in die Abwege der Sünde Seine Füße vergrub; Wenn wir wüssten, wie gut Gott ist und dennoch weiter sündigen würden, würden wir niemals gerettet werden. Nur unsere Unwissenheit über die unendliche Liebe des Heiligen Herzens bringt uns dazu, Sein Confiteor vom Kreuz zu hören: „Vater, vergib ihnen, denn sie wissen nicht, was sie tun."

Diese Worte, mögen sie tief in unsere Seelen eingeprägt sein, stellen keine Entschuldigung für fortgesetzte Sünde dar, sondern einen Beweggrund zur Reue und Buße. Vergebung ist keine Verleugnung der Sünde. Unser Herr leugnet nicht die schreckliche Tatsache der Sünde, und hierin irrt die moderne Welt. Sie erklärt die Sünde weg: Sie schreibt sie einem Fall im Evolutionsprozess zu, einem Überleben alter Tabus; sie identifiziert sie mit psychologischem Geschwätz.

Mit einem Wort: Die moderne Welt leugnet die Sünde. Unser Herr erinnert uns daran, dass sie die schrecklichste aller Realitäten ist. Warum sonst gibt es der Sündenlosigkeit ein Kreuz? Warum vergießt es unschuldiges Blut? Warum hat es so schreckliche Assoziationen: Blindheit, Kompromiss, Feigheit, Hass und Grausamkeit? Warum erhebt es sich nun aus dem Bereich des Unpersönlichen und behauptet sich als persönlich, indem es die Unschuld an ein Galgenkreuz nagelt? Eine Abstraktion kann das nicht tun. Aber der sündige Mensch kann es.

Deshalb ließ Er, der die Menschen bis zum Tod liebte, zu, dass die Sünde ihre Rache an Ihm vollzog, damit sie für immer ihren Schrecken als Kreuzigung dessen verstehen, der sie am meisten liebte.

Das Confiteor

Hier wird die Sünde nicht geleugnet – und doch vergibt das Opfer trotz all seines Schreckens. In jenem einen und demselben Ereignis liegt das Zeichen der völligen Verderbtheit der Sünde und das Siegel der göttlichen Vergebung. Von diesem Zeitpunkt an kann kein Mensch auf ein Kruzifix blicken und sagen, die Sünde sei nicht ernst, noch kann er je sagen, sie könne nicht vergeben werden. Indem Er litt, offenbarte Er die Wirklichkeit der Sünde; indem Er sie trug, zeigt Er Seine Barmherzigkeit gegenüber dem Sünder.

Es ist das Opfer, das gelitten hat, das vergibt: und in jener Verbindung eines so menschlich schönen, so göttlich liebenden, so völlig unschuldigen Opfers findet man ein großes Verbrechen und eine größere Vergebung. Unter dem Schutz des Blutes Christi dürfen die schlimmsten Sünder ihren Standpunkt einnehmen; Denn in jenem Blut liegt eine Kraft, die die Fluten der Rache zurückzudrängen vermag, welche drohen, die Welt zu ertränken.

Die Welt wird dir die Sünde erklärt geben, doch nur am Kalvarienberg erfährst du die göttliche Widersprüchlichkeit der vergebenen Sünde. Am Kreuz verwandeln höchste Selbsthingabe und göttliche Liebe die schlimmste Tat der Sünde in die edelste Tat und das süßeste Gebet, das die Welt je gesehen oder gehört hat, das Confiteor Christi: „Vater, vergib ihnen, denn sie wissen nicht, was sie tun."

Dieses Wort „Vergib", das an jenem Tag vom Kreuz erschallte, als die Sünde ihre volle Stärke erreichte und dann von der Liebe besiegt fiel, ist nicht mit seinem Echo verstummt. Nicht lange zuvor hatte derselbe barmherzige Heiland Mittel ergriffen, um die Vergebung über Raum und Zeit hinweg bis zur Vollendung der Welt zu verlängern. Indem Er den Kern Seiner Kirche um Sich versammelte, sagte Er zu Seinen Aposteln: „Wessen Sünden ihr vergebt, denen sind sie vergeben."

Das Confiteor

Irgendwo auf der Welt haben heute also die Nachfolger der Apostel die Macht, Sünden zu vergeben. Es steht uns nicht zu zu fragen: Aber wie kann der Mensch Sünden vergeben? – Denn der Mensch kann keine Sünden vergeben. Aber Gott kann Sünden *durch* den Menschen vergeben, denn ist es nicht so, dass Gott Seine Henker am Kreuz vergab, nämlich durch das Wirken Seiner menschlichen Natur?

Warum sollte es dann nicht vernünftig sein, zu erwarten, dass Er weiterhin Sünden durch andere menschliche Naturen vergibt, denen Er diese Macht gegeben hat? Und wo findet man diese menschlichen Naturen?

Ihr kennt die Geschichte der Kiste, die lange Zeit ignoriert und sogar als wertlos verspottet wurde; Und eines Tages wurde sie geöffnet und man fand darin das große Herz eines Riesen. In jeder katholischen Kirche existiert diese Box. Wir nennen sie die Beichtbox. Sie wird von vielen ignoriert und verspottet, doch in ihr befindet sich das Heilige Herz des vergebenden Christus, der Sünder durch die erhobene Hand Seines Priesters vergibt, so wie Er einst durch Seine eigenen erhobenen Hände am Kreuz vergab. Es gibt nur eine Vergebung – die Vergebung Gottes. Es gibt nur ein ‚Vergib' – das ‚Vergib' eines ewigen Göttlichen Handelns, mit dem wir zu verschiedenen Zeiten in Berührung kommen.

Wie die Luft stets erfüllt ist von Symphonie und Sprache, die wir jedoch nicht hören, es sei denn, wir stimmen unsere Radios darauf ein, so empfinden auch die Seelen die Freude jenes ewigen und göttlichen ‚Vergib' nicht, wenn sie nicht rechtzeitig darauf eingestimmt sind; Und die Beichtbox ist der Ort, an dem wir uns auf diesen Ruf vom Kreuz einstimmen.

Gott wolle, dass unser moderner Geist, anstatt die Schuld zu leugnen, zum Kreuz blicke, seine Schuld eingestehe und um Vergebung bitte; möge es so sein, dass jene, die ein unruhiges

Das Confiteor

Gewissen haben, das sie im Licht quält und in der Dunkelheit heimsucht, Erleichterung suchen, nicht auf dem Gebiet der Medizin, sondern auf dem der Göttlichen Gerechtigkeit; möge es so sein, dass jene, die die dunklen Geheimnisse ihres Geistes offenbaren, dies nicht um der Sublimierung willen, sondern um der Läuterung willen tun; möge es so sein, dass jene armen Sterblichen, die schweigend Tränen vergießen, eine befreiende Hand finden, die sie abwischt. Muss es für immer wahr bleiben, dass die größte Tragödie des Lebens nicht das ist, was den Seelen widerfährt, sondern vielmehr das, was die Seelen versäumen? Und welche größere Tragödie gibt es, als den Frieden der vergebenen Sünde zu versäumen? Das Confiteor ist am Fuß des Altars unser Schrei der Unwürdigkeit: das Confiteor vom Kreuz ist unsere Hoffnung auf Vergebung und Absolution. Die Wunden des Heilandes waren schrecklich, doch die schlimmste Wunde von allen wäre, zu vergessen, dass wir sie alle verursacht haben. Das Confiteor kann uns davor bewahren, denn es ist das Eingeständnis, dass es etwas zu vergeben gibt – und mehr, als wir je erfassen werden.

Es wird die Geschichte einer Nonne erzählt, die eines Tages eine kleine Statue Unseres Gesegneten Herrn in der Kapelle abstaubte. Im Verlauf ihrer Pflicht ließ sie diese zu Boden fallen. Sie hob sie unversehrt auf, küsste sie und stellte sie wieder an ihren Platz, indem sie sagte: „Wenn Du nie gefallen wärst, hättest Du das nie empfangen." Ich frage mich, ob Unser Gesegneter Herr nicht ebenso über uns denkt, denn wenn wir nie gesündigt hätten, könnten wir Ihn niemals „Heiland" nennen.

~ 21 ~

Die Gabenbereitung

„Amen, ich sage Dir: Heute wirst Du mit mir im Paradies sein."

Dies ist nun die Gabenbereitung der Messe, denn unser Herr bietet sich Seinem Himmlischen Vater dar. Doch um uns daran zu erinnern, dass Er nicht allein dargebracht wird, sondern in Gemeinschaft mit uns, vereint Er mit Seiner Gabenbereitung die Seele des Diebes zur Rechten. Um Seine Schmach vollkommen zu machen, kreuzigten sie Ihn in einem meisterhaften Akt der Bosheit zwischen zwei Dieben. Er wandelte während Seines Lebens unter Sündern, so ließen sie Ihn nun beim Tod zwischen ihnen hängen. Doch Er veränderte das Bild und machte aus den beiden Dieben die Symbole der Schafe und Ziegen, die zu Seiner Rechten und Linken stehen werden, wenn Er in den Wolken des Himmels kommt, mit Seinem dann triumphierenden Kreuz, um die Lebenden und die Toten zu richten.

Beide Diebe lästerten und fluchten zunächst, doch einer von ihnen, den die Tradition Dismas nennt, wandte sein Haupt, um die Sanftmut und Würde im Angesicht des gekreuzigten Heilandes zu erkennen. Wie ein Stück Kohle, das ins Feuer geworfen wird und sich in ein helles und glühendes Etwas verwandelt, so leuchtete die schwarze Seele dieses Diebes, der in die Feuer der Kreuzigung geworfen wurde, mit Liebe zum Heiligen Herz.

Die Gabenbereitung

Während der Dieb zur Linken sagte: „Wenn Du Christus bist, rette Dich selbst und uns," wies ihn der reuige Dieb zurecht und sprach: „Fürchtest Du Gott nicht, da Du doch unter derselben Verdammnis stehst?" Und wir in der Tat zu Recht, denn wir empfangen den gebührenden Lohn unserer Taten; aber dieser Mann hat kein Unrecht getan." Derselbe Dieb richtete dann eine Bitte aus, nicht um einen Platz unter den Mächtigen, sondern nur, nicht vergessen zu werden: „Gedenke meiner, wenn Du in Dein Reich kommst."

Solcher Kummer und Glaube dürfen nicht unbelohnt bleiben. In einem Moment, als die Macht Roms Ihn nicht zum Sprechen bringen konnte, als Seine Freunde dachten, alles sei verloren, und Seine Feinde glaubten, alles sei gewonnen, durchbrach unser Herr das Schweigen. Er, der Angeklagte, wurde zum Richter: Er, der Gekreuzigte, wurde zum göttlichen Beurteiler der Seelen. Dem bußfertigen Dieb verkündete Er die Worte: „Heute wirst Du mit mir im Paradies sein." Heute – an dem Du Dein erstes und letztes Gebet sprachst; heute – wirst Du mit mir sein – und wo Ich bin, da ist das Paradies.

Mit diesen Worten vereint unser Herr, der sich als große Hostie seinem Himmlischen Vater darbrachte, nun auf der Patene des Kreuzes die erste kleine Hostie, die je in der Messe dargebracht wurde, die Hostie des reuigen Diebes, ein Brand, der aus dem Feuer gerettet wurde, eine Garbe, die von den irdischen Schnittern gerissen wurde; Der Weizen, gemahlen in der Mühle der Kreuzigung und zum Brot für die Eucharistie gemacht.

Unser Herr leidet nicht allein am Kreuz: Er leidet mit uns. Deshalb vereinigte Er das Opfer des Diebes mit Seinem eigenen. Das ist es, was der Hl. Paulus meint, wenn er sagt, dass wir die Mängel der Leiden Christi ausfüllen sollen. Das bedeutet nicht, dass unser Herr am Kreuz nicht alles gelitten hat, was Er konnte. Es bedeutet vielmehr, dass der physische, historische Christus in Seiner eigenen

Die Gabenbereitung

menschlichen Natur alles gelitten hat, was Er konnte, aber dass der Mystische Christus, der Christus und wir ist, noch nicht zur vollen Fülle gelitten hat. Alle anderen guten Diebe in der Geschichte der Welt haben ihre Schuld noch nicht eingestanden und um Gedenken gebeten. Unser Herr ist jetzt im Himmel. Er kann daher in Seiner menschlichen Natur nicht mehr leiden, aber Er kann mehr in unseren menschlichen Naturen leiden.

So reicht Er anderen menschlichen Naturen, deiner und meiner, die Hand und bittet uns, es dem Dieb gleichzutun, nämlich uns mit Ihm am Kreuz zu verbinden, damit wir, indem wir an Seiner Kreuzigung teilhaben, auch an Seiner Auferstehung teilhaben, und dass wir, als Teilhaber Seines Kreuzes, auch Teilhaber Seiner Herrlichkeit im Himmel werden.

Wie unser Gesegneter Herr an jenem Tag den Dieb als das kleine Opfer-Hostium erwählte, so erwählt Er uns heute als die anderen kleinen Hostien, die mit Ihm auf der Patene des Altars vereint sind. Gehe mit deinem geistigen Auge zurück zu einer Messe, zu irgendeiner Messe, die in den ersten Jahrhunderten der Kirche gefeiert wurde, bevor die Zivilisation vollständig finanziell und wirtschaftlich geprägt war. Wenn wir in der frühen Kirche zum Heiligen Opfer gegangen wären, hätten wir jeden Morgen etwas Brot und etwas Wein zum Altar gebracht. Der Priester hätte ein Stück dieses ungesäuerten Brotes und etwas von diesem Wein für das Opfer der Messe verwendet. Der Rest wäre beiseitegelegt, gesegnet und den Armen verteilt worden. Heute bringen wir kein Brot und keinen Wein mehr. Wir bringen das Äquivalent davon: Wir bringen das, was Brot und Wein kauft. Daher die Gabenbereitungssammlung.

Warum bringen wir Brot und Wein oder deren Äquivalent zur Messe? Wir bringen Brot und Wein, weil diese beiden Dinge von allen Dingen der Natur am meisten die Substanz des Lebens darstellen. Weizen ist wie das Mark der Erde, und die Trauben ihr

Die Gabenbereitung

ganzes Blut, von beidem empfangen wir den Leib und das Blut des Lebens. Indem wir diese beiden Dinge bringen, die uns Leben geben und nähren, bringen wir uns gleichsam selbst zum Opfer der Messe dar.

Wir sind daher bei jeder einzelnen Messe unter dem Anschein von Brot und Wein gegenwärtig, die als Symbole unseres Leibes und Blutes stehen. Wir sind keine passiven Zuschauer, wie wenn wir ein Schauspiel im Theater betrachten, sondern wir bringen unser Messopfer gemeinsam mit Christus dar. Wenn ein Bild unsere Rolle in diesem Drama angemessen beschreibt, dann dieses: Vor uns steht ein großes Kreuz, an dem die große Hostie, Christus, ausgebreitet ist. Um den Kalvarienberg herum sind unsere kleinen Kreuze, an denen wir, die kleinen Hostien, dargebracht werden sollen. Wenn unser Herr zu Seinem Kreuz geht, gehen wir zu unseren kleinen Kreuzen und bieten uns in Einheit mit Ihm als reine Oblation dem Himmlischen Vater dar.

In jenem Moment erfüllen wir buchstäblich bis ins kleinste Detail das Gebot des Heilandes: Nimm täglich dein Kreuz auf dich und folge Mir nach. Dabei verlangt Er von uns nichts, was Er nicht bereits selbst getan hat. Ebenso ist es keine Entschuldigung zu sagen: „Ich bin eine arme, unwürdige Hostie." So war es auch beim Dieb.

Beachte, dass es in der Seele jenes Diebes zwei Haltungen gab, die ihn für unseren Herrn annehmbar machten. Die erste war die Anerkennung der Tatsache, dass Er das, was Er litt, verdient hatte, aber dass der sündenlose Christus Sein Kreuz nicht verdient hatte; Mit anderen Worten, er war *bußfertig*. Die zweite war *Glaube* an Ihn, den die Menschen ablehnten, den der Dieb jedoch als den wahren König der Könige erkannte.

Unter welchen Bedingungen werden wir in der Messe zu kleinen Hostien? Wie wird unser Opfer eins mit dem Christi und ebenso annehmbar wie das des Diebes? Nur indem wir in unseren

Die Gabenbereitung

Seelen die zwei Haltungen des Diebes reproduzieren: *Reue* und *Glaube*.

Zuerst müssen wir bußfertig sein wie der Dieb und sagen: „Ich verdiene Strafe für meine Sünden. Ich brauche ein Opfer." Einige von uns wissen nicht, wie böse oder wie undankbar wir Gott gegenüber sind. Wenn wir es wüssten, würden wir nicht so über die Erschütterungen und Schmerzen des Lebens klagen. Unsere Gewissen sind wie verdunkelte Räume, aus denen das Licht schon lange ausgeschlossen ist. Wir ziehen den Vorhang zurück und siehe da! Überall, wo wir Sauberkeit vermuteten, finden wir nun Staub.

Manche Gewissen sind so sehr mit Ausreden überzogen, dass sie mit dem Pharisäer beten: „Ich danke Dir, o Gott, dass ich nicht bin wie die übrigen Menschen." Andere lästern den Gott des Himmels wegen ihres Leids und ihrer Sünden, bereuen aber nicht. Der Weltkrieg zum Beispiel sollte eine Läuterung des Bösen sein; er sollte uns lehren, dass wir ohne Gott nicht auskommen, doch die Welt weigerte sich, diese Lektion zu lernen. Wie der Dieb zur Linken weigert er sich, bußfertig zu sein: Er verweigert es, irgendeine Gerechtigkeitsbeziehung zwischen Sünde und Opfer, zwischen Rebellion und einem Kreuz anzuerkennen.

Je bußfertiger wir sind, desto weniger ängstlich sind wir, unserem Kreuz zu entkommen. Je mehr wir uns sehen, wie wir sind, desto mehr sagen wir mit dem guten Dieb: „Ich habe dieses Kreuz verdient." Er wollte nicht entschuldigt werden; er wollte nicht, dass seine Sünde verharmlost wird; er wollte nicht freigesprochen werden; er bat nicht darum, heruntergenommen zu werden. Er wollte nur vergeben werden. Er war sogar bereit, eine kleine Hostie auf seinem eigenen kleinen Kreuz zu sein – aber das war, weil er bußfertig war. Uns wird kein anderer Weg gegeben, um mit Christus in der Messe kleine Hostien zu werden, als indem wir unser Herz vor Kummer zerbrechen; Denn wenn wir nicht zugeben, dass wir verwundet sind, wie könnten wir das Bedürfnis nach Heilung

Die Gabenbereitung

empfinden? Wenn wir nicht für unseren Anteil an der Kreuzigung traurig sind, wie könnten wir jemals um Vergebung für ihre Sünde bitten?

Die zweite Voraussetzung, um in der Gabenbereitung der Messe zur Hostie zu werden, ist der Glaube. Der Dieb blickte über den Kopf unseres Gesegneten Herrn und sah ein Schild mit der Aufschrift: „KÖNIG." Ein seltsamer König! Für eine Krone: Dornen. Für königliches Purpur: Sein eigenes Blut. Für einen Thron: ein Kreuz. Für Höflinge: Henker. Für eine Krönung: eine Kreuzigung. Und doch sah der Dieb unter all diesem Unrat das Gold; Mitten in all diesen Lästerungen betete er.

Sein Glaube war so stark, dass er zufrieden war, an seinem Kreuz zu verbleiben. Der Dieb zur Linken bat darum, herabgenommen zu werden, aber nicht der Dieb zur Rechten. Warum? Weil er wusste, dass es größere Übel als Kreuzigungen gibt und ein anderes Leben jenseits des Kreuzes. Er hatte Glauben an den Mann am mittleren Kreuz, der Dornen in Girlanden und Nägel in Rosenknospen verwandeln konnte, wenn Er es gewollt hätte; Doch er hatte den Glauben an ein Reich jenseits des Kreuzes, im Bewusstsein, dass die Leiden dieser Welt nicht wert sind, mit den Freuden verglichen zu werden, die kommen werden. Mit dem Psalmisten rief seine Seele: „Ob ich auch wanderte im finsteren Tal des Todes, fürchte ich kein Unglück; denn Du bist bei mir."

Ein solcher Glaube war wie der der drei Jünglinge im Feuerofen, die vom König Nebukadnezar befohlen wurden, die goldene Statue anzubeten. Ihre Antwort lautete: „Denn siehe, unser Gott, den wir anbeten, vermag uns zu retten aus dem Feuerofen des brennenden Feuers und aus deiner Hand, o König. Wenn Er aber nicht will, so sei dir, o König, kundgetan, dass wir deine Götter nicht anbeten noch die goldene Statue, die du aufgerichtet hast." Beachte, dass sie Gott nicht baten, sie aus dem Feuerofen zu retten, obwohl sie wussten, dass Er es vermag, „denn Er vermag uns zu retten aus dem Feuerofen

Die Gabenbereitung

des brennenden Feuers." Sie überließen sich ganz den Händen Gottes und vertrauten Ihm wie Hiob.

So auch mit dem guten Dieb: Er wusste, dass Unser Herr Ihn befreien konnte. Doch bat Er nicht darum, vom Kreuz genommen zu werden, denn Unser Herr stieg selbst nicht herab, obwohl die Menge Ihn herausforderte. Der Dieb wäre eine kleine Hostie, wenn nötig, bis zum Ende der Messe. Das bedeutete nicht, dass der Dieb das Leben nicht liebte: Er liebte das Leben ebenso sehr, wie wir es lieben. Er wollte Leben und ein langes Leben, und er fand es, denn was ist länger als das ewige Leben? Jedem von uns ist es auf ähnliche Weise gegeben, jenes ewige Leben zu entdecken. Aber es gibt keinen anderen Weg, es zu betreten als durch Buße und durch den Glauben, die uns mit jener großen Hostie – dem Priester und Opfer Christus – verbinden. So werden wir geistliche Diebe und stehlen den Himmel erneut.

✠ J.M.J. ✠

~ 22 ~

Das Sanctus

„Frau, siehe, dein Sohn...

siehe, deine Mutter."

Vor fünf Tagen zog Unser Gesegneter Herr triumphal in die Stadt Jerusalem ein: Triumphale Rufe erklangen an Seinen Ohren; Palmzweige fielen zu Seinen Füßen, während die Luft von Hosiannas an den Sohn Davids und Lobpreisungen an den Heiligen Israels widerhallte. Denen, die die Demonstration zu Seiner Ehre zum Schweigen bringen wollten, erinnert unser Herr, dass, wenn ihre Stimmen verstummt wären, selbst die Steine hätten schreien müssen. Das war der Geburtstag der gotischen Kathedralen.

Sie kannten nicht den wahren Grund, warum sie Ihn heilig nannten; sie verstanden nicht einmal, warum Er den Tribut ihres Lobes annahm. Sie glaubten, sie würden Ihn zu einer Art irdischen König ausrufen. Aber Er nahm ihre Demonstration an, weil Er der König eines geistlichen Reiches sein würde. Er nahm ihre Tributzahlungen, ihre Hosiannas und ihre Lobgesänge an, weil Er als Opfer zu Seinem Kreuz ging. Und jedes Opfer muss heilig sein – Sanctus, Sanctus, Sanctus. Fünf Tage später kam das Sanctus der Messe vom Kalvarienberg. Aber bei jenem Sanctus Seiner Messe sagt Er nicht „heilig" – Er spricht zu den Heiligen; Er flüstert nicht „Sanctus" – Er richtet Sich an Heilige, an Seine süße Mutter Maria und Seinen geliebten Jünger Johannes.

Das Sanctus

Es sind eindringliche Worte: „Frau, siehe, dein Sohn ... siehe, deine Mutter." Er sprach nun zu Heiligen. Er bedurfte keiner heiligen Fürbitte, denn Er war der Heilige Gottes. Aber wir bedürfen der Heiligkeit, denn jedes Opfer der Messe muss heilig, unbefleckt und unversehrt sein. Aber wie können wir heilige Teilnehmer am Opfer der Messe sein? Er gab die Antwort: nämlich, indem wir uns unter den Schutz Seiner Gesegneten Mutter stellen. Er richtet sich an die Kirche und alle ihre Glieder in der Person Johannes und sagt zu jedem von uns: „Siehe, deine Mutter." Deshalb sprach Er sie nicht als „Mutter" an, sondern als „Frau." Sie hatte eine universale Mission, nicht nur Seine Mutter zu sein, sondern die Mutter aller Christen. Sie war Seine Mutter gewesen; Nun sollte sie die Mutter Seines Mystischen Leibes, der Kirche, sein. Und wir sollten ihre Kinder sein.

In jenem einen Wort „Frau" verbirgt sich ein gewaltiges Geheimnis. Es war wirklich die letzte Lektion der Loslösung, die Jesus ihr all die Jahre gelehrt hatte, und zugleich die erste Lektion der neuen Bindung. Unser Herr hatte allmählich gewissermaßen Seine Zuneigung von Seiner Mutter ‚entfremdet', nicht im Sinne, dass sie Ihn weniger lieben sollte oder Er sie weniger lieben würde, sondern nur im Sinne, dass sie uns mehr lieben sollte. Sie sollte von der Mutterschaft im Fleisch losgelöst sein, nur um sich umso mehr an jene größere Mutterschaft im Geist zu binden. Daher das Wort: „Frau." Sie sollte uns *andere Christe* machen, denn wie Maria den Heiligen Gottes hervorgebracht hatte, so konnte nur sie uns als Heilige für Gott erziehen, würdig, in der Messe jenes verlängerten Kalvarienbergs *Sanctus, Sanctus, Sanctus* zu sagen.

Die Geschichte der Vorbereitung auf ihre Rolle als Mutter des Mystischen Leibes Christi entfaltet sich in drei Szenen im Leben ihres göttlichen Sohnes, von denen jede die Lektion andeutet, die der Kalvarienberg selbst offenbaren sollte: nämlich, dass sie berufen war, nicht nur die Mutter Gottes, sondern auch die Mutter der

Das Sanctus

Menschen zu sein; nicht nur die Mutter der Heiligkeit, sondern auch die Mutter derer, die darum bitten, heilig zu sein.

Die erste Szene fand im Tempel statt, wo Maria und Josef Jesus nach einer dreitägigen Suche fanden. Die Gesegnete Mutter erinnert Ihn daran, dass ihre Herzen während der langen Suche vor Kummer zerbrochen waren, und Er antwortet: „Wusstet ihr nicht, dass Ich im Hause Meines Vaters sein muss?" Hier sagte Er sinngemäß: „Ich habe ein anderes Geschäft, Mutter, als das Geschäft der Werkstatt des Zimmermanns. Mein Vater hat Mich in diese Welt gesandt mit dem höchsten Auftrag der Erlösung, um alle Menschen zu adoptierten Söhnen Meines Himmlischen Vaters im größeren Reich der Brüderlichkeit Christi, Deines Sohnes, zu machen." Wie weit die volle Erkenntnis dieser Worte Maria dämmerte, wissen wir nicht; Ob sie damals schon verstand, dass die Vaterschaft Gottes bedeutete, dass sie die Mutter der Menschen sein sollte, wissen wir nicht. Aber sicherlich kam sie achtzehn Jahre später, in der zweiten Szene, dem Hochzeitsmahl zu Kana, zu einem tieferen Verständnis dieser Mission.

Welch tröstlicher Gedanke ist es, zu bedenken, dass unser Gesegneter Herr, der Buße predigte, der Selbstverleugnung lehrte, der darauf bestand, täglich das Kreuz auf sich zu nehmen und Ihm nachzufolgen, sein öffentliches Leben damit begann, an einem Hochzeitsfest teilzunehmen! Welch schöne Erkenntnis unserer Herzen!

Als im Verlauf des Festmahls der Wein ausging, war Maria, stets auf das Wohl anderer bedacht, die Erste, die es bemerkte, und die Erste, die Erleichterung von der peinlichen Lage suchte. Sie sagte einfach zu unserem Gesegneten Herrn: „Sie haben keinen Wein." Und unser Gesegneter Herr antwortete ihr: „Frau, was habe ich mit dir zu tun?" „Meine Stunde ist noch nicht gekommen." „Frau, was habe ich mit dir zu tun?" Er nannte sie nicht „Mutter", sondern „Frau" – denselben Titel, den sie drei Jahre später erhalten sollte.

Das Sanctus

Er sagte ihr sinngemäß: „Du bittest Mich um etwas, das Mir als dem Sohn Gottes zusteht. Du bittest Mich, ein Wunder zu wirken, das nur Gott wirken kann; du bittest Mich, Meine Göttlichkeit auszuüben, die in Beziehung zur gesamten Menschheit steht, nämlich als ihr Erlöser. Doch sobald diese Göttlichkeit zur Erlösung der Welt wirkt, wirst du nicht nur Meine Mutter, sondern die Mutter der erlosten Menschheit. Deine leibliche Mutterschaft geht über in die weitere Welt der geistlichen Mutterschaft, und aus diesem Grund nenne Ich dich: ‚Frau.' Und um zu beweisen, dass ihre Fürbitte in dieser Rolle der universalen Mutterschaft wirksam ist, befahl Er, die Gefäße mit Wasser zu füllen, und in der Sprache Crashaws wurde das erste Wunder vollbracht: „die bewussten Wasser sahen ihren Gott und erröteten."

Die dritte Szene spielt sich innerhalb von zwei Jahren ab. Eines Tages, als Unser Herr predigte, unterbrach jemand Seine Rede mit den Worten: „Deine Mutter ... steht draußen und sucht dich." Unser Gesegneter Herr sagte: „Wer ist meine Mutter?" und streckte Seine Hände aus zu Seinen Jüngern und sprach: „Siehe, das ist meine Mutter und meine Brüder." Denn wer den Willen meines Vaters tut, der im Himmel ist, der ist mein Bruder und meine Schwester und meine Mutter." Die Bedeutung war unmissverständlich. Es gibt so etwas wie geistliche Mutterschaft; es gibt Bande, die nicht aus dem Fleisch sind; es gibt Bindungen, die nicht aus dem Blut sind, nämlich geistliche Bindungen, welche die des Reiches zusammenhalten, wo die Vaterschaft Gottes und die Brüderschaft Christi herrschen.

Diese drei Szenen finden ihren Höhepunkt am Kreuz, wo Maria „Frau" genannt wird. Es war die zweite Verkündigung. Der Engel sagte ihr bei der ersten: „Gegrüßet seist du, Maria." Ihr Sohn spricht zu ihr bei der zweiten: „Frau." Das bedeutete nicht, dass sie aufhörte, Seine Mutter zu sein; sie ist immer die Mutter Gottes; aber ihre Mutterschaft wurde vergrößert und erweitert; sie wurde geistlich, sie wurde universal, denn in jenem Moment wurde sie unsere Mutter.

Das Sanctus

Unser Herr schuf die Verbindung, wo sie von Natur aus nicht bestand, so wie nur Er es vermochte.

Und wie wurde sie die Mutter der Menschen? Indem sie nicht nur Mutter, sondern auch die Braut Christi wurde. Er war der neue Adam; sie ist die neue Eva. Und wie Adam und Eva ihre natürliche Nachkommenschaft hervorbrachten, die wir sind, so brachten Christus und Seine Mutter am Kreuz ihre geistliche Nachkommenschaft hervor, die wir sind: Kinder Marias oder Glieder des Mystischen Leibes Christi. Sie gebar ihren Erstgeborenen in Bethlehem. Beachte, dass der hl. Lukas unseren Herrn den *Erstgeborenen* nennt – nicht, weil unsere Gesegnete Mutter noch andere Kinder *nach dem Fleisch* haben sollte, sondern nur, weil sie noch andere Kinder *nach dem Geist* haben sollte. In dem Moment, als unser Gesegneter Herr zu ihr sprach: „Frau", wurde sie gewissermaßen die Braut Christi, und sie gebar in Schmerz ihren Erstgeborenen im Geist, und sein Name war Johannes. Wer der Zweitgeborene war, wissen wir nicht. Es könnte Petrus gewesen sein. Es könnte Andreas gewesen sein. Aber wir sind jedenfalls die millionste und millionste Nachkommenschaft jener Frau am Fuß des Kreuzes. Es war in der Tat ein schlechter Tausch, den Sohn des Zebedäus anstelle des Sohnes Gottes zu empfangen. Doch gewiss war unser Gewinn größer, denn während sie nur undankbare und oft rebellische Kinder erhielt, erhielten wir die liebevollste Mutter der Welt – die Mutter Jesu.

Wir sind Kinder Marias – buchstäblich, *Kinder*. Sie ist unsere Mutter, nicht aus fiktivem Titel, nicht aus Höflichkeit; sie ist unsere Mutter, weil sie in jenem besonderen Moment die Schmerzen der Geburt für uns alle ertragen hat. Und warum hat Unser Herr sie uns als Mutter gegeben? Weil Er wusste, *dass wir ohne sie niemals heilig sein könnten*. Er kam zu uns durch ihre Reinheit, und nur durch ihre Reinheit können wir zu ihr zurückkehren. Es gibt kein Sanctus ohne Maria. Jedes Opfer, das unter den Gestalten von Brot und Wein an

Das Sanctus

den Altar steigt, muss das Confiteor gesprochen haben und ein heiliges Opfer geworden sein – aber es gibt keine Heiligkeit ohne Maria.

Beachte, dass, als dieses Wort zu unserer Gesegneten Mutter gesprochen wurde, eine andere Frau dort war, die sich niedergeworfen hatte. Ist Dir je aufgefallen, dass praktisch jede traditionelle Darstellung der Kreuzigung Magdalena auf den Knien am Fuß des Kruzifixes zeigt? Aber Du hast noch nie ein Bild der Gesegneten Mutter gesehen, wie sie sich niederwirft. Johannes war dort und berichtet in seinem Evangelium, dass sie stand. Er sah sie stehen. Aber warum stand sie? Sie stand, um uns zu dienen. Sie stand, um unsere Dienerin, unsere Mutter zu sein.

Wenn Maria sich in jenem Moment hätte niederwerfen können, wie Magdalena es tat, wenn sie nur hätte weinen können, hätte ihr Schmerz einen Ausweg gefunden. Der Schmerz, der schreit, ist niemals der Schmerz, der das Herz zerbricht. Es ist das Herz, das keinen Ausweg im Quell der Tränen findet, das zerbricht; es ist das Herz, das keinen emotionalen Zusammenbruch erleiden kann, das zerbricht. Und all dieser Schmerz war Teil unseres Kaufpreises, den unsere Mit-Erlöserin, Maria, die Mutter Gottes, bezahlt hat!

Weil unser Herr sie uns als unsere Mutter gewollt hat, ließ Er sie auf dieser Erde zurück, nachdem Er in den Himmel aufgefahren war, damit sie die junge Kirche mütterlich begleiten könne. Die junge Kirche brauchte eine Mutter, ebenso wie der junge Christus. Sie musste auf der Erde bleiben, bis ihre Familie gewachsen war. Deshalb finden wir sie an Pfingsten im Gebet mit den Aposteln verharrend, den Herabstieg des Heiligen Geistes erwartend. Sie war die Mutter des Mystischen Leibes Christi.

Nun ist sie im Himmel gekrönt als Königin der Engel und Heiligen und verwandelt den Himmel in ein weiteres Hochzeitsmahl zu Kana, wenn sie bei ihrem göttlichen Heiland für uns, ihre anderen

Das Sanctus

Kinder, Brüder Christi und Söhne des Himmlischen Vaters, Fürsprache einlegt.

Jungfräuliche Mutter! Welch schöne Verbindung von Jungfräulichkeit und Mutterschaft, wobei das eine den Mangel des anderen ausgleicht. Allein die Jungfräulichkeit fehlt etwas: Es gibt eine Unvollständigkeit, etwas Unverwirklichtes, eine ungenutzte Fähigkeit. Allein die Mutterschaft verliert etwas: Es gibt ein Hingeben, ein Nicht-Erblühen, ein Pflücken einer Blüte. Oh! Für eine *rapprochement*, in der es eine Jungfräulichkeit gäbe, der niemals etwas fehlte, und eine Mutterschaft, die niemals etwas verlor! Beides haben wir in Maria, der Jungfräulichen Mutter: Jungfrau durch die Überschatten des Heiligen Geistes in Bethlehem und Pfingsten; Mutter von Millionen ihrer Nachkommenschaft von Jesus bis zu Dir und mir.

Hier geht es keineswegs darum, unsere Frau und unseren Herrn zu verwechseln; Wir verehren unsere Mutter, wir beten unseren Herrn an. Wir bitten Jesus um jene Dinge, die nur Gott geben kann: Barmherzigkeit, Gnade und Vergebung. Wir bitten, dass Maria für uns bei Ihm Fürsprache einlegt, besonders in der Stunde unseres Todes. Wegen ihrer Nähe zu Jesus, die ihre Berufung mit sich bringt, wissen wir, dass unser Herr besonders auf ihre Fürbitte hört. Zu keinem anderen Heiligen können wir sprechen wie ein Kind zu seiner Mutter: Keine andere Jungfrau, kein anderer Märtyrer, keine andere Mutter oder Beichtvater hat je so viel für uns gelitten wie sie; Niemand hat je einen besseren Anspruch auf unsere Liebe und unseren Schutz begründet als sie.

Als Mittlerin aller Gnaden kommen alle Gnaden uns von Jesus durch sie, so wie Jesus selbst durch sie zu uns kam. Wir wollen heilig sein, doch wir wissen, dass es keine Heiligkeit ohne sie gibt, denn sie war das Geschenk Jesu an uns beim *Sanctus* Seines Kreuzes. Keine Frau kann je das Kind ihres Leibes vergessen; Dann kann Maria uns gewiss niemals vergessen. Deshalb spüren wir tief in

Das Sanctus

unseren Herzen, dass jedes Mal, wenn sie ein weiteres unschuldiges Kind am Altar der Ersten Kommunion sieht, oder einen weiteren bußfertigen Sünder, der seinen Weg zum Kreuz macht, oder ein weiteres zerbrochenes Herz, das fleht, dass das Wasser eines vergeudeten Lebens in den Wein der Liebe Gottes verwandelt werde, sie erneut jenes Wort hört: „Frau, siehe, dein Sohn."

✠ J.M.J. ✠

~ 23 ~

Die Weihe

„Mein Gott, mein Gott, warum hast Du mich verlassen?"

Das vierte Wort ist die Weihe der Messe vom Kalvarienberg. Die ersten drei Worte wurden zu den Menschen gesprochen, doch die letzten vier Worte wurden zu Gott gerichtet. Wir befinden uns nun in der letzten Phase der Passion. Im vierten Wort gibt es im ganzen Universum nur Gott und sich selbst. Dies ist die Stunde der Finsternis. Plötzlich wird aus der Schwärze die Stille durch einen Schrei durchbrochen – so furchtbar, so unvergesslich, dass selbst jene, die den Dialekt nicht verstanden, sich an die fremden Töne erinnerten: *„Eli, Eli, lamma sabacthani."* Sie hielten es so fest, eine grobe Wiedergabe des Hebräischen, weil sie den Klang jener Töne ihr Leben lang nicht aus den Ohren bekamen.

Die Dunkelheit, die in jenem Moment die Erde bedeckte, war nur das äußere Symbol der dunklen Nacht der Seele im Innern. Wohl konnte die Sonne ihr Angesicht verbergen angesichts des schrecklichen Verbrechens des Gottesmordes. Ein wahrer Grund, warum die Erde geschaffen wurde, war, dass ein Kreuz auf ihr errichtet werde. Und nun, da das Kreuz errichtet war, fühlte die Schöpfung den Schmerz und verfiel in Dunkelheit.

Aber warum der Schrei der Dunkelheit? Warum der Schrei des Verlassenseins: „Mein Gott, mein Gott, warum hast Du mich verlassen?" Es war der Schrei der Sühne für die Sünde. Sünde ist das Verlassen Gottes durch den Menschen; Es ist die Kreatur, die den

Die Weihe

Schöpfer verlässt, wie eine Blume das Sonnenlicht verlässt, das ihr Kraft und Schönheit schenkte. Sünde ist eine Trennung, eine Scheidung – die ursprüngliche Scheidung von der Einheit mit Gott, von der alle anderen Scheidungen herrühren.

Da Er auf die Erde kam, um die Menschen von der Sünde zu erlösen, war es daher angemessen, dass Er *jenes Verlassenwerden, jene Trennung, jene Scheidung* fühlt. Er fühlte es zuerst innerlich, in Seiner Seele, wie die Basis eines Berges, wenn sie sich dessen bewusst wäre, sich von der Sonne verlassen fühlen könnte, wenn eine Wolke darüber hinwegzog, obwohl seine großen Höhen im Licht strahlten. Es war keine Sünde in Seiner Seele, doch da Er den Willen hatte, die Wirkung der Sünde zu empfinden, kroch ein schreckliches Gefühl der Isolation und Einsamkeit über Ihn – die Einsamkeit des Seins ohne Gott.

Indem Er die göttliche Tröstung, die Sein hätte sein können, aufgab, sank Er in eine schreckliche menschliche Einsamkeit, um für die Einsamkeit einer Seele zu sühnen, die durch die Sünde Gott verloren hat; für die Einsamkeit des Atheisten, der sagt, es gebe keinen Gott, für die Isolation des Menschen, der seinen Glauben für Dinge aufgibt, und für das gebrochene Herz aller Sünder, die ohne Gott Heimweh haben. Er ging sogar so weit, alle zu erlösen, die nicht vertrauen, die in Trauer und Elend Gott verfluchen und verlassen und ausrufen: „Warum dieser Tod?" Warum sollte ich mein Eigentum verlieren? Warum sollte ich leiden?" Er sühnt all diese Dinge, indem Er Gott ein „Warum" fragt.

Aber um die Intensität dieses Gefühls der Verlassenheit besser zu offenbaren, offenbarte Er es durch ein äußeres Zeichen. Weil der Mensch sich von Gott getrennt hatte, erlaubte Er in der Sühne, dass Sein Blut von Seinem Leib getrennt wurde. Die Sünde war in das Blut des Menschen eingedrungen; Und als ob die Sünden der Welt auf Ihm lägen, leerte Er den Kelch Seines Leibes von Seinem heiligen Blut. Wir können Ihn fast sagen hören: „Vater, dies ist Mein

Die Weihe

Leib; dies ist Mein Blut. Sie werden voneinander getrennt, wie die Menschheit von Dir getrennt wurde. Dies ist die Weihe Meines Kreuzes."

Was an jenem Tag am Kreuz geschah, geschieht jetzt in der Messe, mit diesem Unterschied: Am Kreuz war der Heiland allein; in der Messe ist Er mit uns. Unser Herr ist jetzt im Himmel zur Rechten des Vaters und tritt für uns ein. Er kann daher in Seiner eigenen menschlichen Natur niemals wieder leiden . *Wie kann dann die Messe die Nachstellung des Kalvarienbergs sein? Wie kann Christus das Kreuz erneuern? Er kann nicht erneut in Seiner eigenen menschlichen Natur leiden, die im Himmel die Seligkeit genießt, aber Er kann erneut in unseren menschlichen Naturen leiden. Er kann den Kalvarienberg nicht in Seinem* physischen Leib *erneuern, aber Er kann ihn in* Seinem Mystischen Leib – der Kirche – *erneuern. Das Opfer des Kreuzes kann nachgestellt werden, vorausgesetzt, wir geben Ihm unseren Leib und unser Blut und geben es Ihm so vollständig, dass Er es als Sein Eigenes dem Himmlischen Vater neu darbringen kann zur Erlösung Seines Mystischen Leibes, der Kirche.*

So geht Christus hinaus in die Welt und sammelt andere menschliche Naturen, die bereit sind, Christe zu sein. Damit unsere Opfer, unsere Leiden, unsere Golgothas, unsere Kreuzigungen nicht isoliert, zerrissen und unverbunden bleiben, sammelt die Kirche sie, erntet sie, vereinigt sie, verschmilzt sie, massiert sie, und dieses Zusammenführen all unserer Opfer unserer einzelnen menschlichen Naturen wird in der Messe mit dem Großen Opfer Christi am Kreuz verbunden.

Wenn wir an der Messe teilnehmen, sind wir nicht bloß Einzelwesen der Erde oder isolierte Einheiten, sondern lebendige Glieder einer großen geistlichen Ordnung, in der das Unendliche das Endliche durchdringt und umschließt, das Ewige in das Zeitliche einbricht und das Geistige sich in die Gewänder der Materie kleidet.

Die Weihe

Nichts Feierlicheres gibt es auf der Erde Gottes als den ehrfurchtgebietenden Moment der Weihe; denn die Messe ist kein Gebet, kein Hymnus und nichts Gesprochenes – sie ist eine Göttliche Handlung, mit der wir in einem bestimmten Augenblick der Zeit in Berührung kommen.

Eine unvollkommene Veranschaulichung mag dem Radio entnommen sein. Die Luft ist erfüllt von Symphonien und Sprache. Wir legen die Worte oder die Musik nicht dorthin; aber wenn wir wollen, können wir Kontakt mit ihnen herstellen, indem wir unser Radio einstellen. So verhält es sich auch mit der Messe. Sie ist eine einzigartige, singuläre Göttliche Handlung, mit der wir jedes Mal in Berührung kommen, wenn sie in der Messe neu dargeboten und vollzogen wird.

Wenn der Prägestempel einer Medaille oder Münze geschlagen wird, ist die Medaille die materielle, sichtbare Darstellung einer geistlichen Idee, die im Geist des Künstlers existiert. Unzählige Reproduktionen können von diesem Original angefertigt werden, da jedes neue Metallstück mit ihm in Berührung kommt und von ihm geprägt wird. Trotz der Vielzahl hergestellter Münzen bleibt das Muster stets dasselbe. In ähnlicher Weise wird in der Messe das Muster – das Opfer Christi am Kalvarienberg – auf unseren Altären erneuert, wenn jeder Mensch im Moment der Weihe mit ihm in Berührung kommt; doch das Opfer ist ein und dasselbe trotz der Vielzahl der Messen. Die Messe ist somit die Mitteilung des Opfers des Kalvarienbergs an uns unter den Gestalten von Brot und Wein.

Wir sind am Altar unter dem Anschein von Brot und Wein, denn beides ist die Nahrung des Lebens; daher geben wir, indem wir das geben, was uns Leben schenkt, symbolisch uns selbst. Darüber hinaus muss der Weizen leiden, um Brot zu werden; Trauben müssen durch die Weinpresse gehen, um Wein zu werden. Daher sind beide repräsentativ für Christen, die berufen sind, mit Christus zu leiden, damit sie auch mit Ihm herrschen können.

Die Weihe

Wenn sich die Weihe der Messe nähert, sagt Unser Herr uns gleichsam: „Du, Maria; du, Johannes; du, Petrus; und du, Andreas – ihr alle – gebt Mir euren Leib; gebt Mir euer Blut. Gebt Mir euer ganzes Selbst! Ich kann nicht mehr leiden. Ich habe Mein Kreuz durchlitten, Ich habe die Leiden Meines physischen Leibes erfüllt, aber die Leiden, die Meinem Mystischen Leib fehlen, in dem ihr seid, habe Ich nicht erfüllt. Die Messe ist der Moment, in dem jeder von euch buchstäblich Meine Aufforderung erfüllen kann: ‚Nehmt euer Kreuz auf euch und folgt Mir nach.'"

Am Kreuz blickte Unser Gesegneter Herr auf euch voraus und hoffte, dass ihr eines Tages euch Ihm im Moment der Weihe hingeben würdet. Heute, in der Messe, wird jene Hoffnung erfüllt, die unser Gesegneter Herr für dich hegte. Wenn du an der Messe teilnimmst, erwartet Er nun tatsächlich, dass du Ihm dich selbst hingibst.

Dann, wenn der Moment der Weihe naht, nimmt der Priester in Gehorsam gegenüber den Worten unseres Herrn: „Tut dies zu meinem Gedächtnis" das Brot in seine Hände und spricht: „Dies ist mein Leib"; und dann über den Kelch mit Wein sagt Er: „Dies ist der Kelch meines Blutes des neuen und ewigen Bundes." Er weiht das Brot und den Wein nicht zusammen, sondern getrennt. Die getrennte Weihe von Brot und Wein ist eine symbolische Darstellung der Trennung von Leib und Blut, und da die Kreuzigung jenes Geheimnis selbst mit sich brachte, wird der Kalvarienberg somit auf unserem Altar erneuert. Aber Christus, wie gesagt, ist nicht allein auf unserem Altar; wir sind mit Ihm. Daher haben die Weiheworte eine doppelte Bedeutung; Die vorrangige Bedeutung der Worte ist: „Dies ist der Leib Christi; Dies ist das Blut Christi; doch die sekundäre Bedeutung lautet: „Dies ist mein Leib; dies ist mein Blut."

So ist der Zweck des Lebens: uns in Gemeinschaft mit Christus zu erlösen; Seine Verdienste auf unsere Seelen anzuwenden, indem wir Ihm in allem ähnlich werden, selbst bis zu Seinem Tod am

Die Weihe

Kreuz. Er durchlief Seine Weihe am Kreuz, damit wir nun durch unsere in der Messe hindurchgehen können. Es gibt nichts Tragischeres auf der ganzen Welt als vergeudetes Leiden.

Denke daran, wie viel Leid es in Krankenhäusern, unter den Armen und den Trauernden gibt. Denke auch daran, wie viel von diesem Leiden ungenutzt bleibt! Wie viele dieser einsamen, leidenden, verlassenen, gekreuzigten Seelen sprechen im Moment der Weihe mit unserem Herrn: „Dies ist mein Leib. Nimm ihn!" Und doch ist das, was wir alle in diesem Augenblick sagen sollten:

ICH GEBE MICH GOTT HIN. HIER IST MEIN LEIB. NIMM IHN. HIER IST MEIN BLUT. NIMM ES. HIER IST MEINE SEELE, MEIN WILLE, MEINE ENERGIE, MEINE KRAFT, MEIN EIGENTUM, MEIN REICHTUM – ALLES, WAS ICH HABE. ES GEHÖRT DIR. NIMM ES! WEIHE ES! OPFERE ES! OPFERE ES MIT DIR SELBST DEM HIMMLISCHEN VATER, DAMIT ER, WENN ER AUF DIESES GROSSE OPFER HERABSCHAUET, NUR DICH SIEHT, SEINEN GELIEBTEN SOHN, AN DEM ER WOHLGEFALLEN HAT. VERWANDELE DAS ARME BROT MEINES LEBENS IN DEIN GÖTTLICHES LEBEN; ERFREUE DEN WEIN MEINES VERSCHWENDETEN LEBENS IN DEINEM GÖTTLICHEN GEIST; VEREINE MEIN ZERBROCHENES HERZ MIT DEINEM HERZEN; VERWANDELE MEIN KREUZ IN EIN KRUZIFIX. LASS NICHT ZU, DASS MEIN VERLASSENHEIT, MEIN KUMMER UND MEIN SCHMERZ UMSONST SEIN MÖGEN. SAMMLE DIE FRAGMENTE EIN, UND WIE DER WASSERTROPFEN BEIM GABENBEREITUNG DER MESSE VOM WEIN AUFGENOMMEN WIRD, SO SOLL MEIN LEBEN IN DEINES AUFGENOMMEN WERDEN; LASS MEIN KLEINES KREUZ MIT DEINEM GROSSEN KREUZ VERSCHLINGEN, DAMIT ICH IN EINHEIT MIT DIR DIE FREUDEN EWIGEN GLÜCKS ERWERBEN KANN.

Die Weihe

WEIHE DIESE PRÜFUNGEN MEINES LEBENS, DIE UNBELONDT BLEIBEN WÜRDEN, WENN SIE NICHT MIT DIR VEREINT WÄREN; TRANSUBSTANTIIERE MICH, DAMIT ICH WIE DAS BROT, DAS JETZT DEIN LEIB IST, UND DER WEIN, DER JETZT DEIN BLUT IST, GANZ DEIN SEIN KANN. ES IST MIR EGAL, OB DIE SPECIES BLEIBEN ODER OB ICH, WIE DAS BROT UND DER WEIN, FÜR ALLE IRDISCHEN AUGEN GLEICH BLEIBE WIE ZUVOR. MEINE LEBENSSTATION, MEINE ROUTINEAUFGABEN, MEINE ARBEIT, MEINE FAMILIE – ALLES DAS SIND NUR DIE SPECIES MEINES LEBENS, DIE UNVERÄNDERT BLEIBEN DÜRFEN; ABER DIE *SUBSTANZ* MEINES LEBENS, MEINER SEELE, MEINES GEISTES, MEINES WILLENS, MEINES HERZENS – TRANSUBSTANTIIERE SIE, VERWANDELE SIE VOLLSTÄNDIG ZU DEINEM DIENSTE, DAMIT DURCH MICH ALLE ERKENNEN, WIE SÜSS DIE LIEBE DES CHRISTUS IST." AMEN.

~ 24 ~

Die Kommunion

„Ich dürste."

Unser Gesegneter Herr erreicht die Kommunion Seiner Messe, wenn aus den Tiefen des Heiligen Herzens der Ruf erschallt: „Ich dürste." Dies war gewiss kein Durst nach Wasser, denn die Erde ist Sein und die Fülle davon; Es war kein Durst nach irgendeinem erfrischenden Trunk der Erde, denn Er beruhigte die Meere mit Türen, als sie in ihrem Zorn hervorbrachen. Als man Ihm zu trinken gab, nahm Er es nicht an. Es war eine andere Art von Durst, die Ihn quälte. Er dürstete nach den Seelen und Herzen der Menschen.

Der Ruf war ein Ruf nach Gemeinschaft – der letzte in einer langen Reihe von Hirtenrufen in der Suche Gottes nach den Menschen. Die Tatsache, dass er im schmerzlichsten aller menschlichen Leiden, nämlich dem Durst, zum Ausdruck kam, war das Maß seiner Tiefe und Intensität. Die Menschen mögen *hungern* nach Gott, doch Gott *durstet* nach den Menschen. Er durstete nach dem Menschen in der Schöpfung, als Er ihn zur Gemeinschaft mit der Göttlichkeit im Garten des Paradieses rief; Er durstete nach dem Menschen in der Offenbarung, als Er versuchte, das irrende Herz des Menschen zurückzugewinnen, indem Er die Geheimnisse Seiner Liebe offenbarte; Er durstete

Die Kommunion

nach dem Menschen in der Inkarnation, als Er dem Geliebten gleich wurde und in der Gestalt und Gewohnheit des Menschen gefunden wurde.

Nun durstete Er nach dem Menschen in der Erlösung, denn größere Liebe hat niemand als die, dass er sein Leben hingibt für seine Freunde. Es war der letzte Appell zur Kommunion, bevor der Vorhang fiel über das große Drama Seines irdischen Lebens. Alle unzähligen Lieben der Eltern zu ihren Kindern, der Ehegatten zueinander, zusammengedrängt zu einer großen Liebe, wären nur der kleinste Bruchteil von Gottes Liebe zum Menschen in diesem Schrei des Durstes gewesen. Es bedeutete zugleich nicht nur, wie sehr Er nach den Kleinen, nach hungrigen Herzen und leeren Seelen dürstete, sondern auch, wie intensiv Sein Verlangen war, unsere tiefste Sehnsucht zu stillen.

Wirklich, es sollte nichts Geheimnisvolles in unserem Durst nach Gott geben, denn sehnt sich nicht das Herz nach der Quelle, wendet sich die Sonnenblume der Sonne zu und fließen die Flüsse ins Meer? Aber dass Er uns lieben sollte, angesichts unserer eigenen Unwürdigkeit und wie wenig unsere Liebe wert ist – *das ist das Geheimnis!* Und doch ist dies der Sinn von Gottes Durst nach Gemeinschaft mit uns.

Er hatte es bereits im Gleichnis vom verlorenen Schaf ausgedrückt, als Er sagte, Er sei mit den neunundneunzig nicht zufrieden; Nur das verlorene Schaf konnte Ihm vollkommene Freude bereiten. Nun wurde die Wahrheit erneut vom Kreuz aus verkündet: Nichts konnte Seinen Durst angemessen stillen, außer dem Herzen jedes Mannes, jeder Frau und jedes Kindes,

Die Kommunion

die für Ihn geschaffen wurden und daher niemals glücklich sein konnten, bis sie ihre Ruhe in Ihm fanden.

Die Grundlage dieses Verlangens nach Gemeinschaft ist die Liebe, denn die Liebe neigt ihrer Natur nach zur Einheit. Die Liebe der Bürger untereinander erzeugt die Einheit des Staates. Die Liebe von Mann und Frau bewirkt die Einheit von zwei in einem Fleisch. Die Liebe Gottes zu den Menschen fordert daher eine Einheit, die auf der Inkarnation beruht, nämlich die Einheit aller Menschen im Leib und Blut Christi.

Damit Gott also Seine Liebe zu uns besiegeln konnte, gab Er uns Sich selbst in der Heiligen Kommunion, so dass, wie Er und Seine aus dem Schoß der Gesegneten Mutter genommene menschliche Natur in der Einheit Seiner Person eins waren, so Er und wir, aus dem Schoß der Menschheit genommen, eins sein mögen in der Einheit des Mystischen Leibes Christi. Daher verwenden wir das Wort „empfangen", wenn wir von der Gemeinschaft mit Unserem Herrn in der Eucharistie sprechen, denn buchstäblich „empfangen" wir das Göttliche Leben, ebenso wirklich und wahrhaftig, wie ein Kind das Leben seiner Mutter empfängt.

Alles Leben wird durch Gemeinschaft mit einem höheren Leben erhalten. Wenn die Pflanzen sprechen könnten, würden sie zur Feuchtigkeit und zum Sonnenlicht sagen: „Wenn ihr nicht in Gemeinschaft mit mir tretet, meine höheren Gesetze und Kräfte besitzt, werdet ihr kein Leben in euch haben."

Wenn die Tiere sprechen könnten, würden sie zu den Pflanzen sagen: „Wenn du nicht in Kommunion mit mir trittst, wirst du mein höheres Leben nicht in dir haben." Wir sagen zur gesamten niederen Schöpfung: „Wenn ihr nicht in Kommunion

Die Kommunion

mit mir tretet, werdet ihr nicht an meinem menschlichen Leben teilhaben."

Warum sollte dann Unser Herr nicht zu uns sagen: „Wenn ihr nicht in Kommunion mit Mir seid, werdet ihr kein Leben in euch haben"? Das Niedrigere wird zum Höheren verwandelt, Pflanzen zu Tieren, Tiere zu Menschen, und der Mensch wird auf eine erhabene Weise durch das Leben Christi durch und durch „vergöttlicht" (wenn ich diesen Ausdruck gebrauchen darf).

Kommunion ist demnach zunächst der Empfang des Göttlichen Lebens, eines Lebens, auf das wir nicht mehr Anspruch haben als der Marmor auf das Erblühen. Es ist ein reines Geschenk eines allbarmherzigen Gottes, der uns so geliebt hat, dass Er mit uns verbunden sein wollte, nicht in den Fesseln des Fleisches, sondern in den unaussprechlichen Fesseln des Geistes, wo die Liebe keine Sättigung kennt, sondern nur Entzücken und Freude.

Und ach, wie schnell hätten wir Ihn vergessen sollen, könnten wir Ihn nicht, wie Bethlehem und Nazareth, in unsere Seelen aufnehmen! Weder Gaben noch Porträts ersetzen den Geliebten. Und unser Herr wusste das wohl. Wir brauchten Ihn, und so gab Er uns Sich selbst.

Doch es gibt einen anderen Aspekt der Kommunion, an den wir nur selten denken. Kommunion bedeutet nicht nur, das Göttliche Leben zu empfangen; sie bedeutet auch, dass Gott menschliches Leben gibt. Alle Liebe ist wechselseitig. Es gibt keine einseitige Liebe, denn die Liebe verlangt ihrer Natur nach Gegenseitigkeit. Gott dürstet nach uns, doch das bedeutet, dass auch der Mensch nach Gott dürsten muss. Denken wir aber

Die Kommunion

jemals daran, dass Christus Kommunion von uns empfängt? Jedes Mal, wenn wir zur Kommunionbank gehen, sagen wir, wir 'empfangen' die Kommunion, und das ist alles, was viele von uns tun: nur 'Kommunion empfangen.'

Es gibt einen anderen Aspekt der Kommunion als das Empfangen des Göttlichen Lebens, von dem der Hl. Johannes spricht. Der Hl. Paulus offenbart uns die ergänzende Wahrheit in seinem Brief an die Korinther. Kommunion ist nicht nur eine Eingliederung in das *Leben* Christi; Es ist auch eine Eingliederung in Seinen *Tod*. "So oft ihr dieses Brot esst und den Kelch trinkt, verkündet ihr den Tod des Herrn, bis Er kommt." (1 Kor 11,26)

Das natürliche Leben hat zwei Seiten: die anabole und die katabole. Das Übernatürliche hat ebenfalls zwei Seiten: den Aufbau des Christusbildes und den Abbau des alten Adams. Die Kommunion impliziert daher nicht nur ein ‚Empfangen', sondern auch ein ‚Geben'. Es kann keinen Aufstieg zu einem höheren Leben ohne den Tod am niedrigeren geben. Setzt nicht ein Ostersonntag einen Karfreitag voraus? Bedeutet nicht alle Liebe gegenseitige Selbsthingabe, die in Selbstfindung endet? Wenn dem so ist, sollte die Kommunionbank nicht ein Ort des Austauschs sein, statt eines ausschließlichen Empfangens? Soll das ganze *Leben* nur von Christus zu uns fließen und nichts als Gegenstrom zurückkehren? Sollen wir den Kelch leeren und nichts zu seiner Füllung beitragen? Sollen wir das Brot empfangen, ohne Weizen zum Mahlen zu geben, den Wein empfangen und keine Trauben zum Zerquetschen darreichen? Wenn wir in unserem Leben nur zur Kommunion gingen, um das Göttliche Leben zu empfangen, es mitzunehmen und nichts

Die Kommunion

zurückzulassen, wären wir Parasiten am Mystischen Leib Christi.

Die paulinische Mahnung fordert uns auf, in unserem Leib die Leiden zu ergänzen, die der Passion Christi fehlen. Wir müssen daher einen Geist des Opfers zum eucharistischen Tisch bringen; Wir müssen die Selbstverleugnung unseres niederen Selbst, die geduldig getragenen Kreuze, die Kreuzigung unseres Egos, den Tod unserer Begierden und sogar die Schwierigkeit unseres Kommunionempfangs darbringen. Dann wird die Kommunion das, was sie immer sein sollte, nämlich ein Handel zwischen Christus und der Seele, in dem wir Seinen Tod, der in unserem Leben sichtbar wird, geben, und Er Sein Leben, das sich in unserer adoptiven Sohnschaft offenbart. Wir geben Ihm unsere Zeit; Er schenkt uns Seine Ewigkeit. Wir geben Ihm unsere Menschheit; Er schenkt uns Seine Göttlichkeit. Wir geben Ihm unser Nichts; Er schenkt uns Sein Alles.

Verstehen wir wirklich die Natur der Liebe? Haben wir nicht manchmal, in großen Momenten der Zuneigung zu einem kleinen Kind, in einer Sprache, die von dieser abweichen mag, aber die Idee ausdrückt, gesagt: ‚Ich liebe dieses Kind so sehr, ich möchte es einfach in mir besitzen'? Warum? Weil alle Liebe nach Einheit verlangt. Im natürlichen Ordnungsgefüge hat Gott der Einheit des Fleisches große Freuden geschenkt. Aber diese sind nichts im Vergleich zur Freude der Einheit des Geistes, wenn die Göttlichkeit zur Menschheit übergeht und die Menschheit zur Göttlichkeit – wenn unser Wille zu Ihm geht und Er zu uns kommt, sodass wir aufhören, Menschen zu sein, und beginnen, Kinder Gottes zu werden.

Die Kommunion

Wenn es jemals einen Moment in deinem Leben gab, in dem eine feine, edle Zuneigung dich fühlen ließ, als seist du in den dritten oder siebten Himmel gehoben worden; Wenn es jemals eine Zeit in Deinem Leben gegeben hat, in der eine edle Liebe zu einem edlen menschlichen Herzen Dich in Ekstase versetzt hat; Wenn es jemals eine Zeit gegeben hat, in der Du ein menschliches Herz wirklich geliebt hast – dann bitte ich Dich, denke daran, was es bedeuten muss, mit dem großen Herzen der Liebe vereint zu sein! Wenn das menschliche Herz in all seinem feinen, edlen, christlichen Reichtum so begeistern, so erheben, uns so in Ekstase versetzen kann, was muss dann erst das große Herz Christi sein? Oh, wenn der Funke so hell ist, was muss dann erst die Flamme sein!

Erkennen wir voll und ganz, wie sehr die Kommunion mit dem Opfer verbunden ist, sowohl seitens unseres Herrn als auch seitens uns, seiner armen schwachen Geschöpfe? Die Messe macht die beiden untrennbar: Es gibt keine Kommunion ohne Weihe. Es gibt kein Empfangen des Brotes und Weines, die wir darbringen, bevor sie nicht in den Leib und das Blut Christi transsubstantiiert worden sind. Die Kommunion ist die Folge des Kalvarienbergs: nämlich, wir leben von dem, was wir schlachten. Die ganze Natur bezeugt diese Wahrheit; unsere Körper leben vom Töten der Tiere der Felder und der Pflanzen der Gärten. Wir ziehen Leben aus ihrer Kreuzigung. Wir töten sie nicht, um zu zerstören, sondern um zu erfüllen; wir opfern sie um der Kommunion willen.

Und nun macht Gott durch ein schönes Paradoxon der Göttlichen Liebe Sein Kreuz zum Mittel unserer Erlösung. Wir haben Ihn getötet; wir haben Ihn dort angenagelt; wir haben Ihn gekreuzigt, doch die Liebe in Seinem ewigen Herzen wollte

Die Kommunion

nicht besiegt werden. Er wollte uns das Leben geben, das wir getötet haben; uns die Nahrung geben, die wir zerstört haben; uns nähren mit dem Brot, das wir begraben haben, und dem Blut, das wir vergossen haben. Er machte aus unserem Verbrechen eine *glückliche Schuld*; Er verwandelte eine Kreuzigung in eine Erlösung; eine Weihe in eine Kommunion; einen Tod in ewiges Leben.

Und gerade das macht den Menschen umso geheimnisvoller! Warum der Mensch geliebt werden sollte, ist kein Geheimnis, doch warum er nicht erwidert, ist das große Geheimnis. Warum sollte Unser Herr der Große Unbeliebte sein; warum sollte die Liebe nicht geliebt werden? Warum geben wir Ihm dann, wann immer Er sagt: „Ich dürste", Essig und Galle?

✠ J.M.J. ✠

~ 25 ~

Das Ite, Missa Est

„Es ist vollbracht."

Unser Gesegneter Heiland kommt nun zum *Ite, missa est* Seiner Messe, während Er den Triumphschrei ausstößt: „Es ist vollbracht."

Das Werk der Erlösung ist vollbracht, aber wann begann es? Es begann in der Zeitlosigkeit der Ewigkeit, als Gott den Willen hatte, den Menschen zu schaffen. Seit Anbeginn der Welt gab es eine göttliche „Ungeduld", den Menschen in die Arme Gottes zurückzuführen.

Das Wort war im Himmel ungeduldig, das ‚Lamm, das von Anbeginn der Welt geschlachtet ist' zu sein. Er war ungeduldig in prophetischen Typen und Symbolen, da Sein sterbendes Antlitz in hundert Spiegeln durch die gesamte Geschichte des Alten Testaments widergespiegelt wurde. Er war ungeduldig, der wahre Isaak zu sein, der das Holz Seines Opfers in Gehorsam gegenüber den Geboten Seines himmlischen Abrahams trägt. Er war ungeduldig, das mystische Symbol des Lammes des jüdischen Paschafestes zu erfüllen, das geschlachtet wurde, ohne dass ein einziges Knochen Seines Leibes zerbrochen wurde. Er war ungeduldig, der neue Abel zu sein, erschlagen von seinen eifersüchtigen Brüdern aus dem Geschlecht Kains, damit Sein Blut zum Himmel um Vergebung schreien möge. Er war ungeduldig im Leib Seiner Mutter, als Er Seinen Vorläufer Johannes grüßte. Er war ungeduldig bei der Beschneidung, als Er Sein Blutvergießen

Das Ite, Missa Est

vorausahnte und den Namen „Heiland" empfing. Er war ungeduldig im Alter von zwölf Jahren, als Er Seine Mutter daran erinnerte, dass Er in den Angelegenheiten Seines Vaters sein müsse. Er war ungeduldig in Seinem öffentlichen Leben, als Er sagte, Er habe eine Taufe, mit der Er getauft werden müsse, und Er war „gezwängt, bis sie vollbracht sei." Er war ungeduldig im Garten, als Er den tröstenden zwölf Legionen Engel den Rücken kehrte, um die Wurzeln des Olivenbaums mit Seinem erlösenden Blut zu tränken. Er war ungeduldig bei Seinem Letzten Abendmahl, als Er die Trennung Seines Leibes und Blutes unter dem Anschein von Brot und Wein vorausahnte. Und dann schloss sich die Ungeduld, als die Stunde der Finsternis am Ende jenes Letzten Abendmahls herannahte – Er sang. Es war das einzige Mal, dass Er je sang, der Augenblick, in dem Er Seinem Tod entgegentrat.

Für die Welt war es eine belanglose Angelegenheit, ob die Sterne hell leuchteten, die Berge als Symbole des Rätsels standen oder die Hügel ihren Tribut an die Täler zollten, die sie geboren hatten. Wichtig war, dass jedes einzelne Wort, das über Ihn vorhergesagt wurde, wahr sein sollte. Himmel und Erde werden vergehen, ehe nicht jedes Jota und jeder Tüpfel erfüllt ist. Es blieb nur noch ein kleines Iota übrig, ein winziges Jota; es war ein Wort Davids über die Erfüllung jeder Prophezeiung. Nun, da alles andere erfüllt war, erfüllte Er dieses Iota; Er, der wahre David, zitierte den prophetischen David: „Es ist vollbracht."

Was ist vollbracht? Die Erlösung des Menschen ist vollbracht. Die Liebe hatte ihre Mission vollendet, denn die Liebe hatte alles getan, was sie vermochte. Es gibt zwei Dinge, die die Liebe vermag. Die Liebe neigt von ihrer Natur her zur Inkarnation, und jede Inkarnation neigt zur Kreuzigung. Neigt nicht alle wahre Liebe zur Inkarnation? Ordnet sich in der Ordnung der menschlichen Liebe nicht die Zuneigung des Ehemanns zur Ehefrau so, dass aus ihrer gegenseitigen Liebe die Inkarnation ihrer vereinten Liebe in der

Das Ite, Missa Est

Gestalt eines Kindes entsteht? Sobald sie ihr Kind gezeugt haben, bringen sie nicht Opfer für es, bis hin zum Tod? Und so neigt ihre Liebe zur Kreuzigung.

Dies ist jedoch nur ein Abbild der göttlichen Ordnung, in der die Liebe Gottes zum Menschen so tief und innig war, dass sie in der Inkarnation gipfelte, in der Gott in der Gestalt und Gewohnheit des Menschen erschien, den Er liebte. Doch die Liebe unseres Herrn zum Menschen endete nicht mit der Inkarnation. Anders als alle anderen, die je geboren wurden, kam unser Herr in diese Welt, um sie zu erlösen. Der Tod war das höchste Ziel, das Er anstrebte. Der Tod unterbrach die Lebenswege großer Männer, doch für unseren Herrn war er keine Unterbrechung; er war Seine krönende Herrlichkeit; er war das einzigartige Ziel, das Er anstrebte.

So neigte Seine Inkarnation der Kreuzigung zu, denn ‚Größere Liebe hat niemand als die, dass er sein Leben lässt für seine Freunde' (Johannes 15,13). Nun, da die Liebe ihren Lauf in der Erlösung des Menschen vollendet hatte, konnte die Göttliche Liebe sagen: „Ich habe alles für meinen Weinberg getan, was ich tun kann." Liebe kann nicht mehr tun als sterben. Es ist vollbracht: „Ite, missa est."

*Sein*Werk ist vollendet. Aber ist unseres es auch? Als Er sagte: „Es ist vollbracht," meinte Er nicht, dass die Möglichkeiten Seines Lebens zu Ende gegangen seien; Er meinte, dass Sein Werk so vollkommen getan war, dass nichts hinzugefügt werden konnte, um es vollkommener zu machen – doch bei uns ist das nur selten wahr. Zu viele von uns beenden ihr Leben, aber nur wenige von uns sehen es *vollendet*. Ein sündhaftes Leben mag enden, aber ein sündhaftes Leben ist niemals ein vollendetes Leben.

Wenn unser Leben einfach „endet", werden unsere Freunde fragen: „Wie viel hat er hinterlassen?" Aber wenn unser Leben „vollendet" ist, werden unsere Freunde fragen: „Wie viel hat er mitgenommen?" Ein vollendetes Leben wird nicht nach Jahren,

Das Ite, Missa Est

sondern nach Taten gemessen; Nicht durch die im Weinberg verbrachte Zeit, sondern durch die geleistete Arbeit. In kurzer Zeit kann ein Mensch viele Jahre erfüllen; selbst diejenigen, die in der elften Stunde kommen, können ihr Leben vollenden; selbst diejenigen, die zu Gott kommen wie der Dieb in der letzten Stunde, können ihr Leben im Reich Gottes vollenden. Nicht für sie das traurige Wort des Bedauerns: „Zu spät, o uralte Schönheit, habe ich Dich geliebt."

Unser Herr vollendete Sein Werk, aber wir haben unseres nicht vollendet. Er wies den Weg, dem wir folgen müssen. Er legte das Kreuz am Ende nieder, aber wir müssen es aufnehmen. Er vollendete die Erlösung in Seinem physischen Leib, doch wir haben sie in Seinem Mystischen Leib nicht vollendet. Er hat die Erlösung vollendet; wir haben sie noch nicht auf unsere Seelen angewandt. Er hat den Tempel vollendet, aber wir müssen in ihm leben. Er hat das Vorbild des Kreuzes vollendet; wir müssen unseres nach seinem Muster gestalten. Er hat den Samen gesät; Wir müssen die Ernte einbringen. Er hat den Kelch gefüllt, doch wir haben seine erfrischenden Schlucke noch nicht ausgetrunken. Er hat das Weizenfeld gepflanzt; wir müssen es in unsere Scheunen sammeln. Er hat das Opfer des Kalvarienbergs vollendet; wir müssen die Messe vollenden.

Die Kreuzigung war nicht als inspirierendes Drama gedacht, sondern als ein vorbildliches Handeln, an dem wir unser Leben ausrichten sollen. Wir sollen nicht sitzen und das Kreuz betrachten, als sei es etwas Vollendetes und Abgeschlossenes wie das Leben des Sokrates. *Was am Kalvarienberg vollbracht wurde, nützt uns nur insoweit, als wir es in unserem eigenen Leben wiederholen.*

Die Messe macht dies möglich, denn bei der Erneuerung des Kalvarienbergs auf unseren Altären sind wir nicht bloße Zuschauer, sondern Teilhaber an der Erlösung, und dort vollenden wir unsere Arbeit. Er hat uns gesagt: „Und ich, wenn ich von der Erde erhöht werde, werde alle zu mir ziehen" (Johannes 12,32). Er vollendete Sein Werk, als Er am Kreuz erhöht wurde; wir vollenden unseres, wenn wir Ihn in der Messe zulassen, uns zu sich zu ziehen.

Die Messe ist das, was das Kreuz für jedes Auge sichtbar macht; Sie plakatiert das Kreuz an allen Wegkreuzungen der Zivilisation; Sie bringt den Kalvarienberg so nahe, dass selbst müde Füße die Reise zu seiner süßen Umarmung antreten können; Jede Hand kann nun ausstrecken, um seine Heilige Last zu berühren, und jedes Ohr kann seinen süßen Ruf hören, denn die Messe und das Kreuz sind eins. In beiden gibt es dasselbe Opfer eines vollkommen hingegebenen Willens des geliebten Sohnes, denselben zerbrochenen Leib, dasselbe vergossene Blut, dieselbe göttliche Vergebung. Alles, was während der Heiligen Messe gesagt, getan und vollzogen wird, ist mit uns zu nehmen, zu leben, zu praktizieren und in alle Umstände und Bedingungen unseres täglichen Lebens einzuflechten. Sein Opfer wird zu unserem Opfer, indem wir es zur Oblation unserer selbst in Einheit mit Ihm machen; Sein für uns hingegebenes Leben wird zu unserem für Ihn hingegebenen Leben. So kehren wir von der Messe zurück als jene, die ihre Wahl getroffen, der Welt den Rücken gekehrt und sich zu anderen Christus für die Generation, in der wir leben, geworden sind – lebendige, kraftvolle Zeugen der Liebe, die starb, damit wir in der Liebe leben.

Unsere Welt ist voller halbvollendeter gotischer Kathedralen, halbvollendeter Leben und halbgekreuzigter Seelen. Manche tragen das Kreuz zum Kalvarienberg und lassen es dann liegen; andere werden daran genagelt und lösen sich vor der Erhöhung; wieder andere werden gekreuzigt, doch als Antwort auf die Herausforderung der Welt „Komm herunter" steigen sie nach einer Stunde ... zwei Stunden ... nach zwei Stunden und neunundfünfzig Minuten. Wahre Christen sind jene, die bis zum Ende ausharren. Unser Herr blieb, bis Er vollendet hatte.

Das Ite, Missa Est

Der Priester muss ebenso am Altar bleiben, bis die Messe vollendet ist. Er darf nicht herabsteigen. So müssen wir beim Kreuz bleiben, bis unser Leben vollendet ist. Christus am Kreuz ist das Vorbild und Muster eines vollendeten Lebens. Unsere menschliche Natur ist das Rohmaterial; unser Wille ist der Meißel; Gottes Gnade ist die Kraft und die Inspiration.

Wenn wir den Meißel an unsere unvollendete Natur ansetzen, schlagen wir zuerst große Stücke Selbstsucht ab. Dann entfernen wir durch feinere Meißelarbeiten kleinere Anteile des Egos, bis schließlich nur noch eine leichte Berührung der Hand nötig ist, um das vollendete Meisterwerk hervorzuheben – einen vollendeten Menschen, geschaffen nach dem Bild und Gleichnis des Musters am Kreuz. Wir stehen am Altar unter dem Symbol von Brot und Wein; wir haben uns unserem Herrn dargebracht; Er hat uns geweiht.

Wir dürfen uns daher nicht zurücknehmen, sondern müssen bis zum Ende dort bleiben, unaufhörlich betend, damit, wenn die Frist unseres Lebens abgelaufen ist und wir auf ein Leben in inniger Gemeinschaft mit dem Kreuz zurückblicken, das Echo des sechsten Wortes auf unseren Lippen erklinge: „Es ist vollbracht."

Und wie die süßen Akzente jenes Ite, missa est über die Korridore der Zeit hinausklingen und die „verborgenen Bollwerke der Ewigkeit" durchdringen, werden die Engelchöre und die weißgekleidete Schar der Kirche Triumphant antworten: „*Deo Gratias.*"

✠ J.M.J. ✠

~ 26 ~

Das Letzte Evangelium

„Vater, in Deine Hände befehle ich meinen Geist."

Es ist ein schönes Paradoxon, dass das Letzte Evangelium der Messe uns zurück zum Anfang führt, denn es beginnt mit den Worten „Im Anfang." So ist das Leben: das Letzte dieses Lebens ist der Anfang des nächsten. Es ist in der Tat passend, dass das Letzte Wort unseres Herrn Sein Letztes Evangelium war: „Vater, in Deine Hände befehle ich meinen Geist." Wie das Letzte Evangelium der Messe führt es Ihn ebenfalls zurück zum Anfang, denn Er kehrt nun zum Vater zurück, von dem Er gekommen ist. Er hat Sein Werk vollendet. Er begann Seine Messe mit dem Wort: „Vater." Und Er beendet sie mit demselben Wort.

"Alles Vollkommene," würden die Griechen sagen, „bewegt sich in Kreisen." So wie die großen Planeten erst nach langer Zeit ihre Umlaufbahnen vollenden und dann wieder zu ihrem Ausgangspunkt zurückkehren, als wollten sie dem grüßen, der sie auf ihren Weg gesandt hat, so vollendet das fleischgewordene Wort, das herabkam, um Seine Messe zu feiern, nun Sein irdisches Wirken und kehrt zurück zu Seinem Himmlischen Vater, der Ihn auf die Reise der Erlösung der Welt gesandt hat. Der verlorene Sohn steht kurz davor, zum Haus Seines Vaters zurückzukehren, denn ist Er nicht der verlorene Sohn? Vor dreiunddreißig Jahren verließ Er das Haus Seines Vaters und die Seligkeit des Himmels und kam hinab auf diese Erde, die ein fremdes Land ist – denn jedes Land ist fremd, das fern vom Haus des Vaters liegt.

Dreiunddreißig Jahre lang hatte Er Sein Vermögen verbraucht. Er verbrauchte das Vermögen Seiner Wahrheit in der Unfehlbarkeit Seiner Kirche; Er verbrauchte das Vermögen Seiner Macht in der Autorität, die Er Seinen Aposteln und deren Nachfolgern verlieh. Er verbrachte das Wesen Seines Lebens in der Erlösung und den Sakramenten. Nun, da jeder Tropfen davon verbraucht ist, blickt Er sehnsüchtig zurück zum Haus des Vaters und wirft mit lautem Ruf Seinen Geist in die Arme Seines Vaters, nicht in der Haltung eines, der in die Dunkelheit stürzt, sondern als einer, der weiß, wohin Er geht – zu einer Heimkehr bei Seinem Vater.

In jenem Letzten Wort und Letzten Evangelium, das Ihn zurück zum Anfang aller Anfänge führte, nämlich Seinem Vater, offenbart sich die Geschichte und der Rhythmus des Lebens. Das Ende aller Dinge muss auf irgendeine Weise zu ihrem Anfang zurückkehren. Wie der Sohn zum Vater zurückkehrt; wie Nikodemus von Neuem geboren werden muss; Wie der Leib zur Erde zurückkehrt – so muss die Seele des Menschen, die von Gott stammt, eines Tages zu Gott zurückkehren.

Der Tod ist nicht das Ende von allem. Der kalte Erdklumpen, der auf das Grab fällt, markiert nicht das Ende der Geschichte eines Menschen. Die Art, wie er in diesem Leben gelebt hat, bestimmt, wie er im nächsten leben wird. Wenn Er Gott während des Lebens gesucht hat, wird der Tod wie das Öffnen eines Käfigs sein, das Ihm ermöglicht, seine Flügel zu entfalten, um in die Arme des göttlichen Geliebten zu fliegen. Wenn Er während des Lebens vor Gott geflohen ist, wird der Tod der Beginn eines ewigen Fluchtwegs weg vom Leben, von der Wahrheit und von der Liebe sein – und das ist die Hölle.

Das Letzte Evangelium

Vor dem Thron Gottes, von dem wir auf unserer irdischen Probezeit kamen, müssen wir eines Tages zurückkehren, um Rechenschaft über unsere Verwaltung abzulegen. Es wird kein menschliches Geschöpf geben, das, wenn die letzte Garbe eingebracht ist, nicht entweder das göttliche Geschenk der Erlösung angenommen oder abgelehnt hat und durch die Annahme oder Ablehnung den Vollstreckungsbefehl seines ewigen Schicksals unterzeichnet hat.

Wie die Verkäufe an einer Registrierkasse für das Ende unseres Geschäftstages aufgezeichnet werden, so werden unsere Gedanken, Worte und Taten für den endgültigen Richterspruch verzeichnet. Wenn wir nur im Schatten des Kreuzes leben, wird der Tod kein Ende, sondern ein Anfang des ewigen Lebens sein. Statt eines Abschieds wird es ein Wiedersehen sein; statt eines Weggehens wird es ein Ankommen sein; statt eines Endes wird es ein Letztes Evangelium sein – eine Rückkehr zum Anfang. Wie eine Stimme flüstert: „Du musst die Erde verlassen", wird die Stimme des Vaters sagen: „Mein Kind, komm zu Mir."

Wir sind als Kinder Gottes in diese Welt gesandt worden, um am Heiligen Opfer der Messe teilzunehmen. Wir sollen am Fuß des Kreuzes Stellung beziehen und, wie jene, die am ersten Tag darunter standen, werden wir aufgefordert sein, unsere Treue zu bekunden. Gott hat uns den Weizen und die Trauben des Lebens gegeben, und wie die Männer, denen im Evangelium Talente anvertraut wurden, werden wir die Fruchtbarkeit dieses göttlichen Geschenks nachweisen müssen.

Gott hat uns unser Leben als Weizen und Trauben gegeben. Es ist unsere Pflicht, sie zu konsekrieren und als Brot und Wein – transsubstantiiert, vergöttlicht und geistlich gemacht – zu Gott zurückzubringen. Nach dem Frühling der irdischen Pilgerschaft muss eine Ernte in unseren Händen sein.

Das Letzte Evangelium

Deshalb ist der Kalvarienberg mitten unter uns errichtet, und wir stehen auf seinem heiligen Hügel. Wir sind nicht dazu geschaffen, bloße Zuschauer zu sein, die ihre Würfel schütteln wie die Henker von einst, sondern Teilnehmer am Geheimnis des Kreuzes.

Wenn es eine Möglichkeit gibt, den Richterspruch im Hinblick auf die Messe darzustellen, dann ist es die Art, wie der Vater Seinen Sohn begrüßte, nämlich indem Er Seine Hände betrachtete. Sie trugen die Zeichen der Arbeit, die Schwielen der Erlösung und die Narben der Erlösung. So wird auch Gott, wenn unsere irdische Pilgerschaft vorüber ist und wir zum Anfang zurückkehren, auf beide unsere Hände blicken. Wenn unsere Hände im Leben die Hände Seines göttlichen Sohnes berührt haben, werden sie dieselben bläulichen Nägelmale tragen; Wenn unsere Füße im Leben denselben Weg beschritten haben, der durch den Umweg eines felsigen und dornigen Kalvarienbergs zur ewigen Herrlichkeit führt, werden auch sie dieselben Prellungen tragen; Wenn unsere Herzen im Einklang mit Seinem schlagen, dann werden auch sie die durchbohrte Seite zeigen, die die böse Lanze der eifersüchtigen Erde durchbohrte.

Wahrlich gesegnet sind jene, die in ihren kreuzgezeichneten Händen das Brot und den Wein geweihter Leben tragen, die mit dem Zeichen und versiegelt mit dem Siegel der erlösenden Liebe gezeichnet sind. Aber wehe denen, die vom Kalvarienberg mit unversehrten und weißen Händen kommen.

Gott gewähre, dass, wenn das Leben vorüber ist und die Erde wie ein Traum des Erwachens vergeht, wenn die Ewigkeit unsere Seelen mit ihrem Glanz erfüllt, wir mit demütigem und triumphierendem Glauben das Letzte Wort Christi wiederhallen lassen: „Vater, in deine Hände befehle ich meinen Geist."

Und so endet die Messe Christi. Das *Confiteor* war Sein Gebet an den Vater um Vergebung unserer Sünden; Die *Gabenbereitung*

Das Letzte Evangelium

war die Darbringung auf der Patene des Kreuzes kleiner Hostien des Diebes und unserer selbst; Das *Sanctus* war Sein Sich-Empfehlen an Maria, die Königin der Heiligen; Die *Weihe* war die Trennung Seines Blutes von Seinem Leib und die scheinbare Trennung von Göttlichkeit und Menschheit; Die *Kommunion* war Sein Durst nach den Seelen der Menschen; Das *Ite, missa est* war die Vollendung des Werkes der Erlösung; Das *Letzte Evangelium* war die Rückkehr zum Vater, von dem Er gekommen war.

Und nun, da die Messe vorüber ist und Er Sein Geist dem Vater anvertraut hat, bereitet Er sich darauf vor, Seinen Leib der Gesegneten Mutter am Fuße des Kreuzes zurückzugeben. So wird einmal mehr das Ende der Anfang sein, denn am Anfang Seines irdischen Lebens ruhte Er auf ihrem Schoß in Bethlehem, und nun wird Er auf dem Kalvarienberg wieder dort Platz nehmen.

Die Erde war Ihm grausam gewesen; Seine Füße wanderten den verlorenen Schafen nach, und wir durchbohrten sie mit Stahl; Seine Hände streckten das Brot des ewigen Lebens aus, und wir befestigten sie mit Nägeln; Seine Lippen sprachen die Wahrheit, und wir versiegelten sie mit Staub. Er kam, um uns Leben zu geben, und wir nahmen Ihm das Leben. Doch das war unser verhängnisvoller Fehler. Wir haben es wirklich nicht weggenommen. Wir haben nur versucht, es wegzunehmen. Er legte es von sich aus nieder. Nirgends sagen die Evangelisten, dass Er starb. Sie sagen: „Er gab den Geist auf." Es war eine willentliche, selbstbestimmte Hingabe des Lebens.

Es war nicht der Tod, der sich Ihm näherte; es war Er, der sich dem Tod näherte. Deshalb befiehlt der Heiland, wenn das Ende naht, dem Tor des Todes, sich Ihm in der Gegenwart des Vaters zu öffnen. Der Kelch wird allmählich von seinem reichen roten Wein der Erlösung geleert. Die Felsen der Erde öffnen ihre hungrigen Münder, um zu trinken, als wären sie durstiger nach den Schlucken der Erlösung als die ausgetrockneten Herzen der Menschen; Die Erde selbst bebte vor Entsetzen, weil die Menschen Gottes Kreuz auf ihre

Das Letzte Evangelium

Brust errichtet hatten. Magdalena, die Bußfertige, klammert sich wie gewohnt an Seine Füße, und dort wird sie am Ostermorgen wieder sein; Johannes, der Priester, mit einem Gesicht wie aus Liebe gegossen, lauscht dem Schlagen des Herzens, dessen Geheimnisse Er gelernt, geliebt und gemeistert hat; Maria denkt daran, wie anders der Kalvarienberg im Vergleich zu Bethlehem ist.

Vor dreiunddreißig Jahren blickte Maria auf Sein heiliges Antlitz hinab; jetzt blickt Er auf sie herab. In Bethlehem blickte der Himmel in das Antlitz der Erde; nun sind die Rollen vertauscht. Die Erde blickt in das Antlitz des Himmels – aber eines Himmels, der von den Narben der Erde gezeichnet ist. Er liebte sie mehr als alle Geschöpfe der Erde, denn sie war Seine Mutter und die Mutter von uns allen. Er sah sie zuerst, als Er zur Erde kam; Er wird sie zuletzt sehen, wenn Er sie verlässt. Ihre Blicke treffen sich, ganz erfüllt vom Leben, und sprechen eine ganz eigene Sprache. Es ist ein Zerreißen des Herzens durch eine Verzückung der Liebe, dann ein geneigter Kopf, ein zerbrochenes Herz. Zurück in die Hände Gottes gibt Er, rein und sündenlos, Seinen Geist, in lauter und klingender Stimme, die den ewigen Sieg verkündet. Und Maria steht allein als kinderlose Mutter. Jesus ist tot!

Maria blickt in Seine Augen, die selbst angesichts des Todes so klar sind: „Hoherpriester von Himmel und Erde, Deine Messe ist vollendet! Verlasse den Altar des Kreuzes und begib Dich in Deine Sakristei. Als Hoherpriester bist Du aus der Sakristei des Himmels hervorgegangen, gehüllt in die Gewänder der Menschheit und trägst Deinen Leib als Brot und Dein Blut als Wein.

Nun ist das Opfer vollbracht. Die Weiheglocke hat geläutet. Du hast Deinen Geist Deinem Vater dargebracht; Deinen Leib und Dein Blut dem Menschen. Es bleibt nun nichts als der geleerte Kelch. Tritt ein in Deine Sakristei. Leg die Gewänder der Sterblichkeit ab und zieh die weißen Gewänder der Unsterblichkeit an. Zeige Deine

Das Letzte Evangelium

Hände, Füße und Seite Deinem Himmlischen Vater und sprich: „Mit diesen wurde ich im Haus derer, die mich lieben, verwundet."

Tritt ein, Hoherpriester, in Deine himmlische Sakristei, und während Deine irdischen Botschafter das Brot und den Wein emporhalten, zeige Du Dich dem Vater in liebevoller Fürbitte für uns bis zur Vollendung der Welt. Die Erde war grausam zu Dir, doch Du wirst gütig zur Erde sein. Die Erde hob Dich auf das Kreuz, doch nun sollst Du die Erde zum Kreuz erheben. Öffne die Tür der himmlischen Sakristei, o Hoherpriester! Siehe, nun sind wir es, die an der Tür stehen und klopfen!

Und Maria, was sollen wir Dir sagen? Maria, Du bist die Sakristanin des Hohenpriesters! Du warst Sakristanin in Bethlehem, als Er zu Dir kam als Weizen und Trauben in der Krippe von Bethlehem. Du warst Seine Sakristanin am Kreuz, wo Er durch die Kreuzigung zum Lebendigen Brot und Wein wurde. Du bist Seine Sakristanin jetzt, da Er vom Altar des Kreuzes kommt, nur den geleerten Kelch Seines heiligen Leibes tragend.

"Wenn jener Kelch in Deinen Schoß gelegt wird, mag es scheinen, als sei Bethlehem wiedergekommen, denn Er ist erneut Dein. Doch es scheint nur so – denn in Bethlehem war Er der Kelch, dessen Gold im Feuer geprüft werden sollte, nun aber am Kalvarienberg ist Er der Kelch, dessen Gold die Feuer von Golgatha und Kalvarienberg durchlaufen hat. In Bethlehem war Er weiß, wie Er vom Vater kam; jetzt ist Er rot, wie Er von uns kam. Doch Du bist immer noch Sein Sakristan! Und wie die Unbefleckte Mutter aller Hostien, die zum Altar gehen, so sende Du, o Jungfrau Maria, uns rein dorthin und bewahre uns rein bis zu dem Tag, an dem wir in die himmlische Sakristei des Reiches des Himmels eintreten, wo Du unser ewiger Sakristan sein wirst und Er unser ewiger Priester."

Und ihr, Freunde des Gekreuzigten, euer Hoher Priester hat das Kreuz verlassen, doch Er hat uns den Altar hinterlassen. Am Kreuz

Das Letzte Evangelium

war Er allein; In der Messe ist Er mit uns. Am Kreuz litt Er in Seinem physischen Leib; am Altar leidet Er im Mystischen Leib, der wir sind. Am Kreuz war Er die einzigartige Hostie; In der Messe sind wir die kleinen Hostien, und Er die große Hostie, die durch uns Seinen Kalvarienberg empfängt. Am Kreuz war Er der Wein; In der Messe sind wir der Wassertropfen, der mit dem Wein vereint und mit Ihm geweiht ist. In diesem Sinne ist Er noch am Kreuz, spricht noch mit uns das Confiteor, vergibt uns noch, empfiehlt uns noch Maria, dürstet noch nach uns, zieht uns noch zum Vater; solange die Sünde auf der Erde bleibt, wird auch das Kreuz bleiben.

"Immer wenn um mich Stille herrscht,
bei Tag oder bei Nacht –
erschrecke ich über einen Schrei.

Er kam vom Kreuz herab.
Das erste Mal, als ich ihn hörte,
ging ich hinaus und suchte –
und fand einen Mann in den Todesqualen der Kreuzigung.

Und ich sagte: ‚Ich werde dich herunternehmen.'
Und ich versuchte, die Nägel aus Seinen Füßen zu ziehen,
Doch Er sagte: ‚Lass sie sein, denn ich kann nicht
herabgenommen werden, bis jeder Mann, jede Frau und jedes
Kind zusammenkommt, um mich herabzunehmen.'

Und ich sagte: ‚Aber ich kann Dein Schreien nicht ertragen.
Was kann ich tun?'
Und Er sagte: ‚Gehe in die Welt –
Erzähle es jedem, den du triffst –
Es gibt einen Mann am Kreuz.'

Elizabeth Cheney

www.ingramcontent.com/pod-product-compliance
Lightning Source LLC
LaVergne TN
LVHW052100090426
835512LV00036B/2679